Business English

비즈니스 영어회화 & 이메일 표현사전

Expression Dictionary

이지윤 지음

길벗
이지:톡

비즈니스 영어회화 & 이메일 표현 사전
Business English Expression Dictionary

초판 1쇄 발행 · 2023년 1월 30일
초판 3쇄 발행 · 2024년 1월 26일

지은이 · 이지윤
발행인 · 이종원
발행처 · ㈜ 도서출판 길벗
브랜드 · 길벗이지톡
출판사 등록일 · 1990년 12월 24일
주소 · 서울시 마포구 월드컵로 10길 56(서교동)
대표 전화 · 02)332-0931 I **팩스** · 02)323-0586
홈페이지 · www.gilbut.co.kr I **이메일** · eztok@gilbut.co.kr

기획 및 책임편집 · 고경환 I **디자인** · 최주연 I **제작** · 이준호, 손일순, 이진혁, 김우식
마케팅 · 이수미, 장봉석, 최소영 I **영업관리** · 김명자, 심선숙 I **독자지원** · 윤정아

편집진행 · 임현경 I **전산편집** · 한효경 I **녹음 및 편집** · 와이알미디어
CTP 출력 및 인쇄 금강인쇄 I **제본** 금강제본

ISBN 979-11-407-0228-2 03740
(길벗 도서번호 301152)

정가 25,000원

독자의 1초까지 아껴주는 길벗출판사

(주)도서출판 길벗 IT교육서, IT단행본, 경제경영서, 어학&실용서, 인문교양서, 자녀교육서 www.gilbut.co.kr
길벗스쿨 국어학습, 수학학습, 어린이교양, 주니어 어학학습, 학습단행본 www.gilbutschool.co.kr

비대면 업무에 쓰는 표현과
영어회화 및 실무에 필요한 모든 표현을 담았다!

비즈니스 영어, 직장인이라면 누구도 예외는 없습니다!

대개 '비즈니스 영어'라고 하면 국가 간의 정상회담이나 국제 콘퍼런스 같은 그림을 떠올립니다. 하지만 비즈니스 영어는 우리가 생각하는 것보다 우리와 더 긴밀하게 맞닿아 있습니다. 하다못해 영어로 이메일 한 줄 쓰는 것도 비즈니스 영어의 한 부분이죠. 요즘은 국내 시장이 포화 상태가 되어 여러 회사들이 해외로 눈을 돌리고 있으며, 자유무역협정에 의해 국가 간의 무역 장벽이 낮아졌습니다. 코로나로 인해 많은 기업들은 재택근무 형식의 비대면 근무도 활발하게 도입을 하고 있어서 시공간을 초월한 비즈니스 영어의 니즈는 점점 증가하고 있습니다. 이로 인해 영어 업무는 꼭 외국계 회사나 대기업에만 국한된 일이 아닙니다. 해외 기업과 직접적으로 교류를 하지 않는 회사라고 해도 비즈니스 영어를 쓸 기회는 비일비재하죠. 다시 말해, 비즈니스 영어는 외국계 회사뿐 아니라 국제화에 발맞춰 해외에 진출하고자 하는 모든 회사가 준비해야 할 필수 요소가 되었습니다. 비즈니스 영어, 직장인이라면 누구도 예외는 없습니다!

비즈니스 영어에 필요한 격식 있는 회화, 작문 표현을 한 권에 담았습니다.

공식적인 영어 점수가 아무리 높아도, 업무를 하다가 영어를 해야 하는 상황이 닥치면 '제발 내가 걸리지 않기를!'하고 바라는 것이 직장인들의 속사정입니다. 바쁜 일상 속에서 비즈니스 영어를 A부터 Z까지 공부하는 것은 쉽지 않은 일이죠. ≪비즈니스 영어회화 & 이메일 표현사전≫은 비즈니스 업무를 하며 발생하는 다양한 상황에서 유용하게 쓸 수 있는 표현을 총망라하였습니다. 점점 업무 영역이 확대되고 있는 비대면 업무 관련 신규 용어 및 표현, 그밖에 전화 업무, 회의, 협상, 프레젠테이션 등 비즈니스 실무는 물론 인맥 만들기, 접대 등 비즈니스와 간접적으로 관련된 영역까지 고루 다루었습니다. 또한 서면으로 오가는 커뮤니케이션 수단인 이메일 영역을 다루어 작문 표현도 익힐 수 있습니다. 따로 시간 내서 공부하거나 암기할 필요 없이, 필요한 표현을 그때그때 찾아 쓰면 되니 바쁜 직장인들에게 안성맞춤이죠.

비즈니스 세계의 영어와 비즈니스 매너를 배우세요!

영어 조금 한다는 사람들도 힘들어하는 것이 비즈니스 영어입니다. 일상생활에서 쓰는 말을 그대로 썼다가는 회사 이미지에 누를 끼칠 수도 있기 때문이죠. 이 책에는 비즈니스 상황에서 써야 하는 격식 있는 표현을 선별하여 담았습니다. 표현에 덧붙은 상황 별 대화문과 예시 샘플들로 제시된 표현이 어떤 맥락에서 쓰이는지 파악할 수 있습니다. 또한 표현과 관련된 Biz tip에는 비즈니스 매너를 설명했습니다. 점차 확대되고 있는 비대면 근무에 필요한 화상회의나 채팅을 통한 업무 등 MZ 세대의 새로운 업무 툴을 활용할 때 필요한 비즈니스 매너와 정확한 영어 표현을 안내해 드립니다.

영어 초보자는 물론, 영어 실력이 어느 정도 되거나 해외 업무 경험이 많은 직장인들도 격식 있는 표현과 비즈니스 매너를 섭렵하는 데 유용하게 쓸 수 있을 것입니다.

이 책은 필요할 때 찾아 쓰는 사전식 구성이지만 영어 학습서로도 충분히 활용할 수 있습니다. 자주 쓰는 표현을 찾아 따로 적어 두고, 반복해서 말하는 연습을 하면 비즈니스 영어에서 자주 사용되는 표현의 패턴을 자연스럽게 익힐 수 있습니다. 이 책을 책상에 꽂아 두고 매일 한두 개씩이라도 차근차근 표현을 익히세요. 유용한 표현 습득과 더불어 비즈니스 커뮤니케이션 기술까지 섭렵할 수 있을 것입니다.

우리나라 모든 임직원들이 글로벌 인재로 나아가는 데 이 책이 많은 도움이 되기를 바랍니다.

이지윤 Juliana Lee 드림

이 책은 바쁜 직장인들이 필요한 표현을 최대한 빨리 찾을 수 있게 구성했습니다. 인터넷 검색보다 빠른 ≪비즈니스 영어회화 & 이메일 표현사전≫의 구성을 살펴보세요.

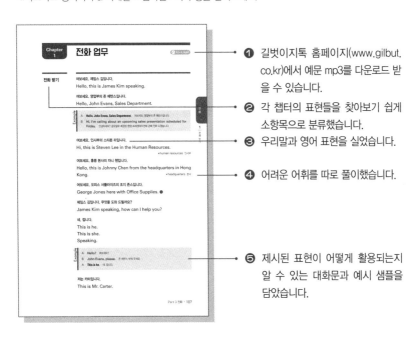

❶ 길벗이지톡 홈페이지(www.gilbut.co.kr)에서 예문 mp3를 다운로드 받을 수 있습니다.

❷ 각 챕터의 표현들을 찾아보기 쉽게 소항목으로 분류했습니다.

❸ 우리말과 영어 표현을 실었습니다.

❹ 어려운 어휘를 따로 풀이했습니다.

❺ 제시된 표현이 어떻게 활용되는지 알 수 있는 대화문과 예시 샘플을 담았습니다.

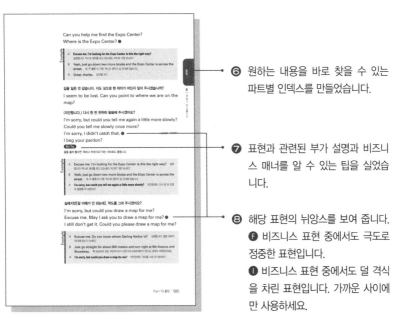

❻ 원하는 내용을 바로 찾을 수 있는 파트별 인덱스를 만들었습니다.

❼ 표현과 관련된 부가 설명과 비즈니스 매너를 알 수 있는 팁을 실었습니다.

❽ 해당 표현의 뉘앙스를 보여 줍니다.
　❶ 비즈니스 표현 중에서도 극도로 정중한 표현입니다.
　❶ 비즈니스 표현 중에서도 덜 격식을 차린 표현입니다. 가까운 사이에만 사용하세요.

비즈니스 영어만큼 중요한 것이 비즈니스 매너와 에티켓입니다. 기본적이지만 놓치기 쉬운 비즈니스 매너와 에티켓을 살펴볼까요?

1 비대면 업무 에티켓

코로나로 인해 많은 기업들이 기존 대면 업무에서 비대면 업무로 전환하게 되었습니다. 어쩔 수 없는 선택으로 인한 우려와는 달리 이제 몇 년 동안 비대면 혹은 재택근무에 익숙해진 기업들도 많아지고 있는데요. 비대면 업무 시에 특별히 주의해야 할 사항에 대해 안내해 드리겠습니다.

1) 모든 비즈니스의 기본인 시간 준수

꼭 비대면 업무 시에만 필요한 사항은 아닌 모든 비즈니스의 기본 사항입니다. 하지만, 비대면 회의나 재택근무를 하다 보면, 실제로 대면으로 만나는 회의 때보다 시간 개념이 조금 모호해질 수 있습니다. 물리적으로 다른 장소에 이동하기 위해 시간을 확인하는 것이 아니라, 클릭 하나로 지금 있는 곳에서 혹은 집에서 비즈니스 회의를 하다 보면, 의외로 시간 개념이 흐려져서, 지각하게 되는 경우도 있기 때문이죠. 특히 화상회의의 경우, 컴퓨터나 화상회의 툴의 업데이트 시간과 겹치면 연결 자체가 어려워질 수 있기 때문에 최소한 10분 전부터는 회의 준비를 해 두어 예정된 시간에 문제없이 연결되도록 하세요.

2) 회의 장소는 조용한 곳으로 선택하세요.

비대면 업무이나 화상회의를 폰으로 외부에서 하거나, 커피숍에서 진행하지 않도록 합니다. 우선 모바일로 이동하면서 진행하게 되면, 화면 공유나 채팅창 기능이 수월하지 않을 수 있고, 경우에 따라서는 기본적인 회의 매너가 없고 불성실해 보일 수 있습니다. 정말 바쁜 경우라면, 미리 회의 시간을 조정하여, 조용한 회의실이나 작업 공간에서 진행할 수 있도록 하세요. 비대면, 재택 근무 등이 활성화되면서, 커피숍에서 업무를 하는 사람들도 많은데요. 커피숍의 경우 공유 와이파이 연결 상태가 좋지 않거나, 주변 소음, 음악 소리 등으로 화상 회의 중 말을 해야 하는 경우 잡음이 매우 커질 수 있습니다. 업무용으로 사용할 수 있는 조용한 공간에서 진행해 주세요.

3) 이어폰(혹은 마이크) 사용하기

노트북으로 화상회의에 참여한다면 거의 모든 기기에서 별도의 장비가 없어도 대화 자체는 가능합니다. 그러나 주변이 거의 소음 없이 조용한 공간이 아니라면 문제가 될 수 있고, 잘 들리지 않거나 외부 소음, 주변 소음이 섞여 전달될 수 있습니다. 마이크와 이어폰이 모두 갖춰져야 쌍방의 소통이 원활하니 회의 전 두 가지 모두를 준비하시길 바랍니다.

4) 얼굴만 보이는 화상 회의라도 기본적인 비즈니스 복장으로 진행해 주세요.

위에는 정장, 아래는 잠옷을 입고 화상회의를 진행하는 재미있는 인터넷 짤이나 사진을 보셨을 겁니다. 물론 재택근무 시 편한 복장으로 근무하는 것이 효율적일 수 있습니다. 하지만, 어떤 업무를 수행해야 할 때 유니폼과 같은 복장으로 몸과 마음을 리셋하는 것이 중요합니다. 하반신을 보이지 않더라도, 화상회의 시에는 비즈니스적인 복장과 외모로 준비하는 것이 프로다운 모습입니다.
또한, 카메라 앵글을 잘 잡아서 얼굴만 크게 나오거나, 얼굴이 보이지 않게 넓게 잡지 않도록 합니다. 전체 얼굴과 팔, 책상 선까지 화면에 잡히도록 앵글을 조정해 주세요.

5) 화상회의 시 말하는 때가 아닌 경우는 음소거 설정을 해 주세요.

화상회의 시에 본인이 말하는 경우가 아니라면, 음소거로 해 두시고, 말할 차례에 오디오를 켜 주시는 것이 좋습니다. 특히 많은 사람이 참여하는 경우, 잡음이 들릴 수 있고, 뜻하지 않게 문자나 전화, 또 재택근무 중이라면, 그 외 가정에서 날 수 있는 뜻하지 않은 소음이 들릴 수 있기 때문이지요.

6) 카메라 사용 시에는 뒷배경 및 조명을 조정해 보세요.

화상회의 공간이 너무 어둡거나, 창이 뒤쪽으로 배치되어, 역광이 얼굴에 비치면, 화면상에 얼굴이 보이지 않거나 어둡게 보일 수 있습니다. 가능하면 창가 쪽을 향해 앉거나 밝은 조명이 얼굴에 비치도록 하시면, 조금 더 밝고 활기차게 보일 수 있습니다. 협소한 공간에서 재택근무 중 회의를 하는 경우라면, 뒷배경이 지저분한 경우, 중립적인 컬러의 배경, 회사에서 제공하는 화상회의용 배경화면, 혹은 화상회의 툴에서 기본적으로 제공하는 블러 기능이나 단색의 배경 등을 넣어 깔끔하게 보이게 연출해 주세요.

7) 실시간 업무 툴을 활용할 때는 근무 시간 때만 중요 자료를 보내도록 하세요.

시도 때도 없이 울리는 메시지 알람이나 메일 알람으로 스트레스를 받아 보신 경험이 있을 겁니다. 비대면 업무 시에는 시간의 관념이 모호해지기 때문에 업무 시간 외, 개인 혹은 단체로 업무 메일이나 문자를 보내는 경우가 많은데, 정말 급한 경우가 아니라면, 가능한 근무 시간 중 연락하도록 합니다.

8) 자료 공유 시에는 파일 크기 및 대외비인지 꼭 확인하고 보내도록 하세요.

재택근무, 비대면 업무의 가장 큰 어려움의 기업의 입장에서는 바로 자료 보안 문제입니다. 대외비 문서를 공유할 때는 회사에서 지정한 사이트 등에서 진행하도록 하고, 일반 SNS나 화상툴을 통해 자료를 보낼 때 공유 가능한 문건인지를 먼저 확인하시기 바랍니다. 또한 파일 크기가 너무 커서 업로드나 다운로드에 문제가 생기지 않도록 링크로 보내거나, 파일을 PDF등으로 전환하여 사이즈를 줄여 보냅니다. 화상 회의 녹화 등은 이미 공지가 된 경우가 아니라면 지양합니다. 또한 외부 연사 등을 초대하여 발표를 듣는 경우라면, 미리 회의 녹화 승인을 연사에게 확인하지 않은 경우 녹화 진행은 피하도록 하세요. 저작권 등의 문제가 생길 수 있습니다.

9) 문자나 일반 SNS 툴 사용 시 보안 및 백업 자료를 만들어 두세요.

회사 지정 메시지 툴이 아닌 일반 외부 문자 및 화상 회의 툴을 사용하는 경우, 백업이나 업데이트 문제, 데이터 센터 문제 등으로 인해 자료가 공유되지 않거나 커뮤니케이션 문제가 생길 수 있는 경우에 대비하여 백업 자료를 만들어 두세요. 업무 공유를 카카오톡과 같은 메신저 툴에만 의존하는 것이 아니라, 우선 업무 메일로 내용을 공유하고, 급하게 확인을 요구할 때 메신저 툴로 다시 확인하는 등의 방법을 고려해 주세요.

2 명함 교환

1) 명함을 건넬 때

비즈니스 세계의 인사 중 하나가 명함을 교환하는 것입니다. 명함을 교환할 때도 지켜야 할 매너가 많이 있습니다. 제일 기본적인 것은 명함을 명함 지갑에 넣고 다니는 것입니다. 또 명함을 넉넉히 준비하여 만나는 사람들과 자유로이 교환하는 것도 중요하고요. 이제 명함을 건넬 때 알아야 할 매너들을 살펴볼까요? 격식 있는 자리에서 명함을 줄 때는 대개 일어서서 오른손을 건넵니다. (중동이나 동남 아시아, 아프리카에서는 오른손으로, 일본, 중국, 싱가포르 등에서는 양손으로 명함을 전달합니다.) 또한 상급자나 연장자가 먼저 명함을 건네도록 하는 것이 좋습니다.

보통 식사 중에는 명함을 전달하지 않고, 식사가 끝날 때까지 기다렸다가 명함을 건네도록 합니다. 상대방이 먼저 명함을 건네지 않을 경우에는 망설이지 말고 먼저 명함을 요청하는 것이 좋습니다. 명함을 요청할 때는 'May I have your business card?'라고 합니다. 명함을 받은 후, 본인의 명함을 건넬 때는 'Here's my card.'라고 하고요.

2) 명함을 받을 때

명함을 받을 때도 몇 가지 주의해야 할 사항이 있습니다. 명함을 받을 때는 일어나서 받고 가볍게 감사 인사를 해야 합니다. 또한 명함을 받으면 바로 집어넣지 않고 그 자리에서 명함을 읽어 보는 것이 예의이죠. 발음하기 힘든 외국 이름 등 명함을 보고 궁금한 사항은 그 자리에서 즉시 물어보는 것이 좋습니다. 아래 예문들을 참고하세요.

받은 명함은 읽어 본 후 명함 지갑에 잘 넣어 보관하세요. 아무렇게나 주머니 속에 넣는 것은 금물입니다. 상대방의 명함을 손에 쥐고 만지작거리거나 상대방이 보는 앞에서 명함에 낙서를 하는 행위도 절대 삼가야겠죠?

3 식사 매너

1) 테이블에서 앉을 자리 정하기

비즈니스 파트너와 식사를 할 때 자리를 어떻게 하여 앉을지 정하는 것이 은근히 골칫거리입니다. 기본적인 룰을 알려 드릴게요. 입구에서 먼 쪽과 벽을 등지거나 전망이 좋은 쪽이 상석이고, 통로나 입구를 등지는 쪽이 말석입니다. 앉을 때는 테이블과 주먹 두 개 정도의 간격을 두고 앉는 것이 좋습니다. 여성의 경우는 핸드백을 의자 뒤쪽에 두어 등받이에서 살짝 간격을 두고 앉는 것이 좋죠.

2) 올바른 냅킨 사용법

참석자 전원이 자리에 앉았다면, 테이블 위의 냅킨을 무릎 위에 올려야 하는데요. 냅킨을 앉은 자리에서 바로 펴는 것이 아니라, 무릎 위로 가져온 다음 펍니다. 1/3 정도 접힌 쪽을 자신의 몸 쪽으로 향하게 하고, 음식을 먹는 동안 냅킨으로 가볍게 입을 닦을 수 있습니다. 이때 이물질이 옷에 묻지 않도록 접힌 쪽이 옷에 닿지 않게 위로 향하게 두세요. 간혹 냅킨을 목과 옷 사이에 끼우거나 목에 두르는 경우가 있는데 이것은 예의가 아닙니다. 자리를 잠시 떠날 경우 냅킨은 접어서 의자 위에 놓아야 합니다. 의자 등받이에 걸쳐 두면, 식사가 끝났음을 의미하기 때문이죠.

3) 식기류 사용법

양 옆으로 물 잔과 식전 빵이 놓여 있는데 어떤 것이 내 것인지 모르는 상황! 누구나 한 번쯤은 겪어 봤을 것입니다. 하지만 긴장할 필요 없습니다. '좌빵우물'만 기억하면 됩니다. 즉, 내가 앉은 자리를 기준으로 빵은 왼쪽 것, 물 잔은 오른쪽 것이 내 것입니다. 포크와 칼 등 식사 도구를 어떻게 사용할지 모를 때는 '밖에서 안으로'만 기억하면 됩니다. 가장 바깥에서부터 안쪽으로 차례대로 쓰면 되죠. 각 식기류의 용도는 그림을 참고하세요.

디저트용 스푼
케이크용 포크
버터 칼
빵 접시
물 잔
레드 와인 잔
화이트 와인 잔
생선용 포크
정찬용 포크
샐러드용 포크
정찬용 접시
서비스 플레이트
(장식 접시)
굴 포크
수프용 스푼
티스푼
생선용 칼
정찬용 칼
샐러드용 칼

식전 빵은 왼쪽 위 빵 접시에 놓고, 버터 칼로 버터를 발라 먹으면 됩니다. 식사 도중 포크나 칼을 떨어뜨렸다면, 직접 줍지 말고 웨이터를 부르세요. 이때 가볍게 손을 들어 웨이터에게 눈짓하면 됩니다. 식사가 서빙되는 동안에는 하던 이야기를 잠시 멈추는 것이 좋습니다.

4) 동서양의 다른 식사 문화

우리나라와 서양의 식사 예절의 가장 큰 차이는 우리나라는 '서로서로 같이 나눠 먹는' 개념이라면 서양은 '내 것은 내 것이고, 네 것은 네 것'이라는 사고방식이 강합니다. 우리나라의 경우 각각 다른 메뉴를 시켜서 나눠 먹는 문화가 있기 때문에, 대부분 식사 메뉴도 단품 메뉴보다는 한 가지로 통일된 요리를 주문하여 같이 나눠 먹는 경우가 많죠. 하지만 영미권 및 유럽인들은 식습관 같은 개인의 취향과 기호를 철저하게 존중하기 때문에 음식을 나눠 먹는 식문화를 부담스러워 합니다. 내 음식은 내 음식, 네 음식은 네 음식이라는 구분이 매우 강하죠. 조금 친해졌다고 자연스럽게 남의 접시에 손을 댔다가는 테이블 매너가 없는 교양 없는 사람으로 낙인 찍힐 수도 있습니다. 물론 서로 맛보라고 조금씩 음식을 바꿔 먹는 경우도 있지만, 상대의 동의 없이 상대의 접시를 건드리는 것은 결례입니다. 최소한 '한 입 먹어 봐도 될까요? 제 것도 좀 드릴게요.'(Can I have a bite? Try mine as well.)라고 하는 것이 예의죠.

❹ 스탠딩 리셉션

요즘은 우리나라에서도 스탠딩 리셉션을 하는 행사가 늘어나고 있지만 아직까지는 다소 생소한 광경입니다. 하지만 스탠딩 리셉션이나 칵테일 파티는 글로벌 비즈니스 현장에서 흔히 경험할 수 있죠. 스탠딩 리셉션에 가면 가능한 많은 사람들과 인사하고 대화를 나누는 것이 좋습니다. 와인이나 음료수 한 잔을 들고 대화할 사람들을 찾아 나서는 것이죠. 이미 대화가 진행 중인 그룹에 들어갈 때는 반드시 'May I join (you)?'(제가 끼여도 될까요?)라고 물어보는 것이 예의입니다. 한 그룹에서 대화를 나누다 다른 아는 사람을 만났거나 혹은 좀 지루해서 다른 그룹으로 이동하고 싶다면 'Will you excuse me? I think I should go say "hello" to my friend over there.'(실례합니다. 저기 제 친구한테 인사 좀 하러 가겠습니다.)라고 예의를 갖춰 말하세요. 스탠딩 리셉션이라는 행사의 취지가 자유롭게 돌아다니며 여러 사람들과 인사를 나누는 것이기 때문에 한 사람과 계속 대화를 하려고 잡아 두면 오히려 실례가 됩니다.

❺ 선물 교환

출장이나 협상 후 감사의 표시로 작은 선물을 하기도 하는데요, 글로벌 비즈니스 세계에서의 '선물'은 나라와 문화에 따라 차이가 있기 때문에 자칫 잘못하면 오해를 일으킬 소지가 있습니다. 선물을 보내기 전에 다음 사항을 꼭 살펴보세요.

❶ 선물 전달이 상대 회사나 부서의 정책에 부합되는가?

외국의 선진 기업은 회사마다 '선물 규정'을 만들어 투명한 거래를 유도하고 있습니다. 미리 선물이 가능한지의 여부나 금액 제한 등의 사항을 알아 둘 필요가 있습니다.

❷ 선물 전달 시기가 적절한가?

상황에 따라 먼저 선물을 보내는 것이 좋은 경우도 있고, 나중에 감사의 표시로 답례해야 하는 경우도 있습니다. 적절한 시기에 선물을 보내는 것이 좋겠죠?

❸ 받는 사람이 좋아할 만한 선물인가?

가장 좋은 선물은 상대가 좋아할 만한 선물입니다. 일반적인 기호품도 좋지만 상대의 기호를 미리 파악하고 고른 선물보다 좋은 것은 없죠. 상대의 기호를 잘 모를 때는 상품권도 좋은 대안이 될 수 있습니다.

차례

PART 1 비대면 업무

Chapter 1 •
줌(화상) 회의 시작하기

회의 안내 및 공지하기 ⋯ 027
회의 참여자 환영하기 ⋯ 028
회의 시작하기 ⋯ 029
줌 관련 표현 익히기 ⋯ 031

Chapter 2 •
줌(화상) 회의 진행하기

내용 확인하기 ⋯ 035
회의 중간에 문의하기 ⋯ 035
다음 내용으로 넘어가기 ⋯ 037
화상회의 마무리하기 ⋯ 038
제안하기 ⋯ 040

Chapter 3 •
줌(화상) 회의 중
문제 해결하기

인터넷 연결문제 ⋯ 042
음량 문제 ⋯ 044
화면 공유 문제 ⋯ 046
방해 요소 대처하기 ⋯ 047
다른 참여자 대기시키기 ⋯ 048

Chapter 4 •
비대면 업무 관련
신규 단어 이해하기

비대면 근무 환경에 관한 표현 ⋯ 049
IT 관련 표현 ⋯ 052
재택근무 관련 표현 ⋯ 056
비대면 커뮤니케이션 관련 표현 ⋯ 059

PART 2 사무 업무

Chapter 1 •
업무 관련 표현

인사 및 안부 묻기 ⋯ 065
가벼운 수다 ⋯ 067
지각 · 조퇴 · 결근 ⋯ 068
퇴근 ⋯ 071
업무 보고 및 업무 상황 파악 ⋯ 072
회사 상황 ⋯ 075
행사 · 교육 · 연수 ⋯ 076

Chapter 2 •
업무 습득

동료에게 묻기 ⋯ 078
도움 제안 ⋯ 079
문제 상황 ⋯ 080

Chapter 3 ●	복사기 및 팩스	… 082
사무기기 및 인터넷 사용	컴퓨터 및 인터넷	… 084
	기타 사무기기 문제	… 087

Chapter 4 ●	우편물 부치기	… 089
기타 잡무	잔심부름 부탁	… 090
	휴가	… 091
	회식 및 야유회	… 092
	직원 경조사	… 093

Chapter 5 ●	자기계발	… 095
동료와의 대화	승진	… 096
	잡담	… 098
	퇴근 후 활동	… 099
	사과하기	… 100
	감사하기	… 101
	간단한 응답	… 103

PART 3 전화

Chapter 1 ●	전화 받기	… 107
전화 업무	전화 걸기	… 109
	전화 연결하기	… 111
	전화로 안부 묻기	… 116
	전화 건 목적	… 117
	자동 응답	… 119
	전화 종료	… 120

Chapter 2 ●	부재중 메시지 남기기	… 123
메시지 남기기	부재중 메시지 받기	… 125
	메시지 내용 확인	… 128
	메시지 내용 수정	… 130
	이해하지 못했을 때	… 131
	자동 응답	… 133
	음성 메시지 남기기	… 136

Chapter 3 ●
전화로 일정 잡기

약속 잡기 ··· 140
약속 장소 정하기 ··· 147
약속 확인 ··· 148
약속 변경 및 취소 ··· 151

Chapter 4 ●
전화 사용시 불편

전화를 잘못 걸었을 때 ··· 155
통화 가능 여부 확인 ··· 155
통화 연결이 어려울 때 ··· 156
연결 상태가 좋지 않을 때 ··· 157
휴대 전화 사용 ··· 160

Chapter 5 ●
전화로 불만사항 전하기

문제 제기 ··· 161
급한 사항 전달 ··· 166
불만사항 확인 ··· 166
해결 방안 제시 ··· 167
해결 방안 수용 및 거부 ··· 168

PART 4 이메일 및 기타 문서

Chapter 1 ●
인사 및 소개

안부 및 인사 ··· 171
감사하기 ··· 173
소개하기 ··· 173

Chapter 2 ●
연락 목적 및 전달 내용

연락 계기 ··· 175
이메일 작성 목적 ··· 176
이메일 답장 보내기 ··· 178
약속 날짜 및 시간 정하기 ··· 179
약속 조율 및 변경 ··· 180
만남 제안 ··· 182
약속 장소 정하기 ··· 183
약속 확인 ··· 183
견적 문의 ··· 184
샘플 및 자료 요청 ··· 185
세부 사항 확인 ··· 187

Chapter 3 ●
업무 진행 파악

확인하기 ··· 188
진행 상황 파악 ··· 191
재고하기 ··· 192
비즈니스 제안 ··· 193

거절하기 ··· 195

정보 및 협조 요청 ··· 196

자료 첨부 ··· 198

다음 회의 내용 ··· 201

기밀 사항 관리 ··· 202

답장 및 피드백 요청 ··· 202

계약서 관련 사항 ··· 203

배송 관련 사항 ··· 208

지불 관련 사항 ··· 212

문제 제기 ··· 216

클레임 제기 및 대응 ··· 216

교환 · 환불 · 수리 및 A/S 요청 ··· 219

Chapter 4 ●
공지 및 안내

이메일 주소 및 답장 안내 ··· 221

부재 알리기 및 자동 회신 ··· 222

이직 통보 및 후임자 소개 ··· 226

공지하기 ··· 228

초대 및 회답 ··· 229

Chapter 5 ●
감사 · 축하 · 사과 및
개인 메시지

감사의 말 ··· 232

축하의 말 ··· 234

위로의 말 ··· 236

신년 인사 ··· 237

사과 및 변명 ··· 238

Chapter 6 ●
이메일 마치기

수신 확인 및 회신 요청 ··· 243

맺음말 ··· 244

마지막 인사 ··· 247

Chapter 7 ●
보고서 · 기획서 · 공문

보고 자료 확인 ··· 248

보고 일정 안내 ··· 249

분석하기 ··· 249

보고 내용 요약 ··· 250

수치 설명 ··· 251

보고 사항 강조 ··· 253

원인 및 결과 제시 ··· 254

반복 · 요약 · 첨가 ··· 254

기획서의 주제 설정 및 배경 설명 ··· 255

계획 및 목표 설정 ··· 256

문제 제기 및 해결 방안 ··· 257

자료 인용 ··· 257

공지 사항 ··· 258

사내 메모 및 게시판 문구 ··· 260

PART 5 소셜 네트워킹 서비스(SNS)

Chapter 1 ●
SNS 시작

SNS 상의 첫인사 ··· 265

SNS 홍보 ··· 265

고객 성원에 대한 감사 ··· 265

Chapter 2 ●
SNS 기업 소개

공식 페이지 소개 ··· 267

기업 소개 ··· 268

주요 제품 소개 ··· 269

매출 소개 ··· 270

Chapter 3 ●
SNS 상품 소개

신제품 소개 ··· 271

제품 특징 소개 ··· 272

세일 홍보 ··· 273

고객 메시지에 대한 댓글 ··· 274

공지 사항 ··· 277

Chapter 4 ●
SNS에 일정 소개

신제품 출시 일정 ··· 279

개점 일정 ··· 279

Chapter 5 ●
SNS 마케팅

시즌 마케팅 ··· 282

판촉 행사 ··· 283

공익 캠페인 및 이벤트 ··· 284

스타 마케팅 ··· 287

선호도 조사 ··· 288

PART 6 인맥 만들기

Chapter 1 ●
만남 및 인사

첫인사 ··· 291

대중 상대 인사 ··· 292

지인 상대 인사 ··· 292

공손한 인사 ··· 294

우연한 만남 ··· 295

가족 안부 ··· 295

공항 마중 ··· 296

Chapter 2 ●
소개

동료 소개 ··· 299
직업 소개 ··· 300
회사 소개 ··· 301
업무 소개 ··· 302
가족 소개 ··· 304
연락처 주고 받기 ··· 305
대화 마무리하기 ··· 305

Chapter 3 ●
방문

약속 장소 도착 직후 ··· 307
만남 전 대기 중 ··· 309
방문객 도착 보고 ··· 310
방문객에게 알리기 ··· 310
명함 교환 ··· 311

Chapter 4 ●
축하 · 위로 · 감사

승진 축하 ··· 312
결혼식에서 ··· 313
장례식에서 ··· 313
생일 파티에서 ··· 314
크리스마스 및 새해 인사 ··· 315
감사 및 응답 ··· 316

Chapter 5 ●
사과 및 용서

사과하기 ··· 318
잘못 인정하기 ··· 319
용서 구하기 ··· 320
사과 받아들이기 ··· 321
나쁜 소식 전하기 ··· 322

Chapter 6 ●
초대 및 약속

초대하기 ··· 323
약속 정하기 ··· 324
시간 및 장소 정하기 ··· 324
모임 정보 확인하기 ··· 326

Chapter 7 ●
수락 및 거절

초대 수락 ··· 328
일정 확인 ··· 329
약속 결정 보류 ··· 329
초대 거절 ··· 330
약속 변경 및 취소 ··· 330
수락 또는 거절에 대한 응답 ··· 332

Chapter 8 ● 손님맞이	도착 직후	… 333
	늦은 이유 설명	… 334
	접대	… 335
	방문 마치기	… 336

Chapter 9 ● 사람 사귀기 및 관계 증진	초면인 사람에게 말 걸기	… 338
	아는 사람에게 말 걸기	… 338
	대화 전개	… 339
	관심사 및 취미	… 340
	싫어하는 것	… 342
	음악	… 342
	여행	… 343
	독서	… 344
	운동	… 345
	영화	… 345

PART 7 회의

Chapter 1 ● 회의 시작	환영 및 인사	… 349
	본 회의 시작 전	… 352
	회의 주제 소개	… 355
	연사 소개	… 357

Chapter 2 ● 회의 진행	회의 본론 개시	… 359
	회의 내용 정리	… 359
	프로젝트 예상 및 준비	… 362
	제안	… 363
	상황 파악 및 문제점 제기	… 365

Chapter 3 ● 토론	진행 및 의견 묻기	… 367
	발언 연결 및 제지	… 369
	의견 제시 및 설득	… 371
	동의하기	… 375
	반대하기	… 377
	질문하기	… 382

Chapter 4 ● 회의 종료	회의 마무리	… 383
	질의응답	… 384
	결론 맺기	… 386

회의 마치기 ··· 388

PART 8 프레젠테이션

Chapter 1 ●
프레젠테이션 시작 및 소개
인사 ··· 393
자기소개 ··· 395

Chapter 2 ●
프레젠테이션 서론
프레젠테이션 주제 소개 ··· 399
프레젠테이션 목적 제시 ··· 401
프레젠테이션 시작 알리기 ··· 402
프레젠테이션 개요 설명 ··· 404
프레젠테이션 소요 시간 알리기 ··· 407
질의응답 ··· 408
기타 공지 사항 ··· 408

Chapter 3 ●
프레젠테이션 본론
본론의 도입 ··· 411
내용 연결 ··· 412
청중을 내편으로 만들기 ··· 413
순서대로 진행하기 ··· 416
내용 보충 ··· 417
반대 내용 제시 ··· 417
원인 및 결과 설명 ··· 418
설명한 내용 마무리 ··· 419
기간 대비 비교 ··· 419
다른 내용 소개 ··· 421

Chapter 4 ●
본론 내용 전개
중요 내용 강조 및 요점 전달 ··· 422
중요하지 않은 내용의 최소화 ··· 425
비교 ··· 426
대조 ··· 429
의견 제시 ··· 430
부연 설명 ··· 432
근거 제시 ··· 433
시각 자료 활용 ··· 434
소주제 설명 마무리 ··· 438

Chapter 5 ●
프레젠테이션 결론
마무리 단계 알리기 ··· 439
중요 내용의 요약 ··· 439
강조 및 제안 ··· 441

인용구 · 일화 등의 언급   … 442
프레젠테이션 종료 인사   … 442

Chapter 6 ●
질의응답
질문 받기   … 443
질문 확인   … 444
좋은 질문에 대한 대답   … 445
답변하기 힘든 질문에 대한 대답   … 446
답변에 대한 이해 및 만족도 확인   … 446
질의응답 종료   … 447

PART 9 계약 및 협상

Chapter 1 ●
협상의 시작
상호 소개   … 451
가벼운 대화   … 454
협상 개시 알림   … 456
협상 시작 시 의견 교환   … 459
회사 입장의 관철 노력   … 460

Chapter 2 ●
안건 정리
안건 제시   … 462
안건 요약   … 465
본격 협상 전개   … 467

Chapter 3 ●
가격 협상
가격 및 옵션 제시   … 470
본격 가격 협상 단계   … 474
가격 제안   … 477
가격 합의 도출   … 479
최종 가격 결정   … 482
가격 협상 마무리   … 483

Chapter 4 ●
제안할 때
제안 내용 확인   … 485
문제점 지적   … 486
확신을 주고자 할 때   … 489
추가 조건 제안   … 490
조건 확인   … 493

Chapter 5 ●
양보할 때
원활하지 않은 협상 상황   … 496
협상 타결을 위한 노력   … 498
예산 및 경비의 타협   … 500
설득 노력   … 503

Chapter 6 ● 반대 · 동의 · 거절	반대	⋯ 505
	부분적인 동의	⋯ 507
	거절	⋯ 508
	불만사항의 전달	⋯ 511
	협상 중 중간 휴식	⋯ 512

Chapter 7 ● 서류 및 계약서	계약 재확인	⋯ 514
	서류 및 계약서 정리	⋯ 516
	계약 내용 최종 확인 및 서명	⋯ 520

| Chapter 8 ● 협상 종결 | 협상 마무리 | ⋯ 523 |
| | 협상 조건의 변경 요구 | ⋯ 525 |

PART 10 출장

Chapter 1 ● 출장 전	출장 계획 보고	⋯ 531
	등록 및 예약	⋯ 532
	현지 정보 문의	⋯ 535

Chapter 2 ● 비자 및 항공권 예약	비자 인터뷰	⋯ 537
	항공권 예약	⋯ 540
	공석 대기 확인	⋯ 543

Chapter 3 ● 공항 및 기내	탑승 수속	⋯ 544
	비행기 지연	⋯ 545
	도착 예정 알리기	⋯ 547
	기내 상황	⋯ 547
	목적지 공항 도착	⋯ 551
	입국 심사	⋯ 552
	세관 검사	⋯ 553
	공항 빠져 나가기	⋯ 554
	손님 맞이 및 배웅	⋯ 555

Chapter 4 ● 호텔	예약 및 체크인	⋯ 558
	서비스 문의	⋯ 560
	불편 사항 전달	⋯ 563
	체크아웃 및 정산	⋯ 565

Chapter 5 ●
식당

식당 추천	··· 568
예약 · 취소 · 자리 확인	··· 569
주문	··· 573
불만사항 전달	··· 578
기타 서비스	··· 580
계산	··· 582

Chapter 6 ●
길 찾기 및 교통수단

길 찾기	··· 584
지하철 및 버스 이용	··· 587
기차 및 선박 이용	··· 590
렌터카 이용	··· 592
택시 이용	··· 594

Chapter 7 ●
관광 및 쇼핑

관광 명소 추천 및 정보	··· 597
관광 명소 방문	··· 599
쇼핑하기	··· 601

Chapter 8 ●
출장 후

회사 복귀	··· 606
출장 보고	··· 607

PART 11 사교 활동

Chapter 1 ●
파티

복장	··· 611
어울리기	··· 611
상대방 칭찬하기	··· 613
칭찬에 답하기	··· 615
화제 바꾸기	··· 615
술 마실 때	··· 616
파티 끝날 때	··· 619

Chapter 2 ●
세미나 및 포럼

인사	··· 620
일정 및 장소	··· 621
주제 및 강연	··· 621
발표	··· 622
작별 인사	··· 623

Chapter 3 ●
가벼운 수다

날씨에 대해	··· 624
계절에 대해	··· 625

| | 뉴스에 대해 | ··· 626 |
| | 다른 사람에 대해 | ··· 627 |

Chapter 4 ● **개인적인 주제**	가족	··· 629
	건강	··· 630
	스트레스	··· 631
	걱정거리	··· 632

Chapter 5 ● **업무 관련 주제**	근무 환경	··· 634
	프로젝트	··· 635
	제품	··· 636
	시장 전망	··· 637

Chapter 6 ● **감정 표현**	기쁠 때	··· 639
	놀라울 때	··· 639
	격려할 때	··· 641
	슬플 때	··· 643
	후회할 때	··· 644
	화날 때	··· 645

Chapter 7 ● **기타 유용한 표현**	잘 못 들었을 때	··· 647
	말문이 막힐 때	··· 647
	이해가 안 될 때	··· 648
	이해했는지 확인할 때	··· 649

PART 12 면접

Chapter 1 ● **인사 및 자기소개**	첫인사	··· 653
	자기소개	··· 653
	성격	··· 654
	장점 및 특기	··· 655
	단점	··· 627
	취미 활동	··· 638

| **Chapter 2 ●**
학업 및 경력 | 전공 및 학교 소개 | ··· 660 |
| | 직무 경험 | ··· 662 |

| **Chapter 3 ●**
기술 및 특이사항 | 지원 자격 | ··· 667 |
| | 기술 및 능력 | ··· 668 |

목표 및 포부 ··· 671

기술 관련 자격사항 ··· 674

좌우명 및 철학 ··· 676

Chapter 4 ●
기타 의견 및 질문

회사에 관한 의견 ··· 677

예상 연봉 ··· 680

지원 상황 ··· 681

확인 ··· 682

정의 내리기 ··· 683

면접관에게 질문하기 ··· 684

비대면 업무

긴 코로나 기간으로 인해, 비대면으로 근무하는 것이 많은 직업군에서 보편화되었습니다.

실제로 대면으로 음성, 얼굴 표정을 접하는 것이 아닌 영상이나 텍스트로 의사소통을 하다 보면 명확하게 표현하는 것의 중요성을 더 실감하게 됩니다. 비대면 업무에서 많이 활용할 수 있는 유익한 비즈니스 영어 표현을 익혀 보세요.

Chapter 1
줌(화상) 회의 시작하기

Chapter 2
줌(화상) 회의 진행하기

Chapter 3
줌(화상) 회의 중 문제
해결하기

Chapter 4
비대면 업무 관련
신규 단어 이해하기

| Chapter 1 | 줌(화상) 회의 시작하기 |

회의 안내 및 공지하기

이번 주 목요일 오후 2시에 줌으로 회의하죠.
Let's Zoom at 2 p.m. this Thursday.

11월 10일 금요일 오전 11시에 줌으로 회의하죠.
Let's Zoom at 11 a.m. on Friday, November 10.

내일 오후 2시에 화상 회의를 할 거예요.
We will be e-meeting at 2 p.m. tomorrow.

> Example
>
> Hello, everyone. **We will be e-meeting at 3 p.m. KST tomorrow.** The link is below.
> 안녕하세요 여러분. 내일 오후 3시 한국시간에 화상 회의를 합니다. 링크는 아래 있습니다.

회의에 참여하려면 아래 링크를 클릭하세요.
Please click on the following link to join the meeting.

회의용 아이디와 비밀번호를 입력하면 회의에 참여할 수 있어요.
You can type in the meeting ID and the password to join the meeting.

회의 참여가 수락되기 전까지는 대기실에서 기다려야 해요.
You will be in the waiting room before we accept you to join the meeting.

5분에서 10분 일찍 참여해 주세요. 그래야 저희가 음향과 화면 공유를 시험할 수 있습니다.
Please join the meeting 5 to 10 minutes earlier so that we can test the audio and the screen sharing.

줌 회의는 5시 정각에 시작할 테니 늦지 마세요.
The Zoom session will start at five sharp. So don't be late.

달력에 이번 주 목요일 오후 2시 체크해 놓으세요. 줌 회의를 할 겁니다.
Mark your calendar for this Thursday at 2 p.m. We will have a Zoom meeting.

모든 해외 관계자가 이번 회의에 참석하게 됩니다.

All the overseas representatives will be attending the meeting.

**회의 참여자
환영하기**

여러분 반갑습니다. 오늘은 가상 업무 설정에 대해 회의합니다.

Welcome, everyone. Today's meeting is about virtual work settings.

여러분 반갑습니다. 오늘은 신제품 출시 관련 마케팅에 대해 회의하려고 해요.

Welcome, everyone. Today's meeting is to discuss marketing for the launch of the new product.

오늘 회의에 오신 걸 환영합니다. 우리가 얘기하고 싶은 이슈들은 이런 거예요.

Welcome to today's meeting. These are the issues that we want to talk about.

모두 반갑습니다. 오늘 안건은 이겁니다.

Welcome, everyone. This is our agenda.

모두 반갑습니다. 오늘 회의의 목적은 신제품 출시 관련 마케팅 전략에 대해 의견을 모으려는 것입니다.

Welcome, all. The purpose of today's meeting is to agree on the marketing strategy for the launch of the new product.

줌 회의에 오신 걸 환영합니다.

Welcome to our Zoom meeting.

모두 반갑습니다. 오늘 회의는 1시간 이내로 진행될 거예요.

Welcome, everyone. The meeting today is going to last no more than an hour.

갑작스러운 요청에 참여해 주셔서 감사합니다.

Thank you all for attending at such short notice.

갑작스러운 요청에 함께 해 주셔서 감사합니다.

Thank you for joining at such short notice.

오늘 회의에는 못 보던 얼굴들이 좀 계시니, 돌아가면서 간단히 자기 소개를 하죠.

There are some unfamiliar faces in today's meeting, so let's do a quick round of introductions.

오늘 회의에 와 주셔서 감사합니다.

I appreciate your coming to the meeting today.

다 오신 것 같군요.

It looks like everyone is here.

Example

It looks like everyone is here. Let's do a quick round of introductions before we start.   다 오신 것 같군요. 시작하기 전에 간단한 자기소개를 하죠.

**회의
시작하기**

시작해도 될까요?

Are we good to go?

모두 시작할 준비 되셨나요?

Is everybody ready to start?

사라 씨는 아직 회의에 참여하지 않았나요?

Has Sarah joined the meeting yet?

Example

Has John joined the meeting yet? Michael, would you please call and tell him to join ASAP?   존 씨는 아직 회의에 참여하지 않았나요? 마이클 씨, 존 씨에게 전화하셔서 바로 참여하라고 해 주세요.

다 오신 것 같네요.

It looks like everyone is here today.

회의를 시작하죠.

Let's get the meeting started.

좋아요, 시작해 볼까요?

Okay. Let's get started, shall we?

좋아요, 시작해 보죠.

Okay. Let's kick off.

시작해 봅시다.

Let's get the ball rolling.   *get the ball rolling 시작하다

이 회의를 시작하겠습니다.

Let us begin this meeting.

오늘은 안건부터 보면서 시작하겠습니다.

Today, we are going to start off by looking at the agenda.

시작해도 될까요? 연간 보고서부터 시작해 보죠.

Are we good to go? Let's get started with the annual report.

좋아요, 시작해 보죠. 예산부터 시작해 봅시다.

Okay. Let's kick off the meeting. We're going to start with the budget.

시작하기 전에 연결 상태를 확인해 봐야겠네요. 잘 들리세요?

Before we start the meeting, I would like to check our connection status. Can you hear me well?

제가 화면에 공유해 놓은 PPT(슬라이드 덱)도 잘 보이시나요?

Can you see the deck I have displayed on the screen?

우리 안건을 보면서 시작하죠.

Let us start by looking at the agenda.

회의는 최대 한 시간을 넘기지 않을 거예요.

The meeting is going to last no more than one hour.

Thank you for joining despite your busy schedules. **This meeting is going to last no more than 30 minutes.** Let's start by looking at the agenda. 바쁜 와중에 참석해 주셔서 감사합니다. 이 회의는 최대 30분을 넘기지 않을 겁니다. 우리 안건을 보면서 시작하죠.

회의 전에 안건을 보내 드렸으니 모두 한 부씩 갖고 계시겠죠.

I sent you the agenda before the meeting, so you should all have a copy of what's on it.

하고 싶은 말이 있으시면, 회의 진행 중에 이야기해 주세요.

If you want to say something, then just speak up at any time during the meeting.

**줌 관련
표현 익히기**

오늘 회의 중 질문이 있는 분은 '손들기' 반응을 해 주시면 제가 가장 쉽게 알아볼 수 있습니다.

If you have any questions during our discussion today, the easiest way to let me know is by raising your hand.

그리고 다른 사람들의 관점에 동의하거나 이해가 되면 주저하지 말고 '엄지 올리기' 반응으로 여러분의 의도를 전해주세요.

And don't hesitate to let others know if you agree with them or understand their point of view by giving a thumbs-up.

회의 중 어려움이 있으면 일찍 퇴장할 필요도 있겠지만, 관련해서 질문이 있다면 채팅창에서 질문하셔도 됩니다.

If you have any difficulties, you need to leave early, or you have a clarifying question, you can also share that in the chat.

질문이 있으시면 채팅창을 사용해 주세요.

You can use the chat to ask any questions.

이건 화상 회의여서 여러분의 참여가 정말로 중요합니다.

This is a video conference, so your participation is really important.

처음 시작할 때는 회의의 주최자인 마크가 사람들의 참여를 수락할 거예요.

Mark is the host of this meeting, so he will let people in as we start.

웨이팅룸에서 대기하셨다가, 주최자가 회의가 시작되면 수락해 줄 겁니다.

You will be in the waiting room. Then, the host will accept you when the meeting starts.

이 회의에 10명이 넘는 참여자가 등록했으니 모두 들어올 때까지 기다리죠.

More than ten participants signed up for this meeting, so let's wait until everyone is here.

카메라를 켜 주시겠어요?

Would you please turn your camera on?

카메라를 켜 주세요. 실제로 대면으로 이야기하는 느낌이 나게요.

Please have your camera on so that it feels like we are actually talking in person.

줄리 씨는 카메라가 꺼져 있네요. 카메라를 켜 주시겠어요?

Julie, your camera is off. Would you mind turning it on?

죄송합니다. 제가 웹캠이 없어서 카메라가 꺼져 있네요.

Sorry. My camera is off because I don't have a webcam.

말씀을 하실 때는 더 잘 들리게 음량을 조절해 주세요.

When you speak, please adjust the volume so that we can hear you better.

할 말이 있을 때만 마이크를 켜셔도 됩니다.

You should turn your microphone on when you have something to say.

다른 사람들이 말하고 있을 때, 배경 소음을 줄이려면 마이크를 꺼 주세요.

When others are talking, to minimize background noise, please turn your microphone off.

회의 중에는 마이크를 무음으로 해 주세요.

Please mute your microphone during the meeting.

마이크 무음을 해제해 주세요. 말씀이 들리지 않아요.

Please unmute your microphone. We can't hear you.

여러분이 회의실에 입장할 때는 잡음을 최소화하기 위해 제가 여러분의 마이크를 무음으로 해 둬야 할 수도 있습니다.

I may have to mute you when you enter the meeting to minimize the background noise.

보여줄 슬라이드가 좀 있으신 분은 자신의 화면을 공유해 주세요.

If you have some slides to show, please share your screen.

화면 공유 기능은 맨 아래쪽에 있습니다.

The share screen function is at the bottom.

스크린이나 공유하고 싶은 창을 클릭해 주세요.

Click on the screen, or tap what you'd like to share.

투표해 보죠. 이번 주 금요일에 점심 모임 가능하신 분들은 줌의 '손들기' 아이콘으로 표시해 주세요.

Let's take a poll. For those who can meet up for lunch this Friday, please put up the raise hand icon in Zoom.

음량을 키워 주시겠어요? 말씀이 잘 안 들리네요.

Could you please turn up the volume? I can't hear you well.

음량을 줄여 주시겠어요? 좀 크게 들리네요.

Could you turn down the volume? It's a bit too loud.

질문이 있으시면 자유롭게 채팅 창을 활용하세요.

For any questions, feel free to use the chat.

Since we don't want to interrupt the speaker during the talk, **for any questions, feel free to use the chat.** 발표 중 연사를 방해하고 싶지 않으니, 질문이 있으시면 자유롭게 채팅 창을 활용하세요.

채팅 창에서 여러분의 메시지를 좀 읽어 보죠.

Let's look at the chat board to read some of your messages.

우리는 이 회의를 녹화할 겁니다. 그러니 '녹화(recording)'를 수락해 주세요.

We will be recording this session. So please accept "recording."

We will be recording this session. So please accept "recording." It will only be shared with this group. 우리는 이 회의를 녹화할 겁니다. 그러니 '녹화(recording)'를 수락해 주세요. 이 그룹에만 공유됩니다.

교육이 끝나면 모든 참여자들은 5개의 방으로 나뉘어 그룹별 토의를 하게 됩니다.

After the training session, all participants will be divided into 5 breakout rooms for group discussions.

*breakout room: 줌에서 소그룹으로 참여자를 나눌 때 쓰는 표현(소그룹 회의룸)

각 방마다 소규모 그룹 토의가 이뤄질 거예요.

We will have small-group discussions in the breakout rooms.

주요 회의가 끝나면 여러분은 참여할 방을 하나씩 할당 받게 됩니다.

You will be assigned to a breakout room after the main meeting.

You will be assigned to a breakout room. So just stay connected. 여러분은 참여할 방을 하나씩 할당 받게 됩니다. 계속 연결해 주세요.

소규모 토론 세션이 끝난 후 메인 룸으로 참여해 주세요.

Please join the main room again after the breakout room session.

줌(화상) 회의 진행하기 🎧 01-2.mp3

내용 확인하기

오늘은 베트남 신규 사업 확장 계획에 대해 얘기할 거예요.

We will be talking about the new business expansion plans in Vietnam today.

모두 잘 보이시나요?

Is this clear to everyone?

> **Example**
>
> Sandy sent me the question list from you. Let me share it. **Is this clear to everyone?** 샌디 씨가 저한테 여러분의 질문 목록을 보내주셨어요. 이걸 공유하겠습니다. 모두 잘 보이시나요?

시작하기 전에 다음 안건들을 여러분께 공유하고 싶군요.

Before I start, I would like to share the following item on the agenda with you.

제 화면을 공유해서 오늘의 안건을 보여드릴게요.

Let me share my screen to show today's agenda.

제가 알기로는 오늘 마케팅 부서의 전 직원이 여기 계십니다.

If I understand correctly, everyone from the Marketing Department is here today.

**회의 중간에
문의하기**

죄송합니다만 제가 질문 하나 해도 될까요?

Sorry. Would you mind if I asked a question?

그러니까 확실히 하자면 다음 주 금요일까지 시장 보고서를 마쳐야 한다는 말씀이신가요?

Just to clarify, are you saying that the market report is due next Friday?

제가 잠깐 끼어들어도 될까요?

Could I interrupt you for a minute?

부탁인데 제가 거기서 끼어들어도 될까요?

Would you mind if I jumped in, please?

제가 끼어들어도 될까요?

Would you mind if I butted in?

*butt in 끼어들다

죄송합니다만, 저는 15분 뒤에 자리를 비워야겠네요.

Sorry. I need to step out in 15 minutes.

Sorry to interrupt, but **I need to step out for an important phone call in 15 minutes.**
방해해서 죄송합니다만, 중요한 전화가 있어서 15분 후에 자리를 비워야겠네요.

부탁인데 제가 딱 1분만 끼어들어도 될까요?

Can I stop you for just one minute, please?

잠시만요, 아직 우리가 실행 계획은 논의하지 않은 거 같은데요.

One minute, please. It seems we haven't discussed the action plans.

저 좀 할 말이 있어요. 제가 끼어들어도 될까요?

I've got something to say. Could I butt in, please?

잠시만요, 잠깐만 기다려 주세요. 아직 우리가 그건 자세하게 논의하지 않은 거 같은데요.

Hold on a minute, please. We don't seem to have discussed that in much detail.

잠깐만요. 그 얘기로 다시 돌아갈 수 있을까요? 제가 질문이 좀 있어서요.

One minute, please. Could we go back over it because I've got some questions?

끼어들어서 정말 죄송합니다만, 다음 얘기로 넘어가기 전에 당신 말씀에 제가 덧붙이고 싶네요.

I'm so sorry to interrupt, but I'd like to add to what you said before we move on.

끼어들어서 죄송합니다만, 방금 하신 말씀을 제가 더 쉽게 설명해 보고 싶네요.

I apologize for interrupting, but I'd like to clarify what you said.

끼어들어서 죄송합니다만 짧은 질문 하나 해도 될까요?

Sorry to interrupt, but may I ask a quick question?

말씀하신 신규 마케팅 계획에 대해 질문이 하나 있어요.

I have a question about the new marketing plans you mentioned.

우리가 뭘 해야 하는지 혼란스럽네요.

I am confused about what we have to do.

마케팅 대상에 대해 더 잘 알고 싶습니다.

I would like to know more about the marketing target.

예를 하나 들어주시겠어요?

Can you give me an example?

방금 말씀하신 마지막 부분을 반복해주실 수 있나요?

Can you repeat the last part that you just said?

Example

It sounds like you had a connection issue. **Can you repeat the last part that you just said?** 연결 문제가 있으셨던 것 같은데요. 방금 말씀하신 마지막 부분을 반복해 주실 수 있나요?

당신의 도움을 받아도 될까요?

Can I pick your brain about something?

*pick s/o brain about s/th: 누군가의 도움을 받다

다음 내용으로 넘어가기

다음 항목으로 넘어가죠.

Let's move on to the next item.

계속해서 2번 항목을 보겠습니다.

Moving on, let's take a look at item number two.

다음 주 수요일에 또 회의하기로 하죠.

Let's pencil in another meeting for next Wednesday.

좋습니다, 여러분. 시간 문제가 좀 있으니 다음으로 넘어가야 할 거 같아요.

Okay, guys. There's a bit of a time issue here. So I think we should move on.

시간이 다 되어 가네요. 다음 주 수요일에 또 회의하기로 하죠.

We're running out of time. Let's pencil in another meeting for next Wednesday.

다음으로 넘어가도 될까요?

Can we move on?

다음은 뭔가요?

What's next?

지금까지 우리가 한 걸 정리해 볼까요?

What have we done so far?

지금까지 우리가 다룬 걸 정리해 볼까요?

What have we covered so far?

**화상 회의
마무리하기**

정리하자면, 이번 분기에 우리는 좀 더 공격적으로 계획을 추진할 겁니다.

In summary, we're going to be slightly more aggressive with our plans this quarter.

모든 부서가 부서간 회의를 더 많이 해야 한다는 데 우리 모두 동의했습니다.

This is what we've agreed on. All departments should conduct more cross-department meetings.

오늘은 이쯤에서 마쳐도 될 거 같아요.

I think we can leave this here for today.

오늘은 이쯤에서 마치면 좋을 거 같네요.

I think this is a good place to leave things today.

이 얘기는 내일 / 다음 주 / 수요일에 다시 하면 돼요.

We can pick this up again tomorrow / next week / on Wednesday.

이 얘기는 여기서 중단하는 게 좋겠네요. 내일 다시 하면 되니까요.

I think this is a good place to stop. We can pick things up again the next day.

좋아요, 3번 논점까지 끝냈군요. 4번부터는 내일 시작합시다.

Okay, we've finished point three. We'll pick things up from point four from tomorrow.

회의가 거의 끝나가는 중이니 우리 안건을 한 번 더 검토합시다.

We're almost at the end of our meeting, so let's go over the agenda once more.

우리 안건을 잘 마치려면 질문은 마지막에 다뤄야 시간이 절약될 겁니다.

In order to get through the agenda successfully, we'll save time at the end to address any questions you might have.

오늘 안건 외에 다른 질문이 있으시면 기다렸다가 마지막에 해 주세요.

If you have any questions on topics not on the agenda today, please save them until the end.

훌륭한 생각/질문이군요. 곧 그 얘기로 돌아갈 테니 잠깐만 있어보세요.

That's a great idea / question. Hold that thought because I'd like to get back to it in just a moment.

수 씨, 코멘트에 감사드려요. 이에 대해 다른 분들은 무슨 말씀을 하고 싶으실까요.

I appreciate your comments, Sue. Let's see what others have to say about that.

우리의 우선 순위를 점검해 봅시다.

Let's go over our priorities.

요컨대 우리는 새로운 사업 노선들을 적극적으로 개발할 것입니다.

To summarize, we will be actively developing our new business lines.

간단히 말해서, 우리의 다음 목표는 국내로 입국하는 여행자들입니다.

To quickly recap, our next target is inbound travelers.

요컨대 회의가 끝나면 여러분께 새로운 사업 항목들이 배분될 거예요.

Just to recap, new business items will be distributed to you after the meeting.

오늘 많은 걸 했네요. 끈기 있게 시간 내 주셔서 감사합니다.

We got a lot done today. Thank you for your time and patience.

오늘 회의에 끈기 있게 동참해 주셔서 감사합니다.

Thank you for joining today's meeting and for being patient.

여러분 모두 좋은 한 주/주말 되세요. 모두 다음 주에 봅시다!

I wish you all a great week/weekend. See you all next week!

좋은 하루 되세요! 안녕히 가세요.

Have a great day! Goodbye.

오늘 이야기 감사했습니다. 정말 유익했어요.

Thank you for the talk. It was really helpful.

회의 준비에 많은 시간 들었겠어요. 수고에 감사 드립니다.

I appreciate the time you took to prepare for this meeting.

화상 회의로 뵙게 되어 반가웠습니다.

It was nice to e-meet you.

제안하기

이번 주에 거둔 작은 성공 사례들을 공유해 주세요.

Share your small wins with us this week.

우리 더 노력해서 이번 분기 목표들을 달성해 봅시다.

Let's ramp up our efforts to achieve our goals this quarter.

여전히 저는 일이 밀려 있는데요. 그러니 줌 회의를 다음 주 목요일로 미룰 수 있을까요?

I still have a backlog of work to do. So can we postpone the Zoom meeting until next Thursday?

그건 쉽게 배울 수 있어요.

It has an easy learning curve.

오늘 피드백은 좀 가볍게 하죠.

Just minor feedback today.

질문이 있으면 언제든 저한테 메시지 보내세요.

If you have any queries, you can always ping me.

*ping (인터넷, SNS, 문자 등으로) 전자메시지를 보내기

Example

If you have any queries, you can always ping me. I check my messages regularly.
질문이 있으면 언제든 메시지 보내세요. 메시지를 자주 확인한답니다.

줌(화상) 회의 중 문제 해결하기

 01-3.mp3

인터넷 연결 문제

당신 목소리가 잘 안 들려요.

I am having trouble hearing you.

저의 인터넷 연결에 문제가 있나 봐요.

I think I may have a problem with the connection.

> **Example**
>
> Susan, can you hear me? **I think you may have a problem with the connection.**
> 수잔 씨 잘 들리세요? 인터넷 연결에 문제가 있나 봅니다.

영상과 소리가 서로 안 맞아요.

The image and the sound are out of sync.

당신 영상이 좀 깨져서 보이네요.

You're breaking up a bit.

당신 영상이 멈췄어요.

You're frozen.

저의 연결 상태가 말썽이네요.

My connection is acting up.

저의 연결 상태가 불안정하네요.

My connection is unstable.

잠시만요, 제 컴퓨터 배터리가 나가기 전에 충전 좀 할게요.

Hold on. Let me grab my charger before my computer dies.

다시 말씀해 주시겠어요? 방금 연결이 끊겼었거든요.

Can you repeat that? Your connection went out.

오늘도 무선 인터넷이 이상하게 작동하나요?

Is your Wi-Fi acting weird today, too?

저의 무선 인터넷은 오늘 정말 느리네요.

My Wi-Fi is really slow today.

새로운 초대 링크를 보내 드릴게요.

I'll send a new invite link.

It looks like the connection is really bad. **I will send a new invite link** to everyone. Let us reconnect in 5 minutes. 연결 상태가 매우 안 좋은 것 같네요. 모두에게 새로운 초대 링크를 보내 드릴게요. 5분 후에 다시 연결하죠.

저의 인터넷 연결에 문제가 있어요.

I have a problem with the connection.

죄송해요, 제가 방에서 튕겨져 나갔었어요.

Sorry. I got kicked out.

연결이 느리네요.

The connection is slow.

제 인터넷 연결이 지연되고 있어요.

I'm lagging.

당신의 인터넷 연결이 지연되고 있어요.

You're lagging.

제 영상이 멈췄어요.

My video is freezing.

당신 영상이 멈췄어요.

Your video is freezing.

링크를 받으셨나요?

Did you receive the link?

Did you receive the link? I sent it to your work email. 링크를 받으셨나요? 업무용 이메일 로 보내드렸어요.

로딩될 때까지 기다리겠습니다.

I'm waiting for it to load.

로딩이 안 되고 있어요.

It's not loading.

I got your file from the chat room, but **it's not loading.** Can you upload it again? 채팅창에서 파일을 받았는데요. 로딩이 안 되고 있어요. 다시 올려 주시겠어요?

음량 문제

좀 더 느리게 말씀해 주시겠어요?

Could you speak more slowly, please?

죄송한데 못 알아들었어요. 다시 설명해 주실 수 있을까요?

Sorry. I didn't get that. Could you explain that again?

죄송한데 거기까지 따라가지 못했어요. 다시 말씀해 주실 수 있을까요?

Sorry. I didn't catch you there. Could you repeat that again?

마지막 부분 다시 말씀해 주시겠어요?

Could you repeat that last bit, please?

좀 더 크게 말씀해 주시겠어요?

Could you speak up, please (a little louder)?

죄송해요, 못 알아들었어요. 다시 말씀해 주실 수 있을까요?

I didn't get that. I am sorry. Could you say it again?

이해가 잘 안 되는데, 다시 설명해 주실 수 있을까요?

Could you go through that again because I didn't quite understand it?

이해를 잘 못했어요. 다시 설명해 주시면 좋을 것 같아요.

I didn't quite get that. Perhaps you could go through that again.

무음으로 해 두셨나요?

Are you on mute?

무음으로 해 두셨군요.

You're on mute.

얘기하지 않으려면 무음으로 해 두시겠어요?

If you're not talking, can you please mute yourself?

제 말이 들리나요?

Can you hear me?

죄송해요, 제가 무음으로 해 놓고 깜박했네요.

Sorry. I was on mute and forgot.

얘기하지 않을 때는 무음으로 해 두시기 바랍니다.

Please mute yourself if you're not talking.

소음을 전해서 죄송합니다. 트럭이 지나가고 있네요.

Sorry about the noise. A truck is driving by.

죄송합니다. 저희 개가 짖고 있어요.

Sorry. My dog is barking.

Example

Sorry. My dog is barking. He wants to join the meeting as well. 죄송합니다. 저희 개가 짖고 있네요. 회의에 함께 참석하고 싶은가 봐요

제 말이 들리나요?

Can you hear me?

말이 안 들려요.

I can't hear you.

말이 잘 안 들리네요.

I'm having trouble hearing you.

마이크가 꺼져 있어요.

Your mic is off.

마이크를 꺼 주세요.

Please turn your mic off.

당신의 영상은 보이지만 소리를 들을 수 없군요.

I can see you, but I can't hear you.

무음으로 해 두셨나요?

Are you on mute?

아무래도 당신 마이크가 꺼진 것 같은데요.

I think your microphone is off.

Mike, **I think your microphone is off.** Can you check it again?   마이크, 아무래도 당신 마
이크가 꺼진 것 같은데요. 다시 확인해 보시겠어요?

통화음에 약간 울림이 있네요.
There's a bit of an echo on the line.

말이 잘 안 들리네요. 무음을 해제해 주시겠어요?
I am having trouble hearing you. Would you mind
unmuting yourself?

화면공유 문제

빈 화면이네요.
The screen is blank.

화면이 멈췄어요.
The screen is frozen.

제 화면이 보이시나요?
Can you see my screen?

제가 보이시나요?
Can you see me?

PPT가 보이시나요?
Can you see the presentation?

위로 스크롤해 주세요.
Scroll up, please.

아래로 스크롤해 주세요.
Scroll down, please.

멋진 배경 화면이군요! 꽤 진짜 같은데요.
Cool background! It looks kind of real.

제 카메라가 작동하지 않아요.
My camera isn't working.

이제 저의 화면을 공유할게요.
I am going to share my screen now.

비디오 카메라를 켜 주시기 바랍니다.

Please turn on your video camera.

저의 화면을 공유할게요.

I'll share my screen.

> Example
>
> I have some documents to show you. **I will share my screen now.** 자료를 보여드 릴게 있습니다. 지금 제 화면을 공유할게요.

당신의 화면을 공유할 수 있나요?

Can you share your screen?

제 화면 공유는 중단할게요.

I'll stop sharing my screen.

제 화면을 공유할 수 있도록 당신의 화면 공유를 중단해 주시겠어요?

Can you stop sharing your screen so that I can share mine?

화면 공유권을 주시겠어요?

Could you give me access to share the screen?

다중 공유 기능이 켜져 있으니, 공유할 슬라이드가 있는 분은 공유하시기 바랍니다.

The multi-share function is on, so anyone who needs to share some slides, please do so.

방해 요소 대처하기

배경의 잡음은 양해해 주셔야겠습니다.

You'll have to forgive the noise in the background.

제가 잠시 무음으로 해둬야겠네요. 이따가 꼭 돌아와 주세요.

Please come back to me. I need to go on mute for a second.

죄송하지만 제 생각을 먼저 말씀드리고 진행하시도록 할게요.

Sorry. Let me finish my thoughts, and then you can go ahead.

잠깐만요. 다음 내용으로 넘어가기 전에 하나 더 언급하고 싶네요.

One moment, please. I'd like to mention another thing before we move on.

지금 기술적인 문제가 좀 있는 것 같아요. 같은 링크로 다시 접속해 봅시다.

It looks like we are undergoing a technical issue. Let's reconnect via the same link.

(해보면) 감이 잡히실 거예요.

You'll get the hang of it.

잠깐만요, 전화가 와서요.

Hold on. I am on a call.

**다른 참여자
대기시키기**

실례하겠습니다. 저는 물 좀 마실 테니 계속 얘기하세요.

Excuse me. Keep talking, I'm just grabbing some water.

저는 잠시 커피 좀 마시고 돌아올게요.

I will be back in a minute. I'm just grabbing my coffee.

통화 빨리 끝낼 테니 잠시만 기다려 주세요.

Bear with me for a moment while I quickly take a phone call.

잭 씨가 다시 접속할 때까지 잠시 기다려 주세요.

Please wait a moment for Jack to reconnect.

> Example
>
> **Please wait a moment for Mike to reconnect.** Thank you for your patience.
> 마이크 씨가 다시 접속할 때까지 잠시 기다려 주세요. 기다려 주셔서 감사합니다.

기다리시게 해서 죄송합니다. 잠시만 제 화면을 공유할게요.

I apologize for the wait. Please give me a moment to share my screen.

기다려 주셔서 감사합니다. 제 컴퓨터가 방금 먹통이었네요.

Thank you for your patience. My computer just froze.

> Example
>
> **Thank you for your patience. My computer just froze.** It should work fine now.   기
> 다려 주셔서 감사합니다. 제 컴퓨터가 방금 먹통이었네요. 이제 괜찮을 겁니다.

<table>
<tr><td>Chapter
4</td><td>비대면 업무 관련
신규 단어 이해하기</td><td>🎧 01-4.mp3</td></tr>
</table>

비대면 근무 환경에 관한 표현

우리 회사는 근무지가 없는 올리모트 회사이며, 전 직원이 원격으로 근무합니다.

Our company is an all-remote company with no physical office, so all of the employees work completely remotely. *all-remote company 올리모트 회사(모든 업무를 비대면으로 진행하는 회사)

Example

A **Where is your workplace?** 회사가 어디에 위치해 있나요?

B **Nowhere. I usually work at home since my company is all remote.** 어디에도 없어요. 회사가 올리모트라서 주로 집에서 일해요.

분산형 회사로서, 우리는 대부분의 직원들이 편안하고 생산적인 곳에서 일할 수 있게 합니다.

As a distributed company, we allow the vast majority of our employees to work from wherever they feel comfortable and productive. *vast majority of ~ 대부분의, 대다수의

모든 직원은 주당 평균 20~48시간을 기준으로 연간 근무시간을 선택할 수 있습니다.

All staff members are able to choose their annualized hours based on an average of between 20 and 48 hours per week. *annualized hours 연간 근무시간

온라인 소매업체들은 일반 경쟁업체로부터 고객들을 더 데려오려고 합니다.

Online retailers try to lure customers away from their brick-and-mortar competitors. *lure 유치하다, 끌어오다

저희는 자녀가 있는 직원들이 일과 육아 생활을 보다 자유롭게 정리할 수 있도록 유연근무제를 제공합니다.

We offer flex time for employees with kids to have greater freedom to organize their working and parenting lives. *flex time (flexible time) 유연근무제(flex hours라고도 함)

사무직을 떠난 후, 저는 지난 5년 동안 14개 이상의 국가에서 디지털 노마드로 일했습니다.

Since leaving my desk job, I have worked as a digital nomad in more than 14 countries for the last five years.

*digital nomad 온라인으로 이곳 저곳에서 일하는 사람, 디지털 노마드

신입사원과 인턴사원은 모두 현장 미팅에 참석하여 직원 오리엔테이션을 받을 것을 권장합니다.

We recommend all new hires and interns attend the onsite meeting for the staff orientation.

최근 구조조정으로 인해 우리 회사는 일부 업무를 외주화하기로 했습니다.

As part of our recent restructuring, our company decided to outsource some of our operations.

긱경제에서는 직원 복지와 휴가를 얻기 힘들며 긱(임시계약)만으로는 많은 돈을 벌긴 어려울 겁니다.

Employee benefits and vacations are hard to come by in a gig economy, and gigging alone will not likely help you earn a lot.

*gigging 임시고용, 임시계약

*gig economy: 긱경제(산업 현장에서 필요에 따라 단기 계약(비정규)으로 사람을 채용해 일을 맡기는 경제 형태. gig은 '무대공연'이란 의미로 연극, 음악인들이 단시간 공연을 위해 계약하는 것에서 유래됨.)

제품 개발에 종사하는 모든 엔지니어링 그룹들을 대상으로 현황 보고서를 수집하기 위해 오프사이트 미팅을 개최했습니다.

We held an offsite meeting for all the engineering groups working on product development to create a status report.

Example

A Are we holding the orientation here at the office tomorrow? 내일 여기 사무실에서 오리엔테이션을 하나요?

B The first half is. Then, **we will have the rest offsite** in a pub nearby. 전반부는요. 나머지는 사무실 밖에 있는 가까운 술집에서 진행할 겁니다.

회사 수련회를 위해서든 이사회를 위해서든 여러분이 편안한 방문을 즐기실 수 있도록 하겠습니다.

Whether you're here for a company retreat or a board meeting, we will make sure your visit is relaxing.

저는 본사에서 일하지 않고 해외에 위치한 회사의 위성 사무실 중 하나에서 일합니다.

I don't work at the company's main base but in one of its satellite offices situated overseas.

＊satellite 위성

지출 계산을 한 후에, 저는 제주도에서 주중에 워케이션을 3일 할 수 있었습니다.

After working out the numbers, I can squeeze in a three-day workation during the week on Jeju Island.

＊workation 휴가지에서 하는 근무

이 건물은 프리랜서들이 같이 모여서 작업하고 아이디어를 공유할 수 있는 코워킹 스페이스로 설계되었습니다.

The building is designed as a coworking space for freelancers to work side by side and to share ideas.

＊coworking space (공동 사무공간) 협업공간

압축 근무 주간에 대한 우리 방침은 직원들이 4일 간 10시간 근무를 하는 것입니다.

Our policy on compressed workweeks is that employees work 10 hours a day for four days.

＊compressed 압축된

Example

A **What's your compressed workweek looking like?** Is it a four-day workweek schedule?　압축 근무 주간 스케줄이 어떻게 되나요? 주 4일 근무제인가요?

B No, mine is a 5-4-9 work schedule, so I'll work 9 hours per day and then take Friday off during the second week.　아니요, 저는 5-4-9 근무라서 하루에 9시간 일하고 둘째 주 금요일에 쉽니다.

이 프로젝트는 온라인 조사가 좀 필요할 것 같으니 당분간은 위치 독립적 업무로 진행하도록 해요.

This project will require some online research, so let's work on it as a location-independent task for the time being.

＊location-independent 위치 독립적인, 장소와 상관없는

오픈 사무실은 항상 서로에게 실시간 피드백을 제공해야 하는 직원들에게 효과가 좋습니다.

Open-plan offices work well for employees who need to give real-time feedback to one another all the time.

＊open-plan office 개방형 사무실

제 혼합 근무 일정에 따르면, 저는 회의에 참석하지 않는 한 대부분 재택근무를 할 것입니다.

According to my blended workweek schedule, I'll mostly be working from home unless attending meetings and conferences. *blended 혼합된

사장님께서 카페에서 로컬 와이파이를 사용하는 것을 허락해 주셨기 때문에 이제 어디서든 일할 수 있게 되었습니다.

My boss gave me the okay to use local Wi-Fi from cafés, so I'll be able to work from anywhere now.

퇴근 후의 시간을 술 마시는 것 말고 더 좋게 보낼 방법이 있을 거예요.

There has got to be a better way to spend my happy hours other than just drinking. *happy hour 저녁 식사 전까지의 휴식 시간

IT 관련 표현

회사 계정을 사용하면 저장된 음성 메일과 파일을 백업할 수 있는 15GB의 무료 클라우드 스토리지를 얻을 수 있습니다.

With the company's account, you get 15GB of free cloud storage to back up saved voicemails and files.

Example

A **We're running out of space in our cloud storage.** 클라우드 스토리지 공간이 부족하네요.

B Again? We might as well upgrade all of our subscriptions to unlimited storage. 또요? 차라리 모든 구독을 무제한 스토리지로 업그레이드하는 게 낫겠어요.

A Let's do that just for the cloud storage we use to save videos. 일단 영상을 저장하는 데 쓰이는 클라우드 스토리지만 업그레이드하죠.

우리는 지원자들의 추가 평가를 돕기 위해 이번 사이버베팅에 링크드인 프로필 검사를 포함하기로 했습니다.

We decided to include LinkedIn profile examinations during this cybervetting to help with further evaluating the applicants. *cybervetting 온라인 심사

경력이 적은 지원자를 대상으로 온라인 심사를 할 때 인터넷 평판에 너무 치중하는 것 같아요.

I think we are focusing too much on Internet reputation when online vetting applicants with minimal experience.

이제 구독자를 대상으로 우리가 최근에 구축한 서비스형 소프트웨어에 대한 고객 경험 설문 조사를 진행하겠습니다.

Let's go ahead and survey our subscribers about their customer experience on our recently deployed SaaS (Software as a Service). ＊SaaS 서비스형 소프트웨어(Software as a Service의 줄임말)

애자일을 통해 최종 사용자로부터 지속적인 피드백을 받아서 고객의 요구에 맞게 제품을 수정해야 합니다.

Using Agile, we should get constant feedback from the end-users and make product modifications to meet their demands. ＊agile 민첩함, 빠른 시간 안에 적응하는, constant 지속적인, end-user 최종 사용자

Example

A Is your team done with the current project? 그쪽 팀은 현재 프로젝트를 다 끝냈나요?

B For now, but **ours is an agile project,** so we might have to get back on it once the assessment period is over. 일단은요. 하지만 저희 껀 애자일 프로젝트라서 평가 기간이 끝나면 아마 다시 손을 봐야 할 겁니다.

이 클라우드 애플리케이션은 사물인터넷(IoT)에 연결된 모든 종류의 센서로부터 데이터를 수집합니다.

This cloud application collects data from sensors of all kinds and is all connected to the Internet of Things (IoT).

회사 VPN에서 네트워크에 대한 액세스를 승인하지 않는 이유를 아직도 이해할 수 없네요.

I still don't understand why my company's VPN wouldn't authorize my access to the network. ＊VPN 가상사설망(기업체 등에서 데이터망을 이용해 사설망을 구축하여 직접 통신망을 제어하고 감시할 수 있는 서비스 체제를 말한다.)

우리 회사에서 텔레워커로서 효과적으로 일하려면 최소한 스마트폰과 지메일 계정이 필요합니다.

To function effectively as a teleworker at our company, you need at least a smartphone and a Gmail account.

＊teleworker 재택근무자

모바일 근무자들은 좋은 시간 관리 능력을 갖추고 중앙 사무소에 적시에 연락할 것을 요구합니다.

We require our mobile workers to have good time-management skills and to be timely when contacting the central office.

SMART 목표 작성의 각 단계를 통해 프로젝트가 불분명한 부분들을 확인할 수 있습니다.

Working through each step of creating a SMART goal can reveal instances where the project is unclear.

＊SMART goal 구체적이고(Specific), 측정 가능하고(Measurable), 달성 가능하고(Achievable), 현실적이며(Realistic), 기한이 정해진(Time-bound) 목표

모든 직원은 Gmail 또는 Outlook 이메일 서비스 공급자로 비즈니스 이메일 계정을 가지고 있어야 합니다.

All staff members must have their own business email account using either Gmail or Outlook as their ESP (email service providers).

저는 가상 비서로서의 경력을 광고하는 웹사이트를 통해 다양한 회사에서 일자리를 찾습니다.

I find work at various companies through my website, where I advertise my experience as a virtual assistant.

Example

A   Hey, I heard that **you finally hired a virtual assistant** last week.   이봐, 지난주에 드디어 가상 비서를 고용했다면서.

B   I guess you could say that since my new VA is Amazon Alexa.   그 새로운 비서가 아마존 알렉사니 그렇게 볼 수 있지.

A   Seriously? After all that talk about humans being irreplaceable, you opt to go for a software tool.   농담이지? 사람은 대체할 수 없다고 실컷 얘기해 놓고 소프트웨어를 선택했네.

B   What can I say? I was surprised by its accuracy and responsiveness.   어쩔 수 없었어. 그게 그렇게 정확하고 반응도 좋을 줄은 몰랐다고.

＊VA(virtual assistant) 가상 비서의 줄임말

가상 사무실 운영 비용을 최대한 절감했기 때문에 전화 응답 서비스의 접근성이 제한적일 수 있습니다.

We saved as much money as possible by operating a virtual office so that our phone answering service might have limited accessibility.

화상 채팅으로 진행되는 개인 튜터 세션도 구입할 수 있다는 점도 잊지 말고 고객에게 말씀해 주세요.

Don't forget to remind our clients that private tutoring sessions conducted via video chat are also available for purchase.

*video chat 화상 채팅

올해 업무 트렌드의 미래를 살펴보면 주 4일 근무제 시도가 빠르게 증가하고 있는 것을 볼 수 있습니다.

If we take a look at the future of work trends for this year, we'll see a rapid increase in piloting a 4-day workweek.

전문 고용주 협회는 새로운 한국 노동법에 따라 이 협약에 서명할 수 없다고 하네요.

The Professional Employer Organization claims it cannot sign this agreement under the new Korean labor law.

회사가 성장함에 따라 규정 준수는 고용, 급여 및 혜택에서 고려해야 할 중요한 요소가 되었습니다.

As our company grew, compliance became a critical component to consider in hiring, payroll, and benefits.

*compliance 규정 준수

라이브 채팅을 종료하기 전에 EOM에 고객의 청구 번호를 반복해 주셔야 합니다.

Before ending the live chat, make sure you repeat the client's claim number at the EOM.

*EOM end of message 메시지의 마지막 부분

동부 표준시로 내일 업무 종료 시간 전까지 최종 시장조사 보고서를 보내주세요.

Please send me your finalized market research report by EOD (end of day) tomorrow, Eastern Standard Time.

*EOD end of day (업무) 종료

핫데스크는 직원들이 대부분 사무실에 없는 우리 회사에 가장 잘 맞을 것입니다.

Hot desking will work best at our company where a lot of staff members are out of the office most of the time.

*hot desk 사무실 책상을 공동으로 사용하다

제가 그림을 워낙 못 그려서 포스터 작업을 도와줄 프리랜서를 고용해야 할 것 같아요.

I'm an awful artist, so I may need to hire a freelancer to help with the poster.

저는 방송사에서 정규직으로 일하기 전에 몇 가지 대본 작성 프리랜서 일을 맡았습니다.

I took on several scriptwriting freelance jobs before landing a full-time position at a broadcasting company.

석사 과정을 밟을 계획이라면 원격 직원으로 우리 회사에 입사하는 것을 추천합니다.

If you plan to pursue a master's degree, I suggest you join our company as a remote employee.

*remove employee 원격 직원, 재택근무 직원

저는 유치원에서 아이를 데려온 후 홈 오피스로 돌아가 근무를 합니다.

I return to work at my home office after picking up my kid from preschool.

저는 어린 아이들이 있는 부모들이 더 쉽게 일할 수 있도록 잡셰어링을 할 것을 권장합니다.

I encourage parents of young children to job-share to make it easier for them to work.

*job-sharing 노동분담

Example

A   Would you mind if I left this meeting 30 minutes early?   혹시 이 회의에서 30분 일찍 나가도 괜찮을까요?

B   Why? Is it to talk to Shannon? 왜요? 샤논 씨랑 얘기하려고요?

A   Yeah, **she and I are job-sharing,** so I need to fill her in about what to expect at work this week.   네, 그 분이 저랑 잡셰어링을 하고 있어서 이번 주에 회사에서 어떤 일을 할지 알려드려야 해요.

B   Sure thing. Make sure you let the team leader know about this as well.   그러세요. 팀장님께도 이에 대해 꼭 알려주시고요.

우리는 이 프로젝트를 위해 특별히 우리 소셜 미디어를 관리할 지식 노동자를 고용해야 합니다.

We need to hire a knowledge worker who will manage our social media specifically for this project.

우리 회사는 코로나바이러스 자가격리 정책 기간 동안 원격 근무를 도입했습니다.

Our organizations have embraced remote work during the coronavirus lockdowns.   *remove work 원격 근무 | lockdown 격리

저는 1인 기업가라 쉬기 위해 업무를 멈출 때마다 현금 흐름이 제로로 줄어드는 경우가 많습니다.

Since I am a solopreneur, every time I stop working to take a break, my cash flow often reduces to zero.

*solopreneur 1인 기업가

우리 회사는 하이브리드 회사라서 출퇴근 시간이 30분 이상 걸리는 직원들은 재택근무를 할 수 있습니다.

Our company is a hybrid company, so employees who take more than 30 minutes to commute to the office can work at home.   *hybrid company 원격 및 대면 직원이 섞여 있는 회사

하이브리드 팀을 구성하기 전에 회사는 필요한 기술과 지원을 갖추고 있는지 확인해야 합니다.

Before creating a hybrid team, the company needs to make sure it has the necessary technology and support set in place.

Example

A   I'm surprised that a lot of our teams still work remotely.   아직도 많은 팀들이 원격으로 근무를 한다는 것이 놀랍네요.

B   I also thought the director was going to revert things to the way they were now that Covid is under control.   저도 이사장님이 코로나 상황이 좋아진 김에 업무 방식을 원래대로 바꿀 거라고 생각했어요.

A   I know a couple of staff members on my team did return to the office, but the remainder are still working remotely.   제 팀 내에서도 직원 몇 명이 사무실로 복귀하긴 했는데 나머지는 여전히 원격근무를 해요.

B   From the looks of it, I think **the majority will end up functioning as a hybrid team.**   보아하니 대다수가 하이브리드 팀으로 남게 될 것 같네요.

직원이 아닌 독립 계약자로 일하고 있다면, 당신은 실업 수당을 받을 수 없을 것입니다.

If you were working as an independent contractor rather than as an employee, you would not qualify for unemployment benefits.

*unemployment benefits 실업수당 | independent contractor 독립 계약자

재택근무를 계획하고 있다면, 일주일 전에 팀장에게 통지를 주세요.

If you are planning to work from home, then give the team leader one week's notice.

우리는 이제 모두 재택근무를 합니다.

We all work from home now.

재택근무를 하는 직원들의 디지털 프레젠티즘이 코로나로 인해 심해졌다는 게 보이네요.

We see that digital presenteeism has intensified during the pandemic among employees working from home.

*digital presenteeism 직접 만나지 않고 온라인으로 근무하는 것, 온라인으로 근무하는 척하는 행위

A   It's been a while since any one of your remote workers called in sick, right?   원격 근무자들 중 병가를 낸 사람이 나온지가 꽤 됐죠?

B   Yep. Not one person has asked for one in the past 6 months.   네, 지난 6개월 동안 아무도 요청하지 않았어요.

A   Then I think it's fair to say that **digital presenteeism within your team might be quite serious.**   그 정도면 팀 내의 디지털 프레젠티즘이 상당히 심각할 수 있을 것 같아요.

B   Yeah, I had better do something about that.   그러게요, 뭔가 조치를 취해야겠어요.

성별 간 임금격차가 지속되는 대퇴진의 주요 원인 중 하나라고 봅니다.

We believe that the wage gap between the genders is one of the main causes behind the persistence of the Great Resignation.

*Great Resignation 자발적으로 퇴사하는 현상

학업과 가정생활을 병행해야 하는 사람들은 아르바이트 재택근무를 선택하는 게 현명할 것입니다.

Part-time telecommuting would be a sensible choice for those who have to juggle their academic and family lives.

*juggle 두가지 일을 처리하다, 속이다, 기만하다

우리 회사는 원격근무가 가능하니 새 집으로 이사할 때까지 원격 근무를 하는 것을 요청해 보세요.

Our company is remote friendly, so consider requesting remote work until you are done moving into your new place.

*remote friendly 원격근무 친화적인

우리 회사는 원격 우선이기 때문에 본사에서 열리는 정기 회의에는 임원들만 참석하면 됩니다.
Our company is remote first, so only executives are required to attend the regular meeting in our central office.

최근 기술 발전으로 인해 원격업무에 호기심을 가지는 고용주 및 회사 수가 증가했습니다.
Recent technological advances have led to an increase in the number of remote-curious employers and organizations.

비록 시골이지만, 이 지역에서는 많은 다국적 기업과 외국인 근로자들이 일하고 있습니다.
Although it is rural, there are many multinational companies and expats working in this region.

＊expat(expatriate) 외국인 근로자의 줄임말

**비대면
커뮤니케이션
관련 표현**

모든 원격 직원에게 알릴 수 있도록 우리의 사실정보 단일 공급원에 있는 최근 계약서 내용을 업데이트해 주세요.
Please update our single source of truth on the recent contract agreement so that all remote staff members can be informed.

재택근무의 외로움에서 벗어나고 싶어하는 독립 근로자들을 수용하기 위해 우리 회사에서 코워킹을 받아들였습니다.
Coworking took hold in our company to accommodate the independent workers who wanted to escape the loneliness of working at home.

＊accommodate 받아들이다, 순응하다

우리 회사는 상대적으로 낮은 법인세율 때문에 전자 생산을 아일랜드로 오프쇼어링하기 시작했습니다.
Our company began offshoring electronic production to Ireland because of its relatively low corporate tax rates.

＊offshoring 업무 위탁

고객과 직원 간의 의사소통을 향상시킬 수 있는 새로운 소셜 협업 도구를 사용해보고 있습니다.

We are trying out a new social collaboration tool that can help enhance communication between customers and employees.

Example

A   All the preparations for the online meeting are done.   온라인 미팅을 위한 모든 준비가 끝났습니다.

B   Should we send out the invitations then?   그럼 초대장을 보낼까요?

A   Before that, let's first hand out surveys about **what collaboration tools we should use** for this meeting.   그 전에 먼저 이 미팅에 어느 협업 도구를 사용할 지에 대한 설문조사를 실시하죠.

B   All right. We'll have G Suite, Slack, and Microsoft teams as our options.   네, 그럼 G 스위트, 슬랙, 마이크로소프트 팀을 옵션으로 준비하겠습니다.

매일 있을 스크럼 미팅은 오전에 열리며 시간은 15분으로 엄격하게 정해져 있습니다.

Ideally, a daily scrum meeting is held in the morning and strictly time-boxed to 15 minutes.

＊time-boxed 시간이 정해진

우리 프로젝트를 위한 2주짜리 스프린트가 다가오고 있으니, 모두 참여할 준비하세요.

The next 2-week-long sprint for our project is coming up, so please get ready to put all hands on deck.

＊all hands on deck 모두가 힘을 합쳐 | sprint 단거리 경주, 빠르게 진행되는 단기 프로젝트

우리의 사고 리더들은 독특한 디지털 미디어 관련 아이디어를 가진 분들로 선정되었습니다.

Our thought leaders have been selected based on their reputation for providing unique ideas on digital media.

이번 행사의 세미나들은 전부 영상 통화와 라이브 수업, 이 두 가지 동기식 커뮤니케이션을 통해서만 진행된다는 점을 유념해 주세요.

Please be mindful that all of this event's seminars will be solely held using two synchronous communications, video calls and live classes.

＊synchronous 동시의

우리 팀은 비록 비동기식 커뮤니케이션을 하지만 이메일은 특히 24시간 이내에 답변을 해주세요.

Although the team will communicate asynchronously, we expect to have a reply within 24 hours, especially for e-mails.

＊asynchronously 동시에 진행하지 않는, 비동기식의

우리가 연락할 고객 중 한 분이 외국인이니 외국어 인스턴트 메시지를 번역하는 소프트웨어를 준비하세요.

One of our clients that we'll get in contact with is a foreigner, so prepare some software that translates foreign-language instant messages.

우리 회사는 가상 또는 원격 작업자와 사무실에 출근하는 작업자가 모두 있는 온오프 혼합 업무팀입니다.

We are a blended work team having both virtual or remote workers and office workers.

＊blended work team 온오프 혼합 업무팀

Example

A Are you not at work today? 오늘 회사 안 가세요?

B Oh, since **our department is a blended work team,** I work at home three times a week. 아, 저희 부서가 온오프 혼합 업무팀이라 저는 주 3회 집에서 일해요.

우리는 분산팀이니 매니저에게 보고하는 것을 담당할 접점을 선정해야 합니다.

Since this is a distributed team, we need to select a point of contact who will be in charge of reporting to the manager.

이제 모두가 거주 지역을 게시하였으니, 각 지역을 기준으로 공동 배치 팀을 구성하고 프로젝트 수행에 대한 세부 사항을 논의하세요.

Now that everyone posted their area of residence, please form a co-located team based on each region and get together to discuss the details of project execution.

팀원들이 서로 헷갈려 하지 않도록 명시적인 의사소통 환경을 만들기 위한 팁을 몇 가지 드리겠습니다.

Let me give you a few tips for you to create an explicit communication environment that won't leave team members guessing.

＊explicit 명확한

영상 통화에서는 상대의 얼굴과 어깨만 보이기 때문에 많은 암시적 의사소통 단서를 놓치게 됩니다.

On a video call, we only see a person's face and shoulders and miss a good chunk of implicit communication cues.

*implicit 암시적 cue 힌트, 단서

우리 채용 담당자들은 원격 채용 과정을 식별, 심사, 면접, 채용으로 세분화했습니다.

Our recruiters broke down the remote hiring process into identifying, screening, interviewing, and hiring.

우리는 이 고객과 전화 통화는 한 적이 있지만 대면 미팅을 한 적은 없습니다.

We've spoken with this client on the phone but never in a face-to-face meeting.

Example

A **Are you heading out for your in-person meeting with the client?** I heard it's going to be long ride for you. 고객과 대면 미팅 하러 나가실 건가요? 가는 데 오래 걸릴 거라고 들었어요.

B Unfortunately yes, but it can't be helped since this is a direct installation request. I have to see the site for myself. 유감스럽지만 그래요. 직접 설치 요청이라 어쩔 수 없죠. 현장을 직접 봐야 할 테니까요.

코로나가 한창일 때는 우리 회사의 모든 직접 회의와 행사가 중단되었습니다.

At the height of the pandemic, all of our company's in-person meetings and events were suspended.

*the height of s/th ~가 한창일 때

직원들이 온라인 보관소에 모든 문서를 스캔 및 업로드하는 비물질화 과정을 거치고 있습니다.

The staff is undergoing the dematerialization process of scanning and uploading all documents to an online archive.

*dematerialization 비실물화(유형의 것을 무형 디지털화하는 작업)

우리 직원 대리점은 고용주의 기록상 급여 수표 발행 및 급여세 제출을 책임지고 있습니다.

As the employer of record, our staffing agency is responsible for issuing payroll checks and submitting payroll taxes.

*staffing 고용 | payroll 임금대장

사무 업무

일상적인 사무 업무 중 많이 쓰이면서도 필요한 영어표현은 비즈
니스 표현보다는 생활영어 쪽에 가깝지요. 사무실에서 유용하게 사
용할 수 있는 표현을 익혀 봅시다. 자주 연습해서 익숙해지다 보면
필요한 상황에서 적절한 표현을 잘 기억해 낼 수 있을 거예요.

Chapter 1
업무 관련 표현

Chapter 2
업무 습득

Chapter 3
사무기기 및 인터넷 사용

Chapter 4
기타 잡무

Chapter 5
동료와의 대화

업무 관련 표현

인사 및 안부 묻기

안녕하세요![안녕!]

Hi!

Hello!

Biz Tip

Hello!는 Hi!와 비슷하지만, 두 표현을 비교했을 때 Hi!가 좀더 친숙한 느낌입니다.

Hey! ❶

Good morning.

Mornin'.

Good afternoon.

Afternoon.

Good evening.

Evening.

오늘 아침 기분은 어때요?

How are you feeling this morning?

오늘 어때요?

How are you?

How do you feel?

일은 좀 어때요?

How's it going?

How are things?

How's everything?

좋아요.

Great.

I'm fine.

Fantastic.

Never better.

Not too bad.

주말 어땠어요?

How was your weekend?

정말 오랜만입니다!
Long time no see!
It's been a long time.

그 동안 잘 지냈어요?
How have you been?

요즘 통 안 보이시던데요.
Where have you been?

하나도 안 변했네요.
You haven't changed a bit.

그 동안 연락 못해서 미안해요.
I'm sorry about not keeping in touch.

연락하려고 했었어요.
I wanted to get a hold of you.

무슨 안 좋은 일 있어요?
Is there something wrong?
What's wrong?
What's the matter?

기운이 없어 보이네요.
You look down.

특별한 일은 없어요.
Nothing special.

예전과 같죠, 뭐.
Same old, same old.

최악이에요.
I feel terrible.

스트레스가 심해요.
I am stressed.

모든 일이 잘되고 있어요.
Everything is going great.

좋은 일 있어요?

What's new in your life?

가벼운 수다

내일 소나기가 올 확률이 80%라네요.

There is an 80% chance of showers tomorrow.

오늘 날씨 정말 안 좋군요!

What gloomy weather we're having!

구름 한 점 없는 맑은 날이군요.

It's clear as a bell.

정말 지긋지긋한 비로군요.

It's raining non-stop.

오늘 굉장히 더울 거예요.

It's going to be boiling hot today.

오늘 비가 엄청 퍼부을 거라고 기상예보에서 들었어요.

I heard from the weather forecast that it's going to rain cats and dogs.

Example

A   Morning. How are you feeling this morning?   안녕하세요. 오늘 아침 기분 어때요?

B   Never been better. By the way, **I heard from the weather forecast that it's going to be boiling hot today.** It's going to go up to 34 Celsius degrees!   아주 좋아요. 그런데, 일기예보를 들으니 오늘 굉장히 덥다네요. 섭씨 34도까지 오른대요!

살을 에는 듯한 추위네요.

It's freezing here.

곧 봄이에요.

Spring is just around the corner.

어젯밤 축구 경기 보셨어요?

Did you watch the soccer game last night?

매일 아침 운동을 하니 기분이 좋아요.

I feel better after working out every morning.

어젯밤 '프렌즈' 봤어요?

Did you watch *Friends* last night?

주말에 주로 뭐하세요?

What do you usually do on weekends?

어제 저녁 퇴근 후에 콘서트에 갔어요.

I went to the concert last night after work.

존이 그만둔다는 것을 들었어요?

Did you hear that John is quitting?

새로운 사장님이 오셨다는 것을 들었어요?

Did you hear that our new CEO has arrived?

지각 · 조퇴 · 결근

늦어서 죄송합니다.

I am sorry I am late. ❶
I apologize for being late.
I apologize for my tardiness.
My apologies for being late this morning. ❻

왜 늦었죠?

Why were you late?

자명종이 울리지 않았어요.

My alarm didn't go off.

Example

A   Mr. Lee, why are you late again?   미스터 리, 왜 또 지각인가요?

B   I'm sorry I'm late. **My alarm didn't go off.** I was going to call you, but I was busy driving.   늦어서 죄송합니다. 자명종이 안 울렸어요. 전화 드리려고 했는데, 운전하느라고 바빴어요.

강남에서 교통체증이 심했습니다.

There was heavy traffic in Gangnam.

아이가 오늘 아침에 아팠어요.

My baby was sick this morning.

늦잠 잤어요.

I slept in.

길 한복판에서 제 차가 서버렸어요.

My car stopped in the middle of the street.

오늘 아침에 몸이 좀 좋지 않네요.

I wasn't feeling well this morning.

다신 안 늦을게요.

I won't be late again.

I won't be tardy anymore.

I promise I will never be late again.

I promise to be on time from now on.

이런 일은 다시는 없을 것입니다.

This won't happen ever again.

시간 잘 맞추겠습니다.

I'll be punctual.

왜 늦은 거죠?

What was holding you up?

Why were you held up?

늦은 이유를 말해 보세요.

You should give me a good excuse for being late. ⓕ

당신, 또 지각이군요.

You are late again.

제가 좀 늦을 것 같습니다.

I think I will be late.

곧 도착합니다.

I will be there soon.

당신, 이달에 벌써 다섯 번째 지각이군요.

This is your fifth time being late this month.

제가 지각할 뻔했어요.

I could have been late.
I was almost late.

시말서 제출하세요.

You have to turn in a written apology.

뭔가 심각한 병에 걸린 것 같아요.

I'm coming down with something very serious.

오늘 못 나갈 것 같아요.

I don't think I can make it today.

당신 이번 주에 벌써 세 번째 결근이군요.

It's your third absence this week.

그는 무단 결근을 했어요.

He took a day off without notice.

내일 병가를 낼까 해요.

I need to get sick leave tomorrow.

저는 휴가를 내려고요.

I'm taking a day off.

조퇴해도 될까요?

Do you mind if I take off early?
I think I need to go home early.
I have got to go a bit early tonight.
May I take the rest of the day off?
May I leave early today?
May I have a half-day off?

개인적인 볼일이 있어요.

I've got some personal matters to take care of.
I need to take care of my personal business.

어머니가 입원해 계십니다.

My mom is sick in the hospital.

아들 졸업식에 참석해야 합니다.

I need to attend my son's graduation ceremony.

오늘 아파서 조퇴해야 했어요.

I had to leave early because I was sick.

이번에 연차[월차] 휴가를 사용하겠습니다.

I'll take my annual[monthly] leave this time.

퇴근

그만 퇴근하죠.

Let's call it a day.

Let's wrap it up here.

> **Example**
>
> A   It's been a long day. **Let's call it a day.**   힘든 하루였어요. 그만 퇴근하죠.
>
> B   Okay, see you tomorrow!   그래요. 내일 봐요!

벌써 퇴근해요?

You're leaving already?

먼저 퇴근합니다.

I will leave first.

7시에 퇴근했어요.

I took off at seven.

지금 퇴근할 수 없어요.

I can't leave.

I can't take off now.

아직 할 일이 있어요.

I still have some work to do.

그건 내일[다음 주에] 맞춰 놓겠습니다.

I will catch up on it tomorrow[next week].

A You're falling behind on the project, aren't you? 당신, 이 프로젝트 진행이 좀 늦어지고 있죠?

B Yeah, a little. but **I will catch up on it next week.** 네. 조금요. 그렇지만. 다음 주에 맞춰 놓겠습니다.

그분은 퇴근하셨어요.
He called it a day.
He's not in the office now.

저는 오늘 일찍 일을 마쳤습니다.
I left work early today.

저는 퇴근했다고 그분께 말해 주세요.
Tell him that I'm gone for the day.

**업무 보고 및
업무 상황
파악**

서류 작성하는 것 좀 도와주시겠어요?
Would you mind helping me with the paperwork?

이 일을 대신 처리해 주시겠어요?
Could you fill in for me?   *fill in for ~을 대신하다

오늘 퇴근 전까지 보고서를 제출하세요.
Turn in the report before you leave today.

오늘 퇴근 전까지 보고서를 마치세요.
Finish the report by COB today.
                    *COB 업무 종료(the close of the business의 약어)

보고서는 끝냈나요?
Did you get it done?

보고서는 어떻게 되어 가요?
How's your report coming along?

지금까지는 별 문제 없는 것 같습니다.
So far, so good.
So far, everything looks fine.
So far, we are on the right track.
So far, there don't seem to be any problems.

A How is the project going? 그 프로젝트는 어떻게 되어 가고 있어요?

B **So far, there don't seem to be any problems. No worries.** 아직까지는 별 문제 없는 것 같아요. 걱정 마세요.

반 정도 진행했습니다.

About half of it. ❶

I'm about 50% done.

We are halfway there.

It's about halfway done.

We've done about half of it.

A Okay, how far are you? 좋아요. 어느 정도 완성했어요?

B **We've done about half of it.** 반 정도 진행했습니다.

4분의 1 정도 마쳤습니다.

We are about 25% done.

We've done about a quarter of it.

*quarter 4분의 1 *cf.* half 2분의 1 | one third 3분의 1

수요일까지 끝내겠습니다.

It will be done by Wednesday.

A When do you expect it to be over? 언제까지 완성되겠어요?

B **It will be done by Wednesday.** 수요일까지는 될 거예요.

이 보고서를 금요일까지는 끝내겠습니다.

I will be done with this report by Friday.

내일까지 이 보고서를 마치겠습니다.

I will have this report done by tomorrow.

목요일까지 완성되도록 하겠습니다.

I'll make sure it will be done by Thursday.

I will make every effort to get it done by Thursday.

A Can you finish it by Tuesday? 화요일까지 끝낼 수 있겠어요?

B All right. **I will make every effort to get it done at least by Tuesday evening.** 알겠습니다. 늦어도 화요일 저녁까지 끝내도록 노력해 보겠습니다.

다시 확인해 주시겠어요?

Would you double-check it?

이 보고서가 언제까지 필요하십니까?

When do you need the report by?

빨리 해치우겠습니다.

I will make short work of it.

I will finish it as quick as a wink. ❶

이 서류를 3부 복사해서 모든 팀장들에게 나눠 주세요.

Make three copies of this report and give them to all the team managers.

여기, 보고서입니다.

Here is the report.

써야 할 보고서가 있어요.

I have a report to write.

드릴 말씀이 있어요.

May I have a word with you? ❻

I have something to tell you.

I would like to have a word with you.

There is something I need to say to you.

Can I talk to you now, please?

A word with you. ❶

Could we talk?

왜 불렀는지는 알고 있겠죠?

I think you know what this is about.

요즘 당신 근무 성적이 좋지 않군요.

You aren't doing very well these days.

시정하세요.

Work it out.

보고서가 거의 완벽했어요.

Your report was almost perfect.

Your report was spotless.

신입사원 여러분이 어떻게 지내시는지 확인하고 싶었어요.

I just wanted to check how you newcomers are doing.

본인 업무에 힘든 점이 있는 분 계신가요?

Does anyone have any concerns about their tasks?

회사 상황

우리 회사는 조금 어려움을 겪고 있어요.

Our company is undergoing some tough times.

> **Example**
>
> A How is it going? 잘 지내요?
>
> B Not bad. But **our company is undergoing some tough times.** 나쁘지 않아요. 그런데 우리 회사는 좀 어려움을 겪고 있어요.

우리 회사는 전환기를 겪고 있어요.

Our company is undergoing some transitions.

새로운 마케팅 계획을 개발하고 있어요.

We are developing new marketing plans.

> **Example**
>
> A How is your department doing? 그쪽 부서는 상황이 어때요?
>
> B It's a tough time right now. So **we are developing new marketing plans.** 지금은 어려운 시기예요. 그래서 저희는 새로운 마케팅 계획을 개발하고 있어요.

저희는 새로운 하이브리드 자동차를 개발하고 있습니다.

We are developing new hybrid cars.

저는 내년에 전근 가게 될 것입니다.

I expect to be relocated by the company next year.

곧 회사가 상장될 겁니다.

Our company will go public soon.   *go public 주식을 상장하다

> **Example**
>
> A How is your business going? 사업 잘 돼요?
>
> B **Our company will go public soon.** 곧 회사가 상장될 겁니다.

확장해 나가고 있어요.

We are expanding overseas.

> **Example**
>
> A **We are expanding overseas.** 우리는 해외로 확장해 나가고 있어요
>
> B Which country are you talking about? 어느 나라 말이죠?

우리의 시장 점유율이 증가했습니다.

Our market share has increased.

흑자입니다.

We are in the black.

적자입니다.

We are in the red.

행사 · 교육 · 연수

9월 14일에 회의가 개최됩니다.

The conference will be held on September 14th.

> **Example**
>
> A **The conference will be held on September 14th.** 9월 14일에 회의가 개최됩니다.
>
> B We'd better prepare for that. 준비를 해야겠네요

워크숍은 5월 1일 양평에서 열리게 됩니다.

The workshop will be held on May 1st in Yangpyeong.

워크숍 신청을 하셔야 합니다.

You should sign up for the workshop.

여러분은 20시간 교육을 마쳐야 합니다.

You have to do 20 hours' training.

You have to complete a 20-hour training session.

이번 교육은 의무교육입니다.

This training session is mandatory.

여러분은 이번 교육에 참여해야 합니다.

You must participate in this training session.

Everyone should participate in this training session.

*mandatory 의무적인

안내책자와 정보 전단지를 준비해야 해요.

We need to prepare booklets and information leaflets.

사람들을 위해 충분한 의자를 준비해야 해요.

We need to prepare enough chairs for people.

미스터 김이 문에서 안내를 맡을 수 있어요.

Mr. Kim can be an usher at the door.   *usher 안내원, 문지기

지나 씨가 신입사원들을 회관으로 안내해 주세요.

Jina can usher newcomers into the hall.

참석자 수는 500명입니다.

The number of attendees is 500 people.

미란 씨가 행사 MC를 맡을 거예요.

Miran will emcee the event.

세션 중간마다 10분 휴식을 갖게 돼요.

We will have a 10-minute break between sessions.

다과를 충분히 준비하세요.

Prepare enough refreshments.

Chapter 2

업무 습득

동료에게 묻기

미란다, 잠시만 제 자리로 와 주실래요?

Can you come over to my seat for a moment, Miranda?

얘기 좀 나눌 수 있을까요?

May I have a word with you? ❶

Can I talk with you for a minute? ❶

미스터 김이 이것을 어떻게 하는지 얘기해 주었나요?

Did Mr. Kim tell you how to do this?

> Example
>
> A **Did Mr. Kim tell you how to do this?** 미스터 김이 이것을 어떻게 하는지 얘기해 주었나요?
>
> B Yes, he did. Thanks. 네, 알려 줬어요. 감사합니다.

이것을 어떻게 쓰는지 아세요?

Do you know how to use this?

> Example
>
> A **Do you know how to use this?** 이것을 어떻게 쓰는지 아세요?
>
> B Sorry, I don't know. You should ask Mr. Kim about this. 죄송해요. 저도 잘 몰라요. 미스터 김한테 물어 보세요.

실은 지금 제가 좀 바빠서요, 무슨 일이시죠?

I'm actually kind of busy at the moment. What's going on?

컴퓨터 관련 질문을 해도 될까요?

Can I ask some computer-related questions?

이 설명서에서 보듯이, 진행 방법은 아주 명확하게 설명되어 있습니다.

The procedure was explained very clearly, as you can see from this manual.

ABC 회사에 연락해 주셨으면 해요.

I need you to contact ABC Company.

Example

> A This will be a busy day. John, **I need you to contact ABC Company.** 오늘은 바쁜 날이 될 거예요. 존, ABC 회사에 연락해 주셨으면 해요.
>
> B No problem. 문제 없습니다.

자리를 비우는 동안 전화 좀 받아 주시겠어요?

Would you answer the phone while I am out?

Could you take phone messages for me?

프로젝트 마감이 언제인지 아세요?

Do you know when the project is due?

개막 행사 준비를 도와주실 수 있나요?

Can you help me with the opening event?

이게 어떻게 되는 건지 이해가 안 되네요. 설명 좀 해 주시겠어요?

I don't understand how this works. Could you explain this to me?

케이트, 요즘 그쪽 부서는 어떠세요?

Kate, how are things going in your department?

도움 제안

이렇게 작성하시면 됩니다.

This is how you fill out this form.

> A Can I ask you how to fill out this? 이거 어떻게 작성하는지 물어봐도 될까요?
>
> B Sure. **This is how you fill out this form.** 그럼요. 이렇게 작성하시면 됩니다.

이것을 정리하는 방법을 알려 드리죠.

Let me tell you how to compile it.

> A There will be an orientation. 예비교육이 있을 거예요.
>
> B Oh, yes. I'm not sure how to compile the data in this folder. 아, 네. 이 폴더에 자료 정리를 어떻게 해야 할지 잘 모르겠어요.
>
> A **Let me tell you how to compile it.** 그것을 정리하는 방법을 알려 드리죠.

예비교육이 있을 거예요.

There will be an orientation.

교육에 참여해 보시는 게 어떨까요?

Why don't you take the training session?

I think you should join the training session.

언제든 질문해 주세요.

Feel free to ask me any time.

이게 도움이 되길 바랍니다.

I hope this helps.

한 번만 더 시도해 보죠.

Let's try this one more time.

Okay, one last shot. ❶

저는 이미 제 일을 마쳤으므로 점심 시간 후에는 좀 한가할 것입니다. 그때 도움을 드리겠습니다.

I'm off the hook after lunch as I've already finished my work. I'll give you some help then.

*off the hook 책임 · 위험 등에서 벗어나

문제 상황

큰 문제가 있군요.

We are in deep trouble.

This is problematic.

제가 예상한 것보다 더 심하군요.

This is worse than I expected.

그것들에 무슨 문제가 있는 거죠?

What is wrong with them?

What is the problem with them?

그들과 연락이 되지 않아요.

I can't get a hold of them.

They are not answering our calls.

숨 막히는 시간이죠. 우리는 지금 정말 바빠요.

It's crunch time. We are really busy right now.

*crunch (회의, 경기 등의 마지막 기회가 될 수도 있을 정도로) 중대한

저희는 지금 거의 일주일째 아무 진전이 없어요. 아무 아이디어도 없고요.

We have been stuck for almost a week now. We have no ideas.

제가 그분에게 따로 전화를 드리고 뭐가 문제였는지 알아보도록 하지요.

I will make sure I call her later and figure out what went wrong.

아만다, 어쩜 이렇게 망쳐놓습니까?

How can you possibly mess up this badly, Amanda?

모르겠습니다. 죄송하지만, 저는 최선을 다했습니다.

I don't know. I'm sorry, but I really tried my best.

당신은 그냥 설명을 따르기만 하면 됐어요.

All you had to do was follow the instructions.

제가 아마 설명을 잘못 읽은 것 같습니다.

I must have misread the instructions.

모든 것이 제 책임입니다.

This is entirely my fault.

이 프로젝트가 우리 팀한테 얼마나 중요한지 알고 계시죠?

You know how important this project is to our team, don't you?

다시는 이런 일이 없게 하겠습니다.

I promise that it will not happen again.

알겠어요. 방금 하신 말씀을 믿어 보지요. 가서 일 보세요.

Alright. I'm going to count on those words. You may get back to work.

Chapter 3

사무기기 및 인터넷 사용

 02-3.mp3

복사기 및 팩스

양면 복사를 해 드릴까요?

Do you want them to be printed on both sides?

> A Could you make 20 copies of this report? 이 보고서를 20장 복사해 줄 수 있겠어요?
>
> B Sure. **Do you want them to be printed on both sides?** 그럼요. 양면 복사를 해 드릴까요?

B4로 확대 복사를 원하세요?

Do you want them to be enlarged to B4?

이 페이지를 75%로 축소해 주실래요?

Could you please reduce this page to 75%?

이 복사기가 고장인 것 같아요.

This copier seems to be out of order.

This Xerox machine seems to be out of order.

> A **This copier seems to be out of order.** 이 복사기가 고장인 것 같아요.
>
> B Again? We had the same problem yesterday, and we had it fixed by a repair guy. 또요? 어제 같은 문제가 있어서, 수리공을 불러다 고쳤는데요.

이 팩스기가 고장 났어요.

This fax machine broke down.

이 기계가 고장이에요. 제가 실수로 떨어뜨렸어요.

This machine had a mishap. I dropped it accidentally.

엔진 고장이에요.

There is an engine failure.

기계 고장이에요.

There is some mechanical trouble.

잉크가 떨어졌어요.

The ink is out.

복사 용지가 걸렸어요.

It has a paper jam.

There is a paper jam.

The copier has a paper jam.

A Let me see. Oh, **it has a paper jam.** Could you show me how to unjam this copier? 어디 보자. 어, 종이가 걸렸네. 이 복사기에 걸린 종이 제거 방법을 좀 알려 주시겠어요?

B You just open this part and follow the steps written inside. 이 부분을 열어서 안에 적혀 있는 순서대로 따라해 보세요.

복사 용지가 다 떨어졌어요.

The copy machine is out of paper.

The copier is out of paper.

복사기가 고장 났어요.

This copier is broken.

This copy machine is out of order.

이 팩스기를 어떻게 사용하는지 아시나요?

Do you know how to use this fax machine?

이걸 팩스로 보내 드리지요.

I will fax this to you.

팩스 받아 보셨나요?

Did you get my fax?

그 서류를 제게 팩스로 보내 주시겠어요?

Would you like to fax me the documents?

당신 팩스가 아직 도착하지 않았어요.

Your fax didn't come through yet.

카트리지를 갈아야 해요.

We need to replace the cartridge.

A You need to install an antivirus program. 백신 프로그램을 설치하셔야 해요.

B By the way, **we need to replace the cartridge.** 아, 그건 그렇고 카트리지를 갈아야 해요.

양면으로 복사해 줘요.

Please print it double-sided.

> A How many copies? 몇 장이요?
>
> B 20 copies. **Please print it double-sided.** 20장이요. 양면으로 복사해 줘요.

단면복사 해 주세요.

Print one-sided, please.

**컴퓨터 및
인터넷**

인터넷에 어떻게 접속하죠?

How do I get on the Internet?

구글 접속은 어떻게 하죠?

How do I get on Google?

> A **How do I get on Google?** 구글 접속은 어떻게 하죠?
>
> B Just type 'google.com.' 그냥 google.com이라고 치면 돼요.

이 인터넷 연결이 굉장히 느리네요.

This Internet connection is very slow.

이 컴퓨터가 고장인 것 같아요.

There is something wrong with this computer.

제가 사용해야 하는 아이디와 패스워드를 아세요?

Do you know the ID and the password I should use?

이 소프트웨어 사용법을 아세요?

Do you know how to use this software?

당신 컴퓨터에 파워포인트가 설치되어 있나요?

Does your computer have PowerPoint on it?

제 컴퓨터가 멈췄어요.

My computer is frozen.

> A What's wrong? 무슨 일이에요?
>
> B **My computer is frozen.** 제 컴퓨터가 멈췄어요.

컴퓨터가 바이러스에 감염되었어요.

The computer is infected with a virus.

소프트웨어를 업데이트해야 해요.

We need to update the software.

백신 프로그램을 설치하세요.

Install an antivirus (vaccine) program.

> **Example**
>
> A   It seems like my computer has a virus.   내 컴퓨터에 바이러스가 있는 것 같아요.
>
> B   **Install an antivirus (vaccine) program.**   백신 프로그램을 설치하세요.

내 이메일을 받았어요?

Did you get my email?

인트라넷에 어떻게 접속하나요?

How do I connect to the intranet?
How do I get connected to the intranet?

> **Example**
>
> A   **How do I connect to the intranet?**   인트라넷에 어떻게 접속하지요?
>
> B   Did you get my email? I sent you the URL and the password.   내 이메일을 받았어요? URL 주소와 패스워드를 보냈어요.

트위터 계정이 뭐예요?

What is your Twitter account?

MSN 계정이 뭐예요?

What is your MSN account?

> **Example**
>
> A   Could you send it to me via MSN?   그것을 내게 MSN으로 보내 줄래요?
>
> B   Okay. **What is your MSN account?**   그러죠. MSN 계정이 뭐예요?

보고서를 엑셀 형식으로 제출해야 하는데, 어떻게 하는지 모르겠어요.

I'm supposed to submit a report in Excel format, but I'm
not sure how to do that.   *be supposed to ~하기로 되어 있다

엑셀을 어떻게 사용하는지 아예 모르신다는 말씀인가요?

Do you mean you don't know how to use Excel at all?

엑셀 사용법은 알아요. 그저 회사 인트라넷 이메일에 첨부할 수 있는 형식으로 저장하는 방법을 모르겠어요.

I know how to use Excel. I just don't know how to save it in a format that I can attach to the company intranet email.

이메일 보낼 때 날 참조로 넣어 주세요.

Please cc me when you send an email.

그것을 내 USB 메모리에 저장해 주세요.

Save it to my USB memory stick.

저를 메신저에 추가하세요.

Add me to your messenger.

그녀를 내 메신저에서 차단시킬 겁니다.

I will block her from my messenger.

퇴근시 컴퓨터 전원을 끄세요.

Please turn off the computer when you leave the office.

이 근처 레스토랑을 검색하려면 네이버로 가세요.

Go to Naver to search for restaurants near here.

정보 검색을 하려면 구글로 가세요.

Go to Google to search for information.

페이스북 접속은 어떻게 하죠?

How do I get on Facebook?

아이디가 뭐예요?

What is your ID?

아이디와 패스워드가 뭐죠?

What is the ID and password?

A   This computer needs an ID and password. **What is the ID and password?**
이 컴퓨터는 아이디와 패스워드가 필요하군요. 아이디와 패스워드가 뭐죠?

B   Oh, both the ID and password are 1234.   아, 아이디와 패스워드 둘 다 1234예요.

홈페이지 주소가 어떻게 되죠?

What is your homepage address?

검색창에 그냥 'e-비즈니스'라고 치세요.

Simply type 'e-business' in the search box.

A   What is the word, again?   무슨 단어였죠?

B   **Simply type 'e-business' in the search box.**   검색창에 그냥 'e-비즈니스'라고 치세요.

난 독수리 타법으로 칩니다.

I type two-fingered.

열려 있는 창을 닫아요.

Close the windows that are open.

A   The Internet is really slow.   인터넷이 정말 느려요.

B   **Close the windows that are open.**   열려 있는 창을 닫아요.

접속하셨나요?

Are you on?

**기타 사무기기
문제**

에어컨이 작동 안 해요.

The air conditioner is not working.

A   It's really hot in here.   이 안이 아주 덥군요.

B   **The air conditioner is not working.**   에어컨이 작동 안 해요.

필터를 갈아야겠어요.

We should change the filter.

점검하려면 기사를 불러요.

Call the technician for a check-up.

A   We should change the filter.   필터를 갈아야겠어요.

B   Don't touch anything there. **Call the technician for a check-up.**   아무것도 만지지 마세요. 기사를 불러 점검을 하죠.

점검하려면 AS센터에 전화하세요.

Call the after-service center for a check-up.

내 의자는 낡았어요. 흔들흔들해요.

My chair is worn out. It wobbles.

A   **My chair is worn out. It wobbles.**   내 의자는 낡았어요. 흔들흔들해요.

B   Fill out this form for a replacement.   새로 받으려면 이 양식을 쓰세요.

에어컨이 방을 충분히 시원하게 하지 않네요.

The air conditioner isn't cooling down the room enough.

A   **The air conditioner isn't cooling down the room enough.**   에어컨이 방을 충분히 시원하게 하지 않네요.

B   Something is wrong with it.   뭔가 문제가 있어요.

에이컨 온도를 내려 주세요[올려 주세요].

Please turn down[up] the air conditioner.

기타 잡무

🎧 02-4.mp3

우편물 부치기

선박 우편으로 어느 정도 걸립니까?

How long does it take by surface mail?

항공 우편으로 며칠 걸립니까?

How long does it take by air mail?

소포에 주소 적었습니까?

Did you write the address on the parcel?

> **Example**
>
> A   **Did you write the address on the parcel?**   소포에 주소 적었습니까?
>
> B   Yes. Here you go. How long does it take by air mail?   네, 여기요. 항공편으로 며칠 걸립니까?

주소에 우편번호를 적었습니까?

Did you write the zip code on the parcel?

빠른 우편으로 보내 주세요.

I want to send it by express mail.

> **Example**
>
> A   Anywhere from two to four weeks.   어디든 2주에서 4주 걸립니다.
>
> B   **I want to send it by express mail.**   빠른 우편으로 보내 주세요.

일반 우편으로 보내 주세요.

I want to send it by regular mail.

우편번호를 재확인해 주시겠어요?

Can you double-check the zip code?

> **Example**
>
> A   Did you write the address on the parcel?   소포에 주소 적었습니까?
>
> B   Yes, but **can you double-check the zip code?** 네, 그런데 우편번호를 재확인해 주시겠어요?

착불로 보내 주세요.

I want to send it cash on delivery.   *cash on delivery 대금 상환 인도(COD)

등기 우편으로 보내 주세요.

I want to send it by registered mail.

A What is inside? 안에 뭐가 들어 있지요?

B Some documents. **I want to send it by registered mail.** 서류입니다. 등기 우편으로 보내 주세요.

보험금은 얼마이지요?

How much is the insurance?

잔심부름 부탁

오는 길에 커피 좀 가져다 줄래요?

Could you get me a cup of coffee on your way?

A **Could you get me a cup of coffee on your way?** 오는 길에 커피 좀 가져다 줄래요?

B Sure, anything else? 네, 뭐 또 다른 건요?

오는 길에 보고서 좀 가져다 줄래요?

Could you get me the report on your way?

상사가 점심으로 샌드위치를 원하시네요.

My boss wants some sandwiches for lunch.

A **My boss wants some sandwiches for lunch.** He is working having lunch today. Thanks. 상사가 점심으로 샌드위치를 원하시네요. 오늘 식사하면서 업무를 보신대요. 고마워요.

B No problem. 별말씀을요.

미스터 리는 저녁으로 스테이크를 원해요.

Mr. Lee wants steak for dinner.

접시 2개 더 가져오세요.

Get two more plates.

가서 의자 3개 더 가져오세요.

Go get three more chairs.

A Brian, **go get three more chairs for here.** 브라이언, 가서 여기에 의자 3개 더 가져오세요.

B Sure, leave it to me. 알았어요, 제게 맡기세요.

이것을 40장 복사해 주세요.

Make 40 copies of this.

A   How many copies do you need?   몇 장을 원하세요?
B   **Make 40 copies of this.**   이것을 40장 복사해 주세요.

라이언과의 약속은 취소해 주세요.

Cancel the appointment with Ryan.

마케팅부의 미스터 김에게 이걸 전해 주세요.

Give this to Mr. Kim in marketing.

A   **Give this to Mr. Kim in marketing.**   마케팅부의 미스터 김에게 이걸 전해 주세요.
B   No problem.   그렇게 하지요.

휴가

올 겨울엔 홍콩에 가요.

I'm off to Hong Kong this winter.

올 여름엔 하와이에 가요.

I'm off to Hawaii this summer.

A   What's your vacation plan like this year?   올해 휴가 계획은 어때요?
B   **I'm off to Hawaii this summer.**   올 여름엔 하와이에 가요.

제 휴가는 7월 25일부터 8월 2일까지예요.

My vacation is from July 25th to August 2nd.

A   When is it?   언제예요?
B   **My vacation is from July 25th to August 2nd.**   제 휴가는 7월 25일부터 8월 2일까지예요.

내가 없는 동안 미즈 리가 내 업무를 맡아 줄 거예요.

Ms. Lee will take care of my business while I'm gone.

A   Who should I contact during your absence?   자리 비우시는 동안 어느 분께 연락드려야 할까요?
B   **Ms. Lee will take care of my business while I'm gone.**   내가 없는 동안 미즈 리가 내 업무를 맡아 줄 거예요.

내가 없는 동안 제인이 내 프로젝트를 맡아 줄 거예요.

Jane will take care of my project while I'm gone.

제주도에 갈 계획입니다.

I am planning to go to Jeju Island.

A   What's your vacation plan this year?   올해 휴가 계획은 어때요?

B   **I am planning to go to Jeju Island.** For two nights and three days.
     제주도에 갈 계획입니다. 2박 3일간이요.

다음 주 수요일에 돌아와요.

I will be back next Wednesday.

A   When will you be back from your vacation?   휴가에서 언제 돌아와요?

B   **I will be back next Wednesday.**   다음 주 수요일에 돌아와요.

휴가를 낼 여유가 없어요.

I'm too busy to take a holiday.

유급 휴가가 있어요.

I get paid vacations.

회식 및 야유회

오늘 밤에 회식 있어요.

We will have a night-out tonight.

A   **We will have a night-out tonight.**   오늘 밤에 회식 있어요

B   Okay, I'm in.   좋아요. 저는 갈게요

오늘 밤에 업무차 회식을 합니다.

We will have a business dinner tonight.

회사 야유회에 신청하세요.

You should sign up for the company outing.

A   **You should sign up for the company outing.**   회사 야유회에 신청하세요.

B   When is it?   언제죠?

참석하려면 신청하셔야 합니다.

You should sign up for the event.

점심은 각자 챙겨 오는 것을 잊지 마세요.

Don't forget to bring your own lunch.

> **Example**
>
> A　When is our department picnic?　우리 부서 야유회가 언제죠?
>
> B　Next Saturday. **Don't forget to bring your own lunch.**　다음 주 토요일이요. 점심은 각자 챙겨 오는 것을 잊지 마세요.

간식거리 챙겨 오는 것을 잊지 마세요.

Don't forget to bring some refreshments.

돈을 걷어 탐의 생일 선물을 삽시다.

Let's chip in to buy a birthday gift for Tom.

＊chip in 기부하다; ~에 합류하다[끼어들다]

> **Example**
>
> A　We should plan Tom's birthday.　탐의 생일 준비를 해야 해요.
>
> B　**Let's chip in to buy a birthday gift for Tom.**　돈을 걷어 탐의 생일 선물을 삽시다.

추첨 경품이 있을 겁니다.

We will have raffles.

＊raffle 복권, 제비 뽑기

다음 주 월요일까지 회답해 주세요.

Please RSVP me by next Monday.

＊RSVP (불어) Répondez sîl vous plaît.(Reply, please.) 회답 주시기 바랍니다.

> **Example**
>
> A　Should we sign up for the party?　파티에 신청을 해야 해요?
>
> B　Yes. **Please RSVP me by next Monday.**　네. 다음 주 월요일까지 회답해 주세요.

저희 모임을 연기해야 할 것 같아요.

We will have to postpone our gathering.

직원 경조사

어쩌면 좋아요.

That's too bad.

그거 유감이군요.

I'm sorry to hear that.

새집으로 이사하셨다고 들었어요.

I heard that you moved to a new house.

결혼 축하해요!

Congratulations on your marriage!

A **Congratulations on your marriage!** 결혼 축하해요!

B Thanks a lot. 감사해요.

다음 달에 결혼하신다는 소식 들었어요.

I heard that you are getting married next month.

A Mr. Lee, **I heard that you are getting married next month.** Congratulations! 미스터 리, 다음 달에 결혼한다는 소식 들었어요. 축하해요!

B Thanks, but it's an engagement party next month. Our wedding date is at the beginning of next year. 감사해요. 그런데 다음 달은 약혼 파티입니다. 결혼 날짜는 내년 초예요.

부인이 병원이 입원하셨다니 유감이군요.

I am sorry to hear that your wife is in the hospital.

대희 씨의 아버님이 돌아가셨다니 유감이군요.

I am sorry to hear that Daehee's father passed away.

A **I am sorry to hear that Daehee's father passed away.** 대희 씨의 아버님이 돌아가셨다니 유감이군요.

B Yes. We are all attending his funeral this Friday. 그러게요. 우리 모두 이번 주 금요일 그의 장례식에 참석할 거예요.

삼가 고인의 명복을 빌어요.

I'm sorry for your loss.
Sorry for your loss.

A My mom passed away yesterday. 어제 어머니께서 돌아가셨어요.

B Oh, **I'm sorry for your loss.** 아, 삼가 고인의 명복을 빕니다.

저는 축의금으로 5만 원을 내요.

I'm giving 50,000 won for the congratulatory money.

저는 부의금으로 10만 원을 냈어요.

I gave 100,000 won for the condolence money.

| Chapter 5 | 동료와의 대화 | 🎧 02-5.mp3 |

자기계발

저는 프레젠테이션 수업을 듣고 있어요.

I'm taking a course on giving presentations.

> **Example**
>
> A What are you doing? 뭐해요?
>
> B I'm memorizing a speech. **I'm taking a course on giving presentations.** 발표문을 외우고 있어요. 저는 프레젠테이션 수업을 듣고 있거든요.

저는 댄스 수업을 듣고 있어요.

I'm taking dance lessons.

저는 명상하는 법을 배우고 있어요.

I have been learning how to meditate.

> **Example**
>
> A I am taking dance lessons these days. 저는 요즘 댄스 수업을 듣고 있어요.
>
> B Great. **I have been learning how to meditate.** It's important to spend your free time well. 좋아요. 저는 명상하는 법을 배우고 있어요. 여가 시간을 잘 보내는 것이 중요해요.

이 소프트웨어 사용법을 배웠어요.

I learned how to use this software.

이게 제 일에 집중하는 데 도움이 돼요.

This helps me focus on my work.

> **Example**
>
> A Wow, are you learning yoga? 와, 요가를 배우시나 봐요?
>
> B Yes, **it helps me focus on my work.** 네, 제 일에 집중하는 데 도움이 돼요.

이게 제 여가를 즐기는 데 도움이 돼요.

This helps me enjoy my free time.

건강을 유지하고 있어요.

I keep myself fit.

영어 공부를 다시 하고 싶어서요.

I want to brush up on my English.   *brush up ～의 공부를 다시 하다

저는 독학으로 된 회계사입니다.

I am a self-taught accountant.

승진하려면 좋은 토익 점수가 필요해요.

I need a good TOEIC score for a promotion.

승진

내년에 승진될 겁니다.

I expect to be promoted next year.

과장이 되어 좋아요.

It is nice to be a manager.

팀장이 되어 좋아요.

It is nice to be a team head.

전 10퍼센트 급여 인상을 원해요.

I want to have a pay raise of 10 percent.

여기에서 성과급 제도를 적용받고 싶어요.

I want to have a performance-based pay system here.

내년에 승진되고 싶어요.

I hope to be promoted next year.

Example

A   Mr. Lee, you are working hard!   미스터 리, 일을 열심히 하는군요!

B   **I hope to be promoted next year.**   내년에 승진되고 싶어요.

저는 내년에 상무이사가 되기를 바라요.

I hope to be a managing director next year.

이제 책임이 더 많이 따르죠.

I have more responsibilities now.

Example

A   What is it like to be a team leader?   팀장이 되니까 어때요?

B   **I have more responsibilities now.**   이제 책임이 더 많이 따르죠.

우리는 성과급 제도가 있습니다.

We have a performance-based pay system.

어떤 특별 혜택을 받으세요?

What perks do you have?   *perks 비금전적 혜택

Example

A   **What perks do you have?**   어떤 특별 혜택을 받으세요?

B   The company provides me with a luxury sedan with a driver.   회사에서
기사 딸린 고급 세단을 제공해 줘요.

승진 축하해요!

Congratulations on your promotion!

당신은 그럴 자격이 있어요.

You deserve it.

Example

A   I got promoted.   저, 승진했어요.

B   Congratulations! **You deserve it!**   축하해요! 당신은 그럴 자격이 있어요!

회의는 어떻게 됐어요?

How did the meeting go?

Example
A **How did the meeting go?** 회의는 어떻게 됐어요?
B Okay. But it was a very long one. 좋아요. 근데 굉장히 길었죠.

존이 그만뒀다는 것을 들었어요?

Did you hear that John quit?

Example
A **Did you hear that John quit?** 존이 그만뒀다는 것을 들었어요?
B Yeah, that's too bad. I liked him a lot. 그래요. 안됐어요. 존을 참 좋아했는데요.

미란 씨가 결혼한다는 것을 들었어요?

Did you hear that Miran is getting married?

정장 멋지네요.

I like your suit.

Example
A By the way, **I like your suit.** 그런데, 정장 멋지네요.
B Oh, my wife got me this as a birthday gift. 아, 집사람이 생일 선물로 사 준 거예요.

머리 예쁘네요.

I like your hair.

넥타이가 잘 어울려요.

Your tie suits you well.

어떤 스포츠를 좋아해요?

What sports do you like?

Example
A **What sports do you like?** 어떤 스포츠를 좋아해요?
B I'm a baseball fan. 전 야구 팬이죠.

점심으로 뭐가 먹고 싶나요?

What do you feel like eating for lunch?

Example
A **What do you feel like eating for lunch?** 점심으로 뭐가 먹고 싶나요?
B I'm so hungry. Anything goes. 너무 배고프네요. 아무거나 좋아요.

'배트맨 리턴즈' 영화 봤어요?

Did you watch the movie, *Batman Returns*?

주식 투자해요?

Do you invest in stocks?

퇴근 후 활동

퇴근 후에 아무 계획도 없어요.

I've got nothing planned after work.

> **Example**
>
> A   What are you doing after work today?   오늘 퇴근 후에 뭐 하세요?
> B   **I've got nothing planned after work.**   퇴근 후에 아무 계획도 없어요.

오늘 밤에 아무 계획도 없어요.

I've got nothing planned for tonight.

퇴근 후에 데이트가 있어요.

I've got a date after work.

한잔하러 갑시다.

Let's go out for a drink.

> **Example**
>
> A   **Let's go out for a drink.**   한잔하러 갑시다.
> B   I'm in. How about you, Injung?   저는 콜입니다. 인정 씨는 어때요?

함께 저녁 하러 가죠.

Let's go out for dinner together.

오늘 밤에 뭐 좀 일할 게 있어요.

I have to work on something tonight.

> **Example**
>
> A   Let's go out for dinner together.   함께 저녁 하러 가죠.
> B   Sorry. **I have to work on something tonight.**   미안해요. 전 오늘 밤에 뭐 좀 일할 게 있어요.

오늘 밤에 부모님 댁에 가야 해요.

I have to visit my parents tonight.

퇴근 후에 계획 있어요?

What are you planning to do after work?

> A **What are you planning to do after work?** 퇴근 후에 계획 있어요?
> B Nothing. I'm just going home. 없어요. 그냥 집에 가요.

오늘 밤에 야근해야 해요.

I have to work overtime tonight.

뭐 하고 싶은 거 있어요?

Do you want to do something?

> A **Do you want to do something?** 뭐 하고 싶은 거 있어요?
> B Yeah. How about watching a movie? 네. 영화 보는 건 어때요?

저도요!

I'm in!

사과하기

오해해서 미안해요.

I'm sorry I misunderstood you.

> A How come you are always behind schedule? 항상 왜 이렇게 일정보다 뒤처지나요?
> B Huh? I have already finished it. 어? 그건 이미 끝냈는데요.
> A Oh, really? **I'm sorry I misunderstood you.** 아, 그래요? 오해해서 미안해요.

당신이 이미 이걸 마친 것을 몰랐네요.

I didn't know you had already finished this.

> A I've already completed this proposal. 이 제안서는 벌써 마쳤는데요.
> B Sorry about that. **I didn't know you had already finished this.** 미안해요. 이미 이걸 마친 걸 몰랐네요.

이것을 보고 드리지 못한 것은 제 실수였습니다.

It was my mistake not to report this to you.

> A I didn't know (that) you had already contacted the client. 당신이 고객에게 벌써 연락했다는 사실을 몰랐어요.
> B **It was my mistake not to report this to you.** 보고 드리지 못한 것은 제 실수입니다.

약속을 잊어서 미안해요.

I'm sorry I missed our appointment.

당신이 아팠는지 몰랐어요.

I didn't know that you were sick.

먼저 전화 드리지 못한 것이 제 실수입니다.

It was my mistake not to call you first.

오해한 것에 대해 사과드려요.

I apologize for misunderstanding you.

Example

A **I apologize for misunderstanding you.** 오해한 것에 대해 사과드려요.

B That's okay. 괜찮아요.

미안해요. 제가 실수했네요.

I'm sorry, it's my fault.
Sorry, my mistake. ❶
Oops, my bad. ❶

기분 상하신 거 아니죠?

No hard feelings between us, right?

Example

A **No hard feelings between us, right?** 기분 상하신 거 아니죠?

B Of course not. 물론이죠.

사과를 받아들일게요.

Apologies accepted. ❺
No worries. ❶

사과하실 필요 없어요.

No need to apologize.

감사하기

접대 감사해요.

Thank you for the treat.

Example

A **Thank you for the treat.** 접대 감사해요.

B Don't mention it. 별말씀을요.

좋은 친구가 돼 줘서 고마워요.

Thank you for being a good friend.

저희에게 좋은 멘토 역할을 해 주셔서 감사해요.

I appreciate you for being a good mentor for us.

A **I appreciate you for being a good mentor for us.** 저희에게 좋은 멘토 역할을 해 주셔서 감사해요.

B It was my pleasure working with you. 함께 일해서 즐거웠어요.

함께 일할 수 있어서 즐거웠어요.

I have enjoyed being able to work with you.
It was my pleasure working with you.

A **I have enjoyed being able to work with you.** 함께 일할 수 있어서 즐거웠어요.

B The pleasure is mine. 저 역시도요.

친절 감사해요.

I appreciate your kindness.

함께 시간 보내서 즐거웠어요.

I have enjoyed spending some time with you.

함께 일할 수 있게 되어 감사하게 생각해요.

I feel grateful for being able to work with you.

A **I feel grateful for being able to work with you.** 함께 일할 수 있게 되어 감사하게 생각해요.

B It's my pleasure. 저도 기뻐요.

친절한 위로의 말씀에 감사드립니다.

Thank you so much for your kind words of consolation.

A I'm sure you can overcome this difficulty. 이 어려움을 극복하시리라 믿어요.

B **Thank you so much for your kind words of consolation.** 친절한 위로의 말씀에 감사드립니다.

우리 사이에 무슨 감사예요? (당신 같은 친구라면 (그런 건) 당연한 거죠.)

For a friend like you, any time.
No need to mention it.

Any time. ❶

별말씀을요.
Don't mention it.
No problem.
No worries.

간단한 응답

아, 그렇군요. [알아들었어요.]
I see.
I got it. ❶
I got you. ❶
I hear you.
Oh, yes.
Oh, I get it.
I see your point.
I see what you mean.

무슨 말인지 잘 이해했어요.
Point well taken.

그래요?
Is that so?
Oh, really?
Is that right?
That's interesting.

잘됐군요!
How nice!

그럼요.
I agree.
Of course.
Certainly.
Definitely.
Yes, indeed.
Sure thing.
Absolutely.
No problem.

That's true.
That's correct.
I agree with you totally.

이해가 안 되네요.

I don't get it.
I'm not with you.
I don't follow you.
I'm not following.

다시 한 번 말씀해 주시겠어요?

Pardon?
Excuse me?
What was that again?
Could you repeat that?

설마 그럴 리가!

No way!
Impossible!
No kidding!
That's absurd.
That's ridiculous.
Give me a break! ❶
I can't believe it!
That can't be right.

*absurd 불합리한, 말도 안 되는

도대체 무슨 말이죠?

What are you saying?
What are you telling me?
What are you trying to say?
What are you getting at?

모르겠어요.

I don't know.
I'm not sure.
I'm confused.
I'm puzzled.
I'm lost.

PART

3

전화

이메일 작성은 어느 정도 하면서도 정작 전화로 내용을 확인하는 의사소통은 유난히 꺼리는 사람들이 많습니다. 전화는 보이지 않는 상대와 말로 하는 커뮤니케이션 수단으로, 마주보며 이야기하거나 문서로 전달할 때보다 오해의 소지가 많고 의도가 제대로 전달되지 않을 가능성도 크기 때문이지요. 비즈니스 상에서 격식에 맞추어 사용해야 하는 표현을 미리 익혀 두어 전화상으로도 자연스럽게 의사를 전달할 수 있어야 하겠습니다. 이번 파트에서는 비즈니스 상 전화로 커뮤니케이션을 할 때 필요한 여러 표현들을 다루고 있습니다.

Chapter 1
전화 업무

Chapter 2
메시지 남기기

Chapter 3
전화로 일정 잡기

Chapter 4
전화 사용시 불편

Chapter 5
전화로 불만사항 전하기

전화 업무

전화 받기

여보세요. 제임스 김입니다.

Hello, this is James Kim speaking.

여보세요. 영업부의 존 에반스입니다.

Hello, John Evans, Sales Department.

> **Example**
>
> A **Hello, John Evans, Sales Department.** 여보세요. 영업부의 존 에반스입니다.
> B Hi, I'm calling about an upcoming sales presentation scheduled for Friday. 안녕하세요? 금요일로 예정된 영업 프레젠테이션에 관해 전화 드렸습니다.

여보세요. 인사부의 스티븐 리입니다.

Hi, this is Steven Lee in the Human Resources.

*human resources 인사부

여보세요. 홍콩 본사의 자니 첸입니다.

Hello, this is Johnny Chen from the headquarters in Hong Kong.

*headquarters 본사

여보세요. 오피스 서플라이즈의 조지 존스입니다.

George Jones here with Office Supplies. ❶

제임스 김입니다. 무엇을 도와 드릴까요?

James Kim speaking, how can I help you?

네, 접니다.

This is he.

This is she.

Speaking.

> **Example**
>
> A Hello? 여보세요?
> B John Evans, please. 존 에반스 바꿔 주세요.
> A **This is he.** 네, 접니다.

저는 카터입니다.

This is Mr. Carter.

저는 존입니다. 뭘 도와 드릴까요?

This is John. What can I do you for? ❶

Biz Tip
전화를 받자마자 '뭘 도와 드릴까요?'라고 묻는 관용적 표현입니다.

누구신가요?

Who's speaking?

Who's calling, please?

누구시죠?

Who's speaking, please?

May I ask who's calling, please? ❻

Sorry, you are...? ❶

Who is this? ❶

Example

A Mr. Carter's office, please.   카터 사장님실 부탁합니다.

B **May I ask who's calling?**   어디신가요?

여보세요. ABC 회사의 김철수입니다.

Hello, ABC Company, Chulsoo Kim speaking.

Example

A **Hello, Mr. Carter's office, Chulsoo Kim speaking.** How may I help you?   여보세요.
카터 사장님실 김철수입니다. 어떻게 도와 드릴까요?

B Hello. Is Mr. Carter in?   여보세요. 카터 사장님 계세요?

A No, he isn't. He isn't in the office right now.   아뇨. 지금 자리에 안 계신데요.

여보세요. 카터 씨 사무소의 안젤라입니다.

Hello, Mr. Carter's office, Angela speaking.

여보세요. 고객서비스부의 윤지수입니다.

Hello, this is the Customer Service Department, Jisu
Yoon speaking.

안녕하세요. 퍼스트 내셔널 은행에 전화 주셔서 감사합니다.

Hello and thank you for calling First National Bank.

무엇을 도와 드릴까요?

How can I help you?

What can I do for you?

What can I do you for? ❶

What can I help you with today?

여보세요, ABC 회사입니다. 어떻게 도와 드릴까요?

Hello, ABC Company. How can I be of assistance?

여보세요. 전화 주셔서 감사하고요, 오늘 어떻게 도와 드릴까요?

Hello and thank you for calling. How can I help you today?

여보세요. 전화 주셔서 감사합니다. 전화를 어디로 연결해 드릴까요?

Hello and thank you for calling. How can I direct your call?

무슨 일이시죠?

May I ask what this is in regards to? ❻

To what is this pertaining?

May I ask what this is about?

Can I ask what it's about?

What is this about?

Could I ask what it's in regards to?   *in regards to ~에 관하여(about)

어느 회사에서 연락 주시는 거죠?

Which company are you from?

전화 걸기

저는 RK 서울 지점의 오달수라고 합니다.

This is Dalsu Oh calling from the Seoul branch of RK.

저는 런던에서 전화하는 진입니다.

This is Jean, calling from London.

그분 소개로 전화 드려요.

He referred me to you.

(실례합니다만,) 방금 전화했던 사람입니다.

I just called a minute ago.
I was just on the phone with you.
Excuse me, this is the person who was just on the phone.

통화하려고 몇 차례 전화했었습니다.

I've tried to get in touch with you several times.

미스터 임을 대신하여 전화 드립니다.

I'm calling on behalf of Mr. Lim.

그분과 직접 통화했으면 합니다.

I'd like to speak to him directly.

제임스 바꿔 주세요.

James, please.
Is James there?
Can I speak with James, please?

경리부의 빌리 박 씨와 통화할 수 있을까요?

May I speak to Billy Park in the Finance Department? ⑤
Could I speak to Billy Park in the Finance Department?

스테판 있나요?

Is Stephane there? ①
Is Stephane in? ①

존 에반스 씨를 바꿔 주시겠어요?

Could I speak with John Evans, please?

고객 서비스부 부탁합니다.

The Customer Service Division, please.

(전화 주셨다고 하셔서) 다시 전화 드려요.

I'm returning your call.

산드라 씨 전화 맞나요?
Is this Sandra's line?

전화 주셨다고요?
I heard that you called.

어제 저와 통화하셨던 분입니까?
Are you the same person I talked to yesterday?

**전화
연결하기**

내선번호 476, 산드라 왕 씨 부탁합니다.
Extension 476, Sandra Wong, please.

476번 산드라 왕 씨요. 자, 잠시만 기다려 주세요. 연결해 드리지요.
476, Sandra Wong. Here we go. One moment, please.
I will put you through.

누구라고 말씀 드릴까요?
Who shall I say is calling, please?

매니저님을 바꿔 드리겠습니다.
Let me get the manager to talk to you.

전화를 연결해 드리겠습니다. 끊지 말고 기다려 주세요.
I will transfer your call to him. Please stay on the line.
Please hold while I transfer you.
I'll transfer your call. Please hold.
One moment while I transfer your call.
Can you please hold while I transfer your call?
I'll transfer you to him. Please hold the line.
I'm putting you through now. Please hold.

*transfer 전화 연결해 주다 | stay on the line 수화기를 들고 기다리다(hold on)
| put someone through (to) (~에게) 전화를 연결하다

Example

A   Can I speak with a human resources representative, please?   인사부 직원
과 통화할 수 있을까요?

B   Sure. **I'm putting you through now. Please hold.**   물론입니다. 연결해 드릴 테니 잠시 기다
리세요

끊지 말고 기다리시면 미스터 리 자리로 전화를 연결해 드리겠습니다.

Please stay on the line and I will transfer you to Mr. Lee's desk.

고객 서비스부에 전화를 연결해 드리겠습니다.

Let me transfer you to our customer service desk.

네, 재닛 씨 전화 맞습니다.

Yeah, this is Janet's line.

죄송합니다만, 지금 자리에 안 계십니다.

I'm sorry she's not available right now.
I'm sorry she's not in the office right now.
I'm sorry she's not at her desk right now.

죄송합니다만, 이번 주에는 회사에 안 계십니다.

Sorry, he's away from the office this week.

죄송합니다만, 회의 중이십니다.

I'm sorry he's in a meeting.

A Mr. Carter's office, Angela speaking. 카터 사장님실 안젤라입니다.

B May I speak with Mr. Carter, please? 카터 사장님과 통화할 수 있을까요?

A **He's busy at the moment.** Would you like his voice mail? 지금 바쁘신데요. 음성 메일로 연결해 드릴까요?

죄송합니다만, 막 나가셨습니다.

Sorry, you just missed her.

죄송합니다만, 출장차 밀라노에 가셨습니다.

I'm sorry he is in Milan on business.

잠깐만 기다리세요.

Please hold.
One moment, please.

담당자에게 연결해 주시겠습니까?

May I talk to someone in charge?
Could you please transfer my call to the appropriate person?

A   I need to speak with the product manager. **Could you please transfer my call to the appropriate person?** 제품 관리자와 통화하고 싶습니다. 담당자에게 연결해 주시겠습니까?

B   Sure. One moment, please.   네, 잠시만 기다리세요.

부장님에게 연결해 주시겠습니까?

Could you transfer me to the manager?

Would it be possible to transfer my call to the manager?

Could you put me through to the office of the manager?

내선번호 4567로 연결해 주세요.

Extension 4567, please.

May I be connected to extension 4567?

Put me through to extension 4567, please.

Could you transfer me to extension 4567?

A   Hello and thank you for calling ABC Company.   여보세요. ABC 회사에 전화 주셔서 감사합니다.

B   Hello. **May I be connected to extension 4567?**   안녕하세요. 내선번호 4567로 연결해 주시겠습니까?

인사부의 제니 리 씨에게 연결해 주시겠습니까?

May I be connected to Jenny Lee of the Human Resources Department?

총지배인님 사무실이나 그분 비서를 연결해 주시겠어요?

Could you please put me through to the office of the general manager or his assistant?

부사장실로 연결해 주시겠습니까?

Can I please have the office of the vice president?

A   Hello and thank you for calling Advantage Accounting Systems. How can I help you today?   안녕하세요. 어드밴티지 어카운팅 시스템즈에 전화 주셔서 감사합니다. 오늘 어떻게 도와 드릴까요?

B   **Can I have the office of the vice president?**   부사장실로 연결해 주시겠습니까?

A   One moment, please.   잠시만 기다려 주세요.

전
화

1
전
화
받
기

내선 연결이 잘못된 것 같아요.

I think I have the wrong extension.

죄송합니다만, 내선 연결이 잘못된 것 같아요. 존 에반스 씨와 통화하려고 하는데요.

Sorry, I think my call was transferred to the wrong extension. I'm trying to get a hold of Mr. John Evans.

*get a hold of ~와 연결 짓다

A Mr. Carter's office, Angela speaking. 카터 사장실 안젤라입니다.

B **Sorry, I think my call was transferred to the wrong extension. I'm trying to get a hold of Mr. John Evans.** 죄송합니다만, 내선 연결이 잘못된 것 같아요. 존 에반스 씨와 통화하려고 하는데요.

A Oh, this is Mr. Carter's office. Let me transfer you to Mr. Evans. 아, 여기는 카터 사장실입니다. 에반스 씨에게 연결해 드리도록 하지요.

죄송합니다만, 부서 연결이 잘못된 것 같아요. 제품 담당 책임자이신가요?

I'm sorry, I think I have the wrong office. Is this the product manager?

기다리시게 해서 죄송합니다.

Sorry about the wait.
Sorry to keep you waiting.

A **Sorry to keep you waiting.** How can I help you? 기다리시게 해서 죄송합니다. 무엇을 도와 드릴까요?

B I was told to call you about the company outing. 회사 야유회에 관하여 여기로 전화하라고 들었습니다.

오래 기다리시게 해서 죄송합니다. 조금 더 기다려 주실 수 있나요?

I'm sorry it's taking so long, could you please hold a little longer?

제가 도움을 드릴까요?

Can I help you perhaps?

A May I speak with Mr. Jangsoo Choi? 최장수 씨와 통화할 수 있을까요?

B I'm sorry, he's not in right now. **Can I help you perhaps?** 죄송합니다. 자리에 안 계세요. 제가 도움을 드릴 수 있을까요?

도움이 될 만한 다른 분을 바꿔 드릴까요?

Is there anyone else who could help you?

다른 분과 통화하시겠어요?

Would you like to speak to someone else perchance?

*perchance 어쩌면, 아마(perhaps)

여기에 이종수라는 분이 두 분 계시네요.

We have two Jongsu Lees here.

Biz Tip

이름 뒤에 -s를 붙이면 동명 이인이 있다는 의미입니다.

그 이름으로는 두 분이 있습니다.

There are two individuals by that name.

두 분 중 어떤 분과 통화하길 원하시는지요?

Which of the two individuals by that name do you wish to speak to?

미스터 리, 2번으로 전화 왔습니다.

Mr. Lee, you have a call on line 2.

그분의 내선번호를 아세요?

Do you know his extension number?

지금 통화 중이시네요.

I'm afraid his line is busy.

I'm afraid Mr. Kim's line is busy.

기다려 주세요. 삐 소리 후에 마이크에게 전화 연결을 해 드리겠습니다.

Hang on, please. I will put you through to Mike after the beep.

2번을 눌러 주세요.

Please press number 2.

죄송합니다만, 아무도 전화를 안 받네요.

I'm sorry, but no one is answering.

556-3022로 직접 전화하시면 됩니다.

You can call him directly at 556-3022.

그냥 안부 물으려고 걸었습니다.

I just called to say hi.

당신 전화를 기다리던 참이었어요.

I've been waiting for your call.

요즈음 서로 연락을 못했네요.

We've been out of touch lately.

안녕하세요. 어쩐 일이에요?

Hi, there. What's up? ❶

여, 안나, 어떻게 지내세요?

Hey, Anna. What's up? ❶

안녕하세요, 미즈 김. 어떻게 지내세요?

Hello, Mrs. Kim. How are you doing?

아, 안녕하세요. 오랜만이네요! 어떻게 지내셨어요?

Well, hello. Long time, no speak! How have you been?

Example

A   Hello, Jayoung Kim speaking.   여보세요. 김자영입니다.

B   Hi, this is Anna in human resources.   여보세요. 인사부의 안나입니다.

A   **Well, hello, long time, no speak! How have you been?**   아, 안녕하세요. 오랜만이네요! 잘
지내셨어요?

존스 씨, 오랜만에 통화합니다! 가족은 잘 지내세요?

Mr. Jones, it's good to hear from you! How's the family?

다시 통화하니 반갑습니다.

Good to talk with you again.

잘 지내요?

How are you?
How is it going?
What's up?
How are things?
How are you doing?
How is your business?
Have you been well?

미스터 정에게 안부 전해 주세요.

Please say hello to Mr. Jung.
I wish to say hello to Mr. Jung.
Please give my regards to Mr. Jung.

전화 건 목적

당신의 서울 방문에 관하여 전화 드렸습니다.

I am calling about your visit to Seoul.

지난주에 논의했던 합작 투자에 대해 전화 드렸습니다.

I am calling about the joint venture we discussed last week.

요청하신 추천서에 관하여 전화 드렸습니다.

I am calling about the recommendation letter you asked for.

문의하신 것에 관하여 전화 드렸습니다.

I am calling about your inquiry.

전화 회의 일정에 관한 것입니다.

It's about the teleconference schedule.

귀사의 서비스에 관해 알아보고자 전화 드렸습니다.

I'm calling as I want to know about your services.
I'd like to ask a few questions about your services.
I'm calling for information regarding the services you offer.

Example

A Hello and thank you for calling First National Bank. How can I direct your call? 여보세요. 퍼스트 내셔널 은행에 전화 주셔서 감사합니다. 어디로 연결해 드릴까요?

B **I'm calling for information regarding the services you offer.** 귀사가 제공하는 서비스 관련 정보를 구하려고 전화 드렸습니다.

A Okay, I'll transfer you to customer service. 네, 고객 센터로 연결해 드리지요.

제이슨이 전화해 보라고 하더군요.

Jason told me to call.

그냥 확인 전화입니다.

It's just a confirmation call.

회의 일정을 확인하려고 전화 드렸습니다.

I called you to confirm the meeting schedule.

귀사의 서비스와 관련해 제 질문에 답변을 해 주실 분과 통화할 수 있을까요?

Can I please speak to someone who could answer my questions regarding your services?

다음 회의에 관하여 급한 문의 사항이 있습니다.

I just have a quick question regarding our next meeting.

내일 약속 확인차 전화 드렸습니다.

I'm calling to confirm our appointment tomorrow.

지난달에 배송된 주문품에 관해 전화 드렸습니다.

I'm calling in regards to an order that was shipped to us last month.

Example

A Hello, John Evans, Sales Department. 여보세요. 영업부 존 에반스입니다.

B **I'm calling in regards to an order that was shipped to us last month.** 지난달 저희 쪽으로 배송하신 주문 건에 관해 전화 드렸습니다.

A Sure, how can I help you? 네, 어떻게 도와 드릴까요?

존, 저희 신제품을 당신 직원들에게 소개하고 싶습니다.

John, we'd like to introduce our new product line to your staff.

그분과 약속을 잡으려고 전화했어요.

I am calling to set up an appointment with him.

뭐 좀 여쭤 보고 싶은 게 있어서요.

There's something I'd like to ask you.

당신께 확인해 보고 싶은 게 있어서요.

There's something I'd like to check with you.

우리 회의를 취소하려고 전화했습니다.

I am calling to cancel our meeting.

그분 일정을 이메일로 보내 주실 수 있을지 해서요.

I was wondering if you could email me his schedule.

견적서를 이메일로 보내 주실 수 있을지 해서요.

I was wondering if you could email me your quotation.

그것을 제게 팩스로 보내 주실 수 있는가 해서요.

I was wondering if you could fax it to me.

제안서가 어떤 내용인지 말씀해 주시겠어요?

Could you tell me what the proposal is about?

보내 주신 자료에 관해 전화 드렸습니다.

I'm calling about the data you sent me.

전
화

1
전
화
받
기

자동 응답

저희 무료 전화 서비스로 전화하세요.

Just call our toll-free number.   *toll-free number 수신자 부담 무료 전화

비밀번호를 누르세요.

Please enter your PIN number. *PIN 비밀번호(personal identification number)

비밀번호를 누르신 후 이용 가능한 선택 메뉴를 들으십시오.

Key in your PIN number and listen to the menu of options available.

신규 가입을 원하시거나 상품 카탈로그를 원하실 때는 다음의 무료 전화 1-800-555-0000으로 지금 전화하세요.

To become a member or to request a catalog, call this toll-free number now: 1-800-555-0000.

6자리 숫자를 입력하세요.

Please key in any 6-digit number.

상담원 연결은 주 7일 오전 9시부터 오후 5시까지 가능합니다.

Our staff is available from 9 to 5 seven days a week.

저희 상담원들은 월요일부터 금요일까지 정상 업무 시간에 상담이 가능합니다.

Our staff is available for consultation Monday through Friday during normal business hours.

전화 종료

지금 어디 좀 가 봐야 해서요. 통화 즐거웠습니다.

I have to go now. It's been nice talking to you.

Example

A Anyway, so if you can bring a copy of the balance sheet, we would appreciate it. 아무튼, 대차대조표 사본을 갖다 주실 수 있으면 감사하겠어요.

B Okay. **I have to go now. It's been nice talking to you.** 네. 이제 가 봐야 해요. 통화 즐거웠습니다.

A You too, thanks. Bye. 저도요. 감사합니다. 안녕히 계세요.

죄송합니다만, 지금 회의에 가 봐야 해서요. 전화 주셔서 감사합니다.

I'm sorry, I have a meeting to go to now. Thanks for calling.

실례합니다만, 약속이 있어서요. 연락 드릴게요.

You'll have to excuse me now. I've got an appointment. I'll be in touch.

미안합니다만, 다시 전화 드려야겠군요. 전화 즐거웠습니다.

Sorry, I'll have to call you back. Good talking to you, though.

지금 어디 좀 가 봐야 하는데, 곧 뵙기를 고대하겠습니다.

I need to go, but I look forward to meeting you soon.

다시 이야기 나눠서 좋았습니다.

Good to talk with you again.

얘기 나누어서 즐거웠어요.

It was good to talk to you.

그때 봐요.

I will see you then.

안녕히 계세요.

Bye for now.

또 이야기 나눠요.

Talk to you soon.
I will talk to you again.
I'll check back with you soon.

꼭 전화 주실 수 있죠?

Be sure to call me, will you?

Biz Tip

업무 내용에 관한 확인 전화를 요구할 때 활용해 보세요. 부가의문문(will you?)을 사용하여 꼭 해달라는 부탁을 자연스럽게 강조할 수 있습니다. be sure to는 '틀림없이 ~하다'라는 뜻으로 강조할 때 사용하세요.

그 일이 끝나면 전화 주시겠어요?

Why don't you call me when it's over?

꼭 전화 주세요.

Make sure you call me, okay?

Biz Tip

친하지 않은 동료 간에 사용하면 명령하는 말로 들릴 수 있으니 주의하세요.

다시 전화 주시기를 고대하겠습니다.

I look forward to hearing from you soon on the phone. ❺

의문 나는 게 더 있으면 언제든지 전화하세요.

If you have any other questions, feel free to call.

너무 오래 통화한 것 같군요.

We talked for so long.

Sorry for keeping you for so long.

I've taken up too much of your time.

I shouldn't have tied you up for so long.

※should have p.p. ~했어야 했다. '당신을 너무 오래 붙들어 두지 말 걸 그랬어요.'라는 의미.

일하시는 데 방해해서 미안합니다.

Sorry for keeping you away from your work. ❺

이만 끊을게요.

Time to go.

I'd better go.

전화 주셔서 고마워요.

Thank you for calling.

I appreciate your call. ❺

그럼 3일에 여기서 뵙지요.

Then I'll see you here on the third.

자주 연락하고 지내요.

Let's keep in touch.
Let's not lose contact.
Let's not lose touch.
Please call again.

모든 것이 결정되면 다시 전화 드리지요.

When it's all set, I will call you back.

Chapter 2

메시지 남기기

 03-2.mp3

**부재중
메시지
남기기**

메시지를 남길 수 있을까요?

Could I leave a message?

May I leave a message for her?

Can I leave a message with you?

Would it be possible to leave a message for her?

Example

A I'm trying to reach Soyoung Lee. 이소영 씨와 통화하고 싶은데요

B She's not in. Can you call back later? 자리에 안 계신데요, 나중에 다시 전화 주시겠습니까?

A **Would it be possible to leave a message for her?** 그분에게 메시지를 남길 수 있을까요?

그에게 전화해 달라고 해 주시겠어요?

Could you please ask him to call me back?

러닝 인스티튜트의 프랭크 임에게 전화해 달라고 전해 주시겠어요?

Could you tell him to call Frank Lim at The Learning Institute?

제가 전화했다고 전해 주세요.

Would you tell her I called?

Could you tell her that I called?

Please tell her that I called.

그분께 제가 5분 후에 다시 전화하겠다고 전해 주세요.

Can you tell him that I'll call him back in five minutes?

5분 후에 다시 전화 드리지요.

I will call you back in five minutes.

그럼 그분께 다시 전화 드리겠습니다.

I will call him back then.

혹시 그에게 전화가 오면, 제게 전화 좀 주라고 해 주시겠어요?

If he happens to call you, would you have him phone me?

누구신가요?

May I ask who this is?

Who am I speaking to?

With whom am I speaking?

Example

A   She's not in. Can I take a message?   그분은 안 계십니다. 메시지 남기시겠어요?

B   No, I'll call back later. **May I ask who this is?**   아뇨, 다시 전화하겠습니다. 전화 받으시는 분은 누구신가요?

A   This is her secretary, Grace Kim.   그분 비서인 그레이스 김입니다.

오달수입니다. 이름은 철자가 D-A-L-S-U입니다. L하고 S사이에 하이픈이 들어가요. 그리고 제 성은 철자가 O-H예요.

It's Dal-su Oh. The first name is spelled D-A-L-S-U. And there is a hyphen between the L and S. And my last name is spelled O-H.

저는 케리 송입니다. 제 이름 철자는 key의 K, E, R 2개와 Y입니다.

This is Kerry Song. My first name is spelled "K" as in key, "E", two "R"s and "Y".

제 이름은 지나입니다. girl의 G와 i, 그리고 한 칸 띄우고 대문자 N, 소문자 a죠.

My name is Gi Na. "G" as in girl, "i", then leave a space, now capital "N", and lower case "a".

제 이름은 자영입니다. Jack의 J와 a, 그리고 한 칸 띄우고 대문자 Y, 소문자 o, u, Nancy의 n, 마지막으로 golf의 g죠.

My name is Ja Young. "J" as in Jack, "a", then leave a space, capital "Y", lower case "o", "u", "n" as in Nancy, and finally "g" as in golf.

Biz Tip

철자만 불러서 헷갈리는 경우, 철자를 정확히 전달하기 위해 다른 단어의 철자를 예로 들어가며 설명합니다.

제 전화번호는 지역번호 918, 557-0100입니다.

My number is area code 918, 557-0100.

Biz Tip

전화번호를 말할 때 숫자 0은 zero 혹은 oh라고 읽습니다.

제 이메일 주소는 tslim@hongkongsecurities.co.kr입니다.

My email address is tslim@hongkongsecurities.co.kr.

제 이메일 주소는 seongyoon.lim@unitedfront.co.kr입니다.

My email address is seongyoon.lim@unitedfront.co.kr.

한국 시간으로 오후 3시에 제게 연락 달라고 전해 주시겠습니까?

Would you tell her to call me back at 3 p.m. Korean Time?

그분에게 이메일을 보냈다고 전해 주세요.

Please tell her that I emailed her.

그분이 언제 돌아오실지 아세요?

Do you know when he will be back?

How soon do you expect him back?

What time do you expect him back?

혹시 몰라서 그러는데, 전화번호 좀 주시겠어요?

Could I have your phone number just in case?

도움 주셔서 감사합니다.

Thanks for your help.

Thanks a lot.

부재중 메시지 받기

메시지 남기시겠어요?

May I take a message?

Can I take a message, please?

Would you like to leave a message?

Do you want to leave a message?

Would you like her voice mail?

돌아오시는 대로 그렇게 전해 드리겠습니다.

I'll make sure she gets the message as soon as she gets here.

전화했다고 말씀 드리겠습니다.

I will tell her that you called.

메시지를 전달해 드리겠습니다.

I will make sure she gets this message.

I will let her know.

I will pass your message to her.

메시지 남겨 주시면 사무실에 돌아오시는 대로 즉시 전해 드리겠습니다.

If you'd like to leave a message, I'll make sure he gets it as soon as he's back in the office.

잠시만요. 볼펜을 꺼내야겠네요.

Hold on a minute. Let me grab a pen.   *grab 붙잡다. (급히) ~하다

5분 후에 다시 전화 주시겠어요?

Could you call us back in five minutes?

그분 핸드폰으로 직접 전화하실 수 있어요. 번호 가르쳐 드릴까요?

You can call his cell phone directly. Do you want his number?

(전화하신 분은) 누구신가요?

Who's calling, please?

어느 회사에서 연락 주시는 거죠?

Which company are you from?

무슨 일인지 여쭤어 봐도 될까요?

Can I ask what it's about?

Could I ask what it's in regards to?

전화 주신 분의 이름과 전화번호 좀 주시겠습니까?

Can I get your name and phone number, please?

Could I take your information, please?

점심 하러 잠깐 나가셨어요.

She just stepped out for lunch.

She is out for lunch.

회의 하러 잠깐 나가셨습니다.

He just stepped out for a meeting.

그는 업무상 부재 중입니다.

He is away on business.

출장 중이십니다.

He is on a business trip.

지금 회의 중이십니다.

He is at the meeting now.

한 시간 후에 돌아오십니다.

He will be back in an hour.

He will be back in an hour or so.

곧 돌아오실 겁니다.

He will be back soon.

오늘 하루 종일 외근이십니다.

He is out of the office all day today.

방금 퇴근하셨어요.

He just left for the day.

네. 010-9033-5600입니다.

Yes, it's 010-9033-5600.

(메시지 남기시도록) 그분의 음성 메일로 연결해 드릴까요?

May I connect you to his voice mail?

Would you like to be connected to his voice mail to leave a message?

그분의 음성 메일함에 메시지를 남기셔도 됩니다.

You can leave a message directly in his voice mailbox.

삐 소리가 난 후 메시지를 남겨 주세요.

Please leave a message after the beep[tone].

그 분 핸드폰 010-4444-5555로 연락하시면 됩니다.

You can reach him at his cell phone at 010-4444-5555.

담당자가 자리에 안 계시네요.

The person in charge isn't here at the moment.
She is not in. ❶
She is not available at the moment.

지금 잠시 고객들과 나갔는데요. 몇 시간 후에 돌아올 겁니다.

She just stepped out with her clients. She'll be back in a couple of hours.

나가 계신 동안 미스터 박한테서 전화가 왔습니다.

Mr. Park called while you were out.

**메시지 내용
확인**

잠시만요. 네, 그런데 성함이 어떻게 되신다고 했죠?

Hold on a minute. Okay, now, what was your name again?

성함[성]의 철자가 어떻게 되나요?

How do you spell your name?
Would you tell me how to spell your last name?
Would you mind spelling your name for me, please?

*last name 성(family name)

> Example
>
> A   That's Nancy Sikes.   낸시 사익스예요.
>
> B   **Would you mind spelling your family name for me, please?**   성의 철자를 알려 주시겠
>   습니까?
>
> A   No problem. It's S-I-K-E-S.   네, S-I-K-E-S예요.

철자를 불러 주시겠어요?

Could you spell that for me, please?

죄송한데, Nancy할 때 N인가요, Mike의 M인가요?

I'm sorry, is that "N" as in Nancy or "M" as in Mike?

'다넬'은 L이 하나인가요, 2개인가요?

Is that Darnell with one "L" or two?

철자 끝에 D였나요, T였나요?

Was there a "D" or a "T" at the end of that?

성함의 철자가 B-A-K인가요?

Is your name spelled B-A-K?

다시 한 번 확인하겠습니다. 이자영 님, 연락처는 918-557-0100번 맞으시죠?

Let me just confirm, that's Ja Young Lee at 918-557-0100?

A   My number is area code 918, 557-0100.   제 전화번호는 지역번호 918, 557-0100번 입니다.

B   **Let me just confirm. The number is 918-557-0100.**   다시 한 번 확인하겠습니다. 번호가 918-557-0100번 맞으시죠?

A   That's correct.   네, 맞습니다.

네, 디스카운트 항공사의 데이빗 첸 씨이시군요.

Okay, that's David Chen with Discount Airlines Incorporated.

네, 받은 정보가 모두 맞는지 확인하겠습니다. 김상우 씨이고, 이메일 주소는 sangwoo. kim@AAAlife.com이 맞죠?

Okay, let me make sure I have all your information correct. You are Sang Woo Kim and your email address is sangwoo.kim@AAAlife.com?

죄송합니다만, 성함을 못 알아들었어요.

I'm sorry, I didn't catch your name.

A   This is Nancy Sikes with Global Resource Discovery.   글로벌 리소스 디스커버리의 낸시 사익스예요.

B   **I'm sorry, I didn't catch your name.**   죄송합니다만, 성함을 못 알아들었어요.

A   That's Nancy Sikes.   낸시 사익스예요

어디서 전화 주시는 것이라고 하셨지요?

Where did you say you were calling from?

죄송합니다만, 마지막 문장을 다시 말씀해 주시겠습니까?

I'm sorry, could you repeat that last sentence for me again?

앗, 첫 번째 숫자가 뭐였죠?

Oops, what was that first number again?

죄송합니다만, 귀사의 상호명인 '코리아임포츠'는 한 단어라고 하셨나요?

I'm sorry, did you say Koreaimports, your company's name, is all one word?

어떤 분과 통화 나누고 싶다고 하셨죠?

Excuse me, but with whom do you want to speak?

메시지 내용 수정

468이 아니라 568입니다.

No, that's actually 568, not 468.

죄송한데, boy의 B가 아니라 Victor의 V입니다.

I'm sorry, that's "V" as in Victor, not "B" as in boy.

죄송한데, 미셸 공이 아니라 미셸 권입니다.

Sorry, that's Michelle Kwon, not Michelle Kong.

> **Example**
>
> A   Okay, I will tell Mr. Carter to call Michelle Kong at Applied Business Solutions.   네, 카터 씨에게 어플라이드 비즈니스 솔루션의 미셸 공 씨에게 전화하라고 전해 드릴게요.
>
> B   **Sorry, that's Michelle Kwon, not Michelle Kong.**   죄송한데, 미셸 공이 아니라 미셸 권이에요.
>
> A   Oh, I'm sorry, so it's Michelle Kwon, K-W-O-N.   아, 죄송합니다. 미셸 권, K-W-O-N이군요.

죄송합니다만, 주소가 틀리네요. 맞는 주소는 다울링 가 475번지입니다.

I'm sorry, that's incorrect. The correct address is 475 Dowling Street.

알겠습니다, 다넬에는 L이 2개 있군요.

I see, that was Darnell with two "L"s.

Example

A	Okay, that's Darnel at Microsoft; D-A-R-N-E-L.　네, 마이크로소프트의 다넬 씨, D-A-R-N-E-L이죠.
B	I'm sorry, Darnell has two "L"s.　죄송한데, 다넬에는 L이 2개 있어요.
A	**I see, that is Darnell with two "L"s.**　알겠습니다. L이 2개 있는 다넬이군요.

네, 대문자 J, 소문자 a, 한 칸 띄우고 대문자 Y, 소문자로 o, u, n, g입니다.
Okay, that's capital "J", lower case "a", then leave a
space, capital "Y", lower case "o", "u", "n" and "g".

**이해하지
못했을 때**

다시 한 번 말씀해 주시겠습니까?
Could you repeat that, please?

천천히 다시 한 번 말씀해 주시겠습니까?
Could you repeat that for me slowly, please?

죄송합니다만, 천천히 말씀해 주시겠습니까?
I'm sorry, could you speak more slowly, please?
Excuse me, I'm sorry but could you slow down a little?

이해가 좀 잘 안 되니, 천천히 말씀해 주시겠습니까?
I'm having a hard time understanding. Could you speak
slowly, please?

Example

A	I'm calling to personally invite Mr. Carter to our Fourth Annual Charity Event at the Double Tree Hotel on Friday, August 24.　8월 24일 금요일 더블트리 호텔에서 열리는 제 4회 연례 기부행사에 카터 씨를 직접 초대하려고 전화 드립니다.
B	**Excuse me, I'm sorry but could you slow down a little?**　실례합니다. 미안한데 다시 한 번 좀 천천히 말씀해 주시겠어요?
A	Oh, I'm sorry. Let me repeat that.　아, 죄송합니다. 다시 말씀 드리죠.

잘못 들은 것 같군요.
I might have misheard you.

뭐라고 하셨죠?
Pardon?
What was that?
Beg your pardon?

죄송합니다만, 못 알아들었어요.

I apologize, but I didn't quite catch that.

Sorry, I didn't understand you.

> A This is Jim from Accounting and I'm calling about an invoice we received from Samsung for five computers. 회계부의 짐인데요. 삼성에서 받은 컴퓨터 5대에 대한 청구서에 관해 전화 드려요.
>
> B **I apologize, but I didn't quite catch that.** 죄송합니다만, 못 알아들었어요.
>
> A I'm calling about an invoice we received. 청구서 받은 것에 대해 전화 드린다고요.

죄송합니다만, 마지막에 말씀하신 요지를 이해하지 못했어요.

I'm sorry, I didn't understand that last point you made.

아, 네, 알겠습니다.

I got it.

I understand.

I see, thank you.

Okay, I've got that now.

Yes, thanks, I have it now.

> A What was that? 뭐라고 하셨죠?
>
> B I said that this weekend we will be performing maintenance on the email server. 이메일 서버 유지 보수를 이번 주말에 실시한다고요.
>
> A **Okay, I've got that now.** 아, 네 이해했습니다.

맞습니까?

Is that correct?

Do I have that correct?

> A So, the server will be down all weekend? **Do I have that correct?** 그래서 서버가 주말 내내 다운된다고요? 맞나요?
>
> B No, not all weekend, just on Sunday. 아뇨, 주말 내내가 아니고 일요일에만요.

제가 잘 이해한 거 맞죠?

Am I understanding you correctly?

네, 맞습니다.

Exactly.

Yes, that's correct.

You got it.

Yep, that's it. ❶

Example

A There's a problem with the report? Am I understanding you correctly?
보고서에 문제가 있다고요? 제가 제대로 알아들었나요?

B **Yes, that's correct.** 네, 맞습니다.

A Okay, thanks. 알겠습니다. 감사합니다.

자동 응답

안녕하세요. 저는 AAA 회사의 김자영입니다.

Hi, this is Ja Young Kim calling from AAA Company.

안녕하세요. 어드밴티지 회계 회사의 이성윤 사무실입니다.

Hello, this is the office of Seong Yoon Lee with Advantage Accounting.

안녕하세요. 연구개발부의 존 에반스의 음성 사서함입니다.

Hi, you've reached the voice mail of John Evans in the R & D Division.

∗R & D 연구 개발(research and development)

Example

Hi, you reached John Evans in the R & D Division. I am currently out of the office and unable to answer your call. Please leave a message at the beep. 안녕하세요. 연구개발부의 존 에반스의 음성 사서함입니다. 저는 현재 외근 중이어서 전화를 받을 수 없습니다. 삐 소리 후에 메시지를 남겨 주세요.

안녕하세요. AAA 생명 보험회사의 부사장실입니다.

Hello, you've reached the office of the vice president at AAA Life Insurance.

안녕하세요. 퍼스트 내셔널 은행의 인사부입니다.

Hello, you've reached the Department of Human Resources at First National Bank.

지금은 전화를 받을 수 없습니다.

I'm sorry I can't take your call right now.

No one is available to answer your call at the present time.

지금 외근 중이어서 전화를 받을 수 없습니다.

I am currently out of the office and unable to answer your call.

카터 씨는 출장 중이며 3월 10일 수요일에 돌아오십니다.

Mr. Carter is away on business, but will be back on Wednesday, March 10.

저는 6월 15일 월요일부터 6월 18일 목요일까지 휴가입니다.

I will be on vacation from Monday, June 15 to Thursday, June 18.

오늘은 8월 10일 금요일입니다. 저는 근무 중이지만, 현재 자리에 없거나 다른 전화를 받고 있습니다.

Today is Friday, August 10 and I am in the office, but either away from my desk or on another line.

삐 소리 후에 성함과 전화번호, 간단한 메모를 남겨 주시면 최대한 빨리 다시 전화 드리겠습니다.

Please leave your name, telephone number, and a brief message at the sound of the tone and I will call you back as soon as possible.

귀하의 전화는 소중합니다. 성함과 상세한 메시지를 남겨 주시면 틈나는 대로 다시 전화 드리겠습니다.

Your call is very important to me. If you'd like to leave your name and a detailed message, I will return your call at my first opportunity.

나가 있는 동안 음성 사서함을 확인 못하지만, 메시지를 남기시면 돌아오자마자 다시 전화 드리겠습니다.

I will not be checking my voice mail while I'm away, but if you leave a message, I will get back to you upon my return.

삐 소리 후에 메시지를 남기시거나, 다른 날에 다시 전화 걸어 주세요.

Please leave a message at the tone, or call back at a later date.

Hi, you've reached the voice mail box of John Evans in the R & D Division. I am currently out of the office and unable to answer your call. **Please leave a message at the tone, or call back at a later date.** Thank you. 안녕하세요. 연구개발팀의 존 에반스의 음성 사서함입니다. 현재 사무실에 없어서 전화를 받을 수 없습니다. 삐 소리 후에 메시지를 남기시거나, 다른 날 다시 전화 걸어 주세요. 감사합니다.

저희 영업 시간은 월요일부터 금요일, 오전 8시부터 오후 6시까지입니다. (이 시간대에) 다시 걸어 주세요.

Our office hours are Monday through Friday, 8 a.m. to 6 p.m. Please call again.

상담원과 연결하고 싶으시면 0번을 눌러 주세요.

To speak to the operator, press zero.

고객 서비스 관련 사항은 97번을 눌러 주세요.

For customer service related issues, press 97.

Hello, you've reached the office of Sun Young Kim with Advantage Accounting. I will be on vacation from Monday, June 15 to Thursday, June 18. **For customer service related issues, press 97.** For all other issues, please leave a message and I'll return your call as soon as I'm back in the office. 안녕하세요. 어드밴티지 회계회사의 김선영 사무실입니다. 6월 15일 월요일부터 6월 18일 목요일까지 휴가입니다. 고객 서비스 관련 사항은 97번을 눌러 주세요. 다른 용무에 대해서는 메시지를 남기시면 사무실에 돌아오는 대로 다시 연락 드리겠습니다.

즉시 도움을 받기 원하시면, 우물정자와 0을 눌러 제 비서 낸시 존스와 통화하세요.

If you require immediate assistance, please press pound zero to speak to my assistant, Nancy Jones.

*pound key 우물정자

급하신 용무라면, 제 핸드폰 010-5570-3761로 전화 주세요.

If this is an emergency, you may call my cell phone at 010-5570-3761.

부재 중 도움이 필요하시면, 내선번호 4576으로 제 일을 대신 맡고 있는 미스터 정에게 연락하세요.

If you require assistance during my absence, please contact my stand-in, Mr. Jung, at 4576.

*stand-in 대리인(잠시 동안 남의 일을 대신하는 사람)

감사합니다.

Thank you.
Thank you for calling.

곧 통화하길 기대하겠습니다.

I look forward to speaking with you.

전화 주셔서 감사합니다. 담당 직원을 곧 연결해 드리겠습니다.

Thank you for your interest. One of our representatives will be with you shortly.

좋은 하루 보내세요.

Have a great day.

Example

Thank you for calling First National Bank. Our office hours are Monday through Friday, 8:00 a.m. to 5:00 p.m. Please call again. Thank you and **have a great day.**   퍼스트 내셔널 은행에 전화 주셔서 감사합니다. 저희의 영업 시간은 월요일부터 금요일, 오전 8시부터 오후 5시까지입니다. 다시 전화 주세요. 감사합니다. 즐거운 하루 보내세요.

음성 메시지 남기기

안녕하세요, 존. 운영부의 사라예요.

Hey, John, this is Sarah from the Operations Division.

오피스 서플라이즈 언리미티드의 조엘 베이커입니다.

This is Joel Baker with Office Supplies Unlimited.

안녕하세요. 비즈니스 전문가 아시아 협회에서 전화 드렸습니다.

Hi, I'm calling from the Asian Society of Business Professionals.

카터 씨, 디스턴스 러닝 유나이티드에서 전화 드리는 조나단 강입니다.

Mr. Carter, this is Jonathan Kang calling from Distance Learning United.

저희에게 검토하라고 보내 주신 서류 중 하나에 대한 간단한 질문이 있습니다.

I have a quick question regarding one of the documents you sent us for review.

6월 8일 월요일에 저희에게 주문하신 것에 관해 전화 드렸습니다.

I'm calling in regards to an order you placed with us on Monday, June 8.

저희 기록을 업데이트하기 위해 모든 회원 분들께 연락 드리고 있습니다 .

We are in the process of contacting all our members to update our records.

오는 가을에 홍보할 특별 신상품에 관해 이야기 나누고 싶습니다.

I'd like to talk to you about a special new offer we're promoting this fall.

카터 씨, 당신만 답해 주실 수 있다고 들은 확장 학습 프로그램에 대해 질문이 있습니다.

Mr. Carter, I have a question on extended learning programs that I am told only you can answer.

이 메시지 받자마자 전화 주시겠어요? 제 내선 번호는 5573입니다. 감사합니다!

Could you call me as soon as you get this message? My extension is 5573. Thanks!

최대한 빨리 제게 405-6963으로 전화 주세요. 감사합니다.

Please give me a call as soon as possible at 405-6963. Thank you.

제 사무실 922-8981이나, 핸드폰 010-783-2200으로 전화하시면 됩니다. 전화 기다리겠습니다.

You may reach me at my office, 922-8981 or on my cell phone, 010-783-2200. I look forward to talking with you.

이 건에 대해 다시 전화 주시면 감사하겠습니다. 제 번호는 622-5537입니다. 감사합니다. 즐거운 하루 보내세요.

I would appreciate your call back on this matter. My number is 622-5537. Thank you and have a good day.

사무실에 돌아오시는 다음 주에 다시 전화 드리지요.

I will call again next week when you are back in the office.

출장에서 돌아오시면 전화 주세요.

Give me a buzz[ring] when you get back into town.

전화를 안 주셔서 문제가 있나 궁금하던 차입니다. 연락 주세요!

I haven't heard back from you and was just wondering if there are any problems. Please let me know!

카터 씨, 이 문제에 관해 꼭 통화해야 합니다. 가급적 빨리 연락 주세요.

Mr. Carter, it is essential that I speak with you regarding this issue. Please contact me as soon as possible.

전화를 안 주셔서 걱정이 되는군요. 이 메시지를 받으시면 저희에게 다시 전화 주시겠어요?

We're concerned that we haven't heard from you. Could you call us back when you get this message?

직접 통화를 하기 전까지는 주문이 지연된다는 것을 알려 드리려고 전화 드렸습니다. 연락 주세요.

I just wanted to let you know that your order will be delayed until we speak with you personally. Please give us a call.

Example

Hello, this is Joel Baker with Office Supplies. **I just wanted to let you know that your order will be delayed until we speak with you personally. Please give us a call.**
안녕하세요. 오피스 서플라이즈의 조엘 베이커입니다. 직접 통화를 하기 전까지는 주문이 지연된다는 것을 알려 드리려고 전화 드렸습니다. 연락 주세요.

전화

2
메시지 남기기

Chapter 3

전화로 일정 잡기

 03-3.mp3

약속 잡기

부장님과 약속을 잡고 싶은데요.

Could I set up a meeting with the general manager?

I'd like to schedule a meeting with the general manager.

가능하다면 영업부 직원과 약속을 잡고 싶은데요.

I'd like to arrange a meeting with the sales staff if possible.

가능하면 빨리 전 직원과 회의를 잡고 싶은데요.

I need to request a meeting with all personnel as soon as possible.

Example

A How can I help you? 어떻게 도와 드릴까요?

B **I need to request a meeting with all personnel as soon as possible.**
가능한 빨리 전 직원과의 회의를 잡고 싶은데요.

A Oh, okay. How soon does this need to happen? 네, 알겠습니다. 언제쯤으로 원하시죠?

후산 국왕을 알현할 수 있을까요?

Would it be possible to have an audience with King Hussan? ⑤

Biz Tip

왕족, 고위층, 성직자 등과 만남을 요청할 때 쓰는 격식 있는 표현입니다.

가능하면 각하를 직접 뵙고 싶습니다.

If possible, I'd like to have an audience with you, sir. ⑤

만나 뵙고 싶은데요.

Can you meet with me?

만날 약속을 정할까요?

Shall we make an appointment to meet?

I'd like to arrange a meeting with you.

이 문제에 관해 조만간 만나 뵙고 말씀 나누는 게 좋겠죠?

Would it be beneficial to meet up soon regarding this matter?

A I agree with your concern that our teams aren't communicating effectively. 저희 팀들이 효과적으로 소통을 하지 못하고 있다고 우려하시는 데 대해 동감입니다.

B **Would it be beneficial to meet up soon regarding this matter?** 이 문제에 관해 조만간 만나 뵙고 말씀 나누는 것이 좋겠죠?

A Yes, I think so. 네, 그렇게 생각합니다.

일정을 잡아 더 자세히 이야기 나눕시다.

Let's schedule a meeting to discuss it further.

회의는 어떤 내용이죠?

Can I ask what the meeting is about?

May I ask what this is in regards to?

What's the purpose of the meeting?

What should I say is the reason for the meeting?

A Please send a meeting request to Mr. Carter for Tuesday, the 17th. 17일 화요일로 회의 요청을 카터 씨에게 보내세요.

B **May I ask what this is in regards to?** 어떤 내용인지 여쭤 봐도 될까요?

A Sure, it's regarding the upcoming audit. 네, 다가오는 회계 감사에 관한 겁니다.

＊audit 회계 감사

저희 프로젝트 전화회의가 다음 주 월요일, 8월 20일 오전 10시 정각으로 예정되어 있습니다.

Our project teleconference is scheduled for next Monday, August 20, at 10:00 a.m. sharp.

다음 주(쯤) 저희 사무실에 방문해 주실 수 있습니까?

Is it possible to visit us next week?

Is it okay with you to come visit our office next week?

Will you be able to come visit our office sometime next week?

I was wondering if you can stop by my office next week.

＊stop by 들르다

그렇지 않아도 회의에 관해 연락을 드리려던 참이었어요.

As a matter of fact, I was about to get in touch with you about the meeting.

사실, 금주 중 언제 시간이 되시는지 궁금해서요.

Actually, I was wondering if you would be free anytime this week.

사실은 만나 뵙고 먼저 이 건을 의논하고 싶었습니다.

As a matter of fact, I wanted to discuss the matter in person with you first.

일정에 맞추어 드리도록 하지요.

I will arrange my schedule to fit yours.
I will accommodate your schedule.

*accommodate 편의를 도모하다, 맞추다

저희 회의 날짜를 먼저 선택하도록 해 드리지요. 생각하고 계신 날짜 있으십니까?

I will let you choose the date of our meeting. What date do you have in mind?

언제가 좋을까요?

When's a good time to meet?
What's your schedule like?
When would you like to meet?
What day would suit you?
What is the most convenient time for you?
So tell me when would be good for you.
When do you want to hook up? ❶

*hook up 만나다, 일정을 정하다

오전이 좋으세요, 오후가 좋으세요?

Do you prefer mornings or afternoons?

몇 시가 좋을까요?

What's a good time for you?
What time would suit you best? ❻
What's the best time for you?

Example

A Shall we make an appointment to meet? 만날 약속을 정할까요?

B Yes, I think that would be a good idea. 네, 좋은 생각입니다.

A **What's a good time?** When can we meet? 언제가 좋을까요? 언제 만날 수 있을까요?

잠시 제 일정 좀 확인해 보죠.

Hold on, let me check my schedule.

Let me just check my calendar.

One moment, please, while I consult my schedule.

Hang on just a minute, while I look that up in my diary.

(영국식 표현)

다음 주 괜찮으세요?

Would next week be possible?

Are you available next week?

편하신 시간대로 결정하지요.

Let's set up a time at your convenience.

*at one's convenience ～가 편한 시간으로, ～가 편리한 때에

오후 3시 어떠세요?

How does 3:00 p.m. sound to you?

내일 정오가 어떠세요?

What about tomorrow at noon?

내일 모레는 어떠세요?

How about the day after tomorrow?

What about the day after tomorrow?

How does the day after tomorrow sound?

What do you say to the day after tomorrow?

Is the day after tomorrow okay?

다음 주 화요일 오후 2시는 어떠세요?

How about next Tuesday at 2:00 p.m.?

다음 달 오전 중으로 어때요?

What about sometime next month in the a.m.?

*in the a.m. 오전 중(in the morning)

오전이 좋을 것 같은데요. 11시가 어떠세요?

I prefer the morning. What about 11 a.m.?

주중 오후 5시 이후는 괜찮아요. 그쪽은요?

I'm available every weekday after 5:00 p.m. How about you?

4시쯤에 시간 있으십니까?

Will you be free at about four?

다음 주 화요일 오전에 첫 일정으로 하죠.

Let's make it next Tuesday, first thing in the morning.

내일 2시에 오실 수 있겠습니까?

Could you come over tomorrow at two?

금요일 오후는 괜찮으세요?

Is Friday afternoon all right with you?

다음 주 목요일이 괜찮겠습니까?

Would next Thursday be okay?

일정 좀 확인해 보죠. 9월 5일, 다음주 수요일이 좋겠네요.

Let me check my calendar. Next Wednesday, that is September 5th will do.

월요일 좋습니다. 몇 시경으로 생각하고 있으세요?

Monday is fine. What time do you have in mind?

그날 회의 끝나고 함께 점심을 하시죠.

We can have lunch together after the meeting then.

오늘 3시가 좋겠어요.

Three o'clock today sounds good.

좋습니다.

That sounds good.
That's good with me.
I can do that.

다음 주가 괜찮아요.

Next week is great.

죄송한데, 그땐 바빠요.

I'm sorry, I'm busy then.

월요일에는 안 돼요.

I can't make it on Monday.
No, I'm sorry, next Monday is difficult.

다음 주는 안 돼요. 외근이 있어서요. 그 다음 주는 어떠세요?

Next week is no good; I'll be out of the office. How about the following week?

5시는 힘들겠는데요. 다른 시간을 제안해 주시겠어요?

Five o'clock won't work for me. Can you suggest another time?

일단 정하지 말고, 제 스케줄 좀 확인해 본 후 연락 드릴까요?

Can we leave it open and I'll contact you when I figure out my schedule?

오늘은 일정이 꽉 차 있어요.

I'm really booked today.

이 시간은 불편할 것 같아요.

I'm afraid that this time is not convenient for me.

(죄송한데,) 내일은 안 됩니다.

Tomorrow's bad. ❶

Sorry, but tomorrow isn't good.

I'm afraid tomorrow's bad for me. ❻

Biz Tip

부정적인 내용을 전달하거나 정중히 거절할 때 I'm afraid, 즉 '유감입니다만 ~'이라는 말로 시작하는 것이 자연스럽습니다.

A	Can we meet tomorrow? 내일 뵐 수 있을까요?
B	**Sorry, but tomorrow isn't good.** How about this Wednesday? 죄송한데 내일은 안 되겠어요. 이번 주 수요일은 어때요?

편하실 때 언제든 전화 주세요.

Just call me at your convenience.

편할 때 들르세요.

Drop by at your convenience.

아무 때나 오세요.

Come by any time, please.

10월에는 힘들 것 같군요.

I don't think we can make it in October.

우선 11월말쯤으로 회의 일정을 임시로 잡아 두면 어떨까요? 11월 28일은 어떠세요?

Why don't we make a tentative meeting date sometime in late November, say November 28th?

새로운 회의 일정을 정할까요? 저는 5월 2일로 하고 싶은데요.

Can we set a new meeting date? I want to make it on May 2nd.

잠정적으로 12월 14일이 어떠세요?

What about December 14th tentatively?   *tentatively 임시로

10월로 임시 계획을 잡아 봅시다.

Let's make a temporary plan for October.

우선은 11월 25일로 회의를 잡읍시다.

Let's set up the meeting for November 25th for now.

조만간에 일정을 내실 수 있는지 궁금하군요.

I'm just wondering if your schedule has any openings in the near future.

A Hello, Ms. Lee. **I'm just wondering if your schedule has any openings in the near future.** 안녕하세요, 미즈 리, 조만간 일정 비는 때가 있는지 궁금하군요.

B Mr. Chen, I was meaning to call you back. Thursday has opened up for me. 미스터 첸, 그렇지 않아도 전화 드리려고 했습니다. 목요일이 비어 있습니다.

약속 장소 정하기

어디서 만날까요?

Where should we meet?
Where shall we meet?

어디서 회의를 열까요?

Where would you like to hold the meeting?

회의 장소를 어디로 해야 할까요?

What kind of venue will we need for the meeting? ❻

*venue (공식적인 행사 등을 여는) 장소

A So we will schedule the meeting for Friday morning, September the 17th. 자, 9월 17일 금요일 오전으로 회의 일정을 잡아요.

B Yes. **What kind of venue will we need for the meeting?** 네, 회의 장소는 어디로 해야 할까요?

A Something large enough to accommodate 50 attendees. 참석자 50명이 들어갈 정도로 충분히 넓은 곳으로요.

이 층에 있는 작은 회의실이 괜찮으시겠어요?

Will the small conference room on this floor be okay?

아래층에 있는 주 회의실을 예약하는 걸 제안합니다.

I suggest that we book the main conference room downstairs.

큰 장소가 필요할 것 같으니 컨벤션 센터로 예약을 합시다.

I think we will need a large venue. Let's plan on booking the convention center.

회의를 위해 앰배서더 호텔의 연회장을 예약하는 게 어때요?

How about we reserve the ballroom at the Ambassador Hotel for the meeting?

로열 호텔에 훌륭한 회의 시설이 있다고 들었어요. 거기에 전화해 봅시다.

I've heard the Royal Hotel has great meeting facilities. Let's give them a call.

제 사무실에서 만납시다.

Let's meet up in my office.

Why don't we meet at my place?

제 사무실로 오시겠어요?

Why don't you come to my office?

약속 확인

우리 회의 일정을 다시 확인하려고 전화 드렸습니다.

I'm calling to reconfirm our meeting schedule.

*reconfirm 재확인하다

회의 날짜를 재확인하려고 전화 드렸습니다.

I'm calling to reconfirm the conference date.

9월 20일 회의 일정을 확인해 드리려고 전화 드렸습니다.

I'm calling to remind you of our meeting on September 20th.   *remind A of B A에게 B를 확인시키다 (일정, 약속 등을 확인할 때 자주 사용)

일정에 변경이 없으신지 확인차 전화 드렸습니다.

I'm calling to check whether there is any change in your schedule.

우리 회의를 잊지 않으셨지요?

You haven't forgotten about our meeting, have you?

You remember our meeting, right?

확인해 드리지요. 우리 회의는 12월 18일 오후 1시로 잡혀 있어요, 맞죠?

Let me just confirm; our meeting is scheduled for December 18th at 1:00 p.m., right?

그럼 다음 주 금요일에 봅시다.

Good, so I'll see you next week on Friday, then.
Alright then, I look forward to meeting with you next week on Friday.

네, 그렇게 정하죠.

Great, it's settled then.

그럼 다음 주 월요일 3시로 정한 거죠?

Okay, so everything is set for next Monday at 3 o'clock?

A I'm sorry, I have to run. I have a meeting.   미안해요. 지금 급하게 가 봐야 해요. 회의가 있어서요.

B **Okay, so everything is set for next Monday at 3 o'clock?**   그래요. 그럼 다음주 월요일 3시로 정한 거죠?

A Yep, I'll see you then.   넵. 그럼 그때 봐요.

달력에 표시해 두겠습니다.

I will mark my calendar.

오늘 퇴근 후에 들른다고 말씀 드리려고요.

I'm just letting you know that I'll drop by after work today.

근처에 오시면 이번 주에 들러 주실 수 있으십니까?

Could you stop by this week when you're in the neighborhood?

2주 후에 다시 일정을 한 번 더 확인해 드리겠습니다.

I will confirm the schedule once more with you in two weeks.

혹시 무슨 일 생기면 알려 주세요.

Let me know if something comes up.

약속 날짜와 시간을 확인하는 이메일을 보내 드릴까요?

Should I send you an email confirming the date and time?

Would you like me to confirm the date and time in writing?

날짜와 시간을 확인하는 이메일을 보내 드리겠습니다.

I will send an email confirming the date and time.

날짜가 임박했을 때 이메일을 보내 회의를 확인해 드리겠습니다.

I will confirm the meeting by sending an email when we get closer to the date.

Example

A   So, we're on for next Thursday at ten o'clock?   그러니까, 다음 주 목요일 10시 맞죠?

B   Yes. **I will send an email confirming the date and time.**   네. 날짜와 시간을 확인하는 이메일을 보내 드릴게요.

A   That would be great, thanks.   좋아요. 감사합니다.

이번 주 금요일 예정인 저희 회의에 관해 통보 드립니다.

I'm informing you of our meeting which is this Friday.

＊inform A of B A에게 B를 알리다

알려 드릴 사항이 있는데요 그날 저와 함께 팀원 몇 명이 회의에 함께 참석할 것입니다. 괜찮겠습니까?

Just so that you know, a few other team members will join the meeting with me on that day. Is that okay with you?

Biz Tip

just so (that) you know는 '알려 드릴 사항이 있는데요.' '알려 드리는 말씀인데요'라는 의미로, 새로운 사실을 전달할 때 입버릇처럼 쓰이는 표현입니다.

참고로 말씀 드리는 사항인데요, 그날 행사에 외국인 관계자들이 참석할 겁니다. 괜찮을까요?

For your information, there will be our overseas associates participating in the event. Is it okay?

지도[약도, 주소]를 보내 주시겠어요?

Could you send me a map?

Could I get directions from you?

Do you have the address?

참석자 명단을 주시겠어요?

Can you give me a list of the attendees, please?

안건을 미리 보내 주시겠어요?

Would you send me the agenda ahead of time?

A Do you have any questions about the meeting?　회의에 관해 질문이 있으신 가요?

B **Would you send me the agenda ahead of time?**　미리 안건을 보내 주시겠어요?

A Sure, no problem. What's your email address?　그렇게 하지요. 이메일 주소가 어떻게 되세요?

전화

3

전화로 일정 잡기

약속 변경 및 취소

약속 시간을 조금 앞당겨도 괜찮을까요? 오후 2시경으로요.

Is it okay to make it a little earlier? Say at about 2:00 p.m.

Can we meet a little earlier? Say at about 2:00 p.m.

A My appointments ended early today. **Is it okay to make our meeting a little earlier? Say at about 2:00 p.m.**　제 일정이 빨리 끝나서요. 약속 시간을 조금 앞당겨도 될까요? 오후 2시경으로요.

B That's good. I'm in my office now, so come at any time you like.　좋아요. 저는 지금 사무실에 있으니까, 편하실 때 언제든 오세요.

A All right. See you soon.　그래요. 곧 뵙죠.

죄송합니다만, 월요일은 안 되겠어요. 화요일 괜찮으실까요?

I'm afraid I can't make it on Monday. Would Tuesday be okay?

죄송해요. 일이 생겨서 우리 회의 일정을 다시 잡아야겠어요.

I'm sorry, something has come up and I'm going to have to reschedule our meeting.

A Hello, Mr. Chen. What can I do for you?　안녕하세요. 미스터 첸. 무엇을 도와 드릴까요?

B **I'm sorry, something has come up and I'm going to have to reschedule our meeting.**　미안한데 일이 생겨서 우리 회의 일정을 다시 잡아야겠어요.

A Oh, that's okay. When would be good for you?　아, 괜찮습니다. 언제가 좋으세요?

우리 18일의 약속을 변경해야겠어요.

We're going to have to change our appointment on the 18th.

죄송해요. 차가 막혀서 오전 회의에 맞춰 갈 수 없게 됐어요. 오늘 오후로 미뤄도 될까요?

I'm sorry, I'm stuck in traffic and can't make our morning meeting. Can we put it off until this afternoon?

결국 목요일은 가능할 것 같지 않군요. 일정을 다시 잡을까요?

I'm afraid that Thursday won't be possible after all. Can we reschedule?

약속을 다시 정해도 될까요?

Would it be too much trouble to reschedule our appointment?

대신 5시에 만날까요?

Shall we say at five, instead?

약속을 변경해야 할 것 같아요.

I'm afraid that I have to change my appointment.

제 약속을 3시로 변경해 주시겠어요?

Could you change my appointment to three o'clock?

괜찮으시다면, 다음 주로 약속을 변경하고 싶습니다.

If at all possible, I would like to reschedule for the following week.

언제로 일정을 다시 잡을까요?

When can we reschedule?

미안합니다만, 회의를 연기해야 할 것 같습니다.

I'm sorry, but we may have to postpone the meeting.

불편을 끼쳐 드려 대단히 죄송합니다만, 조금 일찍 오실 수 있습니까?

I'm very sorry for your inconvenience, but would you come a little earlier?

미리 연락을 주셔서 감사합니다.

Thanks for letting me know way ahead of time.

그럼 11월로 회의를 연기할까요?

Would you like to postpone the meeting until sometime in November then?

회의에 참석할 수 없을 것 같습니다.

I don't think I can make it to the meeting.

중요한 일이 생겨서 약속을 지킬 수가 없을 것 같습니다.

Something important has come up, so I'm afraid I won't be able to make it.

죄송합니다만, 시간이 좀 더 걸리겠는데요.

I'm afraid it will take a bit more time.

미안하지만, 오늘은 좀 곤란하군요.

Sorry, but today isn't good.

전화상으로 처리해야 할 것 같아요.

We may have to take care of it over the phone.

죄송합니다만, 오늘은 직접 방문 드릴 수 없을 것 같아요.

I'm sorry, but I can't visit you in person today.

세미나가 취소되었습니다.

The seminar was cancelled.

날짜가 바뀌었나요?

Did the date change?

유감스럽게도 오늘 오후 회의에 참석 못할 것 같아요.

I'm sorry I won't be able to make the meeting this afternoon.

I regret to inform you that I won't be able to attend the meeting this afternoon. ❺

이렇게 귀찮게 해 드려 죄송합니다.

I'm sorry for having to bother you like this.

처리해야 할 급한 일이 생겼어요.

I have an emergency to deal with.

죄송합니다만, 카터 씨가 이번 주 금요일에는 시간이 안 되실 것 같아요.

I'm sorry, Mr. Carter can't make it this Friday.

죄송합니다만, 회의 일정을 취소해야 할 것 같습니다.

I'm afraid we may have to cancel the meeting.

회의를 무기한 연장해야겠습니다. 언제 만날 수 있을지 모르겠군요.

We're going to have to delay our meeting indefinitely.
I don't know when I'll be able to meet.

어쨌든 저희는 구체적인 계획을 세우지 않았습니다.

We didn't make any specific plans anyway.

혹시 무슨 일이 생기면 저희 쪽에서 먼저 연락을 드리겠습니다.

If something comes up, we will let you know ahead of time.

회의가 두 번이나 취소가 되었는데, 회의를 정말 하긴 하는 건지 확인하고 싶군요.

Our meeting has been cancelled twice, and I just want to make sure that I'm still on your agenda.

다시 한 번 불편을 끼쳐 드려 죄송합니다.

Once again, I apologize for any inconvenience.
Once again, I'm sorry for the inconvenience.

이번 스케줄 변경으로 불편을 끼쳐 드려 죄송합니다.

I apologize for any inconvenience created by this schedule change.

이해해 주시길 바랍니다.

I hope you understand.

전화 사용시 불편

전화를 잘못 걸었을 때

최송합니다. 잘못 걸었군요.

Sorry, wrong number. ❶

Oh, I've got the wrong number, sorry.

I must have dialed a wrong number.

> **Example**
>
> A Hello and thank you for calling First National Bank. How can I direct your call? 안녕하세요. 퍼스트 내셔널 은행에 전화 주셔서 감사합니다. 어디로 연결해 드릴까요?
>
> B **Sorry, wrong number.** 최송합니다. 잘못 걸었군요.

미안합니다. 잘못 걸은 것 같은데요. 447-5523번 맞습니까?

I'm sorry, I seem to have reached the wrong number. Is this 447-5523?

최송합니다만, 저는 그 업무 담당자가 아닙니다.

Sorry, but I'm not the person in charge of that.

통화 가능 여부 확인

지금 통화 괜찮으세요?

Are you busy?

Can we talk now?

Is this a good time to call?

Are you available to talk right now?

> **Example**
>
> A Hello, Jayoung Kim speaking. 여보세요. 김자영입니다.
>
> B Hi, this is Anna in the Human Resources. **Is this a good time to call?** 여보세요. 인사부 안나입니다. 지금 통화 괜찮으세요?
>
> A Sure, what can I help you with? 물론이죠. 무엇을 도와 드릴까요?

나중에 다시 전화 드려도 될까요?

Can I call you back?

Can I get back to you?

Would it be okay if I called you back another time?

다음 주에 다시 전화 드려도 될까요?

Is it okay if I call you back next week?

다시 전화 드려도 될까요? 지금 통화 중이어서요.

Can I call you right back? I'm on another line.

May I call you back again? I'm taking another call right now.

May I call you back again? I have another call to take right now.

지금 좀 정신이 없는데 내일 다시 전화 드려도 될까요?

Oh, I'm swamped. Can I get back to you tomorrow?

나중에 다시 전화 드릴까요?

Should I call you back at another time?

언제가 통화하기 좋으세요?

When is a good time for you?

혹시 방해가 된 건 아닌지요?

Am I interrupting anything?

전화 드리기에 적합한 시간인지 궁금하네요.

I am wondering if this is the right time to call.

**통화 연결이
어려울 때**

통화 중이네요.

We're quite busy here.

간단히 말씀해 주세요.

Please try to keep it short.

통화하기 정말 어렵군요.

It's so hard to get a hold of you.

어제 계속 전화 드렸었어요.

I tried to get a hold of you yesterday.

왜 그렇게 오래 통화 중이었지요?

Why was your line busy for such a long time?

왜 이리 전화를 늦게 받아요?

What took you so long?

너무 늦게 전화 걸어 죄송해요.

I'm sorry to call you so late.

그는 지금 몹시 바빠요.

He's extremely busy at the moment.

지금 통화가 어려워요.

I can't really talk right now.

전화상으로 말씀 드리기 어려워서요. 이메일로 보낼게요.

It's hard to explain it over the telephone. I will email the details to you.

It's complicated to explain over the phone. I will email you about it.

연결 상태가 좋지 않을 때

여보세요? 미안해요, 잘 안 들려요. 좀 크게 말씀해 주시겠어요?

Hello? I am sorry, I can't hear you well. Would you speak a little louder?

잘 들리세요?

Can you hear me?

Can you hear my voice?

Do you hear me clearly?

Am I coming in clear?

지금은 잘 들립니까?

Can you hear me better now?

잘 들려요.

You are coming in all right.

여전히 잘 안 들리네요.

Well, it's still not clear.

Well, not so clearly.

전화기가 제대로 작동되지 않아요.

My phone is not working properly.

이 전화는 불통이에요.

This line is dead.

주변이 시끄러워서 잘 안 들려요.

I can't hear because of the loud background noise.

연결 상태가 좋지 않군요.

The connection is pretty bad.

I have a really bad connection.

I'm sorry, but the connection is terrible.

다른 사람 목소리도 들리는군요.

I hear other people.

I hear another party, too.

I can hear somebody talking.

I hear someone else talking on the same line.

혼선이 되었나 봐요.

There's interference on the line.

*interference 혼선

The line seems to be mixed up.

I guess some lines are crossed.

전화가 끊어지면 어느 번호로 통화 가능할까요?

What number can you be reached at in case we are disconnected?

제가 다시 전화 드릴게요.

I'll call you again.

끊으시면 다시 전화 드릴게요.

Hang up and I will call you back.

Please hang up, and I'll call you back.

끊고 다시 걸어 주시겠어요?

Would you please hang up and call me back?

Do you mind hanging up and calling me back?

전화 끊고 제가 다시 걸까요?

Why don't we hang up and I will call you back?

좀 천천히 말씀해 주시겠어요?

Could you speak slower?

Could you slow down a bit?

Would you slow it down, please?

Do you mind slowing down a little bit?

잘 안 들려요.

I can't hear you well.

들렸다 안 들렸다 해요.

Your voice comes in and then goes out.

You are breaking up.

지지직거려요.

There's too much static.

I am getting too much static.

＊static 지지직거림, 잡음

연결이 안 됩니다.

No one's answering.

I can't get through to this number.

잘 알아들을 수 없어요.

I can't understand you well.

조금 크게 말씀해 주시겠어요?

Would you speak up, please?

다시 한 번 말씀해 주시겠어요?

Would you repeat that once more, please?

이메일 주시면 제가 다시 전화할게요.

Please email me, and I'll return your call.

**휴대 전화
사용**

휴대 전화를 진동이나 무음으로 해 주세요.

Please put your cell phones on vibrate or in silent mode.

소리를 작게[크게] 해 놓으세요.

Set your volume low[high].

제 휴대 전화 배터리가 다 되어 가네요.

I'm running out of battery power for my cell phone.

지하철이라 오래 통화를 못 합니다.

I can't talk for long. I'm on the subway.

문자 보내겠습니다.

I will text you.
I'll send you a text message.

| Chapter 5 | # 전화로 불만사항 전하기 | 03-5.mp3 |

문제 제기

여보세요. 문제를 도와줄 분 계신가요?

Hello, I need to speak with someone that can help me.

Hello, I'm having a problem that I hope you can help me with.

여보세요. 정식 항의를 하고자 합니다.

Hello, I need to make a formal complaint.

죄송합니다만, 큰 딜레마에 관해 보고해야겠습니다.

I'm sorry, but I need to report a major dilemma.

안녕하세요. 귀사의 지점 중 한 곳에서 불만족스러운 서비스를 받아 불만을 제기하려고 전화했습니다.

Hi, I'm calling to complain about the unsatisfactory service I had at one of your branches.

> **Example**
>
> A Thank you for calling First National Bank. This is Young Kim speaking. How can I direct your call? 퍼스트 내셔널 은행에 전화 주셔서 감사합니다. 김영입니다. 어디로 연결시켜 드릴까요?
>
> B **Hi, I'm calling to complain about the unsatisfactory service I had at one of your branches.** 안녕하세요 귀사의 지점 중 한 곳에서 불만족스러운 서비스를 받아 불만을 제기하려고 전화했습니다.
>
> A Oh, that's unfortunate. Let me transfer you to our complaints department. 죄송합니다. 불만 처리부에 연결해 드리도록 하지요.

좋지 않은 말씀입니다만, 귀사의 영업직원 한 명과 문제가 있었습니다.

Unfortunately, I've had a problem with one of your sales representatives.

유감스럽게도, 저를 도와줄 사람에게 연락 닿는 것이 정말 어렵군요.

I'm afraid that I have been having difficulty contacting anyone who can help me.

안녕하세요. 지난주에 물건이 제대로 도착하지 않아서 전화 드립니다.

Hello, I'm calling to report an incomplete delivery I received last week.

안녕하세요. 주문 번호 33821에 관해 전화 드렸는데, 주문 물건이 다 오지 않은 것 같습니다.

Hi, I'm calling in regards to order number 33821. It seems that we didn't receive everything in the order.

안녕하세요. 번거롭게 해 드려 죄송하지만, 지난달에 물품을 주문했는데, 아직 받지 못했어요.

Hi, I'm sorry to bother you, but last month we ordered some supplies and we still haven't received anything.

Example

A   Thank you for calling Office Supplies, this is Terri in the Sales Department. How can I help you?   오피스 서플라이즈에 전화 주셔서 감사합니다. 영업부의 테리입니다. 무엇을 도와 드릴까요?

B   **Hi, I'm sorry to bother you, but last month we ordered some supplies and we still haven't received anything.**   안녕하세요. 번거롭게 해 드려 죄송합니다만, 지난달에 물품을 주문했는데 아직 받지 못해서요.

A   Oh no, that's not good. Can I have your order number and I will pull it up on my computer?   이런, 안 되겠군요. 주문번호를 주시면 컴퓨터로 확인해 보겠습니다.

안녕하세요. 이번 주에 귀사 법무팀의 서류를 받기로 되어 있었는데, 아직 받지를 못했습니다.

Hello, I was supposed to receive a document from your legal department this week, but nothing has turned up yet.

미납 건으로 전화 드렸습니다.

I'm calling to report a delinquent payment on your account.

＊delinquent payment 미납, 지연금 | delinquent 의무 불이행의

Example

A   Hello, Jack Jones, R & D.   연구개발팀의 잭 존스입니다.

B   Hi, this is Soyoung Lee with IBM. **I'm calling to report a delinquent payment on your account.**   안녕하세요. IBM의 이소영입니다. 귀사의 지불 미납 건으로 연락 드립니다.

A   Oh. Let me transfer you to our accounts payable department. If you have any problems, then call me back at this number.   아, 네. 경리부로 연결해 드리겠습니다. 불편한 점 있으시면, 이 번호로 제게 다시 연락 주세요.

기록에 귀하로부터 아직 지불을 받지 못한 것으로 나타나 있습니다.

Our records show that we have yet to receive your payment.

유감스럽지만, 귀하로부터 아직 지불을 받지 못했다는 것을 알려 드립니다.

I regret to inform you that we have still not received your payment.

죄송합니다만, 장비가 광고에서처럼 작동하지 않아요.

I'm sorry, but the equipment just doesn't work as advertised.

죄송합니다만, 작업 품질이 기준 이하입니다.

I'm sorry, but the quality of the work is below our standards.

> **Example**
>
> A Hello, Mr. Choi. It's good to hear from you. How's the new contractor working out? 안녕하세요, 미스터 최. 연락 받으니 반갑습니다. 새 하청업체는 잘 하고 있나요?
>
> B **I'm sorry, but the quality of the work is below our standards.** 죄송합니다만, 작업 품질이 기준 이하입니다.
>
> A Oh, no! What's the problem? 이런 문제가 뭔가요?

죄송합니다만, 세부 사항이 저희가 동의한 것과 다르군요.

I apologize, but the specifications are not what we agreed upon.

이런 일이 생긴 게 벌써 두 번째입니다.

This is the second time that something like this has happened to us.

> **Example**
>
> A I must say that I'm surprised to hear that. Most of our customers have been extremely satisfied. 그런 소식을 듣게 되어 사실 좀 놀랐습니다. 대부분 저희 고객분들은 상당히 만족해 하시거든요.
>
> B **This is the second time that something like this has happened to us.** 저희에게 이런 일이 생긴 게 벌써 두 번째입니다.
>
> A Oh, really? Well, let me put you in touch with the head of our customer advisory board. 아, 그러세요? 그렇다면 저희 고객 자문 위원회의 책임자와 연결해 드리지요.

이번이 올해 들어 세 번째 배송 지연입니다.

This is the third late shipment this year.

> **Example**
>
> A **This is the third late shipment this year.** 이번이 올해 들어 세 번째 배송 지연입니다.
>
> B May I contact Mr. Kim for you directly? 미스터 김에게 직접 연결해 드릴까요?
>
> A That would be nice of you. 그렇게 해 주시면 감사하고요.

이 문제가 해결되지 않으면, 저희 입장을 재고해 봐야 할 것 같군요.

If this problem is not resolved, we will have to reconsider our position.

죄송합니다만, 이 문제가 해결이 안 되면, 다른 곳과 사업을 할 수밖에 없군요.

I'm sorry, but if this problem is not resolved, we will have to take our business elsewhere.

이 문제가 또 생기면, 새로운 사업 파트너를 찾아야 할 것 같습니다.

If this happens again, I'm afraid I'll have to find a new business partner.

정말 싫지만 새로운 사업 파트너를 찾아야 할 것 같습니다.

I would hate to have to find a new business partner.

A   I'm afraid that we may not be able to get the approvals for that.   그에 대해 승인을 받지 못할 것 같습니다.

B   **I would hate to have to find a new business partner** or renegotiate the contract at this stage.   정말 싫지만 이 단계에서 새로운 사업 파트너를 찾거나 계약 협상을 다시 해야겠군요.

A   We would, too. Let's get the department head involved and see what he can do.   저희도 그렇습니다. 팀장님이 관여하시도록 해서 어떻게 하실지 봅시다.

여전히 만족할 수 없군요. 만일 이런 일이 또 일어나면 결과는 치명적일 것입니다.

This is still unsatisfactory and if it happens again, the consequences could be serious.

죄송합니다만, 불만 제기하시는 것을 믿기가 어렵군요.

I'm sorry, but I have a hard time believing your complaint.

죄송합니다만, 저희 배송 추적 시스템으로 인해 그러한 문제는 가능하지 않다는 겁니다.

I'm sorry, but that problem is just not possible due to our delivery tracking system.

뭔가 오해를 하신 것 같군요.

I'm afraid you must be mistaken.

A I bought a computer last month, and I never received it. 지난달에 새 컴퓨터를 샀는데 아직 못 받았습니다.

B **I'm afraid you must be mistaken.** Our records show that the system was delivered two weeks ago to your residence. 뭔가 착오가 있으신 듯합니다. 저희 기록으로는 제품이 2주 전에 자택으로 배송된 것으로 나오는데요.

A Where did you deliver it? 어디로 보내셨어요?

확인하자면, 다음번 주문에 대해 15퍼센트 할인을 해 주신다는 것이죠?

Just to confirm, that's a 15 percent discount on our next order?

A Okay, I think we have come to an agreement. 좋아요. 이 내용에 동의하신 것으로 알고 있겠습니다.

B **Just to confirm, that's a 15 percent discount on our next order?** 확인하자면 다음번 주문에 대해 15퍼센트 할인을 해 주신다는 것이죠?

A That's correct. 네 그렇습니다.

내일까지 미납급을 지불하시겠다는 것이지요?

Okay, so you'll send the late payment no later than tomorrow, is that correct?

안타깝습니다만, 새로운 공급업체와 함께 하기로 결정했습니다.

Unfortunately, I have made the decision to go with a new supplier.

A If you can just give us more time, I'm sure that we can get your order together. 시간을 더 주시면 주문하신 물품을 함께 갖다 드리겠습니다.

B **Unfortunately, I have made the decision to go with a new supplier.** 안타깝지만, 새로운 공급업체와 함께 하기로 결정했습니다.

A I'm very sorry to hear that. Is there anything that we can do to salvage our business relationship? 그것 참 유감이로군요. 우리 사업 관계를 살리기 위해 저희가 할 수 있는 것이 있을까요?

B I'm afraid not. 죄송합니다만, 없습니다. *salvage 구하다, 회복하다

죄송합니다만, 이젠 더 참을 수 없군요. 저희 주문을 취소해야 할 것 같습니다.

I'm sorry, but this was the last straw. I'm afraid that we have to cancel our order.

*last straw 참을 수 없는 일

급한 사항 전달

고객 서비스 담당 직원과 바로 통화해야 해요.

I need to speak to a customer service representative immediately.

급한 사항이라 미스터 김과 즉시 통화해야 합니다.

I have an urgent matter and need to speak to Mr. Kim right away.

죄송합니다만, 급한 사항입니다. 엔지니어와 즉시 통화하게 해 주세요.

I'm sorry, but this is an emergency. Get me an engineer this minute.

즉시 처리해야 할 중대한 문제가 있습니다.

We have a serious problem here that requires immediate attention.

> **Example**
>
> A   Thank you for calling IM Medical Systems, this is Jane in customer service, how can I help you?   IM 메디컬 시스템즈에 전화 주셔서 감사합니다. 고객 서비스의 제인입니다. 어떻게 도와 드릴까요?
>
> B   **We have a serious problem here that requires immediate attention.**   즉시 처리해야 할 중대한 문제가 있습니다.
>
> A   Okay, what exactly is the problem?   네, 정확히 무슨 문제이시죠?

불만사항 확인

놀랄 일이군요. 어떻게 된 일인지 말해 주시겠어요?

I'm surprised to hear that. Can you tell me what happened?
I'm sorry to hear that. Could you elaborate?

*elaborate 자세히 설명하다

> **Example**
>
> A   What seems to be the problem?   뭐가 문제인가요?
>
> B   The equipment does not work as advertised.   장비가 광고에서처럼 작동하지 않아요.
>
> A   **I'm sorry to hear that. Could you elaborate?**   죄송합니다. 자세히 설명해 주시겠습니까?

정확히 무슨 문제죠?

What exactly is the problem?

저희 서비스가 불만족스러우셨다니 죄송합니다. 정식으로 불만 처리를 해 드릴까요?

I'm very sorry that you are dissatisfied with our services. Can I document an official complaint?

**해결 방안
제시**

제가 미스터 김에게 직접 연락할까요?

May I contact Mr. Kim for you directly?

저희가 몇 가지 조사를 해 보고 다시 연락 드려도 될까요?

Can we do some investigating and get back to you?

직접 당신의 불만사항을 처리해 드리고 싶어요.

I'd like to handle your complaint personally.

해결 방안을 제안해 드려도 될까요?

Can I offer a solution?

다음번 주문시 5퍼센트 할인을 해 드리면 어떨까요?

What if we gave you a five percent discount on your next
order?

Example

A This is the second time that something like this has happened to us.
저희에게 이런 일이 생긴 게 벌써 두 번째입니다.

B **What if we gave you a five percent discount on your next order?** 다음 번 주문시 5퍼
센트 할인을 해 드리면 어떨까요?

A That would help, but what we'd really like is to fix the problem. 도움 되
긴 하겠지만, 우리가 정말 원하는 것은 문제를 해결해 주시는 겁니다.

저희 측에서 계약서 표현을 바꿔서 귀사의 법무팀에 보내 승인을 받으면 어떨까요?

How about we reword the agreement and send it to
your legal department for approval?

Example

A I will fix the document and send it to my legal department for
approval. 저희가 서류를 고쳐 법무팀에 보내 승인을 받도록 하지요.

B **How about we reword the agreement and send it to your legal department for
approval?** 저희 측에서 계약서 표현을 바꿔서 귀사의 법무팀에 보내 승인을 받으면 어떨까요?

A Okay, I guess that would be alright. 그러죠. 그렇게 하면 좋겠군요.

이렇게 하시죠. 새 프린터를 내일 보내 드릴 수 있습니다.

I'll tell you what, we can send you a brand-new printer
tomorrow.

귀사의 제안 대로 서류를 수정해서, 가능한 한 빨리 다시 보내 드리겠습니다.

I will fix the document per your suggestions and resend
it to you as soon as possible.

내일 아침 제일 먼저 그 문제를 진단하도록 팀을 보내겠습니다.

I'll send a team to assess the problem first thing tomorrow morning.

*assess 평가하다, 판단하다

해결 방안 수용 및 거부

그거 좋군요.

That sounds good.

> **Example**
>
> A I will send a team first thing tomorrow morning and we'll get the problem taken care of. 내일 아침 가장 먼저 팀을 보내 문제를 처리하도록 하겠습니다.
>
> B **That sounds good.** 그거 좋군요

네, 그렇게 하면 문제가 해결되겠군요.

Yes, I think that would solve the problem.

좋습니다. 그것에 대해 합의할 수 있을 것 같아요.

Okay, I think we can agree on that.

그럼 이메일 기다리겠습니다.

Okay, I look forward to receiving your email.

죄송합니다만, 그걸로 (문제 해결이) 안 되겠습니다.

I'm sorry, but that just won't do.

Sorry, but that will not fix the problem.

죄송합니다만, 기다릴 수가 없습니다. 지금 바로 수리를 해야 해요.

I'm sorry, but it can't wait. We need this fixed now.

> **Example**
>
> A All of our agents are really busy right now. Can someone call you back? 모든 직원들이 지금 굉장히 바쁘네요. 나중에 누군가가 다시 전화 드려도 될까요?
>
> B **I'm sorry, but it can't wait. We need this fixed now.** 죄송합니다만, 기다릴 수가 없습니다. 지금 바로 수리를 해야 해요.
>
> A Okay, let me see what I can do. 알겠습니다. 어떻게 할 수 있는지 알아보겠습니다.

그렇게는 안 됩니다. 특별 승인이 필요한데 지금은 받을 수가 없습니다.

No, that won't work. We would need special approvals for that, which are impossible to get right now.

이메일 및
기타 문서

업무상 전화로 혹은 바이어를 직접 만나 회의하는 것 외에도 서면으로 업무를 보는 경우도 많지요. 정확한 표현을 몰라 번역기로 대충 영작을 했다가는 상대방에게 의사 전달을 제대로 하지 못하는 상황에 처할 수 있습니다. 서면으로 소통할 때는 무엇보다 간단하면서 정확한 표현을 사용하는 것이 중요합니다. 이번 파트에서는 이메일로 소통시 그리고 보고서, 기획서, 공문 등을 작성할 때 자주 쓰이는 필수 표현을 정리해 봅니다.

Chapter 1
인사 및 소개

Chapter 2
연락 목적 및 전달 내용

Chapter 3
업무 진행 파악

Chapter 4
공지 및 안내

Chapter 5
감사 · 축하 · 사과 및 개인 메시지

Chapter 6
이메일 마치기

Chapter 7
보고서 · 기획서 · 공문

안부 및 인사

잘 지내고 계시길 바랍니다.
Hope you are well.

오랜만이네요.
It's been a while.
Long time no talk!
It's been a long time.
Good to talk to you again.
I haven't seen you in years.
Haven't talked with you in[for] ages.

그동안 잘 지냈어요?
How have you been?
What have you been doing?
What have you been up to?

잘 지내십니까? 모든 일들이 잘 되고 있나요?
How are you doing? Is everything going well with you?

별일 없죠?
What's up? ❶
What's new? ❶
Anything new?

그냥 잘 지냈어요.
I've been okay.

아주 좋았어요.
Never been better.

일로 바빴어요.
I have been busy with work.

한 달간 어디 좀 다녀왔어요.
I was out of town for a month.

지난달은 출장 중이었어요.

I was on a business trip last month.

지난번에 말씀 나눠 반가웠습니다.

It was good to talk with you the other day.

모든 일이 잘 되시기를 바랍니다.

Hope everything is good.

당신에게 도움이 되어 영광입니다.

It is my honor to be of help to you.

당신을 위해 일하게 되어 영광입니다.

It is my honor to serve you.

저는 저희 상품으로 저희의 고객을 섬기게 되어 정말 기쁩니다.

I am so happy to serve our customers with our products.

이 프로젝트를 함께 하게 되어 기쁩니다.

I am so happy[glad] to do this project with you.

이 기회를 얻게 되어 정말 행운이라고 생각합니다.

I feel so lucky to have this opportunity.

우리의 상호 발전을 기대하고 있습니다.

I look forward to mutually beneficial growth.

좋은 관계를 형성하면 좋겠습니다.

I would like to establish a good partnership with you.

잘 지내길 바랍니다.

I hope this finds you well.

마이애미의 햇살을 즐기고 계실 거라고 생각합니다.

I believe you are enjoying the sunshine in Miami.

회의에서 뵙게 되어 반가웠습니다.

It was nice to see you at the conference.

감사하기

여러 모로 감사합니다.

Thank you for everything.

도와주셔서 감사합니다.

Thank you for your help.

시간 내 주셔서 감사합니다.

Thank you for your time.

마음 써 주셔서 감사합니다.

Thank you for your sympathy.

이메일 잘 받았어요.

Thank you for your email.

융통성 있게 처리해 주셔서 감사합니다.

I appreciate your flexibility.

빨리 답변해 주셔서 감사합니다.

I appreciate your prompt reply.

소개하기

먼저 간단히 제 소개를 하겠습니다.

Let me introduce myself briefly to start.

GNH 회사는 1978년에 설립되었습니다.

GNH was established in 1978.

우리 회사를 먼저 소개해 드리겠습니다.

Let me start off by introducing our company.
Let me explain what we do first.

먼저 저희의 신규 사업을 소개해 드리면서 시작하지요.

Let me start off by introducing our new business.

저희의 업무에 대해 간단히 말씀드리지요.

First of all, let me tell you briefly about what we do.

저는 계약을 담당하는 JP 최입니다.

I am JP Choi and I am responsible for making contracts.

저희 동료 김대한 씨에 대해 먼저 간단하게 소개시켜 드리지요.

First of all, let me tell you about our colleague, Kim Dae-han briefly.

저에 대해서는 별다른 소개가 필요 없겠지요.

I am sure there is no need to introduce myself.

저를 기억하시기를 바랍니다.

I hope you remember me.

우선 서먹함을 깨기 위해 제 소개를 해 드리지요.

Why don't I introduce myself to break the ice?

총무부의 일을 담당하고 있는 김민정이라고 합니다.

My name is Minjeong Kim (who is) in charge of the General Affairs Department.

해외 영업을 담당하고 있는 케빈 리라고 합니다.

This is Kevin Lee responsible for overseas sales.

Biz Tip

초면 인사라면 I am 대신 This is ~로 시작해도 좋습니다.

해외 섭외 담당 이미선입니다.

I am Misun Lee, responsible for overseas contact.

재무팀 업무를 담당하고 있는 데이비드 신이라고 합니다.

I am David Shin, working in the Financial Department.

우리는 한국의 IT 업계에서 떠오르는 유망 기업입니다.

We are the emerging player in the IT industry of Korea.

저는 시험 결과를 통보해 드릴 CPA 테스트 센터의 제리 홉스입니다.

I am Jerry Hobbs of CPA Testing Center informing you of the test result.

다음 주부터 김대리의 업무를 진행하게 됩니다.

I will be replacing Mr. Kim starting next week.

연락 계기

지난주 총회에서 저에게 명함을 주셨었지요.

I am the one you gave your business card to at the convention last week.

어제 전화로 얘기를 나눴던 관계자입니다.

I am the representative who talked with you on the phone yesterday.

저는 김종민입니다. 지난달 위원회 회의에서 만났었지요.

This is Jongmin Kim. We met at the committee meeting last month.

며칠 전 귀사의 제품 라인에 관해 전화 드렸던 사람입니다.

I am the one who called you a couple of days ago about your product line.

배송 날짜 때문에 지난주에 전화 드렸던 사람입니다.

I am the one who called you last week about the delivery date.

귀사의 서비스에 대해 며칠 전에 전화 드렸던 존 김입니다.

This is John Kim who gave you a call about your services a few days ago.

귀사가 최근 도입한 신기술에 관해 한 시간 전에 통화했었습니다.

I talked to you on the phone an hour ago regarding the latest technology your company adopted.

저희가 제공해 드릴 수 있는 신상품에 관해 어제 통화했었습니다.

I talked to you on the phone yesterday regarding the new products we can offer.

BMC 사에 연락을 주셔서 감사합니다.

I would like to thank you for contacting BMC.

저는 주디 장이고 동료를 대신하여 이메일을 쓰고 있습니다.

I am Judy Chang writing on behalf of my coworker.

고려 상사의 박용진 씨로부터 귀하의 주소를 전해 받았습니다.

I was given your address by Yongjin Park of Korea Company.

그를 통해 귀하에 관한 좋은 말씀을 많이 들었습니다.

He told me many good things about you.

Example

This is Junho Hur of GMS. I was given your email address by Mr. Sangjin Kim of STP Korea. **He told me many good things about you and your competence in public relations.** 저는 GMS 사의 허준호입니다. 한국 STP 사의 김상진 씨에게서 선생님의 이메일 주소를 받았습니다. 선생님과 홍보 분야에서의 선생님의 능력에 대해 좋은 말씀을 많이 들었습니다.

직접 만나 뵐 수 있어서 영광이었습니다.

It was a great pleasure to be able to meet with you in person.

효율적인 회의였기를 바랍니다.

I hope the meeting was productive.

지난 회의 이후 제안해 주셨던 점에 대해 고려해 보고 있습니다.

I have been thinking of your suggestions since the last meeting.

당신과 만나 뵙기를 고대해 왔습니다.

I have been looking forward to meeting with you.

이메일 작성 목적

지난 회의의 보고서를 보내 드립니다.

I am sending the report from our last meeting.

두 번째 회의의 시간과 장소를 확인하려고 이 이메일을 씁니다.

I am writing to check the time and place for our second meeting.

회의에서 논의된 제 결정을 확정하려고 합니다.

I am confirming my decision discussed in the meeting.

귀사의 지불 사항을 재확인하려고 이 이메일을 씁니다.

We are writing to double-check your payment.

저희의 최신 상품을 소개해 드리고자 연락드립니다.

I am contacting you because I'd like to introduce our latest products.

귀사의 신제품에 대해 문의하려고 이메일을 보냅니다.

I am writing to inquire about your new product.

회의를 확인하기 위해 이 이메일을 보냅니다.

I am writing this email to confirm our meeting.
I am writing this email to get confirmation about our meeting.

저는 대영 제조회사의 제리 김이며, 저희 신상품 런칭 행사에 초대하려고 이메일을 보내 드립니다.

This is Jerry Kim of Daeyoung Manufacturing emailing you to invite you for our new product launch.

저는 스와치 테크놀로지 회사의 제리 홍이며 저희의 신규 비즈니스 계획안을 알려 드리려고 이메일을 보냅니다.

This is Jerry Hong of Swatch Technologies emailing you to inform you of our new business roadmap.

김 부장님의 메시지를 전달해 드립니다.

I am forwarding Manager Kim's message to you.

이하는 부탁하셨던 내용입니다.

Here is what you have asked.

최근에 10월 1일자로 보내신 이메일에 대해 답장을 드립니다.

I am responding to your recent email dated October 1.

귀사의 윈저 소프트웨어 패키지 번호 244를 구입하고 싶습니다.

We are very interested in purchasing your Winsor Software Package No. 244.

저희는 귀사의 디지털 뉴스 서비스에 매우 관심을 갖고 있습니다.

We are very interested in your digital news service.

저희는 귀사의 교육 매뉴얼에 매우 관심을 갖고 있습니다.

We are very interested in your training manuals.

이메일 답장 보내기

귀하의 이메일에 감사드립니다.

Thank you for your email.

소식 들으니 반갑습니다.

It's good to hear from you.

신속한 답장에 감사드립니다.

Thank you for your prompt reply.

바쁘신 중에 메일 주셔서 감사합니다.

I appreciate you taking the time to write us.

답장이 늦어서 죄송합니다.

I'm sorry I'm replying so late.

이번 답장이 늦어진 데 대해 사과드립니다.

I apologize for the lateness of this reply.

좀더 빨리 답장을 드리려고 했습니다.

I meant to reply sooner.

근황을 알려 주셔서 감사합니다.

Thank you for the update.

계속 연락 주셔서 감사합니다.

Thank you for keeping in touch.

앞으로 저희에게 연락하실 일이 있으면 이 이메일에 회신을 주세요.

If you need to contact us in the future, simply reply to this email.

자세한 정보를 원하시면 이 이메일에 답장을 주시거나 1-800-339-8989로 전화 주세요.

For more information, please reply to this email or call 1-800-339-8989.

19일에 시간이 되세요?

Are you available on the 19th?

다음 주 화요일에 회의할 시간이 되세요?

Will you be available for a meeting next Tuesday?

편한 시간이 언제인지 알려 주세요.

Let me know when is convenient for you.
Let me know when is good for you.

언제 들르실 수 있는지 알려 주세요.

Let me know when you can drop by.

저는 내일이 좋습니다.

Tomorrow is good with me.
Tomorrow is fine with me.

저는 월요일 괜찮습니다.

Monday is fine with me.

아무 때나 오세요.

You are welcome at any time.
Drop by at your convenience.
Please come any time you want.
Come any time you please.

*please 좋아하다, 바라다

내일 어떠신가요?

How about tomorrow?

한 시간 뒤에 어때요?

How about an hour later?

내일이나 이번 주 금요일 점심 이후가 괜찮습니다.

I am okay either tomorrow or this Friday after lunch.

월요일 오전이나 화요일 저녁이 좋습니다.

I am all right either Monday morning or Tuesday evening.

귀하께서 편하신 때로 회의 일정을 잡읍시다.

Let's set up a meeting at your convenience.

귀하께 가장 편한 날짜와 시간을 말씀해 주시겠습니까?

Would you like to tell us the most suitable date and time
for you?

언제가 가장 좋으신가요?

When is the most appropriate time for you?

이번 주 중에 만나는 것은 어떨까요?

Why don't we meet up sometime this week?

**약속 조율 및
변경**

유감스럽게도 1월 4일에는 선약이 있습니다.

I'm afraid that I have a prior commitment on January
4th.

2시는 안 되겠습니다.

Two o'clock is not good for me.

미안하지만 약속을 지킬 수 없네요.

I'm afraid I won't be able to make it.

오늘은 곤란해요.

Today isn't good.

Today is not convenient.

미안하지만 조금 늦을 것 같아요.

I'm afraid I will be late a bit.

오늘은 잠시도 자리를 비울 수 없군요.

I'm afraid I have to stick to my desk today.

시간을 바꿀 수 있을까요?

Could we change the time?

죄송하지만, 그 주에는 제가 일이 있습니다.

I'm sorry, but I'll be occupied that week.

여기와 거기 시차가 어떻게 되죠?

What is the time difference between here and there?

귀사의 근무 시간 중으로 화상회의를 잡겠습니다.

I will plan the video teleconference during your business hours.

회의 스케줄을 다시 잡을 수 있을까요?

Can we reschedule our meeting?

우리 사업 계획 스케줄을 다시 잡을 수 있을까요?

Can we reschedule our business plan?

약속을 다른 시간으로 다시 잡을 수 있을까요? 오전 11시 대신에 10시라든가요.

Can we rearrange our appointment again at a different time, say at 10:00 a.m. instead of 11:00 a.m.?

우리 회의를 연기할 수 있을까요?

Is it possible to postpone our meeting?

회의 일정을 변경할 수 있을까요?

Is it possible to readjust the conference schedule?

*readjust 재조정하다, 변경하다

수원 공장 견학을 연기하는 것이 어떻습니까?

How about putting off the tour through the Suwon plant?

만약 스케줄을 바꾸고 싶으시다면, 제가 조정해 볼 테니 알려 주십시오.

If you'd like to change the schedule, please let me know to adjust it.

회의가 10월 3일에서 1일로 이틀 앞당겨졌습니다.

The conference was advanced by two days from October 3rd to October 1st.

*advance (일정을) 앞당기다

저희의 일정은 조정 가능합니다.

Our schedules are flexible.
Our schedules are subject to change.

그런데 말이죠, 행사가 6월에서 7월로 연기되었어요.

By the way, the event is postponed to July from June.

참고로요, 워크샵은 6월에서 7월로 일정이 다시 잡혔습니다.

Just so that you know, the workshop has been rescheduled to July from June.

발표 전에 우리는 만날 필요가 있습니다.

We need to get together before we give our presentation.

이 프로젝트가 끝나면 만나 뵙고 싶습니다.

I would like to meet with you after this project is over.

다음 주에는 다른 프로젝트로 바쁠 것 같아 이번 주에 회의를 하고 싶습니다.

We will be busy with another project next week, so I
would like to have a meeting with you this week.

제가 다음 주에 한국을 떠나기 때문에 이번 주 중에 회의를 하는 것이 좋겠습니다.

I am leaving Korea next week, so we may as well have a
meeting sometime this week.

제 일정에 맞추어 주셔도 괜찮겠어요?

Would you mind accommodating my schedule?

*accommodate ~의 편의를 도모하다

내일 당신 사무실에 들를 시간이 날 것 같아요.

I think I can find the time to visit your office tomorrow.

그쪽 편하신 시간에 업무를 겸한 점심 약속을 잡도록 하죠.

Let's set up a business lunch at your convenience.

그쪽이 편하신 때로 전화 회담을 잡도록 하죠.

Let's set up a conference call at your convenience.

형편이 닿으시는 대로 (빨리) 회의를 잡고 싶습니다.

We would like to fix a meeting at your earliest
convenience.

형편이 닿으시는 대로 최대한 빨리 예비 회의 일정을 잡고 싶습니다.

We would like to hold a preliminary conference at your
earliest convenience.

*preliminary 예비의, 준비의

그때 뵙기를 고대합니다.

We look forward to seeing you then.

당신을 만날 수 있다는 것을 영광으로 생각합니다.

I'm honored to be able to meet with you.

가능하다면 한국을 방문하셔서 저희와 만나 뵙기를 바랍니다. 그때 뵙기를 고대합니다.
If possible, we'd like you to visit Korea and meet with us. We look forward to seeing you then.

당신과 직접 만나서 우리 프로젝트에 대해 얘기를 나누고 싶습니다.
I'd like to see you in person to talk about our project.

약속 장소 정하기

저희에게 맞는 시간과 장소를 정하고 싶습니다.
I would like to set up a time and a place suitable for us.

저희 사무실에 대부분의 데이터와 자료가 있으니 여기서 회의하면 좋겠습니다.
As we have most of the data and materials in our office, it would be great to have a meeting here.

강남역 근처 커피숍에서 만나 뵈면 좋겠습니다.
It would be great to have a meeting at a coffee shop near Gangnam Station.

이쪽에 오시면 연락 주세요.
Let me know when you're in town.
If you are coming this way, let me know.

언제든 방문을 환영합니다.
You're welcome to visit me anytime.

오실 수 있으면 좋겠군요.
I hope you can make it.

약속 확인

당신의 도착 예정 시간을 미리 알고 싶습니다.
I would like to be informed of your scheduled arrival time beforehand.

예정일을 미리 알려 주십시오.
Please advise us of the due date ahead of time.

한 달 전에 스케줄에 대해 말씀해 주시면 정말 감사하겠습니다.
I would greatly appreciate it if you could let me know the schedule a month ahead.

출국일 10일 전까지 스케줄에 관해 말씀해 주십시오.

I would like to be told about the schedule 10 days prior to the departure date.

역으로 마중 나가겠습니다.

I will be waiting for you at the station.

제가 정문으로 마중 나갈게요.

Let me pick you up at the gate.

도착 구역 내 스크린 도어 앞에서 기다리고 있겠습니다.

I will be waiting for you at the screen door in the arrival area.

저희가 공항에 귀사의 부장님을 맞이하러 나가겠습니다.

We'll come out to greet your manager at the airport.

연회장에서 귀사의 직원들을 환영하러 가겠습니다.

We'll come out to greet your employees at the reception.

공항으로 마중 나가도록 차를 마련해 놓겠습니다.

I will arrange for a car to meet you at the airport.

견적 문의

제 사무실 리모델링의 대략 견적을 알려 주시겠습니까?

Would you please give me a rough estimate on redecorating my office?

*rough estimate 어림 견적; 개산

최신 지방흡입시술의 견적을 알려 주시겠습니까?

Would you please let me know an estimate for the latest liposuction operation?

*liposuction 지방흡입시술

한번 저희 사무실에 들러서 상담과 견적을 받아 보시겠습니까?

Why don't you drop by our office for a consultation and an estimate?

그것을 하루 빌리는 데에 대한 대략의 비용 견적을 주시겠습니까?

Can you give me a rough cost estimate for renting it for a day?

신상품의 가격 견적을 알려 주시겠습니까?

Can you give me some cost estimates on your latest products?

귀사의 서비스에 제가 대략 얼마를 지불해야 할지 궁금합니다.

I was wondering how much your service would cost roughly.

CR-V가 대략 얼마가 될지 궁금합니다.

I was wondering how much a CR-V would cost roughly.

모델 444 데스크탑 컴퓨터 100대의 최저가 견적을 즉시 보내 주세요.

Please send us by return your lowest quotation for 100 sets of your desk-top computer model 444.

＊by return 최대한 빨리

샘플 및 자료 요청

구매하기 전에 먼저 샘플을 받아 보고 싶습니다.

I would like to try some samples first before I make a purchase.

패턴 샘플 한 벌이 별도의 배송편으로 발송되었습니다.

A full range of pattern samples has been dispatched to you by separate post.

＊dispatch 보내다, 발송하다

귀사의 이전 상품 종류의 목록을 받아 보고 싶습니다.

I would like to have a list of your previous product range.

설명서를 보여 주시면 감사하겠습니다.

I would be grateful if you could show the manual to me.

카탈로그의 복사본을 제게 팩스로 보내 주시면 감사하겠습니다.

I would appreciate it if you could fax a copy of the catalog to me.

귀사의 품질 보증 서비스 기간 연장에 관심이 있습니다.

I'm interested in your extended warranty service.

＊extended 길어진, 늘어난

요청에 따라 정보를 보내 드렸습니다.

In accordance with your request, we have sent you the information.

저희 웹사이트의 '자주 묻는 질문' 란을 확인해 주시겠습니까?

Could you check the FAQ section on our website?

*FAQ 자주 묻는 질문(Frequently Asked Questions)

귀사의 환불 정책에 대해 문의하고 싶습니다.

I'd like to inquire about your refund policy.

본 정보는 저희 웹사이트에서도 보실 수 있습니다.

This information is also available on our website.

웹사이트에서 제 물품 조회를 할 수 있는지 궁금합니다.

I was wondering if I could track my package online.

고객님의 문의에 대한 답변입니다.

This is to answer your question.

이 이메일은 기록을 위해 보관해 주세요.

Please keep this email for your records.

저희는 고객님을 위해 일하고 있습니다.

We are here to serve you.

고객님들께서 주시는 이메일은 기쁘게 받고 있습니다.

It is a pleasure to hear from our customers.

확인해 보고 알려 드리겠습니다.

I will let you know after checking it.

제가 먼저 알아보고 이메일을 보내 드릴까요?

Why don't I figure it out first and then email you?

속달로 보내 드리겠습니다.

I will send it via express delivery.

저희 제품의 샘플을 속달로 보내 드리겠습니다.

I will send our product samples via overnight courier.

*overnight courier 속달

오늘 오후에 택배로 소포를 보내 드리겠습니다.

The parcel will be sent by courier this afternoon.

소포는 빠른 우편으로 보내 드리겠습니다.

The package will be delivered by express mail.

짐을 택배로 보내 주세요.

Please send the parcel by any home delivery service.

상품 카탈로그를 좀 보내 주시는 것이 가능한지요?

I wonder if you could send us some product catalogs.

보통 우편으로 상품을 보내 드립니다.

We are sending the goods via regular mail.

**세부 사항
확인**

그 경우 한 대당 가격은 얼마입니까?

What is the pricing on such units?

세부 사항은 무엇입니까?

What are your specifications?

한 대당 무게가 어떻게 되지요?

What is the unit package weight?

이 달 말까지 200대를 제공해 주실 수 있습니까?

Could you provide us with 200 units by the end of this month?

2년으로 연장이 가능할까요?

Could it be renewed for two years?

저희가 요청한 문서를 다시 한 번 보내 주시겠습니까?

Would you please send the document we asked for once more?

부탁 하나를 더 드리고 싶습니다.

I'd like to ask another favor of you.

미스터 김을 대신하여 부탁 드립니다.

I'm asking a favor of you on behalf of Mr. Kim.

Chapter 3

업무 진행 파악

확인하기

취급 설명서의 몇 가지 사항이 완전히 이해되지 않습니다.

There are a few points in the manual I do not fully understand.

귀하께서 말씀하신 내용의 대부분은 설명이 필요합니다.

Most parts of what you said require clarification.

*clarification 설명, 해명

기능 설명을 완벽하게 이해하지 못한 것이 몇 가지 있습니다.

There are some explanations of the function I do not understand perfectly.

계약서의 다음 부분을 다시 설명해 주시겠습니까?

Would you clarify the following part of the contract again?

계약서 3번 조항의 내용에 관해 설명해 주시겠습니까?

Would you clarify Section 3 of the contract?

이해를 돕기 위한 자료를 보내 주시겠습니까?

Would you send me the data for clarification?

당신 이메일과 함께 추가 자료를 첨부해 주시겠습니까?

Would you please attach the additional information along with your email?

저희가 저희의 요구사항을 상세하게 설명해 드리지 않은 것 같습니다.

I think we haven't explained our expectation in detail.

저희 요구를 상세히 이해하신 것 같지 않군요.

I don't think you completely understood our expectation in detail.

확실히 이해하십니까?

Is it crystal-clear?

*crystal-clear 정말 분명한

뭔가 오해가 있었던 것 같습니다.

There seem to have been some misunderstandings.

계약 조항에 관한 약간의 오해가 있었나 봅니다.

There must have been a slight misunderstanding about the terms of the contract.

심각한 오해가 있군요. 계약서에 중요한 사항 몇 가지가 빠져 있습니다.

There has been a gross miscommunication. Some important details are missing in the contract.

*gross 심한, 엄청난

어떤 것 때문에 제가 말씀드린 내용이 곡해된 것 같네요.

I think something has led to a distortion of what I really said.

*distortion 왜곡, 곡해

존슨 씨께서 제 말을 의도적으로 왜곡하신 것 같습니다.

I think Mr. Johnson has intentionally distorted what I said (for his benefit).

제가 어제 전화로 드렸던 말씀을 오해하셨군요.

I believe you have misunderstood what I told you on the phone yesterday.

제 의도를 오해하셨습니다.

I believe you have twisted my intention.

*twist (사실 따위를) 왜곡하다

계약서에 로열티에 관한 부분이 빠져 있군요.

The section on royalties is missing in the contract.

이 점에 대해 오해 없으시기 바랍니다.

Please let there be no misunderstanding about this.

이 점에 대해서 당신의 오해를 풀어야만 하겠습니다.

I must undeceive you on this point.

*undeceive ~의 그릇된 생각을 깨우쳐 주다

저희 차장님이 요청하신 자료는 그게 아닙니다.

It is not the document that my deputy manager asked for.

사장님께서는 귀하의 기술력을 요청하신 것이지, 업계의 일반적 지식을 요청한 것이
아닙니다.

The president has asked for your expertise, not your
general knowledge about the industry.

*expertise 전문 지식, 전문 기술

귀하께서 보내 주신 계약 양식은 저희가 요청한 것과 일치하지 않습니다.

The contract form you sent us does not correspond to
our request.

귀하께서 계획하신 상세한 프로젝트 스케줄은 저희의 요청과 일치하지 않습니다.

The detailed project schedules you outlined do not
correspond to our request.

이것을 저와 나중에 다시 확인할 수 있을까요?

Could you reconfirm this later with me?

정말로 이 보고서에 확실히 동의하시는 건가요?

Will you make sure that you do indeed agree with the
report?

제 생각이 맞는 것인지 확인해 주시겠습니까?

Will you make sure I'm on the right track?

*be on the right track (생각·의도 등이) 타당하여, 바른 사고 방식으로

이 계산 수치가 맞는지 재확인해 주시겠습니까?

Will you double-check that these calculations are right?

*calculations 계산 결과, 산출

보고서를 확인해 주시겠습니까?

Would you verify the report for me?

Biz Tip

verify는 '증명하다, 입증하다'라는 뜻으로 check이나 make sure보다 조금 더 강하게 전문적인 증명이나
확인을 요할 때 쓰입니다. verify 대신 validate, certify, authenticate(전문가의 증언에 의해 확인하다)
등의 동사를 사용하면 보다 전문적인 '확인'을 요구하는 의미가 됩니다.

저희가 제공한 자료가 요청하셨던 것이 맞는지 확인해 주시겠습니까?

Would you verify if the distributed data corresponds
with your request?

*distribute 나누어 주다, 배부하다

이 콘텐츠를 사용하는 것이 저작권 법을 어기는 것이 아닌지 확인해 주시겠습니까?

Would you check if the use of these contents breaks any
copyright laws?

보고서의 조사 내용을 확인해 주시면 감사하겠습니다.

Your confirmation of the findings of the report will be appreciated.

그것을 사용하는 데 있어서 문제점들이 있지는 않은지 다시 확인해 주시겠습니까?

Would you double-check if there are any problems to use it?

보고서의 제안 내용에 동의합니까?

Do you approve of the recommendations of the report?

제가 어제 이메일로 보내 드린 파일을 받으셨습니까?

Did you get the file that I emailed you yesterday?

진행 상황 파악

보고서는 얼마나 진척이 되었어요?

How far are you with the report?

프레젠테이션 준비는 얼마나 하셨어요?

How far along are you with the presentation?

RX 프로젝트는 얼마나 되었어요?

How far are you with the RX Project?

75% 정도 완성했어요.

I am about 75% done.

반 정도요.

About half.

4분의 1 정도 됐어요.

One quarter is done.

보고서가 언제까지 필요하세요?

When do you need the report by?

여행 일정이 언제까지 필요하세요?

When do you need the itinerary by?   *itinerary 여행 일정표

언제까지 프로젝트 일정이 필요하세요?

When do you need the project schedule by?

금요일까지는 이 보고서를 끝내겠습니다.

I will be done with this report by Friday.

다음 주까지는 이 프로젝트를 끝마치겠습니다.

I will be through with this project by next week.

제가 이번 주 수요일까지는 이 보고서를 마치도록 해야겠군요.

I will have to get this report finished by this Wednesday.

제 업무를 맡아 주시겠어요?

Could you take my place?

Could you fill in for me?   *fill in for ~을 대신하다

Would you sub for me?   *sub for ~을 대신하다

제 일이 자리 잡힐 때까지 당신의 도움이 필요할 것 같아요.

I think I need your assistance until I get settled in my job.

재고하기

그 사안에 대해서 재고해 보겠습니다.

We will reconsider that issue.

Biz Tip

reconsider는 '다시 고려하다, 재고하다'라는 뜻으로 신중하게 생각해 보겠다는 의지를 담아 말할 때 사용합니다.

귀하의 보고서를 재고해 보겠습니다.

We will reconsider your proposal.

귀하의 지원서를 재고해 보겠습니다.

We will reconsider your application.

그 일을 곰곰이 생각해 보겠습니다.

We will think the matter over.

그 사안은 재고해 보지요.

Let me give the matter a second thought.

Let me give a second thought to the issue.

*second thought 재고, 숙고 후의 의견

당신 제안을 재고해 보지요.

Let me give a second thought to your suggestion.

미안하지만 재고의 여지가 없습니다.

I'm sorry, but there is no room for reconsideration.

사직 의사를 재고해 보는 게 어떻겠습니까?

I would advise you to reconsider your intended resignation.

그 건을 재고해 주시기를 촉구합니다.

I urge you to reconsider the matter.

비즈니스 제안

관심 있으시면 연락 주세요.

Let me know if you are interested.

제안서를 내 주셔서 감사합니다.

Thank you for submitting a proposal to us.

귀하의 제안서에 대해서 최대한 빨리 답을 드리겠습니다.

Let me get back to you as soon as possible regarding your proposal.

이 제안서를 검토한 후 가능한 빨리 답변 드리겠습니다.

I will review this proposal and get back to you as soon as I can.

신중히 고려해 본 후 연락드리지요.

We will get back to you after careful consideration.

제안해 주신 내용을 검토하겠습니다.

We will review your suggestion.

저희의 제안이 매력적이었으면 합니다.

We hope you will find our offer attractive.

귀하의 제안을 기꺼이 수락할 것이라는 것을 알리게 되어 기쁩니다.

I'm glad to inform you that we are willing to accept your offer.

기꺼이 만나 귀하의 제안서에 대해 얘기 나누고 싶습니다.

We are willing to meet you and talk about your suggestion.

다음 주면 승인 여부가 결정됩니다.

We will receive approval or disapproval by next week.

귀하와 상호 도움이 되는 관계를 맺게 되길 기대합니다.

We look forward to a mutually rewarding relationship with you.

저희는 한국 내 판매 대리점 및 유통업체로 활동하기 위하여 귀 도시의 여러 기업들과 연락할 수 있기를 희망합니다.

We are anxious to contact some firms in your city with a view to acting as their sales agents and distributors in Korea. ∗with a view to ∼할 목적으로

우리는 더욱 경쟁력 있는 새 가격표를 제공하게 되어 기쁩니다.

We are pleased to provide a new, more competitive price list.

저희는 고객 제일주의를 표방하는 기업입니다.

We are a customer-oriented organization.

당사는 생산하는 제품의 품질에 대해 자부심을 갖고 있으며 귀사의 시장 확대에도 도움이 될 것이라고 확신합니다.

We pride ourselves on the quality of the products we produce and feel confident that they will help you to expand your market.

귀사와 좋은 거래 관계를 맺게 되기를 고대합니다.

We look forward to having a pleasant business relationship with you.

당사는 XYZ 구매에 특히 관심이 있사오니 귀사에서 이 상품을 취급하신다면 알려 주시기 바랍니다.

We are especially interested in buying XYZ and would like to know if you carry this item.

부산에서 신뢰할 만한 수입업체의 이름과 주소를 알려 주시면 감사하겠습니다.

We would be pleased if you would let us have the names and addresses of some reliable importers in Busan.

편하실 때 333-4444로 연락 주세요.

Please call us at your convenience at 333-4444.

거절하기

수준 높은 제안서가 여러 개 있었기에 저희의 결정은 대단히 어려웠습니다.

Our decision was extremely difficult as there were several high quality proposals to choose from.

저희 기술자들은 그 상황을 처리할 수 없습니다.

Our technicians are unable to handle the situation.

안타깝게도, 저희는 그 문제를 맡기에 시간이 부족하다는 것을 알게 됐습니다.

Unfortunately, we found that we were running out of time to take care of that issue.

그 아이디어는 아주 좋았다고 생각하는데, 저희는 자체적으로 하기로 결정했습니다.

Although I think it was a superb idea, we decided to do it on our own.

유감스럽게도 이번에는 귀하의 제안이 우리의 요구에 맞지 않는다는 사실을 알려 드립니다.

We regret to inform you that your proposal does not meet our requirements at this time.

유감스럽게도 이번에는 귀하의 신청이 거부되었음을 알려 드립니다.

We regret to announce that your application was rejected this time.

제안을 거절할 수밖에 없어 유감입니다.

We regrettably must turn it down.

부득이하게 귀사의 제안을 거절하게 되었음을 말씀드립니다.

We reluctantly have to say no to your offer.

부득이하게 그 프로젝트는 외부에 위탁하기로 결정하였습니다.

We reluctantly decided to outsource that project.

*outsource 외부에 위탁하다

유감입니다만, 이 행동 방침은 가능하지 않습니다.

We are afraid that this course of action is not possible.

유감이지만, 저희 엔지니어들을 귀사의 공장에 보낼 수가 없습니다.

We are afraid that our engineers cannot be sent to your factory.

오늘 밤 저희 기사를 보내 드릴 수 없지만, 귀사의 시스템을 원격으로 고쳐 드릴 수는 있습니다.

We are not able to send our engineer to your factory tonight, but we can fix your system remotely.

지금 224번 모델은 재고가 없으나 224-1은 바로 배송해 드릴 수 있습니다.

We don't have the model 224 in stock, but we can ship model 224-1 immediately.

이번에는 귀하를 채용할 수 없으나, 귀하의 이름을 파일에 계속 보관해 두겠습니다.

We are not able to hire you at this time, but we will keep your name on file.

향후에 구체적인 필요가 발생하면 연락드리겠습니다.

We will contact you if any specific needs arise in the future.

귀사는 신뢰할 만한 딜러이므로, 저희 마케팅부에 추천해 드릴 것입니다.

As your company is a reliable dealer, we will recommend it to our marketing department.

지금은 샘플을 보내 드릴 수 없을 것 같습니다. 저희 회사 홈페이지에 게시된 상품 세부 설명을 참고해 주세요.

I'm afraid we can't send any samples at the moment. Please look at the product details posted on our website.

정보 및 협조 요청

새로운 여행 일정이 필요해요. 제게 보내 주실 수 있나요?

I need a new itinerary. Could you send one to me?

러셀 프로젝트에 관한 추가 정보가 필요해요.

I need additional information on the Russell Project.

작년 프로젝트 매뉴얼이 필요합니다.

I need last year's project manual.

그것을 제게 보내 주시면 정말 감사하겠습니다.

I would appreciate it if you could send it to me.

필요하다면 추가 정보를 좀 요청하도록 하겠습니다.

If needed, we will be asking for some additional information.

자료를 내일까지 보내 주시면 감사하겠습니다.

I would appreciate it if you could send me the data by tomorrow.

귀사 상품에 대한 문의에 답해 주실 수 있는지 궁금합니다.

I was wondering if you could answer some questions about your product.

귀사의 서비스에 대해 한두 가지 말씀해 주실 수 있는지 궁금합니다.

I was wondering if you could tell me one or two things about your services.

현 상황에 대해 문의 드리고 싶습니다.

I would like to inquire about the current circumstances.

상품의 용도를 설명해 주세요.

Please explain the usage of the product.

귀사의 핵심 사업에 대해 자세하게 문의 드리고 싶습니다.

We would like to inquire about your core business in detail.

귀사의 주요 상품의 원산지를 설명해 주세요.

Please explain the origin of your key product.

이 부분을 명확히 해 주실 수 있겠습니까?

Could you clarify this part?

그것을 팩스로 보내 주실 수 있어요?

Could you fax it to us?

문건을 저희에게 팩스로 보내 주실 수 있을까요?

Could you fax the document to us, please?

그 서류를 최대한 빨리 받아야 합니다.

We need to receive the document as soon as possible.

협조해 주시면 대단히 감사하겠습니다.

Your cooperation will be greatly appreciated.

관심 가져 주시면 감사하겠습니다.

Your interest will be greatly appreciated.

서면 보고서를 보내 주세요.

Send us a written report, please.

미심쩍은 점이 있으면 알려 주세요.

Let us know if you suspect anything.

추가 정보를 요청하고 싶습니다.

I'd like to request additional information.

원본을 우편으로 제출하셔야겠습니다.

The original document should be submitted by mail.

자료 첨부

자료를 첨부합니다.

I am attaching a file.

파일이 열리지 않으면 알려 주세요.

Let me know if you cannot open the files.

사진 두 장을 보냈습니다. 열리지 않으면 알려 주세요.

I've attached two pictures. Please let me know if you can't open them.

PDF 파일을 첨부합니다.

I'm attaching PDF files.

요청하신 파일을 첨부합니다.

Attached is the file you requested.

첨부한 것은 저희의 최신 상품 카탈로그입니다.

Attached is our latest product catalog.

첨부 파일을 봐 주세요.

Please see the attached file.

첨부 파일을 전송해 드리겠습니다.

I will forward the attachment.

앞서 보낸 이메일에 파일을 첨부하는 것을 잊었습니다.

I forgot to attach the file in my previous email.

파일을 즉시 삭제해 주십시오.

Delete the file immediately.

인터넷에서 뷰어를 다운 받으세요.

Download a viewer from the Internet.

첨부된 신청서를 작성해 주세요.

Please fill out the attached application.

약도와 전화번호를 첨부하였습니다.

I attached a map and a telephone number.

연락처를 첨부해 주시길 바랍니다.

I'd like you to enclose your contact information.

공장으로 그 사진들을 보내는 것을 잊지 마십시오.

Please don't forget to send the pictures to the factory.

저희 본사에도 한 부 보내는 것을 잊지 마십시오.

Please don't forget to send a copy to our headquarters.

워드나 엑셀 양식으로 그 파일을 보내 주시겠습니까?

Would you please send me the file either in Word or Excel form?

스캔된 사진을 JPEG 파일 포맷으로 보내 주시겠습니까?

Could you email me the scanned pictures in JPEG file format?

회의에서 다뤄질 안건을 첨부해 주십시오.

Please kindly attach the topics that will be dealt with in the meeting.

보내 주신 파일의 본문을 읽을 수가 없습니다. 최신 버전의 워드 프로세싱 소프트웨어를 사용해서 파일을 다시 보내 주시겠습니까?

The texts are unreadable in the file you just sent. Would you please resend the file using the newest version of your word processing software?   *unreadable 읽을 수 없는

상품에 관한 추가 정보를 가지고 계시면, 첨부 파일로 저희에게 전송해 주시기 바랍니다.

If you have any additional information on your products, please forward it to us as an attached file.

파일을 마이크로소프트 워드 2004 포맷으로 보내 주시겠습니까? 제 소프트웨어로는 보내 주신 파일이 열리지 않습니다.

Would you please send the file in Microsoft Word 2004 format? My software cannot open the file you sent.

요청하신 정보를 첨부합니다.

I am attaching the information you've requested.

이전 메일에 첨부하는 것을 잊은 JPEG 파일들을 첨부합니다.

I am attaching the JPEG files that I forgot to attach in my previous email.

첨부해 주신 워드 파일을 열 수 없었습니다.

I have been unable to open the Word files you attached.

저희가 회의에서 논의한 모든 안건과 프로젝트 세부사항을 포함합니다.

It includes all the agenda and project details we discussed in the meeting.

모든 다른 참고 자료와 프레젠테이션 자료는 저희 웹사이트에서 다운로드하실 수 있습니다.

All other references and presentation materials can be downloaded from our website.

본 정보는 저희 웹사이트에서도 보실 수 있습니다.

This information is also available on our website.

다음 회의 내용

런칭 일정은 다음 회의 때 논의하는 것이 좋겠습니다.

We might as well discuss the launch schedule at the next conference.

다음 주 회의 때 나머지 대안에 대해 얘기하는 것이 좋겠습니다.

We may as well discuss the other alternatives in next week's meeting.

∗alternative 대안, 대체

분쟁 조정을 다음 회의 때 이어가는 것이 어떻습니까?

Why don't we carry on reconciling the dispute in the next meeting?

∗reconcile 조정하다, 화해하다

이전 회의에서 중단했던 부분부터 시작해 볼까요?

Why don't we start from where we left off in our previous meeting?

∗where we left off 그만둔 부분

여기에서 중단하고 다음 회의 때 여기부터 다시 시작합시다.

Let's leave it here and start from this point in the next meeting.

다음 회의 때 토론을 재개하는 것이 좋겠습니다.

Let's continue our discussion in the next meeting.

다음 전화회의는 한국 시간으로 지금으로부터 2주 후인 12월 7일 화요일 오전 9시에 하겠습니다.

We will hold our next teleconference two weeks from now at 9:00 a.m., Tuesday December 7th, Korean time.

회의 시간에 대한 세 가지 선택 사항이 있습니다.

We have three possibilities for the meeting time now.

Example

We have three possibilities for the meeting time now: 회의 시간에 대한 세 가지 선택 사항이 있습니다:

- Tuesday evening at the restaurant on the first floor of our building.   화요일 저녁 회사 건물 1층 레스토랑.

- Wednesday afternoon 12:00-2:00 p.m. in Conference Room 202.   수요일 오후 12시부터 2시까지 회의실 202호.

- Friday evening 7:00-9:00 p.m. at the President's residence.   금요일 저녁 7시부터 9시까지 사장님 자택.

모든 회의 내용은 극비로 해 주십시오.

All the contents of the meeting should be strictly confidential.

*confidential 비밀의, 기밀의

회의에서 논의한 것들은 비밀로 해 주세요.

Please keep the things discussed in the meeting to yourself.

*keep ~ to oneself ~을 비밀로 간직하다

회의는 우리끼리의 일로 해 주세요.

Please keep the meeting between you and me.

이 사항을 기밀로 지키시든 아니든 별 상관이 없을 것 같습니다.

I don't think it matters whether or not you keep this matter a secret.

걱정 마세요. 비밀로 해 두지요.

Don't worry. It's between ourselves.

보신 후에 즉시 모든 파일을 삭제하는 것을 잊지 마십시오.

Don't forget to delete every file immediately after viewing it.

마지막으로 가장 중요한 말씀을 드리자면, 모든 회의 내용은 극비로 해 주십시오.

Last but not least, all the contents of the meeting should be kept strictly confidential.

*last but not least 마지막으로 그렇지만 앞에 말한 것과 마찬가지로 중요한

마지막으로 가장 중요한 말씀을 드리자면, 읽으신 후에 이 파일을 삭제해 주십시오.

Last but not least, delete this file after reading it, please.

답장 및
피드백 요청

이 문의에 대해 신속히 답장을 주시면 대단히 감사하겠습니다.

Your prompt response to this inquiry would be highly appreciated.

제 제안에 대한 대안이 있으면 주저하지 마시고 알려 주십시오.

If you have some alternatives to my suggestions, feel free to let me know.

제 메시지를 직원들에게 전달해 주실 수 있으시다면 감사드리겠습니다.

If you could distribute my messages to your employees, I would be grateful.

확인하고 질문 있으시면 알려 주십시오.

Please check them and let me know if you have any questions.

다른 의견이 있으시면 알려 주십시오.

Please advise us if you have any other comments.

질문이 있으시면 알려 주십시오.

Please let us know if you have any questions.

마지막으로 가장 중요한 말씀을 드리자면, 결과를 가능한 빨리 알려 주십시오.

Last but not least, let me know the result as soon as you can.

기이 타메 문일 서및

3 업무 진행 파악

계약서 관련 사항

합의서에 좀 변경이 있어야 할 것 같습니다.

There should be some changes to the agreement.

저희 계약서의 2번 조항에 수정이 있어야겠습니다.

There should be some amendments to clause two of our contract.

*amendment 수정, 개정

현 계약에 약간 변경을 가해야 할 것 같습니다.

We may as well make some amendments to the existing contract.

양측의 요구를 충족시키기 위해 계약서 내용이 조금 변경되어야 할 것 같습니다.

I think the contract should be modified to fit the needs of both parties.

*modify 수정하다, 변경하다

변경하고 싶으시면 주저 말고 연락 주십시오.

Please do not hesitate to contact us if you want to make some changes.

다음 주쯤에 계약 내용을 좀 변경할까요?

Could we make some modifications to the contract sometime next week?

논의한 계약 조건을 재고해 볼 수 있을까요?

Would it be possible to reconsider the contract terms we discussed?

계약서에 마감일을 명확히 명시해 주십시오.

Please state the due date clearly in the contract.

프로젝트 마감일을 계약서에 명시해 주십시오.

Please state the deadline of the project in the contract.

총 지급액을 계약서에 명시해 주십시오.

Please state the total amount of payment in the contract.

계약서에 마감일을 꼭 넣도록 하세요.

Be sure to include the due date in the contract.

계약서 마지막 부분에 지불 날짜를 꼭 포함해 주세요.

Be sure to include the date of payment in the last section of the contract.

계약서에 마감일을 꼭 넣어 주시겠습니까?

Could you make sure to put the due date in the contract?

제안서에 사업 계획을 꼭 넣어 주시겠습니까?

Could you make sure you have your business plan in your proposal?

계약서에서 4번 조항을 확실히 삭제해 주시겠습니까?

Could you make sure you remove clause four of our contract?

2017년 7월 15일 전까지 대금이 지불되어야 한다고 명확히 해 주시겠습니까?

Would you please clarify that the payment should be made no later than July 15th, 2017? *clarify 명확하게 하다

'유지 관리 서비스는 처음 3개월간 무상으로 제공된다'는 조항을 계약서에 포함시키고 싶습니다.

We would like to include a clause in the contract stating that 'maintenance services should be provided free for the first three months.'

계약 SN2043 건의 지불에 관해서인데요, 지불 날짜를 추가해 주세요.

Regarding payment for the contract number SN2043, please add the payment due date.

계약서에 적힌 예외 사항을 신중히 고려해 보도록 하겠습니다.

Let me sleep on the exceptions made to the contract.

*sleep on ~에 대해 하룻밤 신중하게 검토를 거듭하여 결정하다

그 안건은 잠시 미뤄야 할 것 같군요.

We may have to give you a rain check on that item.

*give a rain check on ~을 연기하다

다음 달로 계약 일자를 연기하고 싶습니다.

We would like to postpone the date of our contract to next month.

이 답보상태를 벗어나 진행을 서두릅시다.

Let us please speed up the process and break this status-quo.

*status-quo 답보상태

계약서를 마무리 짓는 것이 좋겠군요. 빠를수록 좋아요.

We may as well settle the contract. The sooner, the better.

속도를 냅시다. 이 속도로 계약 단계가 지속되면 아무것도 안 될 겁니다.

Let's speed things up. If our contract process stays at this pace, it is going to go nowhere.

*go nowhere 아무 성과를 못 보다

자, 결정지읍시다. 아시다시피 더 좋은 조건은 없어요.

This is a deal. It couldn't be better, you know.

좋아요. 이것으로 결정을 내리지요. 더 좋은 조건은 없어요.

Okay, this ends our deal. This is as good as it gets.

좋습니다. 저는 그 조건에 만족합니다.

All right. I'm satisfied with the deal.

곰곰이 고려해 본 결과, 새로 계약을 체결하는 것보다는 지난번 계약을 갱신하는 것이 가능할지 궁금합니다.

After careful consideration, we wonder whether it would be possible to renew our previous contract, instead of making a new one.

계약서에 서명할 준비가 되었습니다.

We're ready to sign the contract.

저희는 계약을 마무리 짓는 데 전적으로 동의합니다.

We are all for finalizing the contract.   *be all for ~에 대찬성이다

숙고해 본 결과, 계약 내용을 받아들이기로 결정했습니다.

After careful consideration, we have decided to accept the contract.

진심으로 죄송합니다만, 제안하신 계약서의 그러한 요구사항을 받아들일 수가 없습니다.

I'm deeply sorry, but we cannot accept those requests you made in the proposed contract.

저희는 부분적으로 계약 조건을 받아들이고 싶습니다. 몇 개 조항은 약간 수정해야 할 것 같아요.

We'd like to partially accept the terms of contract. There are a few sections that need to be amended a bit.

계약 중이나 후에 양측이 그러한 변경이 이루어지는 데 대해 동의하면 약간의 변경 사항이 생길 수 있습니다.

There could be some changes to the contract during or after its signing if we both agree to such changes being made.

거래가 성사되어서 대단히 기뻐요.

We are so excited that a deal was reached.

귀사와 계약서를 체결하여 기쁩니다.

We are so excited to make a contract with you.

계약을 성사시켜서 정말 기쁩니다.

I'm so glad that we have reached a deal.
I'm so glad that we have made a contract.

저희가 계획했던 대로 정확히 계약을 맺게 되어 정말 기쁩니다.

I'm so glad that we have signed a contract exactly as we had planned.

이 계약이 잘 성사되어 다행입니다!

How nice it is to have this deal pan out well!

*pan out ~의 결과가 되다, 전개되다 (turn out)

네, 아쉽게도 이번엔 계약을 하지 못했으나, 지속적으로 귀사와 사업을 함께 하기를 고대합니다.

Well, unfortunately, it didn't work out this time, but we look forward to continuing doing business with you.

이번엔 계약을 성사시키지 못해서 아쉽군요. 다음에는 계약을 맺게 되겠지요.

Sorry we couldn't make it this time. We may sign a contract next time around.

인내심을 갖고 저희 답변을 기다려 주셔서 정말 감사합니다. 저희가 계약을 받아들이기로 결정한 사실을 알려 드리고자 합니다.

Thank you very much for your patience in waiting for our reply. We'd like to inform you of our decision to accept the contract.

이 계약이 양측에 이익을 가져다 줄 거라고 확신합니다.

I'm sure this contract will benefit both of us.

약 1억 달러의 계약을 성사시켜서 정말 기쁩니다.

I'm so glad that we clinched nearly $100 million in deals.

*clinch 성사시키다, 이루어 내다

저희 임원들은 계약서의 이러한 조건에 전적으로 동의합니다.

Our executives are all for these terms in the contract.

추가로 15%를 할인해 주실 수 있는지 궁금합니다.

I am wondering if you can give us an additional 15% discount.

저희 계약서에 몇 가지 조항을 더 추가할 수 있는지 궁금합니다.

I am wondering if we can add a few more clauses to our contract.

다음 달에 저희 계약서를 갱신할 수 있을까요?

Is it possible for us to renew our contract next month?

이메일로 몇 가지 조항을 변경하는 것이 가능할까요?

Is it possible for us to change some clauses by exchanging emails?

다음과 같은 추가 조항을 계약서에 포함하고 싶습니다:
"보증기간은 3년으로 한다."

We would like to include an additional clause in the contract stating the following:
"The warranty will be good for three years."

다음 사항을 추가하고 싶습니다:
"진행자를 위한 교육 기간은 3개월로 한다."

We would like to add the following:
"The training for operators will be for three months."

우리는 귀사의 상품을 유지관리 및 고장수리에 불필요한 시간을 낭비하는 일 없이 사용하기를 희망합니다.

We hope to use your products without unnecessary time wasted on maintenance and troubleshooting.

*troubleshooting 고장수리

이 새로운 조항으로 배송 부문의 시간과 비용을 절약할 수 있기를 바랍니다.

We hope this new clause will save us time and money in the area of shipping.

저희는 이 새로운 조항이 실시 단계에서 백만 달러 이상 절약하는 데 도움이 되기를 바랍니다.

We hope this new clause will help us save more than one million dollars in the implementation stage.

*implementation 실시, 실행

배송 관련 사항

다음 주까지 배달이 지연됨을 유감스럽게 생각합니다.

I regret that the delivery is postponed until next week.

일정보다 물품 발송이 몇 주 지연된다는 것을 알려 드리게 되어 유감입니다.

I am sorry to inform you that the forwarding of the items to you is a few weeks behind the schedule.

*forwarding 발송, 운송

기상 조건의 악화로 인해 발송이 일주일 정도 지연될 것 같습니다.

I am afraid that the shipment will be delayed for about a week due to bad weather conditions.

운송 조합의 파업으로 인해 화물의 출발이 무기한 지연될 것 같습니다.

I am afraid that the freight's departure will be delayed indefinitely due to the strike of the transport union.

선적을 일주일 앞당기면 지연이 발생하지 않을 것입니다.

If you could move up the shipment one week, we can be sure to eliminate any possible delays.

가능하면 빨리 상품을 매장에 넣고 싶군요. 배송 일자를 일주일 당겨 주시면 정말 감사드리겠습니다.

We want to get the product in stores as soon as possible. So if you could move up the shipping date by one week, we would be grateful.

지연으로 인해 생기는 불편에 대해 미리 사과드립니다.

I apologize in advance for any trouble caused by the delay.

유감입니다만, 발송의 장기 지연으로 주문 취소를 통보해 드립니다.

We are sorry to inform you of the cancellation of our order due to the extended shipping delay.

심각한 배송 지연으로 저희는 물건 주문을 취소하기로 결정하였습니다.

We have decided to cancel the product order because of the excessive delivery delay.

우리가 주문한 제품이 발송되었다는 통보를 받았습니다.

We were told our order has been shipped.

다음 주 월요일에 제품이 발송될 것이라고 통보 받았습니다.

We have been informed that the goods will be dispatched next Monday.

*dispatch 보내다, 발송하다

지난 월요일에 제품이 발송되었다고 통보 받았습니다.

We have been informed that the goods were dispatched last Monday.

상품이 10월 1일자로 발송되었다는 통보를 받았습니다.

We were told the parcel of goods was shipped on October 1st.

소포가 어제 발송되었다는 것을 통보 받았습니다.

We have been notified that the package was sent yesterday.

방금 전에 발송이 완료되었다는 것을 통보 받았습니다.

We have been notified that the shipment was sent a while ago.

요청하신 모든 물품이 첨부 영수증과 함께 발송되었다는 것을 통보 받았습니다.

We have been notified that every item you requested was mailed with an invoice attached.

지체 없이 발송해 드리도록 하겠습니다.

We will have it mailed right away.

최소한 10월 10일까지는 선적품이 도착할 것입니다.

The shipment will arrive at least by October 10th.

늦어도 1월 24일까지는 주문하신 장비가 발송될 것입니다.

The ordered equipment will be shipped by January 24th at the latest.

늦어도 6월 9일까지는 선적 물품을 받게 되실 겁니다.

You will be getting the shipment of goods no later than June 9th.

선적을 언제쯤 받아 볼 수 있을까요?

When do I expect to receive the shipment?

원하시면 주문을 변경할 수 있도록 귀사의 주문품을 발송하기 전에 다음 내용을 알려 드리는 바입니다.

I thought I should inform you of the following before we shipped your order to you, so that you can change your order if you want.

제시간에 물건을 보내 주셔서 감사합니다.

Thank you for shipping the products on time.

물품을 수령하시면 확인 이메일을 보내 주십시오.

Please send me a confirmation email when you receive the shipment.

확인 좀 하려고 하니, 화물이 도착하면 이메일을 보내 주십시오.

Just to be sure, email me when the shipment arrives.

저희가 보낸 상품을 받으시면 이메일로 알려 주십시오.

Let me know via email when you receive the items we sent.

10월 10일에 물건을 받았습니다.

We received the shipment on October 10th.

저희가 10월 10일에 받은 제품의 부품이 몇 개 빠져 있음을 알려 드립니다.

I want to inform you that the products we received on October 10th are missing some parts.

보내 주신 상품은 우리가 주문한 것이 아닙니다.

The product you sent is not what we ordered.

배송에 대한 100달러의 선불금을 지급해 주십시오.

Please make an advanced payment of 100 dollars for the shipping. ＊make an advanced payment (of 금액 for ~) ~에 관해 (얼마)를 선지급하다

물건을 받으신 후 나머지 배송비를 완납해 주세요.

Please pay us the rest of the shipping cost after you receive the product.

배송에 40달러의 할증이 붙습니다.

There is a surcharge of 40 dollars for shipping.

＊surcharge 추가요금, 할증금

운임에 추가요금 200달러가 붙었습니다.

An additional 200 dollars has been added for shipping.

저희가 대신 배송 보험금을 내 드렸습니다.

We paid the shipping insurance for you.

기타 문서 및
이메일

3 | 업무 진행 파악

다음 상품의 가장 좋은[낮은] 가격을 알려 주십시오.

Please quote us your best[lowest] prices for the
following products.

*quote 가격을 말하다, 견적을 내다

구입품에 대해 어떻게 지불하시겠습니까?

How would you like to pay for your purchase?

받으신 서비스에 대한 지불은 어떻게 하시겠습니까?

How would you like to make payment for the services
you received?

주문 대금은 어떻게 송금하시겠습니까?

How would you like to remit money for your order?

*remit money 돈을 부치다, 송금하다

지불 방법을 선택해 주시겠습니까?

Will you select your terms of payment?

*the terms of payment 지불 방법[조건]

지불 방법을 선택하고 원하는 최단 배송일을 알려 주시겠습니까?

Would you select a payment option and tell us the
earliest delivery date you would like?

선호하는 지불 방법을 알려 주십시오.

Please acquaint me with your preferred payment
method.

*acquaint 숙지시키다

화물 발송 전 총액의 30%, 그리고 물건 수령 후 나머지를 수령하는 2회 분할로 대금
을 지불해 주십시오.

Please pay them by[in] two installments: 30% of the
total before the shipment is sent and the rest after the
shipment is received.

*installment 할부금, 분할 불입

한신 은행의 제 계좌번호 123-4567-890으로 송금하여 주시기 바랍니다.

Please wire the money to my account, 123-4567-890 at
Hanshin Bank.

*wire 송금하다

송금을 원하시는 날짜와 함께 계좌 정보를 이메일로 보내 주시겠습니까?

Could you email me your bank account information
along with the date you wish the fee to be wired?

세금 공제 전의 총액입니다.

Here is the total before taxes.

대금 총액은 판매세 8%를 제하고 2백만 원입니다.

Your payment is two million won in total after 8% sales tax.

*sales tax 판매세

총액에서 수수료가 공제되었습니다.

The service charges have been deducted from the total.

최근에 수수료를 인상했습니다.

We have raised our service charges recently.

4퍼센트의 판매 수수료를 지불하셔야 합니다.

You need to pay four percent commission on the sale.

저희 서비스에는 할증료가 없습니다.

There is no extra[additional] charge for our service.

주문 번호 321에 대한 대금을 송금했습니다.

We remitted money for order number 321.

주문 번호 321에 대한 대금 420달러를 송금해 드렸습니다.

We have wired $420 for order number 321.

한국 시간으로 오후 2시에 주문 금액을 송금해 드렸습니다.

We wired the money for the order at 2:00 p.m. Korean time.

주문 번호 123에 대한 대금 560달러를 송금해 드렸습니다.

We have just wired the payment of $560 for order number 123.

제 주문에 대한 대금을 귀사의 계좌로 송금해 드렸습니다.

The remittance for my order has been wired to your account.

*remittance 송금액

Biz Tip

주어를 the remittance로 하여 전체 문장을 수동태로 쓰면 격식 있는 문어체로 표현할 수 있습니다.

주문 번호 426에 대한 대금이 귀사의 계좌로 송금되었습니다.

The remittance for order number 426 has been wired to your account.

귀하의 주문에 대한 대금이 수령되었습니다.

The remittance for your order has been received.

즉시 송금해 주시면 감사하겠습니다.

A prompt remittance would be appreciated.

50달러를 송금해 주시면 물건을 보내 드리겠습니다.

We will forward the goods on remittance of fifty dollars.

＊on remittance of ～을 송금해 주면, ～의 송금 확인 후

귀하께서는 대금 지불을 완료하셨는지 모르겠군요.

I was wondering if you have completed the payment.

귀하의 지불 기한이 많이 지났습니다.

Your account is long overdue.

＊overdue 기한이 지난

귀하는 현재 대금 미화 2천 달러가 15일째 연체 중입니다.

Your account is now 15 days overdue in the amount of US $2,000.

귀하께서는 현재 연체 중입니다.

Your account is now in arrears.

＊arrears (일·지불금의) 지체, 밀림, 연체금

귀하의 대금 지불 기한이 지났음을 알려 드립니다.

We'd like to remind you that payment on your account is past due.

수수료를 아직 지불하지 않으셨음을 알려 드립니다.

We'd like to remind you that the commission fee hasn't been paid.

새로운 지급 기일은 11월 2일입니다.

Now the new payment due date is November 2nd.

대부금 지불을 연체하는 일은 절대 없을 테니까 안심하십시오.

You can rest assured that I will never fall behind in my loan payments.

＊rest assured 안심하다

지불 기한을 연장해 주실 수 있습니까?

Would you please extend the payment due date?

방금 지불금 수령을 확인했습니다.

We have just now checked that the payment was received.

귀하의 지불이 정상적으로 완료된 것을 확인하였습니다.

We have checked and affirmed that your payment went through.

귀하의 지불이 정상적으로 완료되어 수령되었음을 확인해 드립니다.

I would like to inform you that your payment went through and has been received by us.

귀하의 지불 완료를 확인했습니다.

We have checked that your payment has been completed.

송장 번호 321에 대한 대금 수령을 이메일로 확인해 드립니다.

This email is to confirm the receipt of the payment for invoice No. 321.

이 지급 확인 서한을 보관해 주시기 바랍니다.

Please keep this payment confirmation letter for your records.

지불이 확인되는 즉시 물품을 보내 드리겠습니다.

We will ship you the goods immediately after we check that the payment has been made.

죄송합니다만, 저희의 온라인 뱅킹의 문제로 지금은 지불을 확인해 드릴 수 없습니다.

I'm sorry, but due to some online banking problems, we cannot check your payment at the moment.

25%의 서비스 요금은 미리 지급해 주셔야 합니다.

25% of the service fees should be paid in advance.

총 금액의 10%를 선지급해 주십시오.

Please prepay 10% of the total cost.

할증금으로 50달러의 선불금을 지급해 주십시오.

Please make an advance payment of 50 dollars for the surcharge.

특허권 사용료로 2천 달러의 선불금을 지급해 주십시오.
Please make an advance payment of 2,000 dollars for royalties.

문제 제기

저희가 직면하고 있는 문제에 대해 논의하는 것이 좋겠습니다.
We might as well talk about the problems we are facing.

배송 지연에 대해 먼저 논의하는 것이 좋겠습니다.
We may as well discuss the shipping delay first.

습관적인 발송 지연에 대해 얘기해 봅시다.
Let's discuss the habitual delays in shipping.

이 문제의 대안을 논의해 봅시다.
Let's discuss some alternatives to this issue.

불량품 문제에 대해 논의하고 싶습니다.
I would like to bring up the problem concerning inferior goods.

파손된 상품에 관한 문제에 대해 논의하고 싶습니다.
I would like to bring up the problem concerning damaged products.

문제가 무엇인지 바로 보고해 주시겠습니까?
Would you please report the problem to me immediately?
Would you please report the problem to me right away?

문제는 현 지출 수준이 예산을 초과한다는 것이지요.
The problem is that our current expenditures are over budget.

＊expenditure 비용, 지출, 경비

클레임 제기
및 대응

협상에도 불구하고, 피터슨 주식회사가 저희를 상대로 소송하기로 한 것을 알려 드리게 되어 유감입니다.
I am sorry to inform you that despite the negotiations, Peterson Inc. decided to file a lawsuit against us.

＊file a lawsuit 소송을 제기하다

나노 회사의 최근 법적 논쟁에 관해 보고해 드립니다.

I am informing you of the recent legal dispute with Nano Corporation.

가능한 빨리 무슨 문제인지 확인해서 알려 주세요.

Contact me ASAP when you find out what the problem is.

Biz Tip

ASAP(as soon as possible)는 '가능하면 빨리'라는 의미로 이메일로 급하게 무엇인가를 요구할 때 쓸 수 있습니다.

불량 제품의 원인이 무엇인지 확인해서 연락해 주세요.

Contact me when you find out what causes the faulty products.

문제가 무엇인지 즉시 알아야겠습니다.

I need to know what went wrong immediately.

문제가 악화되기 전에 무슨 일이 있었던 건지 바로 알아야겠습니다.

I need to know what happened straight away before the problem is aggravated.

＊aggravate 악화시키다

발송 번호 29930에 무슨 문제가 발생했는지 알아야겠습니다.

I need to know what went wrong with shipment number 29930.

발송 번호 42988을 추적해 주시겠습니까?

Would you please trace shipment number 42988?

＊trace (선적이나 상품 배송을) 조회[추적]하다

귀사 서비스에 불만이 있습니다.

We are unhappy with your service.

귀 상점에서 구입한 컴퓨터 소프트웨어에 불만이 있습니다.

I am discontented with the software I bought from your shop.

귀사 제품에 관해 불만사항이 있습니다.

We have some complaints regarding your product.

귀사의 서비스는 만족 이하입니다.

Your product is less than satisfactory.

＊less than satisfactory 만족 이하인

귀사 제품은 수준[평균] 이하입니다.

Your product is below the average.

귀사 제품이 제대로 작동이 되지 않습니다.

Your product is not working properly.

그 제품에 대한 서비스를 받고 싶습니다.

I would like to get it serviced.

귀사로부터 정식 사과를 원합니다.

I want a formal apology from your company.

실수로 불량품을 보내 드린 것에 대해 사과드립니다.

I apologize to you for mistakenly sending you a defective
product.

*defective product 불량품

귀하의 클레임을 빨리 처리해 드리겠습니다.

We are going to adjust your claim in no time.

저희에게 보내온 불량품은 되도록 빨리 반품하겠습니다.

We will return defective products sent to us as soon as
possible.

불량품은 즉시 저희에게 보내 주세요.

Please send us defective goods immediately.

결함이 발견되면 불량품은 즉시 회수될 것입니다.

Defective goods will be recalled immediately upon the
discovery of any defects.

다음의 회수된 불량품을 확인해 주시기 바랍니다.

Please check for the following defective products which
have been recalled.

귀하 부담으로 불량품을 반품시켜 주십시오. 배송비는 후에 변제해 드리겠습니다.

Please return the defective product at your cost. We will
reimburse you for shipping costs later.

*reimburse 배상하다, 변제하다

불편했던 상황에 대해 보상 받고 싶습니다.

I would like to be compensated for being inconvenienced.

*compensate 보상하다 | inconvenience 폐 끼치다

저희가 받은 귀사 서비스에 대해 몇 가지 불만사항이 있습니다.

We have some complaints to make regarding the service we received.

보내 주신 기술자에 관해 몇 가지 불만사항이 있습니다.

We have some complaints about the technician you sent us.

최근 마스터OP(상품모델 HC455)가 자동으로 작동이 되지 않음을 발견하였습니다.

We have recently found that Master OP(product model HC455) does not automatically operate.

선적해 주신 상품에 몇 가지 결함이 있음을 최근 발견하였습니다.

We have recently found that the products you shipped had a couple of defects.

귀사의 배송이 종종 지연되고 있음을 최근 알게 되었습니다.

We have recently realized that your deliveries are often delayed.

보험 청구를 하려면 누구에게 연락해야 하죠?

Who should I contact if I want to make an insurance claim?

교환 · 환불 · 수리 및 A/S 요청

귀사의 교환 정책을 알려 주세요.

Let me know about your exchange policy.

상품 수리를 어디에서 받아야 할지 알려 주세요.

Let me know where I can get the product repaired.

귀사의 수리 및 반품 정책에 관해 알고 싶습니다.

I would like to know about your repair and return policy.

상품 수리를 받으려면 어떻게 해야 하지요?

What should I do to have the product repaired?

환불을 원하시는 이유를 말씀해 주시겠습니까?

Would you please tell me the reason you want a refund?

그 상품들은 사이즈 12로 교환해 주시길 바랍니다.

I would like to get them exchanged for a size 12.

그 기계가 제대로 작동하지 않습니다.

The machine is not working properly.

장비의 몇 가지 부품에 걸림 증상이 보여 기계에 계속 주의를 기울여야 합니다.

Some parts in the equipment seem jammed, so the machine requires constant attention.

밤새 기계를 돌릴 경우 기계가 너무 뜨거워집니다.

The machine gets extremely hot when it is run overnight.

온도가 130도를 넘을 때마다 기계가 불안정해집니다.

The machine becomes unstable whenever the temperature goes above 130 degrees.

이 기계를 고칠 수 있는 분을 보내 주세요.

Please send us someone who can fix this equipment.

현장에 있는 모든 시스템을 점검할 수 있도록 기술자 세 명을 보내 주십시오.

Please send us three technicians to check all system in the site.

장비를 수리할지 혹은 교환할지에 관해 조언해 주십시오.

Please advise me whether to repair or replace the equipment.

똑같은 모델로 교환품을 보내 주십시오.

Please send us the same model for a replacement.

Chapter 4

공지 및 안내

🔊 04-4.mp3

**이메일 주소
및 답장 안내**

아래의 주소로 답장해 주세요.
Please reply to the following address.

답장은 이메일 주소 두 곳으로 모두 보내 주시겠습니까?
Could you send your reply to both addresses?

이메일을 이 이메일 주소로 보내 주시겠습니까?
Can you send your email to this email address, please?

이메일을 보냈는데 되돌아왔어요.
I sent you an email, but it was returned.

답장을 모두에게 보내 주세요.
Please reply to all.

'함께 받는 이'로 이메일을 보내 드렸어요.
I cc'd you.   *cc 참조로 넣다, 함께 받는 이로 넣다(carbon copy의 줄임말)

저한테 이메일을 전송해 주세요.
Forward the email to me.

저희에게 연락하실 일이 있으면, 이 이메일에 답장하세요.
If you need to contact us, simply reply to this message.

새로 바뀐 제 이메일 주소입니다.
Here's my new email address.

기존 이메일 계정은 폐쇄할 것입니다.
I am closing my previous email account.

존재하지 않는 이메일 주소입니다.
The email address does not exist.

수신자의 받은 편지함의 용량이 초과되었습니다.
The recipient's mailbox exceeded its quota.

*recipient 받는 사람, 수취인 | quota 할당, 몫

부재 알리기 및 자동 회신

5월 10일까지는 이메일을 체크할 수 없습니다.

Away from my email until May 10th.

이것은 부재중 자동 회신입니다.

This is an out-of-office automatic reply.

본 메일은 자동 회신입니다. 답장하지 마십시오.

This is an automated response. Please do not reply.

본 메일은 자동 회신입니다. 저는 5월 4일까지 휴가입니다. 보내신 메시지는 그 후에 읽겠습니다.

This is an automated reply. I'm on vacation until May 4th, and will read your message then.

내일은 휴가라서 제 핸드폰으로만 연락될 것입니다.

I take tomorrow off, so you can only reach me on my cell.

저는 다음 주에 휴가라서 상담 업무가 가능하지 않습니다.

I take next week off, so I won't be available for consultation.

저는 6월 20일부터 7월 2일까지 휴가입니다.

I am on vacation from June 20th till July 2nd.

저는 지금 출장 중입니다.

I am on a business trip.

저희는 2일 간의 부산 출장 후 다음 주 수요일에 회사로 돌아옵니다.

We will be back in the office next Wednesday after a two-day business trip to Busan.

25일과 26일에 저희 홍보부에는 최소 인원만 근무합니다.

On the 25th and 26th, a skeleton crew will be working in our public relations department.   *skeleton crew 최소한도의 인원

휴가 기간 동안 이메일을 확인할 수 없음을 이해해 주십시오.

Please understand that I will not be able to check my email during the holidays.

회의 후에 연락드리겠습니다.

I will keep in touch with you after the meeting.

가능한 빨리 연락드리겠습니다.

I will get in touch with you ASAP.

돌아오는 대로 연락드리겠습니다.

I will contact you upon my return.

결론이 나면 바로 연락드리겠습니다.

I will contact you upon arriving at a conclusion.

긴급한 문제를 처리한 후에 연락드리겠습니다.

I will contact you upon taking care of the most urgent problem.

휴가 후 업무 재개시 전화를 드리겠습니다.

I will give you a call when I resume working after my vacation.

모든 담당자가 회사에 돌아올 때까지 기다리셔야 할 것 같습니다.

I'm afraid that you may have to wait until all our representatives are back in the office.

고객님의 요청 사항은 현재 처리 중입니다.

Your request is being processed.

덜 중요한 업무부터 끝내시고 저에게 나중에 보고해 주세요.

Please do away with less important tasks and report to me later.

휴일 전에 그 업무를 마쳐야 해요.

We need to get it done before the holidays.

다음 주에 휴가여서 제게 이메일로만 연락이 가능합니다.

I have a break next week, so you can reach me only via email.

앞으로 2주간 휴가를 갈 것이므로, 2주 후에 연락 주세요.

I will take some rest the next two weeks, so please reach me in two weeks.

다음 주는 휴가로 근무하지 않습니다.

I won't be available next week as I'll be on vacation.

저는 9월부터 일년간 안식년에 들어가며, 이 기간 동안은 이메일로만 연락이 가능합니다.

I will be on a year-long sabbatical beginning in September, so you can reach me only via email during that time.

*sabbatical 안식 기간

제가 이달 말에 휴가를 갈 계획이므로, 회의는 그 전에 일정을 잡아야 합니다.

I will have some time off at the end of this month, so the meeting should be arranged before that.

저는 10월 4일까지 자리를 비웁니다.

I will be out of town until October 4th.

저는 7월 10일에서 15일까지 휴가입니다.

I will be on vacation from July 10th to July 15th.

개인적인 문제로, 저는 다음 주 7월 22일부터 일주일 동안 사무실에 나올 수가 없습니다.

Due to a personal matter, I will not be able to come to the office during the week starting July 22nd.

휴가로 저는 6월 23일부터 6월 30일까지 근무하지 않습니다.

Due to my vacation, I will not be in the office from June 23rd to June 30th.

출산 휴가로 저는 10월 13일부터 12월 30일까지 근무하지 않습니다.

Due to my maternity leave, I will not be available from October 13th to December 30th.

돌아오는 대로 연락을 드리겠습니다.

I will call you as soon as I return.
I will be in touch with you upon my return.
I will be in touch with you as soon as possible when I return.

돌아와서 이메일을 읽어 보겠습니다.

I will read your email when I get back.

저는 지금 부재중입니다.

I am out of the office.

연락하실 일이 있으면 음성 메시지를 남겨 주세요.

If you need to reach me, please leave a message on my voice mail.

저희 사무실은 신년 연휴 동안 문을 닫습니다.

Our office will be closed during the New Year's holidays.

저희 사무실은 수리로 인해 다음 주 월요일부터 금요일까지 문을 닫습니다.

Our office will be closed for renovations from Monday to Friday of next week.

여름 휴가 기간 동안에는 제가 이메일을 체크할 수 없습니다.

During my summer vacation, I will not be able to check my email.

일일이 답변해 드리기는 어려울 수 있음을 알려 드립니다.

We would like to inform you that we cannot guarantee a personal response.

급한 업무는 031-9015-0243으로 전화해 주십시오.

Please reach us at 031-9015-0243 for an emergency.

긴급한 경우에는 333-4444로 전화해 주십시오.

Please call us at 333-4444 in case of an emergency.

급한 서비스가 필요하시면 고객 서비스 센터에 전화해 주세요.

If you need immediate service, call our customer service center.

급한 일로 상담을 원하시면 저희 제휴사 456-7777로 전화해 주세요.

If you have an urgent issue to discuss, please call our associate company at 456-7777.

*associate company 제휴회사, 관계회사

긴급한 전화는 제 비서에게 연결될 것입니다.

Urgent calls will be directed to my secretary.

제 비서 제닛 우가 급한 전화를 받아 줄 것입니다.

My secretary, Jenet Wu will take any urgent calls.

급한 용무는 제 비서, 마이클 고든 씨에게 보내 주세요.

Please refer any urgent issue to my assistant, Michael Gorden.

급한 일로 연락하실 일이 생기면, 대신 제 동료 제니 박에게 234-5678로 전화해 주십시오.

If you need to contact me for an urgent issue, please call my colleague Jenny Park instead at 234-5678.

급한 용무는 제 개인 이메일 주소 erinjoe@korea.com으로 이메일을 보내 주세요.

Please email me at my personal email address, erinjoe@korea.com for urgent issues.

긴급 사항이 발생한 경우 제 개인 이메일 주소인 erinpark@hotmail.com으로 이메일을 보내 주십시오.

Please email me at my personal email address, erinpark@hotmail.com in the case of an emergency.

PMP 프로젝트에 관한 최신 정보를 그녀에게 전했기 때문에, 특별히 지연되는 일은 없을 것입니다.

I have updated her on the PMP project, so there shouldn't be any delays.

이메일을 읽고 답변하는 것은 가능하니 필요한 경우 주저하지 말고 이메일을 보내주시기 바랍니다.

I will be able to read and answer my email, so please don't hesitate to write me if needed.

저는 8월 1일에 돌아옵니다.

I will be back on August 1.

이직 통보 및 후임자 소개

저는 뉴욕 사무소로 전근 가게 되었습니다.

I am going to be transferred to our New York Office.

제 후임자는 아이린 박 씨입니다.

My replacement will be Ms. Irene Park.   *replacement 후임자

그 동안의 지원과 협력에 감사드립니다.

Thank you for your support and cooperation.

저는 이번 달로 정년 퇴임하게 되었습니다.

I'm going to be retiring this month.

저는 다음 주에 퇴임하게 됩니다.

I will step down next week.

*step down 사직하다, 은퇴하다

여러분 모두와 계속해서 연락했으면 합니다.

I hope to stay in touch with all of you.

제 후임자인 미스터 김이 일을 잘 맡아 할 거라고 믿습니다.

I hope my replacement Mr. Kim will do a great job.

제 환송 파티에서 모두 뵙기를 바랍니다.

I hope to meet you all at my farewell party.

새로 오게 될 관리자를 잘 지원해 주시길 바랍니다.

I hope you support the new manager well.

로빈스 씨는 8월 31일자로 런던으로 떠나십니다.

Mr. Robins is leaving for London on August 31st.

행운을 빕니다.

We wish you all the best.
We wish you good luck.

그분께서 성공하시길 빕니다.

We wish him great success in his career.

저는 3월 30일에 퇴임하게 됩니다.

I will be retiring on March 30th.

여러분에게 신임 CEO를 소개해 드립니다.

I'd like to introduce our new CEO to you.

제 후임자 케이트 목 씨를 소개합니다.

Let me introduce my replacement Kate Mok.

어떤 도전이 기다리고 있을지 기대가 됩니다.

I am looking forward to the challenge.

나중에 저의 새 연락처를 알려 드리겠습니다.

I will give you my new contact number later.

그분은 이 일에 뛰어난 적임자입니다.

He is highly qualified for the position.

*qualified 자격 있는, 적임의

여러분의 지원이 없었다면 회사가 여기까지 올 수 없었을 것입니다.

Without your help, it would have been impossible to come as far as we have.

여러분의 훌륭한 충고와 지도는 회사가 오늘날과 같이 발전하는 데 도움이 되었습니다.

Your excellent advice and guidance have been instrumental in making the company what it is today.

*instrumental 주된 역할을 하는, 중요한

제 후임인 빌리 돌은 PCR의 가장 뛰어난 회계사 중 한 분입니다.

My replacement, Billy Dole, is one of the best accountants at PCR.

공지하기

회사 연례 워크숍 기간이 왔습니다!

It's time for our annual company workshop!

연례 야유회의 계절이 돌아왔습니다.

It's time for our annual picnic.

제가 재배치될 때가 되었습니다.

It's time for me to be relocated.

저희 회사는 6시그마 세미나를 주최할 예정입니다.

Our company will be hosting a seminar on Six Sigma.

회의는 2015년 9월 12일 임페리얼 호텔에서 열리게 됩니다.

The meeting will be held at the Imperial Hotel on September 12th, 2015.

저희 야유회는 원주 리조트에서 2016년 5월 2일부터 5월 8일까지 열립니다.

Our picnic will be held in Wonju Resort from May 2nd to May 8th, 2016.

지난달부터 사내가 금연 환경이 되었습니다.

Our workplace became smoke-free last month.

신상품 런칭은 영업부에서 맡고 있습니다.

The Sales Department is in charge of the new product launch.

*be in charge of ~을 담당하다

기획부에서 그 회의를 담당할 것입니다.

The Planning Department will be in charge of the meeting.

지점장들이 회의를 준비할 예정입니다.

Our branch managers will arrange the meeting.

우리 회사는 성탄절에 3일간 문을 닫습니다.

Our office will be closed for three days for Christmas.

건물 수리를 위해 저희 사무실이 7일간 문을 닫습니다.

Our office will be closed for seven days for renovations to the building.

저희는 건물 수리로 인해 3일 연속 영업을 하지 않습니다.

We won't be open for three consecutive days due to the renovations in our building.

*consecutive 연속되는, 연속적인

노조 파업으로 2일간 계속 영업을 하지 않습니다.

We won't be open for two consecutive days due to a labor strike.

*labor strike 노사 분규, 파업

긴 주말 뒤 다음 주 월요일에 영업을 재개합니다.

We will resume operations next Monday after a long weekend.

초대 및 회답

귀하를 파티에 초대합니다.

You are invited to a party.

저희 신년 파티에 여러분을 초대합니다.

You are invited to our New Year's party.

GX 테크놀로지 회사는 20주년 파티에 여러분을 초대합니다.

GX Technology invites you to our 20th anniversary party.

워크숍에 참가하세요.

Come join us for a workshop.

저희 팟럭 파티에 참석하세요.

Come join us at our potluck party.

*potluck party 각자 음식을 가지고 와서 나눠 먹는 식사 모임

바비큐 파티에 오세요!

Come join us for a BBQ!

참석 여부를 11월 20일까지 알려 주세요.

Please respond by November 20th.

회답 바람

RSVP

*RSVP (프랑스어) Répondez síl vous plait.(Reply, please.)

달력에 그날을 표시해 두세요.

Mark your calendar.

함께해 주시면 감사하겠습니다.

The pleasure of your company is requested.

*company 함께 함, 참석

7월 3일 오후 6시에 있을 그분의 환영회에 여러분도 함께 해 주시기 바랍니다.

The pleasure of your company is requested at a reception in her honor on July 3rd at 6:00 p.m.

내일 저녁 인터콘티넨탈 호텔에서 열리는 디너 파티에 여러분 모두를 초대합니다.

Everyone is invited to the dinner party at the Inter-Continental Hotel tomorrow night.

피로연이 바로 준비되어 있습니다.

Reception immediately following.

포레스트 씨의 송별회에 초대합니다.

You are invited to Mr. Forest's going-away party.

11월 22일 토요일 오후 2시에 있을 제니 테레사 씨의 송별회에 초대합니다.

You are invited to Jenny Teresa's going-away party on Saturday, November 22nd at 2:00 p.m.

초대해 주셔서 감사합니다.

Thank you for the invitation.

결혼식에 참석하겠습니다.

I will attend the wedding.

기꺼이 파티에 참석하겠습니다.

It would be my pleasure to attend your party.

귀사의 창립 10주년 기념 파티 초대에 기쁘게 응하겠습니다.

We are delighted to accept your invitation to the 10th anniversary party of your company.

당신의 크리스마스 파티에 꼭 참석하겠습니다.

I will definitely attend your Christmas party.

죄송합니다만, 참석할 수 없을 것 같습니다.

I'm afraid I cannot make it.

초대는 감사하나, 참석할 수 없을 것 같습니다.

Thank you for inviting me, but I'm afraid I cannot make it.

미안하지만, 초대를 거절해야겠습니다.

I'm sorry, but I'm going to have to turn down your invitation.

안타깝게도, 파티에 참석할 수 없습니다.

Unfortunately, I will not be able to attend the party.

Chapter 5

감사·축하·사과 및 개인 메시지

04-5.mp3

감사의 말

시간 내서 제 질문에 답해 주셔서 감사드립니다.

I thank you for your time answering my questions.

귀사의 관심과 자발적인 협조에 감사드립니다.

I appreciate your interest and willing cooperation.

＊willing 자발적인, 기꺼이 하는

신속하게 답변을 해 주시면 감사하겠습니다.

We would appreciate your prompt reply.

도와주시는 것에 대해 미리 감사드리겠습니다.

Thank you in advance for your help.

성원해 주셔서 정말 감사드립니다.

I feel blessed to have your support.

도와주셔서 감사합니다.

Thank you for your help.
Thank you for helping me out.

당신의 도움에 감사합니다.

I'm grateful for your help.

파티에 초대해 주셔서 감사합니다.

Thank you for the invitation to your party.

저와 가족들을 초청해 주셔서 감사합니다.

Thank you for inviting me and my family.

저를 초대해 주셔서 감사합니다.

Thank you for having me.

선물 감사합니다.

Thank you for your gift.

도와주셔서 정말로 감사했습니다.

It's very nice of you to help me.

그렇게 해 주시다니 정말로 사려가 깊으시군요.

It is really thoughtful of you to do that.

파티에 와 주신 모든 분들께 꼭 감사드리고 싶었습니다.

I just wanted to thank everyone for coming out to the party.

오늘 이 자리에 참석하기 위해 시간을 내 주신 여러분께 감사드립니다.

I appreciate you taking the time to be here with us.

파티에 가지고 오신 와인에 대해 감사드리고 싶습니다.

I wanted to thank you for the wine you brought to the party.

위로의 말씀에 대해 깊이 감사드립니다.

Many thanks for your kind expression of sympathy.

당신의 따뜻한 격려와 위로의 말씀에 감사드립니다.

Thank you so much for your kind words and condolences.

*condolence 애도, 위로

친절한 말씀 감사합니다.

I am so grateful for your kind words.

방문 기간 동안 즐거웠습니다.

I had a good time during my visit.

당신과 함께 일할 수 있어서 즐거웠습니다.

I have enjoyed being able to work with you.

해 주신 모든 일들에 대해 감사드립니다.

Thank you for everything you have done for me.

독일에서 보냈던 시간은 늘 소중히 간직하겠습니다.

I will always cherish my time in Germany.

*cherish 소중히 여기다, 간직하다

안내해 주셔서 감사합니다.

Thank you for showing us around.

저희에게 베풀어 주신 환대에 감사드립니다.

Thank you for the warm hospitality you extended to us.

*hospitality 환대, 후대

저희 상품에 관심을 가져 주셔서 감사합니다.

Thank you for having an interest in our products.

귀사의 공장 안내를 해 주신 데 대해 꼭 감사를 드리고 싶었습니다.

I just wanted to thank you for the very informative tour of your plant.

*informative 유익한, 유익한 정보를 주는

웹스터 프로젝트에 관한 제안서에 감사드립니다.

We thank you for your proposal for the Webster Project.

귀하의 아낌없는 지원에 감사드립니다.

Thank you for your generous assistance.

저희는 항상 파트너십에 감사드립니다.

We always appreciate our partnership.

제가 부친상을 당했을 때 애도의 뜻을 전해 주신 데 대해 감사드립니다.

I thank you for your expression of sympathy upon the death of my father.

축하의 말

이 거래를 달성하신 것을 축하합니다!

Congratulations on accomplishing this deal!

승진 축하드립니다!

Congratulations on your promotion!

결혼 축하드립니다!

Congratulations on your marriage!

결혼 축하드리며, 두 분의 행복을 빕니다.

Congratulations and best wishes to both of you on your wedding day.

득남하신 것을 축하해요.

Congratulations on your new son.

훌륭해요!

Wonderful!
Good job!
Splendid!

Oh, nice!

당신은 그럴 만한 자격이 있습니다.
You deserve it.

정말 큰 일을 해내셨군요.
You have come a long way.

모든 일이 잘 되길 바랍니다.
I hope everything will come out all right.

과찬의 말씀입니다.
I'm flattered.
This is very flattering.
You are flattering me.
You praise me so much.
Don't make me blush.
You make me blush.

*flatter 아첨하다 | blush 얼굴을 붉히다

정말 축하합니다.
I am so happy for you.

정말 좋으시겠어요.
You must be very happy.

즐거운 생일을 보내셨기를 바랍니다.
I hope you had a great birthday.

귀하의 멋진 미래를 기원합니다.
We wish you a wonderful future.

기념일을 축하드립니다!
Happy anniversary!

(결혼, 창립) 4주년을 축하드립니다!
Happy 4th anniversary!

8주년을 맞이하신 것을 축하합니다!
Congratulations on your 8th anniversary!

파커스 회사 창립 9주년을 우리 모두 축하합시다!
Happy 9th anniversary to all of us at Parkers Corporation!

위로의 말

참 안됐네요.

I'm so sorry to hear that.

감기가 심하시다니 안타깝네요.

I am so sorry to hear that you have a bad cold.

귀하의 부서가 폐쇄될 것이라는 소식을 접하고 무척 안타깝게 생각하고 있습니다.

We are saddened to learn that your department is going to be closed.

*sadden 슬프게 하다

그 소식을 듣고 깜짝 놀랐습니다.

We were shocked to hear the news.

우리가 도울 수 있는 일이 있으면 연락해 주십시오.

If there is anything we can do to help, please contact us.

이제는 그분이 안 계신다는 생각에 슬퍼집니다.

We are saddened at the idea of his absence.

이 회사에 눈에 띄는 기여를 한 그분은 오랫동안 기억될 것입니다.

She will long be remembered for her distinguished contribution to this company.

*distinguished 눈에 띄는, 뚜렷한 | contribution 공헌, 기여, 기부

힘든 일을 겪고 계시다고 들었습니다.

I heard you are going through a tough time.

어서 쾌차하시길 바랍니다.

We hope you will get well soon.

공장에 홍수가 났다는 안 좋은 뉴스를 듣고 많이 걱정했습니다.

We are devastated to hear the terrible news about the flood at your facility.

다시 회복하셔서 곧 수주를 재개하기를 바랍니다.

We hope to resume receiving orders as soon as you rebuild.

위로의 말씀을 드립니다.

Our condolences are with you.

힘든 일을 겪고 있다니 유감이에요.

I am sorry that you are having a rough time.

깊은 애도의 뜻을 표합니다.

We want to express our heartfelt sympathy.

저희 회사 창업자 벤슨 씨가 돌아가셨습니다.

The founder of our company, Mr. Benson, has passed away.

애도의 뜻을 표합니다.

Please accept our heartfelt condolences.

*condolence 조의, 애도

삼가 고인의 명복을 빕니다.

We would like to offer our deepest condolences on his passing.

고인의 명복을 빕니다.

I'm sorry for your loss.

귀하와 가족에게 진심 어린 애도를 표합니다.

I would like to express my sincere condolences to you and your family.

당신 가족에게 저의 애도의 뜻을 전합니다.

I extend my sympathy to your family.

신년 인사

행복한 연휴 보내세요!

I wish you a very happy holiday season!

여러분 모두 행복한 크리스마스를 보내시기 바랍니다!

I just wanted to wish all of you a Merry Christmas!

즐거운 크리스마스와 행복한 새해를 맞이하시기 바랍니다.

We wish you a Merry Christmas and a Happy New Year.

새해 복 많이 받으세요!

Best wishes for the New Year!

다사다난한 한 해였습니다!

It has been another eventful year!

오늘 하루 원하는 대로 즐겁게 보내시길 바랍니다.

We hope your day is all that you hope it will be.

새해 인사 드립니다!

New Year's Greetings!

결실 있는 한 해였지요!

It has been another fruitful year!

사과 및 변명

메시지가 너무 늦어서 죄송합니다.

I'm sorry this is so late.

늦었지만 생일을 축하드립니다!

I wish you a belated happy birthday!　　　　　*belated 늦은, 지연된

이로 인해 본의 아니게 폐를 끼칠 수 있어서 사과 말씀 드립니다.

Please accept my apologies for any inconvenience this may cause.

불편을 끼쳐 드려 죄송합니다.

Sorry about any inconvenience.

문제에 대한 해결책을 늦게 드린 것에 대한 사과를 받아 주시길 바랍니다.

Please accept our apologies for the late solution to the problem.

혼란을 초래한 것에 대한 사과를 받아 주시길 바랍니다.

Please accept our apologies for the confusion.

번거롭게 해 드려서 죄송합니다.

I am sorry to have bothered you.

안타깝군요.

I am sorry to hear that.

그것 참 유감입니다.

I'm very sorry to hear that.

좀더 일찍 귀하의 주문을 확인하지 못한 것에 대해 사과드립니다.

I apologize for not being able to confirm your order sooner.

저희의 입장을 분명히 밝히지 못한 것에 대해 사과드립니다.

I apologize for having made our position unclear.

저희의 늦은 답변으로 지연될 수 있을지 모르나, 이를 최소화하기 위해 최선을 다하겠습니다.

Our late reply may cause some delays, but we will do our best to minimize these.

저희의 늦은 답변으로 더 이상의 지연이 생기지 않도록 하겠습니다.

We will make sure our late reply won't cause any further delay.

저희의 늦은 답변으로 지연이 생겼으므로 그 일은 신속히 처리해 드리겠습니다.

We will speed up the work since our late reply has caused a delay.

저희의 상황을 이해해 주신다면 감사하겠습니다.

It would be appreciated if you would understand our situation.

저희의 늦은 답변이 불편을 끼쳐 드렸나요? 그렇다면 정말 죄송합니다.

Did our late reply cause any inconvenience? If so, we are deeply sorry.

저희의 늦은 답변이 어려움을 끼쳐 드리지 않았기를 바랍니다.

I hope our late reply hasn't caused any difficulties.

저희 현지 공장에 작은 사고가 있었습니다.

We have experienced a small accident in our local factory.

결정하기가 참으로 어려워서 좀더 일찍 이메일을 보내지 못했습니다.

It was so difficult to make a decision that I could not email you earlier.

귀사의 제안서를 검토하는 데 시간이 많이 걸려서 어제 답을 드리지 못했습니다.

It took so much time to examine your proposal that I couldn't answer you yesterday.

근래에 일이 너무 많아서 꼼짝 못 하고 있습니다.

I have been bogged down with so much work these days.

Biz Tip

be bogged down with는 '~으로[에 빠져] 꼼짝 못하게 되다'라는 의미로 very very busy의 의미를 원어민이 구사하는 세련된 표현으로 나타내고 싶을 때 사용합니다.

최근 몇 개의 프로젝트로 꼼짝 못 하고 있습니다.

I have been bogged down with a few projects these days.

그 동안 내년 신규사업 계획으로 정말 바빴습니다.

Recently I have been swamped with the new business plans for next year.   *be swamped with ~으로 꼼짝달싹 못하다, 일이 너무 바쁘다

말씀하시는 것을 이해하지만, 저희도 굉장히 바쁘니 업무를 빨리 처리해 주셨으면 합니다.

I understand what you're saying, but please speed up the work because we're in a hurry, too.

죄송합니다만, 계속 마감일을 지연하시면 더 이상 함께 일하기 힘들 것 같습니다.

I'm sorry, but if you keep delaying the deadline, we won't be able to work together in the future.

지연된 것에 대해 사과드립니다.

I apologize for the delay.

양해를 부탁드립니다.

I hope you understand.

계획 변경에 대해 미리 이메일로 알려 드리지 못했습니다.

I couldn't send you an email sooner to let you know about the change of plans.

마지막 순간에 변경되어서 미안합니다.

Sorry about the last-minute change.

직접 뵙고 말씀드리지 못해서 죄송합니다.

I'm sorry I couldn't tell you this in person.

*in person 직접, 몸소

면목이 없습니다.

I have no excuse.

회의를 잊어버려서 면목 없습니다.

I have no excuse for forgetting about the meeting.

당신 생일을 잊어버려서 정말 면목이 없어요.

I have no good excuse for forgetting about your birthday.

정말 죄송합니다.

I feel terrible.

실수를 해서 정말 죄송합니다.

I feel terrible about the mistake.

실수는 제가 했는데 당신이 질책을 받다니 몸둘 바를 모르겠네요.

I feel horrible that you got reprimanded for my mistake.

*reprimand 질책하다, 견책하다

제 사과를 받아 주십시오.

Please accept my apology.

죄송하지만, 오늘 결근해야겠습니다.

I'm sorry, but I can't come in to work.

정말 죄송하지만, 오늘 출근을 못 할 것 같습니다.

I'm really sorry, but I don't think I can come in to work today.

죄송하지만, 오늘 지각할 것 같습니다.

I'm sorry I'll be in late today.

(오늘) 약속을 못 지켜서 죄송합니다.

I'm sorry I missed our appointment (today).

약속 못 지켜서 미안합니다.

I'm sorry I cannot keep our appointment.

죄송하지만, 집에 일이 있어서요.

I am sorry, but I have a family matter to take care of.

이메일을 잘못 전송했습니다.

I forwarded the email to you by mistake.

이메일을 실수로 엉뚱한 사람에게 잘못 전송했어요.

I forwarded the email to the wrong person by mistake.

당신 이메일을 실수로 삭제했어요!

I deleted your email by mistake!

Chapter 6

이메일 마치기

수신 확인 및 회신 요청

연락 기다리고 있겠습니다.

I look forward to hearing from you.

답장 주세요.

Get back to me, please.

이 문제에 대해서 답장을 주시겠습니까?

Could you get back to me on this?

이 문제에 대해 보충해서 답장을 주시겠습니까?

Could you follow up on this?

이 문제와 관련해서 회신 좀 주시겠습니까?

Can you please get back to me on this matter?

이 문제에 대해서는 제가 답신을 드리겠습니다.

Let me get back to you on this.

이 사업 제안서에 대해 보충 이메일을 계속 보내 주시겠어요?

Could you follow up on this business proposal?

이 이메일을 받으시면 저에게 알려 주세요.

Let me know you received this email.

제가 지난주 월요일에 보낸 메일이 귀하께 도착했는지 궁금합니다.

I wonder if the email I sent you last Monday ever reached you.

귀하의 신청서를 살펴본 후 다시 연락 드리겠습니다.

I will get back to you after going over your application.

귀하께서 보내 주신 이력서를 살펴본 후 다시 연락 드리겠습니다.

I will get back to you after reviewing the résumé you sent me.

먼저 보내 주신 카탈로그를 살펴봐야 하므로, 그 후에 연락을 드리겠습니다.

I need to examine the catalog you sent me first, and then I will contact you.

먼저 보내 주신 포트폴리오를 검토한 후에 연락을 드리겠습니다.

I need to review the portfolio you sent me first, and then I will get in touch with you.

귀하께서 팩스로 보내 주신 사업 계획서를 아직 면밀히 검토 중입니다. 곧 연락드리겠습니다.

I am still carefully considering the business plan you faxed me, so I will contact you soon.
The business plan you faxed me is still under consideration, so I will contact you soon.

귀하께서 이메일로 보내 주신 파일을 아직 검토 중입니다. 곧 연락드리겠습니다.

I am still evaluating the file you emailed me, so I will contact you soon.

귀하께서 보내 주신 파일은 아직 검토 중입니다. 평가가 완료되는 대로 이메일을 보내 드리겠습니다.

The file you sent me is still under evaluation, so I will email you as soon as I have finished my evaluation.

*evaluation 평가, 사정

서류를 검토하는 데 며칠이 걸립니다.

It will take a few days to go over the document.

죄송합니다만, 귀하의 신청에 대한 승인은 아직 미정입니다.

I'm sorry, but approval of your application is still pending.

*pend 미결인 채로 두다, 결정을 미루다

그 건을 확인하기 위한 몇 가지 자료가 더 필요하다는 것을 알았습니다.

We found there are a few more documents required to verify the case.

맺음말

잘 지내시기 바랍니다.

I hope all is going well.

박 선생님께 안부 전해 주세요.

Give my best regards to Mr. Park.

프로젝트가 잘 되길 바랍니다.

I hope all goes well with your project.

제가 해 드릴 수 있는 일이 있으면 말씀하세요.

Let me know if there's anything I can do for you.

또 연락하지요.

I will talk to you later.

도와주셔서 감사합니다.

Thank you for your help.

도움이 되길 바랍니다.

I hope this helps.

좋은 하루 보내세요.

Have a good day.

어떻게 지내시는지 연락 주세요.

Let me know how you are doing.

가족 분들이 어떻게 지내시는지 알려 주세요.

Let me know how your family is doing.

잘 지내요.

Take care of yourself.

연락을 기다리겠습니다.

We hope to hear from you soon.

다음 회의에서 만나기를 고대하고 있습니다.

I'm looking forward to our next meeting.

앞으로도 서로 좋은 파트너 관계를 유지하기를 바랍니다.

We hope to continue our good partnership in the future.

신속한 답변을 기대합니다.

We look forward to your prompt reply.

저희 상품에 보여 주신 신뢰에 대해 감사드립니다.

We appreciate the confidence you have shown in our products.

저희의 제안을 재고해 주신 시간과 노고에 감사드립니다.

Thank you for taking the time and trouble to reconsider our suggestion.

기다려 주셔서 감사합니다.

Thank you for waiting.

양해하고 이해해 주셔서 감사드립니다.

Thank you a lot for your patience and understanding.

질문이 있으시면 주저 말고 연락 주십시오.

Please do not hesitate to contact me if you have any questions.

질문이 더 있으시면 주저 말고 연락 주십시오.

Please feel free to contact us if you have any further questions.

궁금한 사항이 있으시면 알려 주십시오.

Please don't hesitate to make further inquiries.

저희는 항상 귀사의 조언과 제안을 환영합니다.

We always welcome your comments and suggestions.

계속 연락해요.

Let's keep in touch.

계속 연락 주세요.

Please keep me posted.

주저 말고 저희에게 연락 주세요.

Please do not hesitate to contact us.

무슨 일 있으면 연락하세요.

Let me know if something comes up.

마지막 인사

다음 마지막 인사말들은 우리말로는 '드림', '올림', '배상', '경배' 등에 해당하는 표현들입니다.

• 무난하고 적용 범위가 넓은 표현

Regards

Best regards

Sincerely

Sincerely yours

• 공식 문서에서 주로 사용하는 표현

Respectfully

Respectfully yours

• 가족, 연인, 친구 간에 주로 사용하는 표현

Love

Love always

Miss you always

Chapter 7

보고서·기획서·공문

보고 자료 확인

어젯밤에 우리가 논의했던 사업 계획서를 작성해서 보내 드립니다.
I have drawn up and am sending the business plan we discussed last night.

오늘 회의 결과에 대한 보고서를 작성해서 보내 드립니다.
I have drawn up and am sending the report on the results of today's meeting.

회의록 작성을 방금 완료했습니다. 확인해 주십시오.
I have just finished writing the meeting minutes. Please check them.
*meeting minutes 회의록

판매 현황 보고서 작성을 방금 완료했습니다. 참조해 주십시오.
I have just finished writing the sales status report. Please refer to it.
*sales status report 판매 현황 보고서

계약서 초안 작성을 방금 완료했습니다. 확인해 주십시오.
I have just finished preparing the first draft of the contract. Please check it.

지난번 회의의 회의록을 보내 드립니다.
Let me give you a copy of the minutes from our last meeting.

오늘 회의의 수정된 회의록을 모두에게 보내 드리겠습니다.
Let me distribute the amended minutes from today's meeting to everyone.

예산 보고서를 작성하고 있습니다.
I am working on the budget report.

아래 자금 조성 계획에 대한 의견을 주시면 감사하겠습니다.
Your feedback is appreciated on the following funding plan.

요청하신 환경 문제 관련 보고서를 보냅니다.

Here is the report you requested concerning environmental issues.

자료를 수집해 주세요.

Please compile the data.

원하시는 어떠한 추가 정보든 제공해 드리겠습니다.

I will provide you with any additional information you want.

재무팀에서 '예산 및 경제 동향' 보고서를 준비하고 있습니다.

The Finance Department is preparing a "Budget and Economics Outlook" report.

보고서를 제출할 준비가 되었습니다.

We are ready to present the report.

현황 보고서를 제출할 준비가 거의 다 되었습니다.

We are almost ready to present the status report.

연례 보고서 제출 이전에 4사분기 보고서를 먼저 제출하셔야 합니다.

You must submit the 4th quarter report prior to submitting the annual report.

다음 주 월요일까지 3사분기 보고서를 제출하십시오.

Please submit the 3rd quarter report by next Monday.

보고서를 완료하면 상관에게 직접 제출하십시오.

When you finish your report, send it directly to your supervisor.

분석하기

부정적인 결과로 다음과 같은 것을 예상할 수 있습니다.

The following would be the negative consequences.

우리는 현 지출 수준을 검토해야 합니다.

We need to review our current expenditures.

*expenditure 비용, 지출, 경비

사실, 신속한 해결 방안이 필요합니다.

Indeed, we need an immediate solution.

사실, 우리 회사는 시장에서 아주 뒤처지고 있습니다.

In fact, we are way behind in the market.

*way (부사·전치사를 강조하여) 훨씬, 아주

사실, 저희 회사 상품의 모조품이 판을 치고 있습니다.

As a matter of fact, copy-cats of our products are rampant.

*rampant 만연하는, 횡행하는

저희 매출 규모가 꾸준히 늘고 있습니다.

Our sales volumes are increasing steadily.

수출 판매 수익이 급상승했습니다.

Exports sales revenues soared significantly.

*sales revenue 매출 금액, 판매 수입

저희의 가죽 상품은 특히 유럽의 패션 리더들 사이에서 인기가 있습니다.

Our leather goods are popular, especially among trend setters in Europe.

*trend setter 패션 리더

중국 투자자들이 특히 저희의 AI 기술에 관해 관심을 갖고 있습니다.

Our Chinese investors are particularly interested in our AI technology.

특히, 국내 마케팅 전략에 관여할 것입니다.

In particular, we will be involved in domestic marketing strategies.

**보고 내용
요약**

이 보고서는 프로젝트에 관한 기본 정보를 제공할 것입니다.

This report will provide you with the basic information on the project.

회계 연도 2006년부터 2015년까지 해당되는 보고서입니다.

The report covers fiscal years 2006 to 2015.

*fiscal year 회계 연도

우리 회사의 순이익은 2억 3천만 달러에서 4억 5천만 달러로 증가했습니다.

Our net profits have gone from 230 million dollars to 450 million dollars.

소득세율이 15%에서 20%로 치솟았습니다.

The income tax rate has shot up from 15% to 20%.

＊income tax 소득세

주가가 16달러에서 30달러로 상승했습니다.

Shares have gone up from 16 dollars to 30 dollars.

＊share 주식, 주

파업으로 인해 매출이 급감했습니다.

Sales fell sharply due to the strike.

FTA로 인해 국내 시장이 상당히 위축되었습니다.

The domestic market has shrunk significantly due to the FTA.

태풍으로 올 여름의 수출 규모가 하락했습니다.

Our exports volumes plunged this summer due to the typhoon.

＊plunge 급락하다

원유 가격이 오르락내리락합니다.

The oil price is fluctuating.

＊fluctuating 변동이 있는, 오르내리는

지난주에 주가가 오르락내리락했습니다.

Stock prices roller-coastered last week.

＊roller-coaster 오르락내리락하다

최근 코스피 지수가 요동치고 있습니다.

The KOSPI index has had a lot of ups and downs recently.

인플레이션이 현재 5%에 머무르고 있습니다.

Inflation now stands at 5%.

매출이 회복되었습니다.

Our sales have recovered.

이번 회계 연도의 세금 공제 이전 수익은 3억 5천만 달러입니다.

Our profit before taxes is $350 million this fiscal year.

다음 차트는 세금 공제 전의 수익을 보여 줍니다.

This chart shows the profit before taxes.

작년에 세금 공제 전 투자 수익이 올랐습니다.

Our investment returns before taxes increased last year.

*investment returns 투자 수익

우리 회사의 연간 소득은 거의 3억 달러입니다.

The annual revenue of our firm is almost $300 million.

올 순이익은 세금 공제 후 3천 4백만 달러였습니다.

The net income this year was $34 million after taxes.

저희 제품의 총 판매액이 2013년에 3백만 달러에 이릅니다.

The total sales of our products amount to $3 million in 2013.

우리는 이번 분기까지 총 3천만 달러의 순이익을 기록했습니다.

We recorded a net gain of $30 million up to this quarter.

*net gain 순이익

뉴욕 지점은 올해 6천만 달러의 이익을 새로 기록했습니다.

The New York branch set a new record with a profit of $60 million this year.

우리는 이번 분기에 업계 순이익 기록을 깼습니다.

We broke an industry record with our net gain this quarter.

우리는 흑자[적자]입니다.

We are in the black[red].　　*in the black 흑자 상태인 | in the red 적자 상태인

우리는 3년간 흑자입니다.

We have been in the black for three years.

우리는 흑자를 유지하고 있습니다.

We are keeping our books balanced and in the black.

*books 장부 | balance 균형을 이루다

우리는 2년간 연속 적자입니다.

We have been in the red for two consecutive years.

*consecutive 연속적인

우리의 현금 보유액은 5억 달러입니다.

We have $500 million in our cash reserves.

*cash reserve 현금 보유, 현금 준비율

우리의 현금 보유액은 3억 달러가 넘습니다.

We have more than $300 million in our cash reserves.

순 현금 유입은 올해 1억 3천 5백만 달러가 될 것입니다.

The net cash inflow will be $135 million this year.

우리는 약 4억 달러의 현금 보유액을 가지고 있습니다.

We have approximately $400 million in our cash reserves.

보고 사항 강조

강조될 점은 저희 기술이 경쟁사의 것보다 월등하다는 것입니다.

The point of emphasis is that our technology outperforms our competitor's.

*outperform 월등하다

저희가 집중해야 할 점은 이 비즈니스 도구의 장기적 응용입니다.

What we should focus on is the long-term application of this business tool.

*long-term 장기적인

제가 강조하고 싶은 점은 우리에게는 기술력의 이점이 있다는 것입니다.

The important point is that we have the advantage of technology.

저희의 대안 중 무엇보다도 인수 합병은 우리 사업을 확장하는 데 가장 효과적인 방법입니다.

Among all our possible options, M&As are the most effective method to expand our business.

*M&A 기업 인수 합병(merger and acquisition)

무엇보다도, 우리 회사는 시장에서 뛰어난 성과를 올렸습니다.

Above all, our company has performed amazingly in the market.

무엇보다도, 신입사원을 교육시켜야 합니다.

Among other things, we should train our new employees.

원인 및 결과 제시

매출량의 감소 원인은 인플레이션입니다.

The cause of decreasing sales volumes is inflation.

따라서 (노사간) 신속한 협상이 필요합니다.

Therefore, a prompt negotiation between labor and management is needed.
As a result, a prompt negotiation is needed.
Therefore, a prompt negotiation is needed.
Thus, a prompt negotiation is needed.
Hence, a prompt negotiation is needed.

우리 사업이 크게 확장되고 있기 때문에 직원을 더 채용해야 합니다.

We need to hire more employees because our businesses are expanding significantly.

왜냐하면 우리는 기술력이 부족하기 때문입니다.

This is because we lack expertise.   *expertise 전문 지식, 전문 기술

새로운 연구 개발 센터를 지어야 하는 이유는 기술이 매우 빠르게 개발되고 있기 때문입니다.

The reason for building a new R&D center is that technologies are being developed very rapidly.

반복 · 요약 · 첨가

다시 말하면, 경쟁이 우리에게 동기 부여가 되고 있습니다.

In other words, competition motivates us.

다시 말해, 국제 환경이 악화되고 있습니다.

To put it another way, the global environment is deteriorating.   *deteriorate 악화되다, 더 나빠지다

다시 말해, 반품 및 교환 정책이 바뀌어야 합니다.

In other words, the policy on returns and exchanges should be changed.

다시 말해, 경영 훈련 과정 수강은 필수입니다.

That is, taking the management training course is a must.

요약하자면, 부족한 인력은 외부 인력으로 충당해야 합니다.

In short, we should outsource human resources we lack.

요약하자면, 인수 합병이 우리의 사업 확장시 가장 효과적인 방법입니다.

In short, M&As are the most effective way to expand our business.

요약하자면, 연구원을 더 채용해야 합니다.

Briefly, more researchers should be hired.

요약하자면, 다시 한 번 시도해 볼 필요가 있습니다.

To sum up, we need to give it one more try.

뿐만 아니라, 좀더 철저한 교육 과정이 필요합니다.

What's more, we need more thorough training sessions.

뿐만 아니라, 미 달러화는 최근 일본 엔화 대비 급락하고 있습니다.

Moreover, the US dollar is dropping sharply against the Japanese yen these days.

또한 의사소통 문제는 여전히 저희 부서에 존재합니다.

What is more, communication problems still exist in our department.

또한 재무팀은 모든 부서의 교육 예산을 줄여야 합니다.

In addition, the finance team should cut training budgets in all departments.

기획서의 주제 설정 및 배경 설명

이 기획서는 새로운 사업을 시작하는 데 지침이 되는 기획서입니다.

This plan is a guide for starting a new business.

아래에 본 기획서의 주요 사항들을 요약해 놓았습니다.

The following is a summary of the main points of this plan.

아래는 본 기획서의 중요 사항들입니다.

The following are the highlights of this plan.

다음은 우리가 필요로 하는 추가 문건 목록입니다.

The following is the list of the additional documents that we need.

우리는 5년간 시장 조사를 했습니다.

We did market research for five years.

본 사업 계획서는 2010년 3월부터 2014년 2월까지 4년간의 시장 조사를 근간으로 하여 작성되었습니다.

This business plan has been created on the basis of 4 years of market research, which spanned March of 2010 to February of 2014.

계획 및 목표 설정

내년에는 10%의 매출을 증대할 계획입니다.

We plan to increase sales by 10% next year.

내셔널 데일즈 사는 총 10%의 매출과 15%의 이익을 증대할 계획을 세우고 있습니다.

National Dales plans to increase gross sales by 10% and profit by 15%.

우리는 이 문제를 해결해야 합니다.

We need to address this problem.

*address (문제 등을) 다루다

우리의 목표 시장은 중산층 가정입니다.

Our target market is middle income families.

우리의 목표 시장은 지역 내 노년층과 중산층입니다.

Our target market is senior citizens and middle income earners in our areas.

우리는 입사 지원자들의 시간 엄수, 신뢰성, 충성심과 같은 많은 가치를 고려합니다.

We consider many values potential employees should have such as punctuality, sincerity, and loyalty.

*punctuality 시간 엄수, 정확함

우리는 다른 서비스 제공업체들과 전략적 제휴를 맺는 것을 목표로 하고 있습니다.

Our goal is to develop strategic alliances with other service providers.

*strategic alliance 전략적 제휴

| 문제 제기 및 해결 방안 | 우리 회사가 계속 수익을 내고 있지만 최근 시장 점유율이 줄어들었습니다. |

문제 제기 및 해결 방안

우리 회사가 계속 수익을 내고 있지만 최근 시장 점유율이 줄어들었습니다.

We are still profitable, but recently we have lost some market share.

*market share 시장 점유율

여행 시장에서 성공할 수 있는 기회가 있습니다.

There is an opportunity for success in the travel market.

전국적으로 관광 및 여행 산업이 연간 4%씩 성장하고 있기에 우리에게 성공의 기회가 있습니다.

The opportunity for our success exists because the national tourism and travel industry is growing at 4% annually.

필요한 총 창업 자금은 243,000달러 정도입니다.

The total start-up capital requirement is approximately $243,000.

*capital requirement 필요 자본

이것은 사주의 개인적 투자와 퍼스트 내셔널 은행에서 85,000달러의 장기 대출을 받아 충당될 예정입니다.

It will be financed through the owner's personal investment and a long-term loan of $85,000 secured from the First National Bank.

*finance 자금[재원]을 대다

결론적으로, 향후 3년간 급속한 성장이 예상됩니다.

In conclusion, this plan projects rapid growth over the next three years.

*project 예상하다, 추정하다

결론적으로, 아래 차트에서 나타나 있듯이 향후 3년간 빠른 성장과 높은 순이익이 예상됩니다.

In conclusion, as shown in the chart below, this plan projects rapid growth and high net profits over the next three years.

자료 인용

존스앤스미스의 조사(2013년)에 따르면 저희 사업 모델은 즉각적인 변화가 필요합니다.

The research by Jones and Smith (2013) tells us that our business models require immediate change.

저희 조사 결과는 경쟁사가 여러 부문에서 우리를 능가하고 있다는 것을 증명하고 있습니다.

Our findings prove to us that our competitors are outperforming us in several areas.

월 스트리트 보고서에 따르면, 중국 시장은 변동이 심합니다.

According to Wall Street reports, the Chinese market is fluctuating.

최근 보도 자료에 따르면, 저희 회사가 고객 만족 부문에서 일등을 하였습니다.

According to a recent press release, we ranked first in the area of customer satisfaction.

전문가들은 우리가 베이징 지사를 폐쇄해야 한다고 제안합니다.

Experts suggest that we should close our branch in Beijing.

작년 IMF의 연구 자료에서는 금년 아시아 투자는 바람직하지 않음을 보여 줍니다.

The studies done by IMF last year tell us that investment in Asia this year is unfavorable.　　＊unfavorable 불리한, 호의적이 아닌

예를 들어, XPM과 골든브릿지의 최근 합병은 깜짝 놀랄 만한 일이었습니다.

For example, a recent merge of XPM and Golden Bridge was a big surprise.　　＊merge 합병, 병합

예를 들어, 고객 만족도는 총 판매량에 비례합니다.

To illustrate, customer satisfaction is proportional to total sales volumes.　　＊proportional 비례하는

공지 사항

회의는 기획부에서 맡기로 했습니다.

The Planning Department is in charge of the meeting.

연구개발팀의 와그너 씨가 프레젠테이션을 할 예정입니다.

The presentation will be given by Mr. Wagner from the R&D team.

이번 회의 연락책은 기획부의 산드라 하퍼 씨입니다.

The point of contact for the meeting is Ms. Sandra Harper in the Planning Department.

지점장과 모든 부장들은 꼭 회의에 참석하셔야 합니다.

The branch manager and all supervisors are required to attend the meeting.

이 회의에는 모든 부장님들과 과장님들이 꼭 참석하셔야 합니다.

This meeting must be attended by all the supervisors and managers.

조찬 모임 복장은 반정장입니다.

The dress code for the breakfast meeting is semiformal.

청바지는 입지 말아 주세요.

No jeans, please.

재킷은 입지 않으셔도 면바지에 셔츠, 넥타이 정도면 좋겠습니다.

Slacks, shirt, and tie without a jacket will be fine.

마케팅 프로젝트의 새 마감 시한은 9월 8일입니다.

The new due date for the marketing project is September 8th.

이로써 하고 계시는 일을 완료할 수 있는 시간이 충분하다고 봅니다.

I think this will give all of you plenty of time to finish what you've been working on.

이번 주 경과 보고 회의는 수요일로 잡혀 있습니다.

This week's progress report meeting is scheduled for Wednesday.　　*progress report meeting 경과 보고를 위한 회의

이사회에서 공식적으로 윤리 강령을 채택했습니다.

The Board of Directors has formally established a code of ethics.

영업 팀에서 캐주얼한 출근 복장을 건의하고자 합니다.

The sales team would like to suggest having a casual dress code.

올해도 야유회의 계절이 돌아왔습니다!
It's time for our annual company picnic!

회사에서 콘서트를 열 예정입니다.
The company will be hosting a concert.

분실물 센터
Lost and Found

마지막으로 퇴근하시는 분은 불을 꺼 주세요.
The last person who leaves the room is supposed to turn off the light.

에너지를 절약합시다!
Conserve energy!

퇴근하실 때 불을 모두 꺼 주십시오.
Be sure to turn all the lights off when you leave the room.

마지막으로 커피를 따라 드시는 분은 다음 분을 위해 커피를 새로 내려 주세요.
If you drink the last cup of coffee, make sure to make more.

종이 쓰레기는 모두 분쇄하셔야 합니다.
All paper trash must be shredded.　*shred 자르다. 찢다

회사의 기밀문서가 경쟁사에 유출되기를 바라는 사람은 없으니까요.
Nobody wants our confidential documents to end up in our competitors' hands.　*confidential 비밀의, 기밀의

지난번 회의에서 새로운 캠페인 슬로건이 필요하다는 결정이 내려졌습니다.
It was decided at the last meeting that we need a new campaign slogan.

기계 설비를 새로 사야 한다는 결정이 내려졌습니다.
It has been decided that we need new machines.

경영진 회의에서 감원이 불가피하다는 결정이 내려졌습니다.

It was decided at the management meeting that we need to reduce our workforce.

가능하면 비공식 문서를 출력 및 복사하실 때는 이면지를 사용해 주세요.

If possible, please use scrap paper for printing or copying unofficial documents.

Please use scratch paper for printing or copying unofficial documents.

*scratch[scrap] paper 이면지

환경보호를 위한 노력의 일환으로, 비공식 문서를 출력, 복사할 때는 이면지를 사용해 주세요.

As a part of our effort to reduce our impact on the environment, please use scratch paper for printing or copying unofficial documents.

사내에서는 금연입니다.

This facility is a tobacco-free workplace.

흡연은 지정된 흡연 구역에서만 허용됩니다.

Smoking is only allowed in designated smoking areas.

*designated 지정된

회사 건물은 금연 구역입니다.

The buildings are considered tobacco-free areas.

우리 회사는 직원들의 건강 증진을 위해 노력하고 있습니다.

We are committed to promoting good health among our employees.

궁금한 점은 사라 박에게 연락해 주세요.

If you have questions, please contact Sarah Park.

소셜 네트워킹
서비스 (SNS)

SNS는 지인들 사이에 친목을 도모하는 용도로 쓰일 뿐만 아니라 기업 마케팅의 한 방편으로도 적극적으로 이용되고 있습니다. SNS의 가장 큰 매력은 시간이나 장소에 구애받지 않고 고객들과 끊임없이 상호작용할 수 있다는 것입니다. 다시 말해 지구 반대편의 해외 고객과도 실시간으로 메시지를 주고받는 것을 의미하지요. 기업들은 이를 통해 취향을 파악하여 고객을 유치하고, 제품을 홍보하고, 기업의 이미지를 개선하고, 매출을 증진시킵니다. 이번 파트에서는 SNS에서 필요한 다양한 표현들을 살펴보도록 하겠습니다!

Chapter 1

SNS 시작

Chapter 2

SNS 기업 소개

Chapter 3

SNS 상품 소개

Chapter 4

SNS에 일정 소개

Chapter 5

SNS 마케팅

SNS 시작

🎧 05-1.mp3

SNS 상의 첫인사

여러분 안녕하세요!

Hi, everyone!

Hello, everyone!

안녕하세요, 팬 여러분!

Hello, our fans!

안녕하세요, 바네사(고객 이름)!

Hi, Vanessa!

SNS 홍보

저희 트위터 http://twitter.com/KreateNu를 팔로우하고 계신가요?

Are you following us on Twitter http://twitter.com/KreateNu?

K & J는 트위터를 통해 여러분을 도와 드립니다.

K & J has help for you on Twitter.

페이스북 페이지도 있습니다.

We also have a Facebook page.

'좋아요'를 누르시고 저희 홍보 행사에 참여해 주세요.

Just click 'Like' and join our promotional event.

K & J의 최신 소식을 듣고 싶으신 분은 knj_advice를 팔로우해 주세요.

Follow @knj_advice for the latest news of K & J.

여러분의 질문에 대한 답변을 받으시려면 knj_advice를 트윗해 주세요.

Tweet @knj_advice for the answers to your questions.

저희는 방금 페이스북 팬페이지를 오픈했습니다!

We have just launched a Facebook fan page!

고객 성원에 대한 감사

K & J의 팬이 되어 주셔서 감사합니다.

Thanks for being a fan of K & J.

서비스 (SNS) 소셜 네트워킹

1
S
N
S
시
작

저희 페이스북에 가입해 주셔서 감사합니다.

Thank you for joining our community on Facebook.

K & J를 성원해 주셔서 대단히 감사합니다.

Thanks a million for supporting K & J.

지속적인 성원에 감사드립니다.

Thanks to your ongoing support.

저희 페이스북 페이지의 팬이 150만 명입니다!

We have 1.5 million fans on our Facebook page!

페이스북의 팬 수가 방금 십만 명을 넘어섰습니다.

We have just passed 100,000 fans on Facebook.

페이스북 팬이 백만 명에 이르도록 우리를 지원해 주신 모든 분들께 감사드립니다!

Thanks to everyone for helping us to reach one million Facebook fans!

잠시 시간을 내어 여러분들께 감사하다는 말씀을 드리고 싶습니다.

We would like to take a moment to say thank you.

댓글 달아 주신 모든 분들께 정말 감사드립니다!

Thank you so much for all your comments!

너무 많은 댓글을 남겨 주셔서 일일이 답변하기는 힘들지만, 모든 분들께 감사드립니다!

We're struggling to respond to everyone individually as there are so many comments, but I would like to thank you all!

와! 이 페이지의 반응이 대단하군요.

Wow! The response to this page has been overwhelming.

*overwhelming 압도적인

지난 2005년 페이스북 페이지를 시작한 이래 놀라운 성장을 이루었습니다.

Since the launch of our Facebook page back in 2005, we've enjoyed tremendous growth.

*tremendous 놀라운

저희 회사의 페이스북 페이지를 오픈한 지 일주년이 됩니다!

It's our one-year Facebook anniversary!

Chapter 2

SNS 기업 소개

🔊 05-2.mp3

공식 페이지 소개

ABC 자동차의 공식 페이스북 페이지에 오신 것을 환영합니다!

Welcome to the ABC MOTORS' official Facebook page!

Welcome to the official Facebook page of ABC MOTORS!

Welcome to the official ABC MOTORS Facebook fan page!

환영합니다! 저희 공식 페이스북 페이지가 막 오픈되었습니다!

Welcome all! We've just opened our official Facebook page!

이 페이스북 페이지는 여러분의 이야기를 공유하거나 ABC 자동차의 최근 소식을 들을 수 있는 곳입니다!

This Facebook page is a place where you can share your stories and get the latest news about ABC MOTORS!

여기에서 저희의 상품 정보를 확인하세요.

Check out our product info here.

이 페이지는 전세계 팬들과 교류할 수 있는 장입니다.

This page is a place to connect with our fans around the world.

여러분의 생각과 사진을 공유하고 토론에 참여하세요.

Share your thoughts and pictures and join in on the discussion.

Join us by sharing your thoughts and photos, and participating in conversations.

다음은 저희의 런칭 이벤트에 참여하실 수 있는 방법입니다.

This is how you can join our launching events.

XYZ 패션과 제품에 대한 추가 정보는 http://www.xyzfashion.com에서 얻을 수 있습니다.

Further information about XYZ Fashion and its products is available at http://www.xyzfashion.com.

더 많은 정보를 위해, 아래 홈페이지 링크를 누르세요.

For more information, click the link below to direct you to our homepage.

기업 소개

ABC 회사는 30여 년 동안 시장 주도 기업으로서 정보 통신 기술 혁신의 선두에 서 왔습니다.

ABC company has been a market leader and at the forefront of innovation in information technology for about 30 years.

*at the forefront 선두에 | innovation 혁신 | information technology 정보 통신 기술

1970년에 설립된 VOE 코퍼레이션은 오늘날 전 세계 30개 자회사 및 계열사를 거느린 글로벌 가전제품 브랜드로 성장했습니다.

Established in 1970, VOE Corporation has grown into a global brand of consumer electronics with 30 subsidiaries and affiliates around the world.

*consumer electronics 가전제품 | subsidiary 자회사 | affiliate 계열사

1970년 서울에 설립된 이래, VOE 코퍼레이션은 전 세계 30개 자회사 및 계열사를 거느린 가전제품 분야의 세계적 선도업체였습니다.

Since its founding in 1970 in Seoul, VOE Corporation has been a worldwide leader in consumer electronics with 30 subsidiaries and affiliates around the world.

OP 해운은 1975년 첫 번째 선박을 진수시켰습니다.

OP Shipping's first vessel was launched in 1975.

HNW 매장은 뉴욕, 런던, 도쿄, 서울, 파리, 및 홍콩 등 전세계 유수 도시에 위치하고 있습니다.

HNW stores are located in some of the most prestigious cities in the world, including New York, London, Tokyo, Seoul, Paris, and Hong Kong.

*prestigious 일류의

TNT 오일회사는 계속 증가하는 에너지 수요를 충족시키기 위해 전세계 2천 군데의 정유공장을 보유하고 있습니다.

TNT Oil has 2,000 refineries around the world to meet ever-increasing energy demand.

*refinery 정유공장

HNW는 전세계의 약 24억 명의 고객들을 위해 일합니다.

HNW serves approximately 2.4 billion people worldwide.

ABC 회사는 전세계에 약 십만 명의 직원을 고용하고 있습니다.

ABC company employs about 100,000 worldwide.

우리는 전세계 소비자들의 삶을 개선하기 위해 최고 품질의 제품과 서비스를 제공하고 있습니다.

We are providing products and services of superior quality to improve the lives of the world's consumers.

ABC 회사는 철학, 가치, 높은 윤리경영 관행으로 전국에 잘 알려져 있습니다.

ABC company has been renowned throughout the country for its philosophy, values, and high ethical business practices.
*business practices 상업 관습, 사업 관행

주요 제품 소개

우리는 도시 여성을 위해 디자인된 기성복을 만듭니다.

We make ready-to-wear clothes designed for urban women.
*ready-to-wear 기성복의

저희 카탈로그를 보고 싶으시면 아래의 링크를 클릭하세요.

Click on the link below to flip through our catalog.
*flip through ~을 훑어보다

오늘날 저희는 2천 대 이상의 선박과 바지선을 소유하고 있습니다.

Today we have over 2,000 ships and barges.
*barge 바지선

TNT 오일회사는 디젤, 가솔린, 프로판 가스 등 다양한 제품을 생산합니다.

TNT Oil produces a variety of products including diesel, gasoline, and propane gas.

TNT 오일회사는 지난 30여 년 동안 전세계 2천 곳의 정유공장에서 고품질 연료를 생산해 오고 있습니다.

TNT Oil has been producing high quality fuels at 2,000 refineries across the world for about 30 years.

저희는 단 3일 만에 세레팬 크림 2천만 개의 매출을 올렸습니다!

We reached sales of 20 million units of Cerepan Cream in just 3 days!

4천만 고객들이 저희 상품 만족도 조사에 참여하셨습니다.

Our 40 million consumers have participated in our product satisfaction survey.

좀 더 상세한 설명은 아래 링크를 클릭하세요.

For more information, click the link below.

오늘 상품 하나를 구입하시면 하나 더 무료입니다.

Buy one product and get the second one for free today.

매출 소개

중국, 베트남, 터키 등 해외 다섯 곳에 제조공장을 둔 KEX 일렉트로닉스는 2013년 상반기에만 전세계에 플라스마 TV 세트를 520만대 판매했습니다.

KEX Electronics, which has five manufacturing bases abroad including China , Vietnam, and Turkey, sold 5.2 million plasma TV sets globally in the first half of 2013 alone.　　　　　　　　　　　　　　*in the first half of the year 상반기에

2013년 상반기에 TNT 오일회사는 매일 5백만 배럴의 석유를 생산했습니다.

In the first half of 2013, TNT Oil produced 5 million barrels of oil every day.

이 상품은 대히트 상품이 될 것입니다.

This product will be a great hit.

모든 지점의 매출이 점진적으로 증가하고 있습니다.

Our turnover rates are gradually increasing in all branches.
　　　　　　　　　　　　　　　*turnover rate 거래회전율

지난 주 런칭 이후 천만 달러 매출에 도달했습니다.

Since its launch last week, we have reached 10 million dollars in sales.

저희 모든 상품의 매출이 점점 증가하고 있습니다.

We are gradually increasing the sales of all of our products.

매출 수치가 기록을 갱신하고 있습니다.

Our sales are sky high.
Our sales are at record high.

저희 고객들은 저희 상품을 좋아합니다. 매출이 그것을 증명하고 있습니다.

Our customers love our products, and our sales have proven it.

Chapter 3

SNS 상품 소개

🎧 05-3.mp3

신제품 소개

저희 여름 컬렉션이 방금 입고됐습니다.

Our summer collections have just arrived.

2015년 스프링룩 컬렉션을 소개합니다!

Introducing our 2015 Spring Look collection!

우리 2015년 서머룩 컬렉션을 확인해 보세요!

Have a look at our 2015 Summer Look collection!

Take a closer look at our new Summer Look collection!

주말에 명동 매장에 들러 저희 여름 비치 신제품을 확인해 보세요!

Pop into our Myeongdong store over the weekend to check out our new summer beach items! ＊pop into ~에 잠깐 들르다

2015 여름 비치팩을 엄선된 매장 및 자사 웹사이트 www.abc.com에서 판매합니다!

The 2015 Summer Beach Pack is now available at select stores, and our website www.abc.com! ＊select 선정된

새로 입고된 제품: 자수 청바지!

New arrivals: jeans with embroidery! ＊embroidery 자수

이번에 새로 출시된 스킨케어 세트가 당첨될 가능성을 꿈꾸어 보시겠어요?

Fancy your chances of winning our brand-new skin care set? ＊fancy one's chances 승산이 있다고 믿다

마침내 주력 신제품 태블릿 PC, 코스모207을 출시했습니다.

We have finally released our new flagship tablet PC, the Cosmo 207. ＊flagship(product) 주요[주력] 제품

코스모 207을 일등으로 구입해 보세요.

Be the first one to get the Cosmo 207.

지역 매장에 가셔서 신제품 베이글 샌드위치를 확인하세요.

Check out our new bagel sandwich in your local store.

코스모 모바일 H07을 119달러에 3년 약정으로 저희 매장에서 판매 중입니다.

The Cosmo Mobile H07 is available in our stores for $119 with a three-year contract.

코스모 207에는 여러분이 생각하시는 것보다 더 많은 기능이 있습니다. 여기 비디오를 확인하세요.

There's more to your Cosmo 207 device than you think. Watch the video here.

TLC의 워킹화는 이 계절에 하나쯤 가지고 있어야 할 필수품이죠!

TLC's walking shoes are a must-have this season!

*must-have 필수품

올 가을 최신 유행 스타일을 알고 싶으시다면 다음 비디오를 보세요!

Watch the video to get the latest fall style update!

알레르기 때문에 봄을 제대로 만끽할 수 없으신가요? 알프리가 도움이 될 수 있습니다!

Are allergies keeping you from enjoying spring? ALFREE can help!

자스민 향을 좋아하신다면 이 제품을 써 보세요.

If you love jasmine scents, try this.

칼메 모바일을 소개합니다. 스타일리시하고 세련된 첨단 디자인에 4.5인치 크기의 긁힘 방지 화면을 갖추고 있습니다.

Introducing the CALME Mobile: stylish, sophisticated, and cutting-edge design with 4.5-inch-scratch-proof screen.

*sophisticated 세련된 | cutting-edge 최첨단의 | scratch-proof 긁힘 방지되는

코스모 207은 검정, 흰색, 은색의 세 가지 색상이 있습니다. 어느 색을 원하시나요?

The Cosmo 207 comes in 3 colors: black, white, and silver. Which color do you want?

제시카 백은 유행을 타지 않는 제품입니다.

Jessica Bag is a timeless classic.

*timeless 시간이 지나도 변치 않는, 유행을 타지 않는

구입하실 수 있는 가장 저렴한 가격입니다!

This is the lowest price you will ever get!

가죽은 부드럽지만 스크래치에 강합니다.

The leather is soft but scratch-proof.

원단은 이태리제입니다.

The fabric is from Italy.

100% 면사로 알레르기 방지 제품입니다.

This is a 100% cotton, allergy-free product.

이것은 친환경적인 제품입니다.

This is an environmentally-friendly product.

세일 홍보

가을 신제품 운동화를 30% 저렴하게 구매하세요!

Save 30% on our new fall sneakers!

Example

Save 30% on our new fall sneakers! Ends today!　가을 신제품 운동화를 30% 저렴하게 구매하세요! 오늘 마감합니다!

오늘 세일 제품은 레이스 민소매 원피스입니다. 항시 최저가는 80달러입니다.

Today's sales pick is the sleeveless dress with lace stitching. Its everyday low price is $80.

Example

Today's sales pick is the sleeveless dress with lace stitching. Its everyday low price is $80. Hurry before it sells out.　오늘 세일 제품은 레이스 민소매 원피스입니다. 항시 최저가는 80달러입니다. 매진되기 전에 서두르세요.

＊everyday low price 항시 최저가, 상시 저가 판매 | sell out 매진되다

이번 주말에 압구정 매장이 1주년을 맞아 축하 기념으로 50만원 상당의 스킨 케어 화장품 세트를 받을 수 있는 기회를 드립니다.

Our Apgujeong store is having its first anniversary this weekend and we're celebrating by giving you a chance to win a set of skin care cosmetics worth over 500,000 won.

아무 편의점이든 들러 저희 시즌 음료를 구매하시면 2리터 음료 구입시 2달러 할인 카드를 받으시게 됩니다.

Stop by any convenience store to pick up some of our seasonal beverages. You will get a $2 discount coupon with the purchase of any 2-liter beverage.　＊pick up 사다

쉬 207과 같은 시그니처 향수 1개를 구입하시고 또 1개를 공짜로 받으세요!

Buy 1 Signature Perfume, such as the Chic 207, and get another 1 free!

금요일에 바디 케어 선물용품을 단돈 9,900원에 구매하세요!

On Friday, buy a Body Care gift pack for only 9,900 won!

이번 주 금요일까지 온라인 쇼핑몰에서 쇼핑하시고 어떤 구입품이든 무료 배송을 받으세요!

Shop on the online store and receive free delivery with any purchase until this Friday!

바로 구매하세요!

So pick it up right now!

이곳에 메시지를 작성하시면 다섯 개의 메시지가 이번 무료 행사에 뽑히게 됩니다.

Write your message here, and five messages will be picked for this free event.

오늘 가장 저렴한 가격에 사 가세요. 행사는 이번 주 금요일까지입니다.

Get the lowest price today. The offer lasts until this Friday.

고객 메시지에 대한 댓글

이 제품은 52달러입니다.

This one is $52.

> **Example**
>
> Jillian   How much is this bag?   이 가방은 얼마예요?
>
> ABC Co., Ltd.   **This one is $52.** Jillian, you can see further info here: http:// www.abc.com.   이 가방은 52달러입니다. 질리안, 다음 웹사이트에서 더 많은 정보를 확인해 보실 수 있어요: http://www.abc.com.

저희 제품을 사랑해 주셔서 감사드립니다!

Thanks for being such a loyal fan!

> **Example**
>
> David   The CALME F4 is the number 1 mobile phone! Keep on making great cell phones!   칼메 F4는 최고의 핸드폰이에요! 계속 좋은 핸드폰을 만들어 주세요!
>
> CALME Mobile   **Thanks for being such a loyal fan!**   저희 제품을 사랑해 주셔서 감사드립니다!

반송 부탁드립니다.

Please send it back.

고객님의 요청을 담당자에게 전달해 드리겠습니다.

We will pass your request on to the appropriate party for you.

새 제품으로 교환해 드리겠습니다.

We'll send you a replacement.

Rachel	I received my order this morning, but I found it damaged. Could I get a new one? 오늘 아침에 물건을 받았는데, 제품에 하자가 있습니다. 새 제품으로 다시 받을 수 있을까요?
ABC Co., Ltd.	Please send it back. **We'll send you a replacement.** 반송해 주시면 새 제품으로 교환해 드리겠습니다.

제품을 주문하고 싶으신 분은 아래 이메일로 연락 주세요.

If you would like to order something, please send me an email below.

고객 서비스 82-1-3455-6677로 전화 주시거나 customerservice@XYZ.com 으로 이메일을 보내세요.

Please contact our customer service at 82-1-3455-6677, or email us at customerservice@XYZ.com.

저희 회사 웹사이트 www.abc.com을 방문하시거나, customerservicerep@ abc.com으로 저희에게 이메일을 보내세요.

Please visit our website, www.abc.com or email us at customerservicerep@abc.com.

메시지 남겨 주셔서 감사합니다.

Thank you for your message.

Jennifer	I just ordered the bag in sky blue. I can't wait until it arrives! 방금 하늘색 가방을 주문했습니다. 어서 받아 봤으면 좋겠어요!
ABC Co., Ltd.	**Thank you for your message.** We'll make sure to deliver it to you ASAP. 메시지 남겨 주셔서 감사합니다. 제품을 가능한 신속히 배달해 드리도록 하겠습니다.

서소셜
비스네트워킹
(SNS)

3
S
N
S
상품
소개

죄송하지만, 고객상담 전화에 기술적인 문제가 생겼습니다.

Sorry to hear about that, but we are currently having technical issues with our customer service phone lines.

Jenny	Two months later I still cannot use the air purifier I purchased because the sensor doesn't work properly. I've tried to reach your customer service so many times, but the line is always busy! I can't believe how terrible your company is treating its customers! 2개월이나 지났는데 구입한 공기 청정기 센서가 작동을 안 해서 아직도 쓰지 못하고 있어요. 고객 상담 센터에 그렇게 많이 전화했는데, 항상 통화 중이더군요! 정말 고객을 이따위로 상대하다니 믿을 수가 없어요!
PureAir.com	Hi, Jenny. **Sorry to hear about your troubles with your air purifier, but we are currently having technical issues with our customer service phone lines.** We are trying hard to get them operating as soon as possible. But, in the meantime, please email us at customerservice@PureAir.com. Thanks. 안녕하세요, 제니. 공기청정기로 인해 겪으신 문제를 듣게 되어 유감스럽습니다. 그런데 지금 저희 고객 상담 전화에 기술적인 문제가 생겼어요. 가능한 빨리 운영되도록 노력하고 있습니다. 그 동안은 customerservice@PureAir.com으로 이메일을 보내 주시기 바랍니다. 감사합니다.

링크가 제대로 연결되지 않는다니 죄송합니다.

Sorry if you are having issues with the link.

Terry	Hey, the link doesn't work! 저기, 링크가 작동 안 되는데요!
ABC Co., Ltd.	**Sorry if you are having issues with the link.** We are looking into this. 링크가 제대로 연결되지 않는다니 죄송합니다. 지금 그 문제를 확인하고 있습니다.

다른 매장에 재고가 있을지도 모릅니다.

We may still have it in stock in other stores.

Harry	I wanted an ultra skinny laptop but it was sold out at the Apgujeong store. 초박형 노트북을 사고 싶었는데, 압구정 매장에서는 매진됐어요.
ABC Co., Ltd.	Hi, Harry. Sorry that the laptop you wanted was sold out. **We may still have it in stock in other stores.** If you would like to check, please email us or give us a call. 안녕하세요, 해리 씨. 원하신 노트북이 매진된 데 대해서는 죄송합니다. 다른 매장에 재고가 있을지도 모릅니다. 확인을 원하시면 이메일이나 전화를 주세요.

자세한 사항을 더 알고 싶으시면 저희 웹사이트를 계속 확인해 주세요.

So keep your eyes on our website for further details.

| Vanessa | Hi, there. I'm just wondering if you will bring out new sneakers this season. 안녕하세요. 이번 시즌에 새 운동화를 출시하실 계획은 없으신지 궁금합니다. |
| ABC Co., Ltd. | Hi, Vanessa. We are planning to bring out some new sneakers this season. **So keep your eyes on our website for further details.** 안녕하세요, 바네사. 이번 시즌에 새로운 운동화를 선보일 계획입니다. 자세한 사항을 더 알고 싶으시면 저희 웹사이트를 계속 확인해 주세요. |

추가로 문의사항이 있으실 경우 언제든지 연락 주시기 바랍니다.

Please don't hesitate to contact me with any additional questions.

Please feel free to contact us if you have any questions.

*feel free to 언제든지 ~하다

공지 사항

이창민 씨가 아페코 미주 지역의 신임 CEO임을 알려 드리게 되어 기쁩니다.

It is my great pleasure to announce our new US APECO's CEO, Chang-Min Lee.

아페코 아메리카는 올 들어 첫 3분기 연속 매출 목표를 달성했습니다.

APECO US met its sales objectives in the first three consecutive quarters of this year.

*objective 목표 | consecutive 연속되는, 연이은

아페코 아메리카는 세계의 가장 혁신적인 기업 명단에 이름을 올렸습니다.

APECO US was put on the list of the world's most innovative companies.

잠시 공지해 드립니다: 내일은 K & J 10주년 기념일입니다.

A quick reminder: tomorrow is the '10th Anniversary of K & J'.

*reminder 상기시켜 주는 것

부산점에 '생일 축하'를 보내 주세요! 이번 주 금요일에 저희 부산점이 일주년이 됩니다!

Say "Happy Birthday" to our Busan store! Our Busan store has its first anniversary this Friday!

저희 홈페이지가 현재 공사 중입니다.

Our homepage is currently under construction.

서소
비셜
스네
(트
SNS워
)킹

3
S
N
S
상
품
소
개

급한 질문이 있으시면 080-9999-4000으로 무료 전화 주세요.

If you have an urgent question, please call our toll-free number at 080-9999-4000.

저희의 신규 지점이 서울, 동경, 시드니에 개설됩니다!

Our new branches are opening in Seoul, Tokyo and Sydney!

축하해 주세요! 지난 여름 APC가 코엑스 국제 비즈니스 박람회에서 가장 창의적인 벤처 기업 상을 받았습니다.

Congratulations! APC was given the Most Creative Venture Business award at the COEX International Business Fair last summer.

저희의 새 광고 모델은 제니 코트니입니다!

Our new advertising model is Jenny Cotney!

Chapter 4

SNS에 일정 소개

🔊 05-4.mp3

신제품 출시 일정

코스모 탭 5가 곧 출시됩니다.

The Cosmo Tab 5 is coming soon.

> **The Cosmo Tab 5 is coming soon.** Check out its launching schedule and preorder it here: http://www.abcelectrnoics.com.   코스모 탭 5가 곧 출시됩니다. http://www.abcelectrnoics.com에서 출시일을 확인하고 선주문하세요.

코스모 탭 5가 내일 출시됩니다.

The Cosmo Tab 5 comes out tomorrow.

다음 웹사이트에 들어가 상세한 일정을 확인하시고, 주위 분들께 입소문 내주세요!

Enter here for the detailed schedule and spread the word!   *spread the word 말을 퍼뜨리다

2015 가을 캠핑 장비들이 내일부터 저희 매장에서 판매됩니다.

Our 2015 fall camping gear goes on sale in our stores tomorrow.   *gear 장비 | go on sale 시판하다

저희 캠페인은 7월 4일까지 2주간 열리게 됩니다.

Our campaign lasts for two weeks until the 4th of July.

행사 기간 중 저희 상점들은 밤 12시까지 영업합니다.

During the promotion, our shops are open until 12:00 a.m.

다음 주 토요일 런칭 행사에 많은 연예인들이 초대되었습니다.

Many celebrities are invited to our launching event next Saturday.

내일부터 저희 런칭 세일이 시작됩니다.

Our launching sale starts tomorrow.

개점 일정

이번 주 금요일 일본 신주쿠에 첫 매장을 개점합니다.

We open our first store in Shinjuku, Japan this Friday.
We launch our first store in Shinjuku, Japan this Friday.

서비스 네트워킹 (SNS)

4

SNS에 일정 소개

일주일 후면 제주도 제주시에 새로운 매장을 개점합니다.

One week to go until our new store opens up in Jeju City on Jeju Island.

10월 20일 토요일에 개점하는 대전 매장에 와서 구경하세요!

Come and see our Dajeon shop opening on Saturday October 20th!

서울, 동경, 상해의 3개 상점이 동시 개점하여 영업을 시작합니다.

Three shops in Seoul, Tokyo and Shanghai will be launched and open for business simultaneously.

*simultaneously 동시에, 일시에

다음 달에 뉴욕에 2개의 신규 매장이 추가로 개점합니다.

There are two more new shops opening in New York next month.

저희 영업 시간은 월요일부터 토요일, 오전 8시부터 오후 9시까지입니다.

Our business hours are from 8:00 a.m. to 9:00 p.m. Monday to Saturday.

개점 행사 기간 동안 저희 마감 시간을 오후 8시에서 10시로 연장합니다.

We are extending our closing time from 8:00 p.m. to 10:00 p.m. during our opening event.

한국 패션 주간 2015 행사: 부산, 5월 3~4일.

Korea Fashion Week 2015: In Busan, May 3-4.

대체 에너지원에 대한 2일 간의 국제회의 그린 에너지 포럼이 6월 7일 목요일, 서울 코엑스에서 개최됩니다.

Green Energy Forum, a two-day international conference on alternative sources of energy, will be held on Thursday, June 7th, in COEX, Seoul.

*alternative sources of energy 대체 에너지

3월 20일부터 21일까지 슈퍼 모델 혜 박의 사인회가 개최됩니다 – 여러분을 그곳에서 빨리 만나 뵙고 싶어요!

Super Model Hye Park's autograph session will be held from the 20th to the 21st of March – can't wait to see you there!

*autograph session 사인회

www.abc.com에서 둘러보고 구매하세요.

Shop and explore at www.abc.com.

www.abc.com에서 좀더 확인해 보세요.

Find out more at www.abc.com.

참여 방법은 간단합니다.

Participation is simple.

아래 링크를 누르시고 지시 사항을 따르세요.

Just click the link below and follow instructions.

아래 링크로 가서 살펴보시고 댓글 남겨 주세요.

Learn more and RSVP at the link below.

＊RSVP (프랑스어: Répondez sil vous plait.) 회답 주시기 바랍니다.

저희 제품에 대해 알리는 것을 도와주고 싶으신 분은 이 포스트를 '라이크'해 주세요.

'Like' this post if you want to help spread the word
about our products.

＊spread the word 말을 퍼뜨리다

Chapter 5

SNS 마케팅

시즌 마케팅

메리 크리스마스! 즐거운 크리스마스 보내세요!
Merry Christmas! We hope you enjoy your Christmas Day!

사랑하는 분들과 즐거운 시간 되시길!
We wish you a pleasant time with your loved ones!

가족, 친구들과 멋진 하루 보내세요!
Have a great day with family and friends!

산타에게서 선물을 못 받았다면, 매장 몇 곳이 여러분을 위해 영업하고 있습니다!
If Santa didn't bring you any gifts, a few stores are open for you!

올해도 다 가는군요!
This year is about to come to an end!

팬 여러분, 새해 복 많이 받으세요!
Happy New Year to our fans!

지난 일년 동안 성원해 주신 모든 고객 분들과 팬들께 감사드립니다!
We would like to thank all our customers and fans out there for all your support throughout the year!

2015년을 새롭게 시작하시길 바랍니다!
Have a fresh start in 2015!

새해 소망이 뭔가요? 여러분의 소망을 공유해 주세요.
What is your wish for the New Year? Share it with us.

어버이날 선물이 고민이신가요? 다음은 여러분의 부모님을 기쁘게 해 드릴 정성스러운 선물 아이디어입니다!
Overthinking your Parents' Day gift? Here is our thoughtful gift ideas that are sure to make your parents happy!

매년 여름이면 TJ 인터내셔널의 1987년 탄생을 기념하기 위해 제시카 백이 돌아옵니다.

Every summer, our Jessica Bag returns to mark the birth of TJ International in 1987.

*mark 기념하다

여름 휴가 떠날 준비를 하세요! 여러분을 위해 최고의 비치룩을 선정했습니다.

Get ready for your summer vacation! We have selected our finest beach looks just for you.

5월은 가정의 달입니다. 5월 5일부터 20일까지 '내가 사랑하는 사람들' 사진 콘테스트를 개최합니다!

May is family month. To celebrate, we are holding a 'My Loved Ones' photo contest from May 5th to May 20th!

판촉 행사

이번 주말에 한국에서 열린 서울 재즈 페스티벌에서 최고의 시간을 보냈습니다! 마음에 드는 페스티벌 사진을 확인해 보세요!

We had the best time at the Seoul Jazz Festival in Korea this weekend! Check out our favorite festival photos!

당첨자가 선정되었습니다.

The winners have been chosen.

*winner 당첨자

행운의 당첨자 다섯 분의 명단을 확인하세요!

Check out the list of the 5 lucky winners!

XYZ 회사와 공동 기획으로 이번 행사 중에 매일 다섯 쌍에게 홍콩 여행 티켓을 드리고 있습니다!

We've teamed up with XYZ Corporation to offer five pairs of travel vouchers to Hong Kong every day during this event!

시간이 얼마 안 남았습니다!

The clock is ticking!

이벤트에 참가하여 상을 타실 기한이 겨우 3일 남았습니다!

There are only three days left to join the event and win a prize!

서소셜비네스트킹 (SNS)

5

S N S 마 케 팅

비디오나 사진을 업로드하기만 하면 됩니다.

All you need to do is to upload your video or photos.

당첨 기회를 잡으세요!

Grab your chance to win!

페이스북 사용자들께 아메리카노 쿠폰 만 장을 무료로 드립니다!

We are giving away coupons for 10,000 cups of
Americano to Facebook users!

*give away 선물로 주다

이번 여름 휴가 시즌을 맞아 특별한 선물을 드립니다. 내일 8월 5일 모든 KTX 탑승객들에게 무료로 샘플을 나눠 드립니다.

We have a special offer for this summer vacation season:
all KTX passengers will get free samples tomorrow,
August 5th.

저희 '새 시즌의 음료를 만들어라' 공모전에 참가하신 모든 분들께 감사드립니다.
당선된 음료는 감 스무디입니다! 9월부터 전국 매장에서 만나 보세요.

Thanks to everyone who participated in our "Create
a New Seasonal Beverage" competition. The winning
beverage is the Persimmon Smoothie! Find it in stores
across the nation from September.

축하하는 의미에서 신상 손목시계를 탈 수 있는 기회를 드립니다.

To celebrate, we are giving you the chance to win our
brand-new watch.

공익 캠페인 및 이벤트

이 게시물을 공유하여 '세계 물의 날'을 사람들에게 널리 알리는 데 함께 해 주세요!

Join us in helping educate people about World Water
Day by sharing this post.

*World Water Day 세계 물의 날

저희 회사의 그린 에너지 캠페인에 참여하셨나요?

Have you joined our Green Energy campaign yet?

저희가 진행하는 음주운전 반대 캠페인을 지원하실 수 있는 마지막 기회입니다.

This is your last chance to support our campaign against
drunk driving.

저희 회사는 패션이 환경에 끼치는 영향에 대한 인식을 제고하기 위해 세 번째 에코 패션 컬렉션을 출시합니다.

We are launching our third Eco-fashion collection to raise awareness about fashion's impact on the environment.

＊raise awareness 인식을 제고하다 ｜ impact 영향

저희는 오늘 출시하는 에코 패션 컬렉션 제품에 화학약품 사용 없이 재배되는 유기농 면을 사용하고 있습니다!

We use organic cotton, which is grown chemical-free, in our Eco-fashion collection that is being launched today!

저희는 지속가능성을 중요하게 생각합니다.

We keep sustainability close to our heart.

＊sustainability 지속가능성 ｜ close to one's heart ～에게 중요한

가장 잘 나온 여러분의 사진을 업로드하여 아동 복지 재단에 1달러를 기부하세요.

Donate $1 to the Children's Care Foundation by uploading your best pictures.

좋은 취지의 행사이니 부끄러워하지 마시고 참여하세요!

Don't be shy, it is for a good cause!

＊cause 대의

저희는 유니세프와 손을 잡고 소말리아 어린이들의 교육을 후원합니다!

We've joined forces with UNICEF to help children's lives through education in Somalia.

＊join forces with ～와 협력하다

저희 K & J는 멸종위기 동물을 보호하기 위해 노력하고 있습니다. 여러분도 동참할 수 있는 방법을 확인해 보세요!

K & J is working to help protect endangered animals. Check out how you can join us!

＊endangered animal 멸종위기 동물

분쟁 지역의 아이들을 돕기 위해 기부해 주신 모든 분들께 큰 감사를 드립니다.

A big thank you to everyone who donated to help children in troubled regions.

＊troubled region 분쟁 지역

저희는 아프리카 2백만 명의 어린이들에게 말라리아 예방약을 제공했습니다.

We gave anti-malaria tablets to two million children in Africa.

여러분 덕분입니다! K & J는, 겨우 한 달 만에, 수천 명의 방글라데시 수해 난민들에게 30일치의 식수와 식량을 제공할 수 있는 기금을 모금했습니다.

Thanks to you! In just one month, K & J has raised enough money to provide 30 days' bottled water and food to thousands of flood refugees in Bangladesh.

*raise money 돈을 모으다, 모금하다

저희 K & J는 아동 노동에 대한 세계 노동의 날 반대 투쟁을 지지합니다!

K & J supports World Labor Day's fight against Child Labor!

*Support ~ 에 찬성하다, 지지하다

저희와 함께 개발도상국의 교육 개선 캠페인에 참여하세요.

Join us in our campaign to improve education in developing countries.

*developing country 개발도상국

5월 1일부터 5월 31일까지, 전국의 저희 매장에서 신제품 비비 크림 한 개를 구매하실 때마다 구매 금액의 1%가 아프리카 아이들의 생명을 구하기 위한 아프리카 아동 펀드로 기부될 것입니다.

Starting May 1st till May 31st, every time you buy a jar of our new BB cream from one of our stores across the nation, 1% of the purchase amount will be given to the African Children's Fund to save the lives of children in Africa.

더 나은 세상을 만드는 데 협조해 주셔서 감사합니다.

Thank you for helping make a difference.

*make a difference 차이를 만들다, 변화를 가져오다

Example

Jihye Kim	I would love to volunteer for such a cause! 그런 좋은 취지를 위해 자원봉사하고 싶습니다!
ABC Co., Ltd.	**Thank you for helping make a difference.** 더 나은 세상을 만드는 데 협조해 주셔서 감사합니다.

스타 마케팅

오, 근사하네요! 가수 비가 저희 신제품을 사러 서울 명동 매장에 들렀어요!

Oh, cool! Rain stopped by our store in Myeongdong, Seoul to pick up our new items!

영화 '미션 임파서블'에 나온 전설적인 **코스모** 탭 5를 확인하세요!

Check out the legendary Cosmo Tab 5, as seen in the movie *Mission Impossible*!

소녀시대가 새 앨범의 수록곡들을 부릅니다.

Girls' Generation will be performing tracks from their new album.

저희 2015 S/S시즌 스틸레토를 신고 있는 김연아 발견!

SPOTTED: Yuna Kim wearing our 2015 S/S stilettos!

＊spot 발견하다

저희 제품을 사용하는 유명 인사들의 모든 사진을 보세요!

Look at all the pictures of celebrities using our products!

다음 영화들에 저희 상품들이 등장합니다.

Our products appear in the following movies.

와, 제시카 알바가 저희 제품의 팬인지 몰랐네요!

Wow, we didn't know that Jessica Alba is a fan of our products!

기아 방지 캠페인에 기부한 스타 명단을 찾아보실 수 있습니다.

You can find the list of stars who donated in our Stop Poverty campaign.

선호도 조사

여러분! 저희 명절 선물 세트 세 개 중에서 하나를 구매하세요. 어떤 것이 가장 마음에 드시나요?

Hey, guys! Pick up one of our three holiday gift sets. Which one is your favorite?

저희 제시카 백은 여섯 가지의 선명한 색상이 있습니다.

Our Jessica Bag comes in 6 vivid colors.

어서, 어느 색상이 제일 좋은지 알려 주세요!

Come on, tell us which color you like the best!

여러분 선호도에 맞는 디자인이 무엇인지 알려 주세요.

Please let us know which design matches your preference.

다음 휴가에 핑크나 블루 룩 중 어떤 것을 선호하세요?

Do you prefer a pink or blue look on your next vacation?

다음 디자인을 보고 선호하시는 것에 '좋아요'를 눌러 주세요!

Check the following designs and click "like" to show your preferences!

저희 설문 조사에 참여하시고 다른 분들의 선호도 결과를 보세요.

Participate in our survey and see the results of others' preferences.

인맥
만들기

비즈니스를 하다 보면 여러 분야의 다양한 사람들을 만나게 됩니다. 특히 외국인 사업 파트너나 손님들을 자주 만나게 되는데요. 혹시 그동안 부족한 영어 실력 때문에 첫 만남부터 진땀을 흘리지는 않으셨나요? 처음 만난 상대방에게 좋은 인상을 심어 주는 것이야말로 성공적인 비즈니스의 첫걸음이라고 할 수 있습니다! 이번 파트에서는 사업상 첫 만남부터 관계를 발전시키는 데 필요한 다양한 표현들을 살펴보도록 하겠습니다!

Chapter 1
만남 및 인사

Chapter 2
소개

Chapter 3
방문

Chapter 4
축하 · 위로 · 감사

Chapter 5
사과 및 용서

Chapter 6
초대 및 약속

Chapter 7
수락 및 거절

Chapter 8
손님맞이

Chapter 9
사람 사귀기 및 관계 증진

만남 및 인사

🔊 06-1.mp3

첫인사

안녕하세요?
Hi?
Hello?

저는 제시 김입니다.
I'm Jesse Kim.
My name is Jesse Kim.

만나서 반갑습니다.
Nice to meet you.
Pleased to meet you.

> **Example**
>
> A Hello. My name is Jesse Kim.   안녕하세요. 제 이름은 제시 김입니다.
>
> B Hello. I'm Shawn Hiver. And this is Doris Lee.   안녕하세요. 저는 숀 하이버이고, 이 분은 도리스 리입니다.
>
> A **Nice to meet you,** Mr. Hiver and Ms. Lee. Thank you for inviting me.   만나서 반갑습니다. 하이버 씨, 이 선생님. 이렇게 초대해 주셔서 감사합니다.
>
> B Welcome. Glad you could make it.   환영합니다. 와 주셔서 기쁩니다.

그냥 폴이라고 불러 주세요.
Please call me Paul.

> **Example**
>
> A Hello. Are you Mr. Shelley?   안녕하세요. 셸리 씨이시죠?
>
> B Yes, I am. You must be Mr. Park.   네, 그렇습니다. 박 선생님이시군요.
>
> A **Please call me Paul.**   그냥 폴이라고 불러 주세요.
>
> B Then you must call me Dan.   그럼 저도 댄이라고 불러 주세요.

MK 인터내셔널의 스튜어트 팔머입니다.
I'm Stuart Palmer from MK International.

제임스 김이시죠?
Are you Mr. James Kim?

말씀 많이 들었어요.
I have heard a lot about you.

인맥 만들기

1

만남 및 인사

드디어 만나게 되어 반갑습니다.

I'm glad to meet you finally.
I'm pleased to meet you finally.
I'm honored to meet you finally. **ⓕ**

**대중 상대
인사**

안녕하세요 여러분.

Hello, everyone.
Good morning, all!
How do you do, everyone?

오늘 이렇게 와 주셔서 감사합니다.

Thanks for being here today.

모두 만나 뵙게 되어 반갑습니다.

It's nice to see everyone.

ABC 회사에 오신 여러분 환영합니다.

Welcome to ABC Co.

**지인 상대
인사**

안녕하세요?

Hi!
Hey!

Example

A   **Hi,** Cindy. Good to see you again! How are you?   안녕, 신디. 다시 만나서 반가워요! 잘 지내죠?

B   **Hey,** Jane. Fine, thanks. Very busy. And you?   안녕, 제인. 잘 지내요. 많이 바빠요. 잘 지내세요?

A   I'm very well. Thanks.   잘 지내요. 고마워요.

잘 지내죠?

How's it going?
How's everything?

Example

A   Hi, Jenny. **How's it going?**   제니, 안녕하세요. 잘 지내죠?

B   Hi, David. I'm doing OK. How about you?   데이빗, 안녕하세요. 전 잘 지내요. 어떻게 지내세요?

A   Couldn't be better.   아주 잘 지내요.

좀 어때요?

What's up? ❶

What have you been up to?

그럭저럭 지내요.

Getting by.

So-so. ❶

항상 그렇죠 뭐.

Same as usual.

Same as always.

Same old, same old.

아주 좋아요.

Pretty good.

Couldn't be better.

별로요.

Not well.

Not very well.

Not so good.

아주 바빴어요.

Keeping busy.

I'm swamped.

I don't have time to breathe.

*swamped 눈코 뜰 새 없이 바쁜

다시 만나서 반가워요!

Nice to see you again!

It's nice to see you again!

어, 탐 아닌가요?

Oh, Tom, is that you?

인맥 만들기

1

만남 및 인사

오랜만이네요.

It's been a while.

Long time no see. ❶

I haven't seen you in years.

I haven't seen you in ages!

I haven't seen much of you lately.

> A Hi, Susan. What a surprise to meet you here! 수잔, 안녕하세요. 여기서 만나다니 정말 반가워요!
>
> B Hi, Billy. **It's been a while.** What have you been up to? 빌리, 안녕하세요. 오랜만이네요. 좀 어때요?
>
> A Keeping busy. 계속 바쁘네요.

세월 참 빠르네요!

How time flies!

어쩜 그렇게 그대로세요.

You haven't changed at all.

공손한 인사

안녕하세요!

Hello!

처음 뵙겠습니다.

How do you do?

만나 뵙게 되어 반갑습니다.

It's a pleasure to meet you.

신디라고 불러도 될까요?

Do you mind if I call you Cindy?

> A Hello, Ms. Fowler. How do you do? 안녕하세요. 파울러 씨, 처음 뵙겠습니다.
>
> B How do you do, Mr. Spears? 처음 뵙겠습니다. 스피어스 씨.
>
> A It's a pleasure to meet you. 만나 뵙게 되어 반갑습니다.
>
> B Same here, Mr. Spears. 저 역시 이렇게 뵙게 되어 반갑습니다. 스피어스 씨.
>
> A Please call me Robert. **Do you mind if I call you Cindy?** 로버트라고 불러 주세요. 신디라고 불러도 될까요?
>
> B No, not at all. 네 그렇게 불러 주세요.

우연한 만남

아니, 이게 누구시더라!

Look who's here!

여기서 만날 줄이야!

What a surprise to meet you here!
Never thought I'd meet you here!

Example

A Look who's here! My friend, Daisy! 이게 누구시더라! 내 친구, 데이지잖아!

B **What a surprise to meet you here!** Hi, John. How's it going? 여기서 만나다니 정말 반가워! 안녕, 존. 잘 지내?

A Keeping busy. What's up? 계속 바빴어. 별일 없지?

B Nothing much. 뭐 별로

어떻게 지내셨어요?

How have you been?
What have you been up to?

여긴 어쩐 일이세요?

What brings you here?

정말 세상 좁군요!

It's a small world!
What a small world!

가족 안부

가족은 잘 계시죠?

How's your family?
How's everyone at your house?

부모님은 잘 지내시죠?

How are your parents?

사랑스러운 부인도 잘 계시죠?

What about your lovely wife?

애들은요?

How are your kids?

저도 최근에 그녀 소식을 못 들었어요.

I haven't heard from her lately, either.

부인께 안부 전해 주세요.

Please give my regards to your wife.

가족에게 안부 전해 주세요.

Say hello to your family for me.
Please give my regards to your family.

애들이 몇 살이라고 했죠?

How old did you say your kids were again?

아기는 잘 있어요?

How's the baby doing?

아기가 몇 개월이죠?

How old is your baby?

요즘 부쩍 크고 있어요.

He is growing fast.

공항 마중

한국[서울]에는 언제 도착하나요?

When will you be arriving in Korea?
When are you going to arrive in Seoul?

어떤 항공편이죠?

What flight?
Which flight?
What is your flight number?

영국 항공 723편으로 갑니다.

I'm coming in on British Airlines, flight number 723.

공항에 마중 나가겠습니다.

I'll meet your plane.

A   Jane, when will you be arriving in Korea?   제인, 한국엔 언제 도착하나요?

B   This Wednesday at 1:30 p.m.   이번 주 수요일 오후 1시 반에요.

A   Which flight?   어떤 항공편이죠?

B   It's JL072.   JL072편입니다.

A   Okay. **I'll meet your plane.**   알았어요. 제가 공항에 마중 나갈게요.

B   Thanks a lot.   고마워요.

공항에 오실 수 있을까요?

Would you like to meet me at the airport?

공항에서 호텔까지 교통편을 준비하겠습니다.

I'll arrange transportation from the airport to the hotel.

폐가 안 된다면, 그렇게 해 주시면 고맙겠습니다.

If it's no trouble, that would be great.

제가 당신을 어떻게 알아보지요?

How can I recognize you?

당신 이름이 적힌 검정색 표지를 들고 있겠습니다.

I'll have a black sign with your name on it.

고맙습니다만, 그러실 필요 없습니다.

Thanks a lot, but don't bother.

헬레나 베이커 씨입니까?

Helena Baker?
Are you Helena Baker?
You must be Helena Baker.

한국에 오신 것을 환영합니다!

Welcome to Korea!

만나 뵙고 싶었습니다.

I've been looking forward to meeting you.

드디어 이렇게 만나 뵙는군요.

We finally get a chance to meet.

A Hi. Are you Brian from MK International? 안녕하세요. MK 인터내셔널에서 오신 브라이언이신가요?

B Right. You must be John. **We finally get a chance to meet.** 맞아요. 존이시군요. 드디어 이렇게 만나 뵙네요.

A What a pleasure to meet you! Welcome to Seoul! 만나서 반갑습니다! 서울에 오신 걸 환영합니다!

B Thank you very much. It's nice to be here. 고맙습니다. 여기 오니 좋군요.

A How was your flight? 비행기 여행은 어떠셨어요?

B It was quite comfortable. 아주 편했어요.

여행은 잘 하셨나요?

Did you have a good journey?

비행은 어떠셨어요?

How was your flight?

비행은 아주 편안하고 빨랐어요.

It was very smooth and fast.

너무 오랜 비행이었어요.

It was quite a long flight.

시차적응으로 조금 피곤해요.

I'm feeling a little jetlagged.

*jetlagged 시차로 피곤한

A Hello. This is Steven from JJ Trading. May I speak to Mr. Brook? 안녕하세요. JJ 상사의 스티븐입니다. 브룩 씨와 통화를 하고 싶은데요.

B Hello. Speaking. 안녕하세요. 네. 접니다.

A Welcome to Seoul. How was your flight? 서울에 오신 것을 환영합니다. 비행은 어떠셨어요?

B The flight was okay, but **I feel jetlagged.** 비행은 괜찮았지만, 시차적응하느라 힘드네요.

A Oh, I hope you'll feel better soon. By the way, tomorrow morning, I'll send my colleague, John, to pick you up at the hotel. 오, 곧 나아지시길 바랍니다. 그리고 내일 아침에 모시러 제 동료 존을 호텔로 보낼게요.

B Great. What time? 좋아요. 몇시에요?

A How about meeting at the lobby at 8:30 a.m.? 아침 8시 반에 로비에서 만나는 게 어떠세요?

B That's fine with me. 좋아요.

이곳은 처음이십니까?

Is this your first visit here?

서울은 이번이 두 번째 방문입니다. 처음엔 무역 박람회 참석차 왔었습니다.

This is my second visit to Seoul. The first time I came here was to attend a trade fair.

내일 아침 호텔에 픽업하러 가겠습니다.

I'll pick you up at the hotel tomorrow morning.

동료 소개

제 동료인 스캇 휴즈 씨를 소개해 드리죠.

I'd like you to meet my coworker, Scott Hughes.

Let me introduce my coworker, Scott Hughes. 🄵

May I introduce my colleague, Scott Hughes? 🄵

Example

A   Hey, Jesse. **I'd like you to meet my coworker, Scott Hughes.** Scott, this is Jesse from MK International.   제시, 제 동료 스캇 휴즈 씨를 소개해 드릴게요. 스캇, 이 분은 MK 인터내셔널에서 오신 제시예요.

B   Nice to meet you.   만나서 반갑습니다.

C   Nice to meet you, too.   저도 만나서 반갑습니다.

이분은 제 동료 스캇 휴즈 씨입니다.

This is my colleague, Scott Hughes.

제 동료 스캇 휴즈 씨를 만나셨던가요?

Have you met my coworker, Scott Hughes?

제시한테서 말씀 많이 들었습니다.

Jesse has told me so much about you.

Jesse often speaks of you.

드디어 직접 뵙는군요.

So we finally meet face to face.

오래 전부터 만나 뵙고 싶었습니다.

I've been wanting to meet you for a long time.

죄송하지만, 이름이 어떻게 되신다고 했죠?

I'm sorry. What was your name again?

I'm sorry. I didn't catch your name.

제가 사람 이름을 잘 기억하지 못해요.

I'm terrible with names.

Example

A Welcome to MK International. I'm Scott Hughes. I look after the factory here.   MK 인터내셔널에 잘 오셨습니다. 스캇 휴즈입니다. 전 여기 공장을 관리하고 있습니다.

B Nice to meet you. My name is Jillian Fowler.   만나서 반갑습니다. 제 이름은 질리안 파울러입니다.

A I'm sorry, but what was your name again? **I'm terrible with names.**   죄송하지만, 성함이 어떻게 되신다고요? 제가 사람 이름에 약해서요.

말씀 많이 들었습니다.

I've heard a lot about you.

직업 소개

무슨 일 하세요?

What do you do?

What do you do for a living?

What is your occupation?

Example

A **What do you do?**   무슨 일 하세요?

B I'm a securities analyst.   전 증권 분석가예요.

A That must be very demanding. Do you like your work?   아주 힘들겠군요. 직업이 마음에 드시나요?

B Sometimes yes, and sometimes no.   가끔은 그렇지만 또 가끔은 아니에요.

저는 영업사원입니다.

I'm a salesman.

I'm in sales.

저는 소프트웨어 엔지니어입니다.

I'm a software engineer.

I work as a software engineer.

직업이 마음에 드세요?

Do you like your work?

어느 직종에서 일하세요?

What line are you in?

Example

A Hey, John. **What line are you in?**   존, 어느 직종에서 일하세요?

B I'm in marketing.   전 마케팅에서 일해요.

지금은 개인 사업을 하고 있습니다.

I'm self-employed.

I work for myself at the moment.

회사 소개

새 직장은 어때요?

How's your new job?

어느 회사에 다녀요?

What company do you work for?

Which company are you with?

Who do you work for?

Where do you work?

> **Example**
>
> A **What company do you work for?** 어느 회사에 다니세요?
>
> B I work for MK International. 저는 MK 인터내셔널에 다녀요.
>
> A What department are you in? 어느 부서에 계시는데요?
>
> B I'm in human resources. I recruit and train employees. 전 인사부에 있어요.
> 직원을 뽑고 교육시키는 일을 해요.

저는 ABC 회사에 있어요.

I work for ABC company.

I work at ABC company.

I'm with ABC company.

저희 회사는 서울에 있습니다.

Our company is located in Seoul.

저희 본사는 런던에 있습니다.

Our headquarters is in London.

무슨 일을 하는 회사인가요?

What does your company do?

> **Example**
>
> A Hey, John. I heard you got a job at last. Congrats! 존. 마침내 취직됐다면서요.
> 축하해요!
>
> B Thanks a lot. 고마워요.
>
> A **What does your company do?** 무슨 일을 하는 회사예요?
>
> B We produce small electronic appliances. 소형 가전제품을 생산해요.
>
> * electronic appliances 가전제품

어떤 사업을 하는 회사인가요?

What business are you in?

패션사업을 하고 있습니다.

We're in fashion.
We're in the fashion business.

의류를 판매하고 있습니다.

We sell clothes.

가전제품을 생산하고 있습니다.

We manufacture electronic appliances.

우리 주요 제품은 복사기입니다.

Our major products are copy machines.

업무 소개

어떤 업무를 하세요?

What do you do there?
What do you do at ABC company?
What are you in charge of?

Example

A Hey, John! I heard that you work for MK International. **What do you do there?** 안녕하세요. 존! MK 인터내셔널에서 일한다고 들었어요. 거기서 무슨 일하세요?

B I work as a sales representative. What company do you work for, Claire? 영업사원으로 일해요. 클레어는 어느 회사 다녀요?

A I'm with JJ Electronics. 전 JJ 전자회사에 다녀요.

해외 마케팅을 담당하고 있습니다.

I'm responsible for overseas marketing.
I'm in charge of overseas marketing.
I take care of overseas marketing.

Example

A Billy, have you met Cindy? 빌리, 신디를 전에 만났던가요?

B No, I haven't. Please introduce me. 아뇨. 소개해 주세요.

A Cindy, this is Billy. **He is in charge of overseas marketing.** 신디, 이분은 빌리예요. 빌리는 해외 마케팅을 담당하고 있어요.

C Nice to meet you, Billy. I'm Cindy Wilson. 만나서 반가워요. 빌리. 신디 윌슨이에요.

어느 부서에 계세요?

What department are you in?

인사부에서 일합니다.

I work in the Human Resources Department.

품질관리부에서 일합니다.

I'm in quality control.

여기서 오래 일하셨나요?

Have you been here long?

그곳에 얼마 동안 다니셨어요?

How long have you been there?
How long have you been with them?

거기서 일하기 어때요?

How do you like working there?

Example

A   Hello, Susan. Good to see you again.   안녕하세요, 수잔. 다시 만나서 반갑습니다.

B   Oh, Jesse! It's nice to meet you too. I heard that you started working
with a new company. **How do you like working there?**   아, 제시! 저도 만나서 반가워
요. 새 회사에서 일하기 시작하셨다고 들었어요. 거기서 일하기 어때요?

A   It's a bit demanding.   좀 힘들어요.

거기서 일하기 좋으세요?

Do you enjoy working there?

하루 근무 시간이 어떻게 돼요?

How many hours do you work a day?

주말에도 근무하나요?

Do you work at the weekend?
Do you work on weekends as well?

(지금) 사업은 어때요?

How's business at the moment?
How's business coming along?
How's business going?

인맥 만들기

2

소개

좋았다 나빴다 해요.

It's very up and down.

매출은 얼마나 되나요?

What is your turnover?

가족 소개

제 아내 제인을 소개할게요.

Please meet my wife, Jane.
This is my wife, Jane.

저는 결혼 10년차예요.

I've been married for 10 years.

저는 (예쁜) 딸 둘을 두었죠.

I have two daughters.
I have two beautiful daughters.

저는 딸 둘을 둔 기혼입니다.

I am married with two daughters.

전 아직 싱글이고 혼자 삽니다.

I am still single, and live alone.

전 부모님과 함께 살아요.

I live with my parents.

아내는 회사에서 만났죠.

I met my wife at work.

제 아내는 전업주부입니다.

My wife is a stay-home mother.
My wife is a full-time housewife.

제 아내는 IT회사 이사예요.

My wife is a director at an IT company.

우리 아들은 내년에 대학에 들어가요.

My son is attending university next year.

My son is starting college next year.

우리 아들은 군대에 있어요.

My son is serving in the military.

My son is doing his military service right now.

연락처
주고 받기

연락처 좀 알려 주시겠어요?

How can I reach you?

How can I contact you?

How can I get in touch with you?

제 명함을 드릴게요.

Let me give you my business card.

제 명함은 가지셨죠?

Have you got my business card?

> Example
>
> A **Have you got my business card?** 제 명함은 가지셨죠?
> B No, I don't think so. 아뇨, 없는 것 같아요.
> A Well, here it is. 여기 드릴게요.
> B Thanks. 고맙습니다.

여기 제 이메일 주소를 드릴게요.

Here's my email address.

대화
마무리하기

죄송하지만, 이제 가 봐야겠어요.

I'm sorry, but I must go now.

I'm sorry, but I have to go now.

I'm afraid I have to leave now.

만나 뵙게 되어 기뻤습니다.

It was nice meeting you.

I really enjoyed meeting you.

It was a pleasure meeting you.

It's been a real pleasure.

말씀 나눠서 즐거웠습니다.

It's been nice talking to you.
It's been great talking with you.

시간 내 주셔서 감사합니다.

Thanks for your time.
Thanks for taking the time to talk with me.

언제 점심식사 같이 하기로 해요.

Let's have lunch some other time.

이메일로 연락하도록 해요!

Let's keep in touch by email!

Chapter 3

방문

🎧 06-3.mp3

**약속 장소
도착 직후**

실례합니다.

Excuse me.

어떻게 오셨어요?

How may I help you?

What can I do for you?

에반스 씨를 뵙기로 했는데요.

I have an appointment with Mr. Evans.

I'd like to meet Mr. Evans.

에반스 씨를 뵐 수 있을까요?

Could you help me to see Mr. Evans?

Example

A   Hello. How can I help you, sir?   안녕하세요. 어떻게 오셨어요?

B   Hello. **Could you help me to see Mr. Evans?**   안녕하세요. 에반스 씨를 뵐 수 있을까요?

A   Is he expecting you?   에반스 씨와 약속이 되어 있으신가요?

B   Yes, he asked me to stop by. But I don't have an appointment.   네, 들르라고 하셨어요. 그런데 선약이 되어 있지는 않습니다.

A   Your name, please?   이름 좀 알려 주시겠어요?

에반스 씨와 2시에 회의가 있어서 왔습니다.

I'm here to have a meeting with Mr. Evans at 2:00 p.m.

에반스 씨를 만나러 왔습니다.

I'm here to see Mr. Evans.

에반스 씨에게 제가 왔다고 전해 주시겠어요?

Could you please tell Mr. Evans I'm here?

미리 약속은 하셨나요?

Is he expecting you?

Did you make an appointment?

Have you made an appointment?

에반스 씨가 기다리고 계십니다.

Mr. Evans is expecting you.

A Good morning. What can I do for you, sir? 안녕하세요. 어떻게 오셨어요?

B Good morning. I'm Chris Lee from the ABC Foundation. I have an appointment with Mr. Evans. 안녕하세요. 저는 ABC 재단에서 온 크리스 리입니다. 오늘 에반스 씨를 뵙기로 했는데요.

A Yes, Mr. Lee. **Mr. Evans is expecting you.** This way, please. 네, 이 선생님. 에반스 씨가 기다리고 계십니다. 이쪽으로 오시죠.

이쪽으로 따라 오세요.

Please follow me.
This way, please.
Why don't you come this way?

죄송하지만, 긴급회의 중이라 매우 바쁘세요.

I'm so sorry, but he is extremely busy in an urgent meeting.

A Excuse me. 실례합니다.

B How may I help you? 어떻게 오셨어요?

A I have an appointment at 11:00 with Mr. Evans. 11시에 에반스 씨와 약속이 되어 있는데요.

B **I'm sorry, but he's extremely busy in an urgent meeting.** He's not available until 1:00 p.m. 죄송하지만 지금 긴급회의 중이라 많이 바쁘신데요. 1시까지는 만나실 수 없습니다.

A But he called me this morning and asked me to come by. 하지만 오늘 아침에 제게 전화해서 들러 달라고 하셨거든요.

B Let me check with my boss. May I have your name, sir? 에반스 씨에게 확인해 볼게요. 이름이 어떻게 되시죠?

A I'm John Ford from MK International. 저는 MK 인터내셔널에서 온 존 포드라고 합니다.

죄송하지만, 에반스 씨는 지금 바쁘셔서 만나실 수 없습니다.

I'm so sorry, but Mr. Evans is very busy and can't see you at the moment.

앉으세요.

Please have a seat.
You may have a seat.
Would you like to sit over there?

잠시 기다리시겠어요?

Would you mind waiting for a while?

마실 것 좀 드릴까요?

Would you like something to drink?
Can I get you something? ❶
What would you like to drink?
What can I get you to drink? ❶

커피 주세요.

Coffee, please.
I'd like coffee, please.
Could I have coffee?
Coffee would be nice.
Coffee would be fine.

커피 드릴까요?

Would you like some coffee? ❶
Would you care for some coffee? ❶
Would you like to try some coffee? ❶

커피 드릴게요.

Let me get you some coffee. ❶

네, 주세요.

Yes, please.
Sure. Thanks.
Okay. Thanks.

괜찮습니다.

No, thank you.
No. Thanks, anyway.
I really shouldn't.
I won't have anything. Thanks.

방문객
도착 보고

말씀 중에 실례해도 될까요?
I'm sorry to interrupt.
Sorry to interrupt.

에반스 씨, 손님이 오셨습니다.
You have a visitor, Mr. Evans.

에반스 씨, MK 인터내셔널의 스미스 씨가 와서 기다리십니다.
Mr. Evans, Mr. Smith from MK International is waiting for you.

에반스 씨, ABC 재단의 하워드 씨가 만나러 오셨습니다.
Mr. Evans, Mr. Howard from the ABC Foundation is here to see you.

에반스 씨, 스미스 씨가 프로젝트 지원차 방문하셨습니다.
Mr. Evans, Mr. Smith visited to help us on the project.

방문객에게
알리기

곧 나가겠다고 전해 줘요.
Tell him I'll see him in just a moment.

에반스 씨가 곧 나오실 거예요.
Mr. Evans will be with you in a moment.
Mr. Evans will be with you shortly.

회의 마무리하고, 5분 후에 나오실 겁니다.
He is finishing up a meeting and will be with you in five minutes.

Example

A I'm sorry to interrupt, but Mr. Smith's in my room. He said you told him to drop by to see you today.   말씀 도중에 끼어들어 죄송합니다만, 스미스 씨가 제 방에 와 계십니다. 오늘 들르라고 사장님께서 말씀하셨다고 하시는데요.

B Oh, yes. Tell him I'll see him in five minutes.   오, 그래요. 5분 있다가 보자고 전해 줘요.

A Yes, sir.   알겠습니다.

  (In the secretary's room)

A Mr. Smith, **Mr. Evans is finishing up a meeting and will be with you in five minutes.**   스미스 씨, 에반스 씨가 회의 마무리하고 5분 후에 나오실 겁니다.

명함 교환

처음 뵙겠습니다.
How do you do?

여기 제 명함입니다.
Here's my business card.

감사합니다. 여기 제 명함 드릴게요.
Thank you. Here's mine.

명함 좀 주시겠어요?
Could I have your business card, please?

물론이죠. 여기 있습니다.
Sure. Here it is.
Sure. Here you are.

Chapter 4

축하·위로·감사

 06-4.mp3

승진 축하

(승진) 축하드려요!
Congratulations (on your promotion)!

잘하셨어요!
Great job!
Well done!
You've done well!
You did a good job!

앞으로 더욱 승승장구 하시길 바라요!
My best wishes to you for a bright future!
All the best for future success!

당연히 승진하시리라고 생각했어요.
You seriously deserved this promotion.

자랑스럽군요.
I'm very proud of you.

과찬의 말씀이십니다.
I'm flattered.

그렇게 말씀해 주시니 고맙습니다.
It's very nice of you to say so.

당신이 도와주시지 않았다면, 해내지 못했을 거예요.
Without your help, I wouldn't have made it.

Example

A   Jesse, congratulations on your promotion!　제시, 승진 축하해요!

B   Thank you, sir.　감사합니다.

A   Well done! Keep up the great work!　잘했어요! 앞으로도 계속 그렇게 잘하길 바라요!

B   **Without your help, I wouldn't have made it.**　선배님이 도와주시지 않았다면, 성공하지 못했을 거예요

A   Oh, no… You put a lot of effort in everything you do. You deserve it!
아니에요… 제시는 뭐든지 열심히잖아요. 승진하는 게 당연하죠!

B   Thanks for the compliment.　칭찬해 주셔서 감사합니다.

당신 덕분입니다.

I owe my success to you.

결혼식에서

(결혼을) 축하합니다!

Congratulations (on your wedding)!
Congrats! ❶

그 행운의 남성은 누구예요?

Who is the lucky guy?

당신과 제임스 씨가 결혼하신다니 정말 기쁘네요!

I'm so happy for you and James!

두 분 함께 행복하게 잘 살길 바랍니다!

May you both be happy!
I wish you happiness forever!
I wish you all the best in your future.
I wish both of you a wonderful life together!
I wish both of you all the happiness in the world!

두 분 정말 잘 어울려요.

You're meant to be together.
You guys are adorable together.
You look like such a beautiful couple.
You two were really made for each other.

장례식에서

상심이 크시겠어요.

I'm so sorry for your loss.
I'm so sorry to hear about your loss.
I was heartbroken to hear the news.

심심한 조의를 표합니다.

Please accept my sincere condolences. ❻
You have my deepest sympathy. ❼
My heart goes out to you.

*condolence 애도, 조의

가족이 많이 힘드시겠어요.

I know this time has been a very hard time for your family.

베이커 씨가 정말 그리울 거예요.

Mr. Baker will be greatly missed.

베이커 씨를 아는 모든 분들이 정말 그리워할 것입니다.

Mr. Baker will be sadly missed by all who knew him.

도움이 필요하면 언제든지 말씀하세요.

If you need anything, please let me know.

If there's anything I can do for you, please let me know.

이렇게 와 주셔서 감사합니다. (상주 입장일 때)

Thank you for being with us.

Example

A I'm so sorry for your loss. He was a wonderful person, and I'll miss him a lot. 상심이 크시겠어요. 그는 정말 훌륭한 사람이었습니다. 정말 많이 보고 싶을 거예요.

B **Thank you for being with us.** I know my son thought highly of you. 이렇게 와 주셔서 감사합니다. 제 아들은 생전에 당신을 아주 좋은 사람이라고 했습니다.

A If you need anything, please let me know. 필요한 게 있으시면, 언제든지 알려 주세요.

B Thanks for saying that. 그렇게 말씀해 주시니 감사합니다.

생일 파티에서

생일 축하해요!

Happy birthday!

만수무강하세요!

Many happy returns!

선물이에요.

This is for you.

Here's something for you.

I brought something for you.

Example

A I'm so glad that you invited me to your birthday party. 생일 파티에 초대해 줘서 기뻐요.

B Thank you for coming. 와 줘서 고마워요.

A **This is for you.** It's not much, but I hope you like it. 선물이에요. 별로 대단한 것은 아니지만, 마음에 들었으면 좋겠어요.

B Oh, I love it! That's exactly what I wanted. 오, 정말 마음에 들어요! 제가 정말 갖고 싶던 거예요.

별거 아니지만, 마음에 들었으면 좋겠어요.

It isn't much, but I hope you like it.

제가 정말 갖고 싶던 거예요.

This is just what I wanted.

정말 근사하네요!

It's lovely!

I love it!

마음에 든다니 기쁘네요.

I'm glad you like it.

크리스마스 및 새해 인사

즐거운 크리스마스 보내세요!

Merry Christmas!

새해 복 많이 받으세요!

Happy New Year!

All the best for the New Year!

한 해 모든 일이 잘 이루어지길 빌게요!

Wish you all the best for the New Year!

모든 소망이 이루어지시길!

May all your wishes come true!

더 나은 한 해가 되시길!

Hope you'll have a better year!

모든 일이 잘 이루어지길 빌게요.

I hope everything will be all right.

행운이 있기를!

Good luck to you!

I wish you the best of luck!

당신도요!

Same to you!

Likewise!

감사 및 응답

고맙습니다.

Thank you.

I appreciate it.

Thanks. ❶

Thanks a lot. ❶

Thanks a million. ❶

I owe you one. ❶

선물 정말 고맙습니다.

Thank you very much for your present.

Thank you for the nice gift.

정말 근사한 저녁식사였습니다.

Thank you very much for the nice dinner.

환대해 주셔서 감사합니다.

Thank you for your hospitality.

I appreciate your hospitality.

＊hospitality 환대, 접대

걱정해 주셔서 고맙습니다.

Thank you for your concern.

여러 모로 감사합니다.

Thank you for everything.

Thank you for all you've done.

도와주셔서 얼마나 감사한지 몰라요.

I can never thank you enough for your kind help.

어떻게 신세진 것을 갚아야 할까요?

What can I do to repay you?

그렇게 말씀해주시니 고맙습니다.

Thank you for saying that.

천만에요.

You're welcome.

Don't mention it.

You're most welcome.

You're more than welcome.

제가 오히려 고맙죠.

It's my pleasure.

My pleasure.

별거 아닌 걸요.

It's nothing.

No big deal.

No trouble.

Chapter 5

사과 및 용서

06-5.mp3

사과하기

실례합니다.

Excuse me.

정말로 죄송합니다.

I'm so sorry.
I'm terribly sorry.
I'm genuinely sorry.

정말로 여러 가지로 죄송합니다.

I'm so sorry for everything.

사과드립니다.

I apologize to you.
Please accept my apology. Ⓕ
You have my sincere apology. Ⓕ

지각해서 죄송합니다.

I'm sorry for being late.

제 태도가 불량했다면 사과드립니다.

I apologize for my bad manners.

기다리시게 해서 미안합니다.

I'm sorry to have kept you waiting.
Sorry to have kept you waiting.
I'm sorry for making you wait.
Sorry I made you wait.

얼마나 죄송한지 모릅니다.

Words cannot describe how sorry I am. Ⓕ
You cannot believe how sorry I am. Ⓕ
I can't tell you how sorry I am.

불편을 끼쳐 드려서 죄송합니다.

Sorry for the inconvenience.

*inconvenience 불편

말씀 중에 끼어들어서 죄송합니다만, 지금 개인적으로 말씀드려야 할 사항이 있습니다.

I'm sorry to interrupt, but I need to talk with you in private now.

Excuse me for butting in. But I need to talk with you in private now.

*butt in 간섭하다, 참견하다

말씀 중에 끼어들어서 죄송합니다만, 상해 공장의 첸 씨가 전화하셨습니다.

I'm sorry to interrupt, but I have Mr. Chen from the Shanghai factory on the line.

Example

A Excuse me, sir. **I'm sorry to interrupt, but I have Mr. Chen from the Shanghai factory on the line.** 실례합니다. 사장님. 말씀 중에 끼어들어서 죄송합니다만, 상해 공장의 첸 씨가 전화하셨습니다.

B Oh, tell him I'm in the middle of an important meeting, and it'll take about 30 minutes to finish. 오, 내가 중요한 회의 중인데 30분쯤 있다가 끝날 거라고 전해 주세요.

A Yes, sir. 알겠습니다. 사장님.

자꾸 귀찮게 해서 죄송합니다.

I'm sorry to disturb you again.

Excuse me for disturbing you again.

I'm sorry to bother you.

시간을 너무 많이 빼앗아 죄송합니다.

I'm sorry to have taken so much of your time.

기분 상하게 해 드리지 않았는지 모르겠네요.

I hope I didn't offend you.

**잘못
인정하기**

당신 잘못이 아닙니다.

It's not your fault.

다 제 잘못입니다.

It's all my fault.

I take full responsibility.

I can only blame myself.

I blame no one but myself.

제가 어리석은 실수를 했습니다.

I made a stupid mistake.

변명의 여지가 없습니다.

There's no excuse for what I did.
There's no excuse for my behavior.

그럴 의도는 없었습니다.

I didn't mean it.
I didn't mean to do that.
I didn't intend to do that.
It was not my intention to do that.

그렇게 하지 말았어야 했습니다.

I shouldn't have done that.

그렇게 말하지 말았어야 했습니다.

I shouldn't have said that.

제가 말 실수를 했습니다.

It's a slip of the tongue.   *a slip of the tongue 실언, 말 실수

용서 구하기

용서해 주세요.

Please forgive me.
I ask for your forgiveness.

어쩔 수 없었습니다.

I couldn't help it.

다시는 그런 일이 없을 겁니다.

It won't happen again.
I'll make sure that it never happens again.
I'll see to it that it never happens again.

다시는 늦지 않겠습니다.

I won't be tardy anymore.
I won't be late ever again.

A Good morning, sir. Sorry I'm late. 안녕하세요. 늦어서 죄송합니다.

B You're late again. It's the second time this week! 또 늦었군요. 이번 주 들어 벌써 두 번째예요!

A I'm so sorry. I was trapped in traffic. 죄송합니다. 차가 막혀 꼼짝을 못했어요.

B Make sure not to be late for tomorrow's meeting with some buyers. 내일 바이어 미팅엔 늦지 않도록 하세요.

A Of course. **I won't be late ever again.** 물론이죠. 다시는 늦지 않겠습니다.

좀 봐주세요.

Give me a break, please.

제 사과를 받아들여 주세요.

Please accept my apologies.

제가 어떻게 해 드리면 될까요?

How can I make it up to you?

Is there anything I can do?

＊make it up to 보상하다

다음엔 더 주의하도록 하겠습니다.

I'll be more careful next time.

**사과
받아들이기**

괜찮아요.

That's OK.

That's all right.

It doesn't matter.

신경 쓰지 마세요.

Never mind.

Forget about it.

Don't mention it.

Don't worry about it.

문제될 것 없습니다.

No problem.

마음 쓰지 말아요.

I accept your apology.

일부러 그러신 것도 아닌데요.
You couldn't help it.

마음에 담아 두지 않을게요.
I won't hold it against you.

다시는 그런 실수를 하지 마세요.
Don't let it happen again.

**나쁜 소식
전하기**

어떻게 말씀드려야 할지 모르지만, 저희 지점이 문을 닫게 됩니다.
I don't know how to tell you this, but our branch will be closed.

이렇게 말씀드려 죄송한데, 저희 지점이 문을 닫게 됩니다.
I'm sorry to tell you this, but our branch will be closed.

말씀드리기 정말 싫지만, 저희 지점이 문을 닫게 됩니다.
I hate to tell you this, but our branch will be closed.

이것을 개인적으로 받아들이지는 마세요. 하지만 이건 허용이 안 됩니다.
Don't take this personally, but this is unacceptable.

좋지 않은 소식을 전하게 되어 유감입니다.
I am sorry to inform you of this bad news.

Chapter 6

초대 및 약속

🎧 06-6.mp3

초대하기

내일 저녁에 시간 있어요?

Are you free tomorrow evening?

A Hey, Jesse. **Are you free tomorrow evening?** 제시, 내일 저녁에 한가해요?

B I believe so. Why? 그럴 것 같아요. 왜 그러시는데요?

A Cindy will have a housewarming party. Would you like to come with me? 신디가 집들이를 한대요. 나랑 같이 갈래요?

내일 저녁에 뭐 하실 건가요?

What are you doing tomorrow evening?

이번 주말에 약속 있으세요?

Do you have any plans for this weekend?
Are you doing anything this weekend?

내일 저녁 먹으러 오지 않을래요?

Care to come over for dinner tomorrow? ❶
I'd like to invite you for dinner tomorrow.
How about joining us for dinner tomorrow?
Would you like to join us for dinner tomorrow?
Why don't you come over for dinner tomorrow?
How do you fancy coming over for dinner tomorrow? ❶
Would you be interested in joining us for dinner tomorrow?

A Hey, Jesse. How are you? 제시, 잘 지내죠?

B Good, thanks. What are you doing tomorrow? 잘 지내요. 고마워요. 내일 뭐 계획 있어요?

A Well, nothing special. 글쎄요. 별로요

B Listen, I'm throwing a party tomorrow. **Would you like to come over for dinner?** 실은 내일 파티를 여는데요. 와서 저녁 같이 하지 않을래요?

A Thanks. I'd love to! 고마워요. 갈게요!

내일 저녁 먹으러 오실 수 있나 해서요.

I was wondering if you'd like to come over for dinner tomorrow. **ⓕ**

약속 정하기

퇴근 후에 술 한잔 하지 않을래요?

How about going for a drink after work?

Let's go for a beer after work.

Are you up for a drink after work? **ⓘ**

Want to have a glass of beer with me after work? **ⓘ**

커피 한잔 하지 않을래요?

Do you have time for coffee?

How about a cup of coffee?

금요일 퇴근 후에 만나요.

Let's meet on Friday after work.

그럼 내일은 어때요?

How about tomorrow, then?

(다음 주) 화요일 괜찮아요?

Would next Tuesday be okay?

Is Tuesday all right with you?

어느 날이 가장 편하세요?

What date do you have in mind?

**시간 및
장소 정하기**

언제 가면 될까요?

What time should I get there?

When would be a good time for me to come over?

언제가 좋으세요?

When is a good time for you?

When would be convenient for you?

What time is best for you?

언제 만날까요?

When shall we meet?

어디서 만날까요?

Where shall we meet?

어디로 가는데요?

Where are we going?

A Hey, Sora. What are you doing tonight? Michelle and I are going to get some beers after work. Would you like to join us? 안녕하세요. 소라 씨. 오늘 밤 뭐 할 거예요? 미셸하고 퇴근 후에 맥주 마실 건데요. 같이 갈래요?

B Sounds fun. **Where are we going?** 재밌겠네요. 어디로 가는데요?

A We'll go to Jamie's Bar. 제이미즈 바에 갈 거예요.

B Good. What time? 좋아요. 몇시예요?

A Let's meet in the lobby at 6:30. 6시 반에 로비에서 만나요.

B Alright! See you then. 좋아요! 그 때 봐요.

파티는 6시쯤 저희 집에서 시작해요.

The party starts around 6:00 p.m. at my place.

탐즈 디너에 1시로 예약했어요.

We've booked a table at Tom's Dinner for one o'clock.

죄송하지만, 아마 그곳에 7시 30분쯤에나 도착할 수 있을 거예요.

I'm sorry, but I cannot get there until about 7:30.

A Hi, Cindy. 안녕하세요. 신디.

B Hello, Mike. 안녕하세요. 마이크.

A Do you have any plans for the evening? 저녁에 약속 있어요?

B No, I don't. 아뇨.

A That's good. Today is Jane's birthday, and John and I are going to throw a party for her. Would you like to join us? 잘됐네요. 오늘 제인 생일이라서 존이랑 내가 파티를 열어 주려고 하는데요. 신디도 올래요?

B That sounds fun! What time? 재미있겠네요! 몇 시인데요?

A The party starts at 6:30 p.m. 파티는 저녁 6시 반에 시작해요.

B **I'm sorry, but I cannot get there until about 7:30.** 미안한데. 아마 그곳에 7시 30분쯤에나 도착할 수 있을 거예요.

A No problem. See you then! 괜찮아요. 그럼 그때 봐요!

여기서 멀어요?

Is it far from here?

뭘 타고 가는 게 가장 좋은가요?

What's the best way of getting there?

지하철을 타는 게 나을 거예요.

I'd recommend you take a subway.

6시까지 갈게요.

I'll be there by six.

어디 좋은 데 없을까요?

What's a good place to get together?

**모임 정보
확인하기**

뭘 좀 가져갈까요?

What should I bring?

Can I bring something?

Should I bring any food?

Want me to bring something? ❶

Would you like me to bring something?

와인을 좀 가져갈게요.

I'll bring some wine.

Let me bring some wine.

Shall I bring some wine?

Would you like me to bring some wine?

드레스 코드는 어때요?

What should I wear?

How should I dress?

What sort of attire is appropriate?

*attire 의복, 복장

캐주얼인가요, 정장인가요?

Is it casual or formal?

친구[아내, 남자친구]를 데려가도 될까요?

May I bring a friend?

May I bring my wife?

Can I bring my boyfriend?

몇 명이나 오나요?

How many people will be there?

마실 것 좀 가져오시면 돼요.

Just bring something to drink.

그냥 오시면 돼요.

Just yourself.

Example		
A	Hello, Karen. 안녕, 카렌.	
B	Hi, Dan. 안녕, 댄.	
A	I think I can make it for your party on Saturday. 토요일 파티에 갈 수 있을 것 같아요.	
B	Oh, that's wonderful! 오, 잘됐네요!	
A	Would you like me to bring something? 뭐 좀 가져갈까요?	
B	**Just yourself.** 그냥 몸만 오세요.	
A	Alright. I can't wait! 알았어요. 정말 기대되는데요!	

우리 네 명이 모일 거예요.

It'll be the four of us.

또 누가 오는데요?

Who else is coming?

아마 다른 사람이 몇 명 더 올 거예요.

There'll probably be a few other people.

인맥 만들기

6

초대 및 약속

수락 및 거절

🔊 06-7.mp3

초대 수락

좋아요.
Great.
Fine.
Yes, why not?
I'd love to. Thanks.
That's fine with me.
That would be good.

그거 좋겠는데요.
Sounds like fun.
What a great idea!
That sounds great.
That sounds lovely.
That would be great.

Example

A   Hey, Cindy! It's good to see you again!   안녕, 신디! 다시 만나서 반가워요!
B   Hey, Linda. Nice to meet you!   안녕, 린다. 만나서 기뻐요!
A   Cindy, are you free tonight?   신디, 오늘 저녁 한가해요?
B   Yes, nothing special is happening.   네, 별다른 일은 없어요.
A   Would you like to come over for dinner tonight?   저녁 먹으러 우리 집에 올래요?
B   **That would be great!** Thanks.   그거 좋겠는데요! 고마워요.

네, 고마워요. 몇 시죠?
Yes, thank you. What time?

마음 써 주셔서 감사합니다.
That's very kind of you, thanks.

기대되는데요.
I look forward to that.

일정 확인	이번 주 금요일 저녁 7시 맞죠?
	So, that's 7:00 p.m. this Friday?
	확인 좀 할게요. 일요일 오후 3시 맞죠?
	Let me just confirm that. Sunday at 3:00 in the afternoon?
	예정대로 일요일에 만나는 건가요?
	Are we still on for this Sunday?

약속 결정 보류	감사합니다만, 일정을 확인해 봐야 합니다.
	Thank you, but I'll have to check my schedule.
	감사합니다만, 아직 일정이 확실하지 않아요.
	Thanks a lot, but I'm not sure about my plans yet.
	감사합니다만, 바쁠지도 모르겠는데요.
	Thank you, but I might be busy.
	나중에 알려 드려도 될까요?
	Do you mind if I let you know later?
	Could I get back to you later?
	I'll let you know later.

Example

A Hello, can I talk to James?   여보세요. 제임스 좀 바꿔 주세요.

B Speaking. Who's calling, please?   전데요. 누구세요?

A Hey, James, this is Linda.   안녕하세요. 제임스. 저, 린다예요.

B Hi, Linda. What's up?   안녕하세요. 린다. 어쩐 일이에요?

A James, why don't you come to my house for dinner this Sunday? Julia and Cindy will be there, too.   제임스, 이번 일요일에 우리집에 저녁 먹으러 올래요? 줄리아와 신디도 올 거예요.

B Thank you, but I'm not sure about my plans yet. **Could I get back to you later?**   고맙지만, 아직 일정이 어떻게 될지 모르겠어요. 나중에 알려 줘도 될까요?

A Sure. Please let me know by this Friday. Hope you can join us.   물론이죠. 이번 주 금요일까지 알려 주세요. 오셨으면 좋겠군요.

초대 거절

죄송하지만, 할 일이 많아서요.
Sorry, but my schedule is tight.
Sorry, but I've got a lot of work to do.
I'm sorry, but I have many things to do.

죄송하지만, 못 갈 것 같아요.
I'm afraid not.
I'm sorry, but I can't.
Sorry, but I won't be able to come.
I'm sorry, but I'm afraid I won't be able to make it.
I'm sorry, but I don't think I'll be able to make it.

가고 싶지만, 선약이 있어서요.
I'd love to, but I have other plans.
I wish I could, but I have other plans.
Sorry, I have already made plans.

가고 싶지만, 좀 바빠요.
Sorry, I'm very busy.
I'm really sorry, but I'm tied up.
Sounds like fun, but I'm very busy at the moment.

가고 싶지만, 다른 할 일이 좀 있어서요.
I'd love to, but I have something else to do.

죄송하지만, 오늘은 몸이 좀 안 좋아요.
I'm sorry, but I feel under the weather today.

미안하지만, 일이 생겨서요.
I'm sorry, but something has come up.

약속 변경 및 취소

너무 갑작스럽게 알려 드려 죄송합니다.
I'm sorry for such short notice. *short notice 촉박한 통보

화요일 미팅을 미룰 수 있는지 궁금합니다.
I'm wondering if you could postpone our meeting on Tuesday.

미팅을 다음 주 월요일까지 미룰 수 있는지 궁금합니다.

I'm wondering if we could postpone our meeting until next Monday.

다른 날로 바꿔도 될까요?

Can we make it some other time?

다른 날로 연기해도 될까요?

Can I take a rain check?

I'll take a rain check!

Give me a rain check, please.   *take a rain check 다음을 기약하다

다음 기회에요.

Maybe some other time.

Maybe another time.

Maybe next time.

미팅을 조금 앞당길 수 있을까요?

Can we have a meeting a little bit earlier?

30분 앞당길 수 있을까요?

Could we make it 30 minutes earlier?

약속을 6시로 변경할 수 있을까요?

Is it possible to reschedule it at 6 o'clock?

Shall we say at 6 o'clock instead?

다음 주 목요일 오후는 어떠세요?

What about next Thursday afternoon?

목요일 오후엔 특별한 일정이 없으니 괜찮을 것 같아요.

I have no appointments on Thursday afternoon, so that will work.

죄송하지만, 약속 장소를 바꿨으면 합니다.

I'm afraid I'd like to change the place to meet.

죄송하지만, 미팅을 취소해야 할 것 같습니다.

I'm afraid I have to cancel our meeting.
I'm afraid I have to call off this meeting.

**수락 또는
거절에 대한
응답**

오실 수 있다니 기쁘네요.

I'm glad you can come.

그럼 그때 봐요!

See you then!
See you soon!

할 수 없죠. 다음에 봐요.

All right then, maybe next time.

Chapter 8

손님맞이

🎧 06-8.mp3

도착 직후

어서 들어오세요.

Come on in.

Please come in.

아니 이게 누구세요! (뜻밖일 때)

Look who's here!

초대해 주셔서 감사합니다.

Thank you for inviting me.

Thank you so much for having me.

> Example
>
> A Hello, Dan. 안녕하세요, 댄.
>
> B Hey, come in. Glad you could make it. 어서 들어오세요. 와 줘서 기뻐요.
>
> A **Thank you so much for having me.** I brought some wine. 초대해 주셔서 고마워요. 와인을 좀 가져왔어요.
>
> B Oh, how kind! This way, please. 오, 친절도 하셔라! 이쪽으로 오세요.

이렇게 다시 뵈니 기쁘네요!

I'm so glad to see you again!

It's a pleasure to see you again! ❻

오시니 기쁘네요.

Glad you could come.

I'm so glad you could make it!

먼 길 오시느라 수고하셨어요.

Thank you for coming such a long distance.

Thank you for taking the trouble of coming such a long way.

> Example
>
> A Hey, John. Glad you could make it. 안녕하세요, 존. 이렇게 오시니까 기뻐요.
>
> B Hey, Susan. Thank you for inviting me. 안녕하세요, 수잔. 초대해 줘서 고마워요.
>
> A **Thank you for coming such a long distance.** Come on in. 먼 길 오시느라 수고하셨어요. 어서 들어와요.

인맥 만들기

8 | 손님맞이

찾아오시는 데 어려움은 없었나요?

Did you have any trouble getting here?

Did you have any trouble finding us?

만나 뵙기를 기대했습니다.

We've been looking forward to seeing you.

집을 구경시켜 드리겠습니다.

Let me show you around our house.

**늦은 이유
설명**

늦어서 죄송합니다.

I'm sorry I'm late.

I'm sorry to have kept you waiting.

길에 공사가 있어서, 예상보다 좀 많이 걸렸어요.

There was construction, and it took longer than I had expected to get here.

A Sorry, I'm late. 죄송해요. 늦었어요.

B Oh, that's OK. Please come in. Did you have any trouble finding us? 아, 괜찮아요. 어서 들어오세요. 찾아 오기 힘드셨죠?

A Actually **there was construction, and it took longer than I had expected to get here.** 사실 길에 공사가 있어서, 예상보다 좀 많이 걸렸어요.

시간이 이렇게 늦었는지 몰랐어요.

I lost track of time.

I didn't realize it was so late.

교통이 막혔어요.

I was stuck in traffic.

I got caught in traffic.

The traffic was heavy.

The traffic was terrible.

이렇게 먼 거리인지 미처 몰랐습니다.

I didn't realize you were so far away.

여기에 오는 데 예상했던 것보다 더 오래 걸렸어요.

It took me longer to get here than I had expected.

접대

앉으세요.

Sit down, please.
Please have a seat.

편히 계세요.

Please make yourself at home.
Please make yourself comfortable.

필요한 게 있으시면, 언제든지 말씀하세요.

If there's anything you need, don't hesitate to ask.

뭐 좀 마시겠어요?

Would you like something to drink?
Can I get you something to drink?

한 잔 더 드실래요?

Would you like another drink?

Example

A **Would you like another drink?** 한 잔 더 드실래요?
B No, thanks. I've got to drive. 아뇨, 괜찮습니다. 운전을 해야 해서요.

무알코올 음료는 어떠세요? 오렌지 주스?

What about something non-alcoholic to drink? An orange juice?

저녁 다 됐어요.

Dinner is ready.

맛있게 드세요!

Enjoy your meal!
Bon appetite!

맘껏 많이 드세요.

Please help yourself.
Help yourself to anything you like.

맛있을 것 같아요.

It looks tasty.

정말 먹고 싶네요!

I can't wait to eat! ❶

많이 드셨어요?

Have you had enough?

정말 잘 먹었습니다.

That was wonderful.

I really enjoyed the meal.

Thank you so much for such a great dinner.

방문 마치기

시간이 늦었네요.

It's getting later.

I'm afraid I stayed too long.

죄송하지만, 이제 일어나야겠어요.

I'm sorry, but I have to go now.

I'm afraid I have to leave now.

I'm sorry, but I guess I'll leave.

I'm afraid I'd better be leaving.

만나서 반가웠습니다. 이제 일어나야겠어요.

It was nice meeting you, but I really must go now.

오늘 즐거운 시간 되셨어요?

Did you have a good time today?

덕분에 즐거운 시간이었습니다.

I had a very good time.

얘기 즐거웠습니다.

It's been fun to talk to you.

It's been nice chatting with you.

이렇게 저녁에 초대해 주셔서 감사했습니다.

Thank you so much for having us over for dinner.

환대에 감사드립니다.

Thank you for your hospitality.

그렇게 말씀해 주셔서 감사합니다.

It's very kind of you to say so.

이렇게 와 주셔서 감사합니다.

Thank you for coming.

Thank you for spending time with us.

더 있다 가시면 안 되나요?

Can't you stay a bit longer?

Chapter 9

사람 사귀기 및 관계 증진 06-9.mp3

**초면인
사람에게
말 걸기**

날씨가 참 좋군요.
Nice day, isn't it?
What a lovely day!
It's a lovely day, isn't it?
Nice weather, isn't it?

> **Example**
>
> A **Nice day, isn't it?** 날씨가 참 좋죠?
> B **Yeah, it sure is.** 네 그렇네요.

날씨가 참 안 좋네요, 그렇죠?
Lousy weather, right? ❶   *lousy 안 좋은, 엉망인

비가 올 것 같아요.
It looks like it's going to rain.

참 멋진 곳이군요, 그렇죠?
Pretty nice place, huh?

이 자리에 누구 있나요?
Is this seat taken?

합석해도 될까요?
May I join you?
Do you mind if I join you?

우리 언제 만난 적 있지 않아요?
Haven't we met before?
Haven't I seen you here before?
Don't I know you from somewhere?

**아는 사람에게
말 걸기**

그 동안 잘 지냈어요?
How have you been?
How's everything?

잠깐 얘기 좀 할까요?

Can we talk?

You got a minute?

I have something to tell you.

Let's talk.

Do you have the time?

May I have a word with you? ❻

I'd like to have a word with you.

가족은 다 잘 지내죠?

How's your family?

대화 전개

그 소식 들었어요?

Guess what?

Have you heard?

잭 소식 들었어요?

Did you hear what happened to Jack?

Example

A **Did you hear what happened to Jack?** 잭 소식 들었어요?

B No, I didn't. 아뇨, 아무 소식 못 들었어요.

A I heard that he failed the entrance exam again. 이번에도 입학 시험에 떨어졌다고 하던데요.

B What a shame! 저런, 안타까워라!

(오늘) 뉴스 들었어요?

Did you catch the news today?

Did you hear the news?

Example

A **Did you hear the news?** The government is going to increase the sales tax again! 뉴스 들었어요? 정부가 판매세를 또 인상한다고 하네요!

B What? Again? It's been only six months since the last sales tax increase. 뭐라고요? 또요? 지난번 세금 인상 이후로 겨우 6개월 지났는데요!

A That's exactly what I wanted to say! Isn't it too depressing? 누가 아니래요! 너무 우울한 소식이지 않아요?

관심사가 뭐예요?

What are your interests?

What are you interested in?

취미가 뭐예요?

What is your hobby?

What do you like?

What do you like to do?

취미가 있어요?

Do you have any hobbies?

여가 시간에는 뭐 하세요?

What do you do in your spare time?

What do you like to do when you have time off?

What do you usually do when you are free?

How do you spend your leisure time?

What do you like to do for fun?

Example

A **What do you do when you are free?** 시간 나면 뭐 하세요?

B I enjoy looking at art collections. So I often go to art galleries. 미술 작품 보는 것을 좋아해요. 그래서 미술관에 자주 가요.

A Who's your favorite artist? 제일 좋아하는 예술가가 누구예요?

B I like Klimt the most. 클림트를 제일 좋아해요.

제 취미는 낚시입니다.

My hobby is fishing.

I love fishing.

제 취미는 우표 수집과 독서입니다.

My hobbies are collecting stamps and reading books.

I like to collect stamps and read books.

I love collecting stamps and reading books.

I usually collect stamps and read books.

너무 바빠서 여가활동 할 시간이 없습니다.

I'm too busy to have any leisure time.

주말에는 뭐 하세요?

What do you do on weekends?

퇴근하고 저녁에는 주로 뭐 하세요?

What do you usually do in the evenings after work?

최근에 새로운 취미가 생겼어요.

I have picked up a new hobby lately.

Example

A What do you usually do at weekends, Jane? 제인, 주말에는 주로 뭐 하세요?

B Well, actually I'm too busy to have any leisure time lately. I spend every weekend taking care of household chores and looking after my kids. 사실, 전 요즘 너무 바빠서 여가를 즐길 여유가 없어요. 주말마다 집안일을 하거나 아이들을 돌보느라 시간을 다 보내죠.

A Oh, that's too bad that you don't have much time for yourself. 오, 자신만을 위한 시간이 별로 없다니 참 안됐네요.

B How about you? Do you have any particular hobbies? 당신은요? 특별한 취미라도 있나요?

A **I have picked up a new hobby lately.** I enjoy watching Korean TV dramas! 최근에 새로운 취미가 생겼어요. 한국 TV 드라마 보는 게 낙이에요!

어떻게 그런 취미를 갖게 되셨어요?

How did you start your hobby?

Example

A I heard that you're very good at paragliding. **How did you start your hobby?** 패러글라이딩을 아주 잘 하신다고 들었어요. 어떻게 그런 취미를 시작하게 되셨어요?

B I have a foreign friend who is so into extreme sports, and he led me to try paragliding. 익스트림 스포츠에 심취한 외국인 친구가 있는데, 그 친구가 저를 패러글라이딩의 세계로 이끌었죠.

A Isn't it too risky? 너무 위험하진 않나요?

B It's not that dangerous if you follow the safety regulations. 안전수칙만 잘 지키면 그렇게 위험하지 않아요.
　　　　　　　　　　　　　　　　　　　　　　　　*safety regulations 안전규정

여가 시간에는 여러 친구들과 시간을 보냅니다.

When I have some spare time, I hang out with my friends.

그림 그리는 걸 무척 좋아해요.

I love painting.

저는 미술관에 자주 가요.

I often go to art galleries.

저는 사진에 관심이 있습니다.

I'm interested in photography.

싫어하는 것

쇼핑에는 관심이 없습니다.

I'm not interested in shopping.

저는 축구 경기가 싫어요.

I hate football games.

I don't like football games.

I can't stand football games.

시끄러운 장소는 참을 수 없어요.

I can't stand noisy places.

저는 운동을 싫어해요.

I hate exercising.

I don't like exercising.

A   What do you like to do in your free time?   여가 시간에 뭐 하는 거 좋아해요?

B   I like watching sports games such as football, baseball, and tennis. But **I don't like exercising** or playing any outdoor sports.   저는 축구, 야구, 테니스 같은 스포츠 경기를 보는 것을 좋아해요. 그런데 운동하거나 야외 스포츠를 하는 것은 별로 좋아하지 않아요.

A   Why not?   왜요?

B   I don't think I'm an active person. I'd rather stay indoors.   제가 그리 활동적인 사람 같지는 않아요. 실내에 있는 걸 더 좋아해요.

음악

저는 클래식 음악을 즐겨 들어요.

I enjoy listening to classical music.

악기 연주하는 거 있어요?

Do you play an instrument?

피아노를 몇 년째 쳤어요.

I've played the piano for years.

성가대에서 노래를 해요.

I sing in a choir.

콘서트에 자주 가세요?

Do you often go to concerts?

음악 듣기를 좋아하세요?

Do you like listening to music?

저는 재즈에 푹 빠졌어요.

I'm really into jazz music.   *be into ~에 관심이 많다, ~을 좋아하다

I'm getting into jazz music.

Example

A   Hey, Michelle! What are you listening to?   미셸! 뭐 듣고 있어요?

B   Oh, I'm listening to the music of the Parov Stelar Band.   오, 저는 파로브 스텔라 밴드의 음악을 듣고 있어요.

A   I haven't heard of that band. What kind of music does it play?   처음 듣는 밴드네요. 어떤 음악을 하는 밴드죠?

B   Its musical genre is called "Nu Jazz" which incorporates jazz elements and other musical styles. Since I first saw that band playing at a festival, **I've been really into their music.**   그 밴드가 하는 장르는 '누 재즈'라고 불리는데, 재즈 요소와 다른 음악 스타일을 혼합한 형태죠. 축제에서 그 밴드가 연주하는 것을 처음 본 후, 그들의 음악에 완전히 빠져 버렸어요.   *incorporate 포함하다, 결합하다

여행

저는 여행을 좋아해요.

I love traveling.

여행을 좋아하세요?

Do you like traveling?

해외 여행을 하신 적 있어요?

Have you ever been abroad?

Have you ever traveled overseas?

여행 많이 하시나요?

Do you travel a lot?

(살면서) 어떤 곳을 방문해 보셨나요?

What places have you visited in your life?

Where have you been?

방문하셨던 곳 중에서 어디가 가장 좋던가요?

What's the best place you've ever visited?

인맥 만들기

9

사람 사귀기 및 관계 증진

어디[어느 나라]에 가장 가고 싶으세요?

Which place would you most like to visit?

What countries would you most like to visit?

다음 휴가 때는 어디에 가실 거예요?

Are you planning to go anywhere for your next holiday?

혼자 다니는 여행을 더 좋아하나요, 아니면 무리 지어 다니는 여행을 더 좋아하나요?

Do you prefer to travel alone or in a group?

독서

저는 책을 많이 읽어요.

I read a lot.

선호하는 작가가 있어요?

Who is your favorite writer?

책 자주 읽으세요?

Do you often read books?

어떤 책을 좋아하세요?

What do you like to read?

What kinds of books do you like to read?

요즘 읽은 책 중에 좋은 책 있어요?

Have you read any good books lately?

운동

할 수 있는 운동이 있으세요?

Do you play any sports?

익스트림 스포츠를 해 본 적이 있나요?

Have you ever tried any extreme sports?

운동을 얼마나 자주 하세요?

How often do you work out?

How often do you exercise?

건강을 유지하기 위해 체육관에 즐겨 갑니다.

I enjoy going to the gym because it keeps me fit.

Example

A   Do you play any sports?   할 수 있는 운동 있으세요?

B   Well, nothing in particular. But **I enjoy going to a fitness center because it keeps me fit.**   글쎄요 뭐 특별히 하는 운동은 없어요. 하지만 건강을 유지하기 위해 피트니스 센터에 즐겨 다닙니다.

활동적인 것을 좋아해서 다양한 스포츠를 하면서 야외에서 많은 시간을 보내요.

I spend a lot of time outdoors playing various sports because I enjoy being physically active.

Example

A   Do you ever go to a fitness center?   피트니스 센터에 다니세요?

B   No, I don't like to exercise at the fitness center. I'd rather be outside. **I spend a lot of time outdoors playing various sports because I enjoy being physically active.**   아뇨, 전 피트니스 센터에서 운동하는 것을 별로 안 좋아해요. 차라리 밖으로 나가요. 활동적인 것을 좋아해서 다양한 스포츠를 하면서 야외에서 많은 시간을 보내죠.

영화

저는 영화광이에요.

I'm a movie buff.

＊buff ~광, 팬

저는 로맨틱 코미디를 좋아하고 정말 눈물 짜는 영화는 싫어요.

I love romantic comedies, and don't like a real tear jerker.

＊tear jerker 최루성 영화[이야기 등]

그 영화 봤어요?

Have you seen that film?

영화 보러 자주 가세요?

Do you often go to the cinema?

어떤 배우를 제일 좋아하세요?

Who's your favorite actor[actress]?

가장 좋아하는 영화 감독은 누구예요?

Who's your favorite film director?

최근 좋은 영화 본 거 있어요?

Have you seen any good films lately?

Which films have you seen lately?

A What do you do when you are free? 한가할 때 뭐 하시나요?

B I usually go to see a movie. 보통은 영화를 보러 가요.

A **Have you seen any good films lately?** 최근에 좋은 영화 본 거 있어요?

B The other day, I watched a movie titled *Shame*. I was really impressed by the main male actor. I strongly recommend you should see that movie! 며칠 전에 '셰임'이란 영화를 봤는데요. 남자 주인공이 정말 인상적이었어요. 꼭 보도록 하세요!

좋아하는 영화 장르는 뭐예요?

What is your favorite film genre?

PART

7

회의

영어로 회의하는 것은 더 이상 외국계 회사만의 업무가 아닌, 국제
화에 발맞추어 해외에 진출하고자 하는 모든 회사들이 미리 내부적
으로 준비해야 할 부분입니다. 중요한 프로젝트 회의뿐만 아니라 한
두 명의 동료와 가볍게 업무에 대해 토론하는 것도 넓은 의미에서
회의이기 때문에 비즈니스 회화 실력과도 연관이 있지요.

이러한 일상적인 업무 속에서 소소하게 발생할 수 있는 회의 상황
에서 유용하게 쓸 수 있는 표현을 학습해 봅시다. 회의의 시작과 전
개, 본론에서 의견을 제시하고 토론하며 마무리 짓는 상황의 순서대
로, 회의 상황에서 꼭 필요한 표현의 패턴 연습과 상황별 대화문을
통해 응용력을 키워 보세요.

Chapter 1
회의 시작

Chapter 2
회의 진행

Chapter 3
토론

Chapter 4
회의 종료

환영 및 인사

모두 환영합니다.

Welcome all.

Your visit is appreciated.

회의에 참가해 주신 모든 분들께 감사의 마음을 전합니다.

I would like to thank you all for attending this meeting.

자, 회의를 시작합시다.

Okay, everyone, let us begin this meeting.

Let us get the ball rolling and start the meeting.

*get the ball rolling 개시하다, 시작하다

저를 아직 만나지 못하신 분이 있을 텐데, 저는 볼트론 주식회사의 CEO 김광수라고 합니다.

For those of you who have never met me, my name is Kwangsu Kim. I am the CEO of Baltron Inc.

구체적으로 들어가기 전에 제 소개를 하겠습니다.

Let me introduce myself before we go any further.

제 소개는 이것으로 충분한 것 같고요, 먼저 이 회의에 참석하지 못한 분들의 사과의 말씀을 전해 드립니다.

Well, enough about me, firstly I would like to mention the apologies of people that were not able to make it to the meeting.

(이 회의에 참석하지 못한) 다음 분들이 사과의 말씀을 전해 주셨습니다. 존 김과 앨리샤 레닝 씨입니다.

So far, I have received apologies from the following people, John Kim and Alicia Lenning.

A few people have sent their apologies to me for not being able to be at this meeting and they are, John Kim and Alicia Lenning.

자, 여러분. 앉아서 앞에 있는 유인물을 살펴보시기 바랍니다.

Okay, everyone. Please have a seat and take a look at the handout in front of you.

새로 오신 분들이 보이는군요.

We have some new faces.

처음 만나는 자리이니, 자기소개를 하면서 시작합시다.

Since this is our first gathering, let us start by introducing ourselves.

시간 내어 참석해 주셔서 감사합니다. 서로 인사를 나누면서 시작합시다.

Thank you for taking the time to be here. Let us start by saying hello to each other.

A   Hope you are all feeling great this morning. **Thank you for taking the time to be here.** Let us start by saying hello to each other.   모두 오늘 기분 좋은 아침을 보내고 계시길 바라요. 시간 내어 참석해 주셔서 감사합니다. 서로 인사를 나누면서 시작하죠.

B   Hello, how do you do?   안녕하세요?

여러분 모두 환영해요. 앉으시죠.

Welcome everyone. Please have a seat.

(오늘) 회의에 참석해 주셔서 감사합니다.

I am grateful for your attendance.
Thank you for attending today's meeting.
I appreciate your coming to the meeting today.

갑작스러운 통보에도 와 주셔서 감사합니다.

Thank you for coming here on short notice.

지난번 회의를 한 이후로 오랜만이군요.

It's been a while since we had our last meeting.

오늘 저희 회의에 처음 오신 다섯 분이 있습니다. 이분들도 환영해 주시죠.

We have five newcomers attending this meeting today.
Please welcome them as well.

모두 앉읍시다.

Let's have a seat, everyone.

여러분, 안녕하세요. 들어오셔서 앉으세요.

Hello, everyone. Please come in and have a seat.

들어오셔서 앉으세요. 창의적인 생각이 흐르도록 합시다.

Please come in and have a seat. Let us keep our creative juice flowing here.

오늘 긴급 회의에 참석해 주셔서 감사합시다.

Thank you for attending today's emergency meeting.

저희 회사에 대해 알 수 있는 좋은 기회가 될 것이라고 생각합니다.

I'm sure it will be a good chance to know about our company.

회의에 온 것을 후회하지 않으시리라고 확신합니다.

I'm positive that you won't regret coming to the meeting.

회의 내용을 통해 여러분은 우리 회사에 대해 이해하시게 될 것이라고 확신합니다.

I'm certain that the contents of the meeting will give you some picture of our company.

제 말을 믿으셔도 좋습니다. 회의에 참석하시는 보람이 있을 것입니다.

Trust me. The meeting will be worth attending.

그분들을 위해 제가 지난번 회의 안건의 유인물을 가져다 드리죠.

Let me get the handout on the last meeting's agenda for them.

이번이 올해의 첫 총회입니다.

This is our first general meeting of this year.

먼저, 우리의 안건을 보면서 시작합시다.

First of all, let us start by looking at our agenda.

오늘 다뤄야 할 사항이 많습니다. 회의의 목적을 살펴봅시다.

We have a lot of things to cover today. Let's go over our meeting objectives.

회의

1

회의
시작

그러니까 회의가 오전 10시 시작이 맞죠?

So the meeting starts at 10:00 a.m., right?

5분 쉬도록 하지요.

Shall we take a five-minute break?

안건이 여러분 앞에 모두 준비되어 있습니다. 지금부터 여러분 모두 상세히 살펴보시기 바랍니다.

You all have the agenda in front of you. I would like you all to look at that carefully right now.

안건이 여러분의 회의 정보 묶음집에 들어 있습니다. 우선 묶음집을 풀어 이것을 먼저 보시도록 하죠.

A copy of the agenda is included in your meeting information package and it will be the first thing you see when you open your package.

여러분 앞에 있는 소책자 1페이지를 펼치면, 회의 안건을 보실 수 있을 것입니다.

If you open your booklet that is in front of you to the first page, you will be able to see the agenda for the meeting.

앞에 보이는 시간 계획표 대로 정확히 진행될 것이라는 점에 유의해 주세요.

Please take note that we will be strictly adhering to the time schedule as seen in front of you.

시간 계획표에서 벗어나는 일은 없을 것이니 시간을 잘 지켜 주시기 바랍니다.

There will be no deviation from the time schedule, so please be punctual.

*deviation 일탈, 탈선

의사일정을 엄격히 따를 것이니 시간을 잘 지켜 주시기 바랍니다.

We will be sticking to the agenda strictly, so please be on time.

*agenda 의제, (의사)일정

두 개의 세션이 있는데 첫 번째 세션 후 점심 시간 한 시간이 있겠습니다.

There will be two 2-hour sessions with an hour lunch break after the first session.

의사일정이 다음과 같이 전개됩니다: 발표자 당 두 시간 토론 및 그 사이에 한 시간 점심 시간이 있겠습니다.

The agenda is laid out as follows: two 2-hour discussions per speaker and an hour lunch break in between.

의사일정의 처음에 제 소개가 있고, 이어 조넥스 사 최고 경영자께서 두 시간 진행하시며, 그리고 점심식사를 한 후 M&A 전문가가 또다시 두 시간 정도 진행합니다.

First on the agenda is my introduction, followed by the CEO of Zonex for two hours, then lunch and then the M&A specialist for another two hours.

스미스 씨가 회의 의사록을 기록하고 내일 오후까지 모든 분께 이메일로 보내 드릴 예정입니다.

Mrs. Smith will be taking the minutes of the meeting down and she will email them to everybody by tomorrow afternoon.

*minutes 회의록

의사록을 기록해 주실 분 계십니까?

Would anybody like to volunteer to take down the minutes?

잭, 오늘 회의의 의사록을 기록해 주실 수 있어요?

Jack, is it possible for you to do the minutes of the meeting today?

정확히[공식적으로] 오후 3시 반에 회의를 마치겠습니다.

We will be finishing the meeting promptly at 3:30 p.m.
The meeting will be finished officially at 3:30 p.m.
We are scheduled to end at exactly 3:30 p.m.

다음 한 시간 정도 회의가 진행됩니다.

We are here for the next hour or so.

처음 10분 간은 지금까지 해 온 사항에 대해 이야기해 보도록 하지요.

Let us spend the first 10 minutes to look at what we have done so far.

회의

1
회의
시작

두 발언자 모두 연설 마지막 30분 동안만 질문을 받을 것입니다. 따라서 질문은 그때 해 주시길 바랍니다.

Both speakers will only allow questions in the last half hour of their talk. So, please keep your questions until such time.

회의의 전반적인 개요를 전해 드리죠. 첫 발언은 미스터 장, 그리고 오찬 후엔 파커 씨가 맡아 주시겠습니다.

Let me give you the general outline of the meeting. First up is Mr. Chang and after lunch is Mr. Parker.

시작에 앞서, 잠시 브레인스토밍할까요?

Before we begin, shall we brainstorm for a while?

우선, 이 회의 직후 다이아몬드 룸에서 오찬이 바로 있을 예정이오니 이 점 숙지하시기 바랍니다.

To begin with, I'd like to call your attention to the luncheon which will be held at the Diamond Room right after this meeting.

질문 있으시면 중간에 말씀해 주세요.

Please interrupt me if you have any questions.

오늘 앤 스미스 씨를 대신하여 케빈 플랜더스 씨가 참석합니다.

We have Kevin Flanders with us standing in for Anne Smith.
Kevin Flanders is filling in for Anne Smith today.

fill in for ~을 대신하다

앤 스미스 씨가 오늘 참석하지 않은 관계로, 케빈 플랜더스 씨가 오늘 그분을 대신할 것입니다.

Since Anne Smith cannot be here, Kevin Flanders is taking her place today.

오늘은 인사부 연수과 케빈 플랜더 씨가 함께 자리합니다. 앤 스미스 씨를 대신하는 것입니다.

With us today is Kevin Flanders from HR Training. He is Anne Smith's stand-in.

누가 (회의를) 진행하나요?

Who is going to run it today?

Who is leading the meeting?

Who is presiding over the meeting?

Who is chairing the meeting?

이렇게 한번에 다 같이 모이기가 쉽지 않습니다.

It is not easy for everyone to get together like this.

벌써 3시군요. 브라이언 없이 시작하는 게 어떨까요?

It's already 3:00 p.m. Why don't we start without Brian?

브라이언은 주요 부서원 중 한 명으로, 오늘 회의에서 논의되는 모든 것을 들어야 해요.

Brian is one of the main department members who needs to hear everything discussed in today's meeting.

회의 주제 소개

이번에는 무슨 내용인가요?

What is it about this time?

What is the meeting for?

Why do we have a meeting?

회의는 매출 분석에 관한 것이라고 들었어요.

I heard the meeting will be on the sales analysis.

As far as I know, it is on the sales analysis.

The announcement says it's about the sales analysis.

I guess the meeting is about the sales analysis.

왜 모였는지 아시는 분은 아실 겁니다.

Some of you know why we are here today.

이 회의는 우리의 새로운 사업 계획에 관한 것입니다.

This meeting is about our new business plans. ❶

This meeting is concerning our new business plans.

This meeting is regarding our new business plans.

Example

A What is the meeting about? 회의 내용이 뭐죠?

B **This meeting is about how to boost our sales.** As you know, with the economic downturn, our sales are decreasing. 이 회의는 매출을 증진시키는 방법에 관한 것입니다. 아시다시피, 경기 침체로 우리 매출이 감소하고 있어요.

오늘 회의의 목적은 B사와 Z사의 합병에 관해 토론하고자 하는 것입니다.

Our main objective is to discuss the merger between B and Z.

이 회의는 합병 중 실행되어야 할 절차를 살펴보기 위해 소집된 것입니다.

This meeting was called to look at procedures to be taken during the merger.

이 회의 목적은 합병에 관한 세부 내용을 검토하는 것입니다.

The aim of this meeting is to go over the details of the merger.

저희는 오늘 우리의 신규 프로젝트의 진행 상황을 보고하고자 이 회의를 소집했습니다.

We've called for today's meeting to report our progress in our new project.

이 회의의 또 다른 목적은 우리가 직면한 문제점들에 대해 논의하기 위해서입니다.

Another purpose of this meeting is to discuss the problems we've encountered.

이메일에서 언급한 대로, 오늘 회의 목적은 우리의 새 프로젝트를 소개하기 위해서입니다.

As mentioned in the email, the purpose of today's meeting is to introduce our new project.

평상시 하던 주간 회의 안건 대신, 오늘은 좀 다른 것을 논의하고 싶습니다.

Instead of our usual weekly agenda, I'd like to discuss something else today.

우리는 이 회의를 해결책으로 보고 있습니다.

We see this meeting as a solution.

공지에 따르면, 회의는 매출분석에 관한 것이 될 것입니다.

According to the notice, the meeting will be on the sales analysis.

모두 생각을 나누고 매출을 증진시킬 방안을 모색해 봅시다.

Let's share ideas and find ways to boost our sales.

매출에 관해서는 신규 고객이 필요합니다.

As for our sales, we need new clients.

With respect to our sales, we need new clients.

As far as our sales are concerned, we are in great need
of new clients.   *be in need of ~을 필요로 하다

그들이 새로운 영업 전략을 소개할 겁니다.

They will be introducing new sales strategies.

They are adopting new sales strategies.

They will be bringing in new sales plans.

This meeting will establish new sales skills.

This meeting will present new sales know-how.

Biz Tip

동사 adopt는 '새롭게 도입하여 채택하다'라는 의미로 bring in, establish(설정하다)와 비슷한 의미입니다.
present는 '소개하다'라는 의미에 가깝습니다.

오늘 우리는 두 가지 주제에 관해 토론합니다.

We have two key topics to discuss today.

모두 왜 오늘 이 자리에 모였는지 잘 아시겠죠.

OK, you know why we're here today.

두바이 프로젝트의 진행 상황을 토의하기 위해 이 회의를 소집했습니다.

I've called this meeting to discuss the progress on our
Dubai project.

연사 소개

오늘 초청 연사 한 분을 모셨습니다.

We have a guest speaker today.

오늘은 특별 게스트가 참석하셨습니다.

We have a special guest today.

시작에 앞서, 나중에 시간 관리에 대한 강연을 하실 개츠비 씨를 맞이할까요?

Before we begin, shall we welcome Mr. Gatsby, who will
later today lecture about time management?

시작에 앞서, JJ 그룹의 최고 경영자이신 로빈슨 씨를 큰 박수로 맞이할까요?

Before we begin, shall we give a big hand to Mr.
Robinson, the CEO of JJ Group?

(자, 그럼 더 이상 지체 없이) 첫 발언자인 조넥스의 (CEO) 미스터 장을 맞이합시다.

Well, without any further delay, let's welcome our first speaker Mr. Chang from Zonex.

Let us welcome the first speaker Mr. Chang, the CEO of Zonex.

Okay, before we get behind schedule, here is the CEO of Zonex, Mr. Chang.

참석자의 이름을 한 분씩 호명하겠습니다.

Let me call out the names of all attendees.

멀리 두바이에서 방문해 주신 카불 씨, 정말 감사합니다.

Thanks a lot, Mr. Kabul, for visiting us all the way from Dubai.

따뜻하게 맞이해 주셔서 감사합니다. 이번 회의에 참석하게 되어 기쁩니다.

Thank you for your warm welcome. It's my pleasure to participate in this meeting.

Chapter 2

회의 진행

🔊 07-2.mp3

회의 본론 개시

자, 그럼 본론으로 들어가도록 하죠.
Alright, let's get down to business, shall we?

여러분 모두 앞쪽의 화면을 봐 주세요.
Everyone, please take a look at the screen ahead of you.

이것은 연구 개발팀에서 만든 여러 제품 원형들 중 하나입니다.
This is one of the many prototypes of the product that the R&D team has created.

연구 개발팀의 제이크 씨께서 상세한 내용을 설명하실 것입니다.
Please let Jake from the R&D team explain the details to us.

여러분 대부분은 우리 계획의 문제점들에 대해 이미 정보를 제공받으셨습니다.
Most of you have already been informed of the problems in our plan.

해결책에 대한 논의를 시작하기 전에 그 문제들에 대해 상세히 보고해 주시겠습니까?
Would you mind detailing the problems before we begin to talk about solutions?
Could you detail the problems before we begin to talk about solutions?

회의 내용 정리

여기 있는 사람들 모두 벌써 이메일을 통해 내용을 다 검토했습니다.
Everyone here already went over the information via email.

어디서부터 이야기할까요?
Where do you want to start?

약간의 수정이 필요하므로 계약서 뒷부분부터 시작하는 게 어떨까요?
Why don't we start with the last part of the contract as it needed some modifications?

*modification 수정, 변경

회의

2
회의
진행

제가 여기 최종 인쇄본을 가지고 있습니다.

I have the printed final draft right here.

지난 회의의 의사록을 살펴보면서 시작합시다.

Let's begin by reviewing the minutes of our last meeting.

Let's start by reviewing the minutes of our last meeting.

Let's open by reading the minutes of our last meeting.

Let's get this meeting under way by reviewing the minutes of our last meeting.

지난번 회의에서 생산비를 줄이기 위해 다음 분기에 무엇을 해야 하는지에 대해 토론했습니다.

At our last meeting, we discussed what we should do next quarter in order to decrease production costs.

지난번 회의에서 토론했던 것을 모두 기억하셨으면 좋겠군요.

I hope everyone can recall what we discussed in our last meeting.

확인해 보실 수 있도록 여러분에게 이메일로 보내 드릴 것입니다.

It will be emailed to you to check.

지난번 회의에서 우리 소프트웨어에 대해 이야기했습니다.

We talked about our software at our last meeting.

다음번 회의에서 마케팅 전략들에 대해 토론하겠습니다.

At our next meeting, we will discuss marketing strategies.

돌아가면서 서로의 의견에 대해 논평하도록 합시다.

Let's take turns to comment on each other's ideas.

우리에게 부족한 게 무엇인지에 대해 이야기해 봅시다.

Let's talk about what we're lacking.

돌아가면서 자료를 분석합시다.

Let's go around and analyze the data.

제가 고객님들께 샘플을 보내도록 하겠습니다.

Please allow me to send some samples to the customers.

제가 우선 저희 부서에서 실시함으로써 제 계획이 효과가 있다는 것을 입증하도록 하겠습니다.

Please allow me to prove my plan works by implementing it in my department initially.

*implement 시행하다

이 회의의 한정된 시간을 지켜야 하므로, 이 제품의 대상이 누구인지 살펴보고 그 다음 나머지 사항을 논의할 수 있겠습니다.

Well, to keep within the time constraints of this meeting, let's stick to looking at who this product would be targeted at, and then perhaps we can discuss the other factors.

*constraint 제약, 속박

이번 회의에서 짧은 시간에 논의할 의제로 많은 주제들이 있는데, 목표 시장이 무엇인지와 같은 사항을 한 번에 하나씩 살펴보고, 그 후 다른 사항으로 넘어가도록 하겠습니다.

We have a lot of issues on the agenda to discuss in a short period of time in this meeting, but I'd like to look at one concern at a time, such as who would be the target market, and then we can move on to other issues from there.

시간이 많지 않을 뿐더러 오늘 이 모든 문제를 모두 다룰 수 있을 것 같지 않으므로, 목표 시장이 무엇인지를 집중적으로 보고, 시간이 허락되면 다른 사항으로 넘어가도록 하겠습니다.

As there's not a great deal of time, and we are unlikely to be able to cover all these issues today, let's focus on who the target market should be, and then time permitting, we can progress onto some of the other issues.

순서 없이 진행하면 진척이 없을 것 같아 걱정입니다.

I'm worried we'll not make any progress without some order.

점심 시간에 기초적인 것들에 대해 요약해 드리겠습니다.

I'll brief you on the nuts and bolts at lunchtime.

*nuts and bolts 기본, 요점

상세한 부분에 관해 업데이트해 드리겠습니다.

I'll update you on the details.

제가 절차를 설명하는 동안 서슴지 마시고 질문해 주세요.

Please feel free to ask questions while I explain the procedures.

제 발표에 대해 질문 있으시면 중간에 말씀해 주세요.

Please interrupt me if you have any questions on my presentation.

이해가 안 되면 물어봐 주세요.

Please ask me if you don't understand.

우리의 목표를 잠시 살펴보도록 하죠.

Let's briefly go over our goals.

5분 휴식 후 재개하겠습니다.

We will resume after a five-minute break.

프로젝트 예상 및 준비

나는 이 프로젝트가 성공할 거라고 믿어요.

I believe this project will succeed.

시장 점유율을 늘리기 위해 더 많은 노력을 해야 한다는 것을 알고 있습니다.

I'm conscious of our need to put more effort into strengthening our market share.

모든 것이 잘 돌아가게 하기 위해 밤낮을 가리지 않고 일하고 있습니다.

We are working day and night to make sure everything goes well.

저희는 새로운 안건에 대한 회의를 시작할 준비가 되었습니다.

We are ready to start the meeting about the new agenda.

일정에 관해서 말씀드리자면, 저희는 준비되었다고 생각합니다.

As far as the schedule is concerned, I believe we are set.

인정하는 바와 같이, 개선의 여지가 있습니다.

Admittedly, there is still room for improvement.

*admittedly 인정하건대

향후 발전을 위한 많은 기회가 있으며, 기회를 다 놓친 것은 아닙니다.

There are still plenty of opportunities for future development, so all is not lost.

이 상황을 잘 알고 있습니다.

I'm aware of the situation at hand.

이 프로젝트를 담당하고 있는 저희들은 이 기회를 놓쳐서는 안 된다고 믿습니다.

Those of us heading this project really do think that it is an opportunity we don't want to miss.
Those of us in charge of this project believe that we should not let this opportunity pass us by.
Those of us leading this campaign don't want to miss out on such an opportunity.

제안

긴급 회의 소집을 제안합니다.

I suggest that we call an emergency meeting.

우리는 다른 방법을 제안해야 합니다.

We have to propose a different method.

다른 분들 중 존의 아이디어에 대해 의견이 있으신가요?

Does anyone else have something to say about John's idea?

우리의 첫 번째 시도가 실패하였으니 우리는 다른 방법을 제안해야 합니다.

Our first attempt failed, so we have to propose a different method.

이것은 복잡한 안건이기 때문에 우리는 더 많은 옵션들을 제안해야 합니다.

Since this is a complex matter, we have to propose more options.

이것은 복잡한 안건이기 때문에 우리는 이 문제에 대한 더 많은 의견들을 들어야 합니다.

Since this is a complex matter, we have to listen to more opinions on this matter.

우리는 이 문제들을 해결하기 위해 협상을 제안해야 합니다. 그렇지 않으면 이 프로젝트를 놓치게 될 것입니다.

We have to propose negotiations to solve these problems, or else we are going to lose this project.

새로운 계획을 생각해 내야 해요.

We have to come up with a new plan.

*come up with ~을 내놓다[찾아내다]

이게 완전하거나 영구적인 해결책은 아니지만, 우리는 임시 해결책으로서 이것을 실행해야 합니다.

Although this is not a complete or permanent solution, we should implement this as a temporary solution.

우리는 이것을 좋은 기회로 인정해야 합니다.

We should recognize this as a good opportunity.

조만간 이 문제를 다루지 않으면 안 됩니다.

Sooner or later, we have to deal with the problem.

이 건은 나중에 다루도록 합시다.

Let's deal with this case later.
Why don't we take care of this case later?
Sooner or later, we have to handle this case.

나중에 모여 좀 더 논의합시다.

Let's get together later for further discussions.

다른 중요한 안건들로 화제를 옮기도록 합시다.

Please, let's move on to other important things.
Shall we continue to move on to other important things?

프레젠테이션에 집중하도록 하죠.

Now, let's focus on the presentation.
Now, let's concentrate on the presentation.
Now, let's pay attention to the presentation.

*concentrate on ~에 집중하다 | pay attention to ~에 주목하다

광고에 대해 생각해 보고 싶군요.

Let us focus on advertising.
Now we would like to think about advertising.

광고가 또다른 좋은 옵션입니다.

Advertising is another good option.

그런데 말이죠, 수익을 어떻게 나눌지에 관해서도 토론해야 합니다.

By the way, we should discuss how to share the profits.

상황 파악 및 문제점 제기

그들이 회사 합병 의견에 반대한다고 들었습니다.

We were told they were against the idea of merging their company with ours.

지금 당장 회의를 중단하라고 조언 받았습니다.

We were advised to stop the meeting immediately.

시장을 예측하라고 배웠습니다.

We were taught to predict the market.

월말 전에 그 프로젝트를 완료해야만 한다고 들었습니다.

I was told that we needed to complete the project before the end of the month.

상세한 기획이 많이 부족했기 때문에 예상대로 그것은 잘 되지 않았습니다.

It lacked a lot of detailed planning, so as I expected, it didn't work out.

이 차트에서 보듯이, 우리의 마케팅 전략이 통했습니다.

As you can see from this chart, our marketing strategy has worked.

느끼실 수 있듯이, 많은 회사가 방어적인 방법을 선택하고 있습니다.

As you can sense, many companies are taking defensive measures.

귀사와 거래하고자 하는 제 사업 제안서를 고려해 봐 주십시오.

Please consider my proposal to do business with you.

전에 설명해 드렸듯이, 다급한 문제는 디자인이 아닙니다.

As I explained earlier, the issue at hand is not the design.

우리의 총 매출이 줄고 있다는 것을 무시할 수 없습니다.

We can't ignore the fact that our total sales have been falling.

지금까지, 그들이 우리에게 계약을 주지 않으려는 것은 우리의 높은 가격 때문입니다.

So far, it is because of our higher price that they are not willing to give us the contract.

우리가 아는 바로는, 우리가 계약을 따내지 못한다면, 그것은 우리가 견적 낸 높은 가격 때문일 것입니다.

As far as we know, if we do not get the contract, it will be because of the higher price we quoted.

저희가 아는 바로는, 그들이 계약을 하지 못하는 것은 저희 측의 높은 가격 때문입니다.

From what we know, it's our high prices that deter them from signing the contract.

끼어들어서 죄송합니다만, 그 부분을 더 설명해 주실 수 있나요?

I'm sorry to interrupt, but could you elaborate on that?

*elaborate 자세히 설명하다

끼어들어서 죄송합니다만, 그래프가 이상해 보입니다. 최고점이 정말로 저렇게 높습니까?

I'm sorry to interrupt, but that graph looks strange. Is the peak really that high?

예전에 보여 드렸듯이, 이 기술은 생산비를 반으로 절감해 줄 겁니다.

As I showed you before, this technology will cut production costs in half.

매년 강조했듯이, 우리 팀은 여러분의 꾸준한 좋은 성과에 달려 있습니다.

As I emphasize each year, our team relies on your continued good performance.

손해가 예상됩니다. 새로운 방안들이 자리잡을 것이라고 예상합니다.

We are expecting losses. I suppose new measures will come in place.

Chapter 3

토론

🎧 07-3.mp3

**진행 및
의견 묻기**

제인, 이 토론을 진행해 주시겠어요?

Jane, would you like to get this discussion underway?

Jane, would you like to start the discussion off?

*underway 진행 중인

제인, 이 토론 사항을 소개해 주시겠어요?

Jane, would you like to introduce this discussion point?

제가 말한 것을 알아들으셨나요?

Did I make myself clear?

어떻게 생각하십니까?

What's your idea?

What do you think?

What's your opinion?

What are your thoughts on this?

I'd like to hear your opinion on this.

그의 견해를 타진해 보시죠?

Why don't you sound out his view?

좋은 시작이군요. 더 의견 없으신가요?

That is a good start, any more ideas?

흥미로운 의견이군요. 좀 더 봅시다.

That is an interesting idea. Let's have some more.

자, 또 다른 의견은요?

Well, anything more?

합병 건에 대한 여러분의 의견은 무엇입니까?

What is your opinion on this merger deal?

이 사업을 계속할 수 있을까요?

Can we continue this project?

회의

3 | 토론

왜 그렇게 부정적인가요?

Why are you so negative about it?

A I am not sure if this is a feasible option. 실현 가능한 옵션인지 확신이 서지 않아요.

B **Why are you so negative about it?** Let's just give it a try. 왜 그렇게 부정적인가요?
그냥 한번 해 봅시다.

이 일에 대한 낙관적인 해결 방안은 전혀 낼 수 없는 건가요?

Can't you come up with any optimistic solutions for the matter?

토니, 이런 분야(의 프로젝트)에 참여해 보신 적이 있지요?

Tony, you have some experience in this area?

Tony, you have worked on these kinds of projects before?

토니, 이 분야를 알고 계시죠?

Tony, you have some knowledge of this area?

이 상품을 위해 어느 시장을 겨냥해야 한다고 생각합니까?

What market do you believe we should be targeting for this product?

이 제품의 목표 시장에 관한 의견이 어떠신가요?

What is your opinion regarding the target market for this product?

이 제품은 어떤 소비자 그룹을 대상으로 마케팅되는 게 최선이라고 보시나요?

What consumer group do you think this product would be best marketed towards?

이 불황에 수익을 내는 것이 가능하다고 생각하세요?

Do you think it's possible to make a profit in this recession?

A I'm sorry for interrupting your presentation, Mr. Harrison, but I have a
question. 해리슨 씨, 발표 중에 끼어들어서 죄송합니다만, 질문이 있어요.

B Go ahead. 네.

A **Do you think it's possible to cut down the projected cost?** 예상 지출을 줄이는 것이 가
능하다고 생각하세요?

B Oh, it's very possible! 아, 물론 가능하지요!

만일 이 방안이 만족스럽지 않으시면 다른 방안을 고려하시겠습니까?

Would you consider another option if this one does not satisfy you?

축구 같은 세간의 이목을 끄는 스포츠 행사를 후원하는 것이 어떻습니까?

How about sponsoring a high profile sports event, like a soccer match?
                                                    *high profile 세간의 이목을 끄는

익스트림 스포츠 행사를 후원하는 게 어떻습니까?

What about sponsoring an extreme sports event?

대신에, 우리 브랜드를 보증할 스포츠 스타를 계약하는 건 어떤가요?

Alternatively, how about signing a sports star to endorse our brand supporter?

발언 연결 및 제지

경청하고 있습니다. 계속하세요.

I am all ears. Go ahead.

소감을 말씀해 주세요.

Give me some feedback.

제가 잠깐 끼어도 되겠습니까?

May I interrupt?
May I please cut in here?

제가 그에 대한 의견을 말해도 될까요?

Could I please make a comment on that?

잠시만요! 괜찮으시다면, 하던 말을 끝내겠습니다.

Wait a minute! If you don't mind, I'll just finish what I was saying.

제가 말하려고 했던 것이 아직 끝나지 않았습니다.

I haven't finished what I was saying.

마저 끝내도 될까요?

Could you please let me finish?

이 문제에 대해서는 여전히 많은 사항을 논의해야 할 것 같습니다.

I think that there is still a lot more to discuss on this issue.

또 한 번의 회의에서 이 토론을 이어나가야 할 것 같습니다.

I think that we will have to continue this discussion at another meeting.

이 점은 우선은 그냥 두고 다음 항목으로 넘어가야 할 것 같습니다.

I think that we will have to leave this point for now and move on to the next item.

나머지 시간은 이 문제에 대해 공개 토론을 하도록 하겠습니다.

I would now like to use the remainder of our time for an open discussion on this issue.

한 말씀 드려도 될까요?

May I say a word or two?

마지막으로 한두 말씀 드리겠습니다.

In conclusion, I would like to say a word or two.

말씀 중에 미안하지만, 한두 마디 하겠습니다.

I'm sorry to interrupt you, but let me say a word or two.

잠시 아이디어를 짜내도록 하지요.

Let me kick the idea around for a while.

제가 어디까지 했죠?

Where was I?

표결에 부치겠습니다.

We will take a vote on it.

찬성하면 손을 들어 주세요.

Raise your hands if you are in favor.

반대하시는 분은 '아니오'로 답해 주세요.

If you object, say "No."

**의견 제시 및
설득**

이 제품의 출시가 실행 가능한지를 알아보기 위해서 소비자 트렌드에 관한 정보가 필요합니다.

In order to determine whether it is viable for us to launch this product, we need to get information on consumer trends.

*viable 실행 가능한, 생존 가능한

비슷한 방식으로 시장에 내놓은 이전 모델이 별로 성공적이지 못했다는 것을 상기시켜 드리고 싶었습니다.

I just wanted to remind you of our less than successful previous model that we marketed in a similar fashion.

제안하시는 것과 비슷한 방식으로 시장에 내놓았던 이전 모델이 별로 성공적이지 못했다는 것을 잊고 계신 것 같군요.

I just feel that you are forgetting our rather unsuccessful previous model which was marketed in a manner similar to what you're suggesting.

저희 이전 제품으로 이 시장에서 별로 성공적이지 못했다는 것을 지적하고 싶군요.

I would just like to point out that we did not have much success in this market with one of our previous products.

만일 매번 우리가 컴퓨터를 직접 포맷하는 대신에 IT 전문가를 채용한다면 어떨까요?

What if we hire an IT guy instead of formatting the computer ourselves all the time?

네, 그 점은 맞습니다. 그런데 이 상품이 이 시장에 더 적합한 것 같습니다.

Yes, you're right about that; however, I believe that this product is more suitable to this market.

아마 이번에는 좀 더 신중하게 시장 조사를 하게 될 것입니다.

Perhaps this time we will do our market research more carefully.

18세에서 30세 그룹을 목표로 해야 할 것 같습니다. 그들은 신상품 발표에 더 쉽게 유혹되거든요.

I think that we should be aiming at the 18 to 30 age group as they are more easily swayed by the introduction of new products.

회의

3

토론

I think that we should be aiming at the 18 to 30 age group; they are much more likely to be enticed by a new product. ＊sway 영향을 주다, (마음을) 기울게 하다 ｜ entice 유혹하다, 유인하다

18세에서 30세 그룹을 목표로 해야 할 것 같습니다. 그들이 신상품을 구입하도록 설득하는 게 더 쉽거든요.

I think that we should be aiming at the 18 to 30 age group because it is easier to persuade them to buy new products.

참여하기에 수익성이 좋은 시장인 것 같군요.

I believe that that would be a lucrative market to be involved in. ＊lucrative 수익성이 좋은

저는 도시가 출퇴근 철도 시스템을 업그레이드하고 확장하는 데 더 많은 자금을 투입해야 한다고 믿습니다.

I believe that the city needs to put more money into upgrading and expanding its commuter rail systems.

목표로 삼기에 좋은 시장인 것 같군요.

I think that that would be a great market to target.

우리 서비스를 제공하기에 매우 생산적인 소비자 그룹 같군요.

I think that it would be a very productive consumer group to provide our services to.

아직 다루어야 할 항목이 더 많은데, 이 문제에 관해 논의할 부분이 아직 많은 것 같군요.

There are many more items to cover, and I can sense that there is still a great deal to discuss on this issue.

이 문제에 관해 논의할 게 더 많이 있지만, 안타깝게도 지금 이 문제에 더 많은 시간을 들일 수 없겠습니다.

There is a lot more to discuss on this issue, but unfortunately we can't spend much more time on it now.

적어도 문제의 요점은 프로젝트 완수가 지연된 것이라고 생각합니다.

I feel that the crux of the problem at least is the delay in the completion of projects. ＊crux 요점, 급소

컴퓨터 시스템을 다시 온라인화하는 것이 최우선 순위여야 합니다.

The first priority must be to get the computer system back online.

그것에 관해서는 지금 이야기하지 않는 게 어떨까요? 모든 것에는 때와 장소가 있는 법이니까요.

How about we don't talk about that right now? There is a time and place for everything.

회사를 확장하는 것은 매우 좋은 생각이라고 봅니다.

I think it's a great idea that the firm is expanding.

사장님께서 퇴직하시는 것은 매우 안 좋은 생각이라고 봅니다.

I think it's a terrible idea that the CEO is resigning.

장기적인 관점에서 생각할 때 이 회사 주식을 사 두는 것은 훌륭한 투자입니다.

If you take the long view, buying stock in this company is an excellent investment.

당신의 계획을 재검토하시기를 권해 드리겠습니다.

I'd recommend that you rethink your plan.

제안을 받아들이시길 권해 드리겠습니다.

I'd recommend that you accept the offer.
I'd suggest that you accept the offer.
I'd advise that you accept the offer.

이 시점에서 저희 수수료를 절충합시다.

Let's compromise our fees at this point.

Example

A **Let's compromise our fees at this point** even though it will lead to a deficit.
적자가 난다고 하더라도 이 시점에서 우리의 수수료를 절충해 봅시다.

B OK. I will call them right after this meeting. 알겠습니다. 이 회의가 끝나자마자 제가 그들에게 전화해 보도록 하겠습니다.

우리는 팀워크를 강화해야 한다고 생각합니다.

I think we should strengthen our team spirit.

한번 시도해 보는 것도 괜찮겠군요.

Maybe we should give it a try.

우리는 그들에게 우리의 제한사항을 이해시켜야 합니다.

We have to get across our limitations to them.

이것은 단지 제 사견이에요.

This is only my personal opinion.

좋은 생각이 떠올랐어요.

A great idea struck me.

직접적으로 말씀드리자면, 당신의 프로젝트 결과가 불만족스럽습니다.

To be blunt with you, I am not satisfied with your projects' outcomes.

솔직히 말씀드리면, 이 일을 마치느라 고생 좀 했습니다.

To be frank with you, I struggled to finish this work.

Frankly speaking, I struggled to finish this work.

To be quite honest with you, I struggled to finish this work.

제 생각은 말이죠, 이 분야는 포화 상태라는 거죠.

In my opinion, this field is completely saturated.

The way I see it is that this field is completely saturated.

From my perspective, this field is completely saturated.

The way I look at it is that this field is completely saturated.

제 입장에서 그 문제를 보신다면 이해하실 겁니다.

If you look at it from my point of view, you will understand what I mean.

제 생각에, 첫 우선순위는 최고의 옵션을 결정하는 것이어야 합니다.

In my opinion, the first priority should be to choose the best option.

제 입장에서 생각해 보세요.

Put yourself in my shoes.

동의하기

동의합니다.
I'm for that.
Absolutely.
I agree with that.
I'm in favor of that.
I'll support you on that.

당신 의견에 전적으로 동의합니다. (강한 어조)
You're absolutely right.
I agree with you 100 percent.
I couldn't agree with you more.

그 점에 있어서 당신 의견에 동의합니다.
I agree with you on that point.

제 생각도 그렇습니다.
Exactly.
That's how I see it, too.
That's exactly how I feel.

저도 그렇지 않습니다.
Me, neither.

당신 의견도 일리가 있습니다.
You have a point there.

그 점에 있어서는 별 문제가 되지 않을 것 같습니다.
I don't see any problem in that.

맞습니다.
You're right.

그건 정말 그렇습니다.
That's so true.

그런 것 같아요. (약한 어조)
I guess so.
I suppose so.

제 말이 바로 그거예요.
My point exactly.
That's what I was saying.
Yes, that backs up my point.

여기 계신 모든 분들은 저와 동의하실 것이라고 믿습니다.
I'm sure everyone in this room agrees with me.

왜 그렇게 생각하시는지 이해합니다.
I understand why you would feel that way, sir[ma'am].

시도해 볼 만한 계획이라고 확신합니다.
I can assure you that it is a plan worth trying.

좋은 의견이십니다.
You have a point.

그 각도에서 한 번도 생각해 보지 못했습니다.
I never thought about it from that angle.

그거 좋은 생각이군요.
I think it's a brilliant idea.

그 정도가 타당할 겁니다.
That's about right.

일리가 있는 말이군요.
That makes sense.

당신 의견은 제 의견과 비슷해요.
Your opinion is similar to mine.

좋은 결정이라고 확신해요.
I bet it is a good decision.

정 그렇다면, 말리지 않겠어요.
If you insist, I won't press you to stop it.

반대 의사 없습니다.
I have absolutely no objections.

당신 판단에 맡기겠습니다.

I will leave you to judge for yourself.

모든 것은 당신 결정에 달려 있어요.

Everything depends on your decision.

결정 잘하셨어요.

I applaud your decision.

전적으로 찬성입니다.

I'm completely in favor of that.

원하시는 대로 결정하세요.

You decide whatever you want.

저는 이 타결 조건의 수정 사항을 지지합니다.

I support that revision of the terms of agreement.

이 합병을 지지합니다.

I'm for this merger.

우리는 제대로 가고 있어요.

We are on the right track.

당신의 제안을 그가 받아들이도록 하겠습니다.

I will get him to accept your offer.

반대하기

그런 말씀을 왜 하시는지 알지만, 그건 현실과는 다릅니다.

I understand where you're coming from, but that's different from the reality.

죄송하지만, 그건 현실과는 다릅니다.

With all due respect, I think that's different from the reality. **Ｆ**

저는 동의하지 않습니다.

I'm afraid I disagree.

그렇지 않습니다.

That's not true.

저는 그렇게 생각하지 않습니다.

I don't think so.

저는 절대 동의하지 않습니다. (강한 어조)

I totally disagree.

항상 그렇지는 않습니다.

That's not always true.

그럴 수도 있지만, 이 상황에서는 적절하지 않아요.

That might be true, but it doesn't work in this circumstance.

당신 생각도 옳지만, 조금 과장된 듯합니다.

You have a good point, but it might be a bit overrated.

*overrated 과대 평가된

저는 그것에 대해서는 그렇게 확신하지 않습니다.

I'm not so sure about that.

그 문제에 관해서는 저는 생각이 다릅니다.

I'd have to disagree with you there.

제 생각은 좀 다른데요.

That's not exactly how I look at it.
I'm afraid I have something different in mind.

전 존의 의견에 동의합니다.

I'm afraid I agree with John.

이 문제에 있어서는 전 존의 편을 들어야겠습니다.

I have to side with John on this one.

미스터 마, 저는 개인적으로 당신의 이 아이디어에 반대합니다.

I am personally against this idea of yours, Mr. Ma.

만약 생각하신 대로 계획이 이루어지지 않는다면 회사에 어떤 결과를 가져올지 아시나요?

Do you have any idea what impact your plan will have on the company if it does not go exactly as you think it will?

미리 말씀드리겠습니다만, 이건 절대 성공하지 못할 겁니다.

Let me give you a heads-up, this is not going to work at all.

*heads-up 경계, 경고

그쪽 의견도 이해하지만, 그건 문제를 해결하지 않아요.

I can see your point, but it doesn't solve the problem.

그 점은 이해하지만, 이 점에 대해서는 납득할 수 없군요.

I see your point on that aspect, but I'm not convinced on this aspect.

반대합니다.

I'm against that.

I don't agree with you.

I have to say no to that.

It doesn't make any sense.

중요한 점을 놓치신 것 같습니다.

I think you missed an important point.

그건 좋은 생각이 아닙니다.

That's a bad idea.

제가 틀렸을지도 모르지만, 아직 계속 진행하고 싶군요.

I may be wrong, but I still want to proceed.

글쎄요, 물론 그게 무엇이냐에 달렸죠.

Well, it depends on what it is, of course.

상황에 따라 다르죠.

It depends.

하시는 말씀을 이해합니다만, 동의할 수 없습니다.

I understand what you're saying, but I don't agree with it.

You have a point, but I don't agree.

That could be so, but I don't buy it.

I respect your point of view, but I have to object to the idea you presented. **F**

당신에게 부분적으로 동의를 하긴 하지만, 저는 100% 지지는 못 하겠어요. 먼저 해결해야 할 일이 많아요.

You have my partial agreement, but I wouldn't guarantee to support you 100%. We have many issues to work out first.

부분적으로 동의하지만, 저 혼자 감당하기엔 위험 부담이 너무 큽니다.

I partly agree with that, but the risks are too high to handle by myself.

죄송하지만, 또 다른 의견 없이는 이 거래를 찬성할 수 없습니다.

I'm sorry I can't approve of this deal without a second opinion.

저희 법무팀과 이야기해 보기 전에는 거기에 답해 드릴 수 없을 것 같습니다.

I'm afraid I can't answer that on my own prior to speaking with my legal team.

A Do you think it'll be possible to redraft the contract today to add some of our suggestions? 저희 제안을 추가하여 계약서를 오늘 다시 쓸 수 있을까요?

B **I'm afraid I can't answer that on my own prior to speaking with my legal team.** 죄송하지만 저희 법무팀과 이야기해 보기 전에는 답해 드릴 수 없을 것 같습니다.

이렇게 말씀드려 죄송합니다만, 프로그램은 중단되어야 합니다.

I feel sorry to say this, but the program has to stop.
I regret to inform you that the program has to stop. **F**

새 계획에 반대하시는 분 있나요?

Does anyone object to the new plan?

그것은 견해 상의 문제입니다.

That's a matter of opinion.

그 문제에 관해서는 한치도 양보하지 않을 겁니다.

I will not yield an inch on that matter.

당신이 하는 방식을 참을 수가 없습니다.

I can't put up with your way of doing things.

*put up with ~을 참다

그 얘기는 찬성할 수 없어요.

I don't like the sound of this.

엄격히 말하면, 그건 정확하지 않아요.

Strictly speaking, that is not correct.

그의 의견은 보수적입니다.

His views are conservative.

*conservative 보수적인

당신은 그걸 잘 이해하지 못하시는군요.

You are not getting it right.

전적으로 반대합니다.

I really can't accept that.

I'm completely against that.

그건 말도 안 돼요.

That's out of the question.

빙빙 얘기를 돌리지 말고 요점으로 들어가지요.

Don't beat around the bush. Let's get to the point.

*beat around the bush 요점을 회피하다, 에둘러 말하다

말씀하신 것을 알겠지만, 상황이 조금씩 바뀌고 있어요.

I see your point, but things are slowly changing.

글쎄요.

I am not sure about that.

지금 그 문제에 대해 더 논의해야 한다고 생각하지 않습니다.

I don't think we should discuss it further now.

제 말의 취지는 그런 게 아닙니다.

Well, that's not what I meant.

뭐라고 말씀드려야 할까요?

What should I say?

얘기를 꺼내면 길어요.

It's going to be a long story.

적절한 말이 생각나지 않아요.

I cannot find the proper expression.

질문하기

이 용어의 의미에 대해 설명해 주시겠어요?

Could you please explain what this term means?

'과도기'라고 말씀하셨는데요, 무슨 뜻인가요?

You said 'transitional period.' What did you mean by that?

*transitional 과도기의

방금 말씀하신 것을 다시 말해 주시겠어요?

Could you repeat what you just said?

질문 드려도 될까요?

Can I ask a question?
May I ask a question? ⑤

Do you mind if I interrupt and ask you a question?

죄송합니다만 아직 이해가 안 되는군요. 쉽게 말씀해 주시겠어요?

Sorry, I still don't understand. Could you please paraphrase this for me?

쉽게 말씀해 주시겠어요?

Could you explain this in easier terms?

회의 마무리

이 점에 대해 좀 더 토론해야 할 내용이 아직 많다고 생각하지만, 오늘 안건의 내용과 시간을 고려해야겠어요.

I think that there is still a lot more to discuss on this issue; however, I'm conscious of the time and the amount of items on the agenda.

자, 그럼 그 점을 기억하고, 이 새로운 도전에 대해 이 프로젝트 팀의 모든 팀원들이 생산적으로 일하기를 바랍니다.

So, on that note, I'm hopeful that all members of this project team will be able to work productively together on this new challenge.

＊on that note 그런 면에서, 그런 의미에서

아이디어를 내 주셔서 고맙습니다.

Thank you for putting your ideas forward.

오늘 아침 모두 회의에 기여해 주신 것에 감사드립니다.

I appreciate the contribution that everyone's made to this meeting this morning.

오늘 아침 회의에서 논의되었던 사항에 관한 여러분의 아이디어와 의견에 대해 큰 감사를 드립니다.

Thank you all very much for offering your ideas and opinions on the issues discussed at this morning's meeting.

오늘 아침 이 자리에서 논의되었던 사항에 관한 모두의 의견에 대해 큰 감사를 드립니다.

Thank you very much for everyone's point of view on the matters discussed here this morning.

Example

A   **Thank you very much for everyone's point of view on the matters discussed here this morning.** Does anyone have any further comments on the launch of our new product?   오늘 아침 이 자리에서 논의되었던 사항에 관한 모두의 의견, 대단히 고맙습니다. 신제품 출시에 대한 추가 의견 있습니까?

B   Not at this stage, thanks.   지금 시점엔 없습니다. 감사합니다.

(그럼,) 다들 다음 2주간 해야 할 일에 대해 확실히 이해하고 있나요?

Okay, does everyone have a clear idea of what needs to be done over the next two weeks?

Okay, so is everybody clear on their roles and responsibilities over the next two weeks?

Does everybody understand what they need to do over the next two weeks?

A **Okay, does everyone have a clear idea of what needs to be done over the next two weeks?** 그럼 다들 다음 2주간 해야 할 일에 대해 확실히 이해하고 있나요?

B Yes, I believe so. 네. 그런 것 같습니다.

저는 예상 매출 수치 작업을 하는 것이죠, 그렇죠?

You want me to work on the projected sales figures, right?

질의응답

시간이 있으시다면 질문 하나 더 드리고 싶습니다.

I have another question, if you have time.

다음 두 질문에 답을 한 뒤 이 회의를 휴회하겠습니다.

We'll adjourn this meeting after I answer these next two questions.   *adjourn 휴회하다

신상품 출시에 대한 추가 의견 있습니까?

Does anyone have any further comments on the launch of our new product?

참고로 말씀 드릴까요?

May I suggest that?

무슨 근거로 그런 말씀을 하십니까?

What is your authority for such a statement?

그 모든 정보를 어디에서 입수했나요?

Where were you able to get all the data?

지금 시점엔 없습니다.

Not at this stage, thanks.

Not at the moment, thanks.

No, nothing more at present, thanks.

아니요, 새롭게 추가할 사항 없습니다. 감사합니다.

No, I have nothing new to add, thanks.

No, I think everything's been covered, thanks.

No, I don't have anything more to contribute, thanks.

저희 결정에 대한 마지막 의견 있으십니까?

Do you have any last comment on our decision?

저희 결론에 누군가 추가해 주실 의견 있으십니까?

Does anyone want to add anything to our conclusion?

이제 마지막으로 의견이나 관심사를 말씀하셔도 됩니다.

Any last comments or concerns can be made now.

Are there any final comments or concerns?

Any final concerns will be addressed and dealt with.

추가 금액을 상세하게 설명해 주시겠습니까?

Could you elaborate on the additional costs?

*elaborate on ～을 아주 자세히 말하다

경쟁업체에 거래를 뺏겼다는 말씀이신가요?

Are you saying that you lost the deal to a competing firm?

저희가 책임지지 않아도 된다는 뜻인가요?

Does that mean we won't be in charge?

만약 괜찮다면 개인적인 것을 여쭤 봐도 될까요?

Can I ask you something personal if you don't mind?

작은 부탁 하나 드려도 될까요?

Can I ask you for a small favor?

회의

4
회의 종료

상황이 어떻든 간에 이것은 적절하지 않다는 것을 모두 이해하십니까?

Does everyone understand that this is inappropriate no matter what the circumstances?

의견이 더 있으시면 주저 말고 (알맞다고 생각하는 시간에) 제게 이메일을 보내세요.

If you have more ideas, feel free to email me any time you see fit.

If you have more ideas, feel free to send them via email.

If you have more ideas, do not hesitate to send them via email.

결론 맺기

결정 짓기에는 너무 일러요.

It's too early to make up our mind.

며칠 동안 생각할 시간을 좀 주세요.

Let me think about it for a few days.

잠시 상황을 지켜보지요.

Let me see what happens.

귀추를 보고 결정하지요.

Let's see how things turn out before we decide.

잠시 현실적으로 생각해 봅시다.

Let's be realistic for a second.

결과가 나올 때까지 두고 봅시다.

Let's wait and see how it turns out.

그 건에 대해서는 저희 사장님과 상의를 해야 합니다.

I need to talk to my boss about the matter.

아무런 결정도 나지 않았어요.

No decision was reached.

그건 그쯤 해 두고 다른 문제로 넘어 갑시다.

Let's leave it at that and go on to another issue.

편리하신 때에 저희가 가서 이 건에 대해 상의 드리겠습니다.

We will be happy to come over and discuss it further at your convenience.

생각해 보시고 연락 주세요.

Take your time and call me when you can.

결정이 다음 회의 때까지 보류되었습니다.

The decision was deferred to the next meeting.

*defer 연기하다, 뒤로 미루다

어려운 결정을 내리셨군요.

You made a hard decision.

달리 방법이 없어요.

There is no other alternative.

만장일치로 가결되었습니다.

Okay, it's unanimous. Approved.

*unanimous 만장일치의

모든 안건이 처리되었습니다.

Everything has been settled then.

결론적으로, 향후 5년 동안 큰 기대를 거셔도 좋겠습니다.

In conclusion, we should expect great things in the next five years.

이 회의를 통해 우리는 이 문제에 대해 우리가 어떻게 생각하고 있는지 알게 되었습니다.

From this meeting, we found out what we really think about this complication.

*complication 까다로운 문제, 골칫거리

심사숙고 끝에 이 안건은 급하지 않다는 결론을 내렸습니다.

After careful consideration, we decided that the matter is not urgent.

저희는 유급 휴가에 관해 결론을 내렸습니다.

We have reached an agreement on paid vacations.
We have come to a decision on paid vacations.

회의

4
회의 종료

끝으로, 핵심 사항을 기억하시기를 바랍니다.

In closing, I would like you to remember the key points.

보안 정책에 관해 상의하기 위해 기술지원 센터의 참여가 필요하다는 결론을 내렸습니다.

We came to the conclusion that we need to involve the Technical Assistance Center to consult with us on our security policies.

우리는 모든 각도에서 검토한 결과, 중국은 더 이상 개척할 수 없는 포화 시장이라는 결론에 도달했습니다.

We looked at it from all angles and decided that China is a saturated market that can no longer be exploited.

*saturated 포화된 | exploit 개척하다

회의 마치기

자, 그럼 이번 회의는 여기서 종결 짓도록 하지요.

Okay then, we'll wrap this meeting up now.

Alright, we'll finish up now.

Well then, on that note we'll finish here.

Let's wrap things up then.

Shall we call it a day as far as this meeting's concerned?

Well, then, we'll adjourn the proceedings for now.

*wrap up (회의 등을) 마무리 짓다 | call it a day 그만하기로 하다 |
adjourn (회의 등을) 중단하다, 휴회하다 | proceedings 절차, 행사

Example

A Good, good. **Well then, we'll adjourn the proceedings for now.** I'll be asking all team heads for a strategy report tomorrow. Let's schedule a meeting this time next week to see how things are progressing. 네, 좋아요. 자, 그럼 오늘 회의는 여기서 종결 짓도록 하지요. 내일 모든 팀장에게 전략 보고서를 부탁할 것입니다. 상황이 어떻게 진행되는지 보기 위해 다음 주 이 시간으로 회의 일정을 잡읍시다.

B Fine, no problem. 좋아요. 문제없습니다.

A I'll see you then. 그럼 그때 봅시다.

다음에[다음 회의에서, 다음 주에] 봅시다.

I'll see you then.

I'll see you at the next meeting.

I'll see you next week.

모두 참석해 주셔서 감사합니다.

Thank you for coming.

I appreciate everyone being here.

Thank you for being here.

바쁘신 일정에도 불구하고 시간 내서 오늘 참석해 주셔서 감사합니다.

Thank you for taking time out of your busy schedule to participate today.

우리의 실행 사항을 검토하며 종료합시다.

Okay, so let's wrap up by reviewing our items for action.

Let's conclude today by reviewing our items for action.

Let's close today's meeting by reviewing our tasks.

Let's finish today with a review of our items for action.

다음 회의 일정을 잡으면서 마무리 지읍시다.

Let's wrap up by scheduling our next meeting.

초청 연사에게 큰 박수를 보내며 (이 회의를) 종료합시다.

Let's wrap up by giving a big round of applause to our guest speaker.

이 사항에 관해 계속 통보해 주세요.

Keep me posted on this issue.

Keep your eye on the proceedings and keep me updated.

Let me know of any new developments and as soon as possible.

여기까지입니다.

That's it then.

더 이상 없으면 이것으로 마치겠습니다.

If that's everything, we can stop here.

회의가 잘 끝났습니다.

The meeting was a great success.

다음 주 중으로 다시 만나 프로젝트의 진행 상황을 확인해 봅시다.

Let us meet again sometime next week to check the progress of the project.

다음 주 수요일에 같은 장소, 같은 시간에 또 회의를 하도록 하지요.

Let's have another meeting next Wednesday, same time, same place.

또다시 회의를 개최하면 알려 드리지요.

I will let you know if we hold another meeting.

이야기는 충분히 했으니 이 계약서에 서명을 하도록 합시다.

Enough said, let's sign this contract.

충분히 말했으니 회의를 마치도록 합시다.

Enough said, let's finish the meeting.
End of discussion, let's finish the meeting.
If there's nothing to add, let's finish the meeting.

프레젠테이션

회사 업무에 익숙해졌을 때 한 번쯤 경험해 보는 업무가 바로 영어로 회사 및 상품을 소개하는 프레젠테이션이 아닐까요? 영어로, 그것도 서서 청중에게 말로 전달해야 한다는 부담감 때문에 서면이나 대면 상담보다 더 어렵다고 느껴지는 업무일 것입니다. 프레젠테이션 대본 작성에 꼭 필요한 표현을 이번 파트에서 찾아 좀 더 수월하게 발표 준비를 해 보세요.

Chapter 1
프레젠테이션 시작 및 소개

Chapter 2
프레젠테이션 서론

Chapter 3
프레젠테이션 본론

Chapter 4
본론 내용 전개

Chapter 5
프레젠테이션 결론

Chapter 6
질의응답

프레젠테이션 시작 및 소개 🎧 08-1.mp3

인사

안녕하세요.

Good morning.
Good afternoon.
Good evening.
Hello.

신사 숙녀 여러분, 안녕하세요.

Hello, ladies and gentlemen.

Biz Tip

격식 있는 자리에서 대부분 모르는 청중의 앞에서 사용합니다.

안녕하세요.

How are you all?
How are you doing today?
How is everyone doing here today?

Biz Tip

경쾌하고 편안한 분위기에서 인사할 때 사용하세요. 가까운 관계의 동료 또는 상사와 함께 하는 자리에서 적절합니다.

잘 지내셨어요?

How have you been?

Biz Tip

이미 안면이 있는 청중과 오랜만에 만났을 경우에 사용하세요.

오늘 이 자리에 여러분과 함께 할 수 있어서 기쁩니다.

It's great to be here with you today.
It's my pleasure to be here today.
I'm glad to be here with you today.

Biz Tip

외부 인사나 고위 간부가 참석한 프레젠테이션에서는 좀 더 정중하고 격식 있는 인사말을 사용하는 것이 좋습니다.

여러분과 함께 하게 되어 영광입니다.

It's my honor to be here with you.

여러분 모두와 이 자리에 함께하게 되어 기쁩니다!

How nice to be here with you all!

Very nice to be with you.

와 주셔서 감사합니다.

Thank you for coming.

참석해 주셔서 감사합니다.

I appreciate your attendance.

바쁘신 와중에 시간을 내서 오늘 참석해 주셔서 대단히 감사합니다.

Thank you very much for taking the time out of your busy schedule to be here today.

GHI 인터내셔널에 오신 것을 환영합니다.

Welcome to GHI International.

GMT 코리아의 연례 회의에 오신 것을 환영합니다.

Welcome to the annual meeting of GMT Korea.

Biz Tip

정중한 자리에 적합합니다.

모두들 환영합니다.

We welcome all of you.

착석해 주시기 바랍니다.

Please be seated.

Biz Tip

연회장이나 세미나 리셉션 등의 자리에서 프레젠테이션을 해야 하는 경우 먼저 착석하도록 안내합니다.

간단히 주간 프레젠테이션을 하겠습니다.

We will have a short weekly presentation.

Biz Tip

사내에서 규칙적으로 진행하는 업무상 프레젠테이션의 경우 굳이 격식 있는 표현을 사용할 필요는 없습니다.

(오늘) 이 프레젠테이션을 하게 되어 기쁩니다.

It's my pleasure to present this presentation.

It's my honor to give this presentation today.

오늘 여러분 앞에서 말할 수 있게 되어 기쁩니다.

I'm glad to be able to speak in front of you today.

(오늘 저녁) (이 문제에 관한) 발표 기회를 주셔서 감사합니다.

Thank you for this opportunity.

Thank you for giving me this opportunity to present this issue.

Thank you for granting me this presentation opportunity.

Thank you all for letting me talk tonight.

Thank you for letting me talk here tonight.

오늘 이 회의에[제 발표에] 참석에 주셔서 감사드립니다.

Thank you for participating in this meeting today.

Thank you for attending my presentation today.

Thank you for taking part in this presentation today.

Biz Tip

참석과 발표 기회에 대한 감사의 마음을 전달합니다.

오늘 여러분에게 프레젠테이션을 할 기회를 갖게 되어 정말 기쁩니다!

What a wonderful opportunity it is to give a presentation to you today!

자, 슬슬 시작해 봅시다.

Let's get the show on the road.

Biz Tip

뭔가 청중에게 재미를 제공할 것 같은 뉘앙스를 담아 전하고 싶을 때 사용할 수 있습니다.

시작하겠습니다.

Let me begin.

이 프레젠테이션 동안 여러분이 졸지 않길 바랍니다.

I hope this presentation doesn't make you doze off.

＊doze off (낮에) 잠이 들다

오늘 여러분 모두 별일 없으시길 바랍니다.

Hope most of you are well today.

자기소개

간단히 제 소개를 하고 시작하죠.

Let me start by saying just a few words about myself.

우선 간단히 제 소개를 하고 시작하겠습니다.

Let me start off by briefly introducing myself first.

제 소개를 하겠습니다.

Let me introduce myself.

I'd like to introduce myself.

Let me tell you who I am first.

Biz Tip

자기소개를 한다고 나이, 고향, 가족 관계 등을 장황하게 늘어놓는 실수는 하지 않도록 합시다. 자기소개는 이름과 부서 및 직책으로 충분합니다.

저를 모르시는 분들을 위해 제 소개를 하죠. 저는 수잔 김입니다.

For those of you who don't know me, let me introduce myself. I'm Susan Kim.

Biz Tip

발표에 앞서 자신을 소개하겠다는 말을 한 다음에 이름을 말하고 직책을 소개하는 것이 좋습니다. 청중의 대부분이 발표자를 알고 있는 경우, 예를 들어, 같은 회사나 조직의 구성원들로 이루어져 있다면 굳이 길게 자기소개를 할 필요 없이 이름과 부서 정도로 충분합니다.

저를 이미 아시는 분도 계시죠. 저는 마케팅부의 수잔 김입니다.

As some of you already know, I'm Susan Kim of the Marketing Department.

다들 저를 벌써 알고 계실 텐데, 혹시 기억을 못 하실 수 있으니 다시 말씀드리죠. 저는 제임스 김입니다.

Most of you should know me already, but in case you don't remember, I am James Kim.

I think most of you know me already, but just in case you don't remember, I'm James Kim.

제가 누구인지 말 안 해도 다 아시죠?

It's needless to mention who I am, right?

Biz Tip

조금 건방지게 들릴 수도 있지만, 이미 잘 알고 있는 사람들에게 하는 캐주얼한 발표에서 활용할 수 있습니다.

여러분 대부분이 저를 아실 거라고 믿습니다.

I'm sure most of you already know me.

저는 해리 박이고 XYZ 사 소속입니다.

I'm Harry Park and I'm from XYZ.

I'm Harry Park and I'm with XYZ.

Biz Tip

회사 앞에 전치사 with를 쓰면 from보다는 회사에 소속되었거나 회사를 대표하여 소개하는 느낌이 좀 더 강합니다.

저는 프로젝트 매니저입니다.

I'm a project manager.

저는 새로 온 프로젝트 매니저입니다.

I'm a new project manager.

저는 연구개발 컨설턴트입니다.

I'm an R&D consultant.

저는 수석 엔지니어입니다.

I'm a senior engineer.

저는 (우리 회사의) 기업 재무를 담당하고 있습니다.

I'm in charge of corporate finance.
I'm responsible for corporate finance of our firm.

*corporate finance 기업 재무

저는 홍보 분야에 있습니다.

I'm in public relations.

저는 기획부의 임수진입니다. 저는 현재 비즈니스 전략 기획을 담당하고 있습니다.

I'm Sujin Lim from the Planning Department. I'm currently working on planning business strategies.

Biz Tip

직책을 소개할 때는 본인의 직함과 함께 담당하고 있는 업무나 프로젝트, 소속 부서 등을 밝혀 주세요.

저는 새로운 관리 시스템의 실행 및 운영을 맡고 있는 새로 온 프로젝트 매니저입니다.

I'm a new project manager in charge of implementing and running our new management system.

박 과장님, 저를 소개해 주셔서 감사합니다. 말씀하신 것처럼 저는 인사부 대리입니다.

Thanks Mr. Park for introducing me. As he said, I'm the assistant manager of the HR Department.

지난 몇 달 간 저는 이 프로젝트를 담당해 왔습니다.

I have been in charge of this project for the last few months.

저희 아웃소싱팀은 이 프레젠테이션을 정말 열심히 준비해 왔습니다. 오늘 발표에서 각 부서가 따라야 할 회사의 아웃소싱 정책에 관한 중요한 지침을 설명해 드릴 것입니다.

Our outsourcing team has been preparing for this presentation really hard. This presentation will explain the important guidelines about our company's outsourcing policy for each department to follow.

돌아와서 기쁩니다.

It's good to be back here.

Biz Tip

이전에 프레젠테이션을 했던 같은 장소에서 다시 발표를 하게 된 상황에 적절합니다.

그래요. 제가 돌아왔습니다.

Yes, I'm back.

Biz Tip

청중에게 인기가 많은 발표자만이 사용할 수 있는 멘트입니다.

Example

: 안면이 있는 사람들에게

How is everyone doing here today? Let me just start off by introducing myself. As most of you already know, I'm Kevin Lee of the Marketing Department. I'm in charge of advertising our new line of wireless navigation systems. In this presentation, I'm going to brief you on the advertising strategies of our competitors. The purpose of this presentation is to suggest some advertising strategies to boost the sales of our new product.   여기 계신 모든 분들 안녕하셨습니까? 제 소개를 하면서 시작하도록 하죠. 대다수의 여러분께서 아시다시피, 저는 마케팅부의 케빈 리입니다. 저는 무선 내비게이션 시스템 신제품의 광고를 담당하고 있습니다. 이 프레젠테이션에서 저는 우리 경쟁사의 광고 전략을 간단히 설명드리려고 합니다. 이 프레젠테이션의 목적은 우리 신제품의 매출을 높이기 위한 광고 전략을 제안하고자 하는 것입니다.

Example

: 공식적인 자리에서

Good afternoon, ladies and gentlemen. Welcome to ABC Motors. It's my honor to be able to speak here in front of you all. Let me start by saying just a few words about myself. I'm Jason Lee, the director of the Finance Department. Today, I'd like to summarize the financial report of the previous fiscal year. Today's presentation is designed to give you some valuable information on your investment plan for the following fiscal year. 신사 숙녀 여러분, 안녕하십니까. ABC 모터스에 오신 것을 환영합니다. 오늘 이 자리에서 여러분께 이야기할 수 있게 되어 영광입니다. 제 소개 몇 마디 하고 시작하겠습니다. 저는 재무부 이사 제이슨 리입니다. 오늘 저는 전 회계 연도의 재무 보고를 요약 드리고자 합니다. 오늘 프레젠테이션은 여러분의 다음 회계 연도 투자 계획에 대해 유용한 정보를 제공해 드리기 위해 마련되었습니다.

Chapter 2

프레젠테이션 서론

🎧 08-2.mp3

**프레젠테이션
주제 소개**

오늘 프레젠테이션의 주제는 우리의 효율성을 어떻게 개선하느냐입니다.

The topic of today's presentation is how to improve our efficiency.

오늘 프레젠테이션의 주제는 국제 경제 안정에 있어서의 IMF의 역할입니다.

The title of today's presentation is the role of the IMF in international economic stability.

＊stability 안정

반도체 산업의 최신 기술에 대해 설명드리고 싶습니다.

I'd like to explain the latest technology in the semiconductor industry.

Biz Tip

I'd like to는 I would like to의 축약형으로서 '~하고 싶습니다'라는 뜻입니다. would like to는 want to보다 격식 있는 표현입니다.

저희 신상품의 특별한 특징에 관해 알려 드리고 싶습니다.

I'd like to let you know the special features of our new product.

여러분께 깜짝 놀랄 만한 결과를 발표해 드리고 싶습니다.

I'd like to present to you an astonishing finding.

제 발표의 주제는 연비 효율성입니다.

The topic of my talk is fuel efficiency.

＊fuel efficiency 연비 효율성

제가 오늘 말씀드리고자 하는 것은 석유 정치입니다.

What I'm going to talk about today is the politics of oil.

자, 그럼 주제가 무엇이냐고요? 바로 조직 학습입니다.

So what's the topic? Organizational Learning.

＊organizational 조직의

저는 최근의 지진 패턴에 관해 이야기하려고 이 자리에 나오게 됐습니다.

I'm here to talk about recent earthquake patterns.

저희의 사업 목표에 관해 말씀드리겠습니다.

I'm going to talk about our business objectives.

이 프레젠테이션의 핵심은 여러분에게 저희 마케팅 전략을 알려 드리는 것입니다.

The crux of this presentation is to inform you of our marketing strategies.

*crux 요점, 가장 중요한 점

이 프레젠테이션의 목적은 저희의 새 사업모델의 효율성을 강조하고자 하는 것입니다.

The purpose of this presentation is to emphasize the efficiency of our new business model.

이 발표를 통해 여러분께 전해 드리고자 하는 중요한 메시지는 문화 차이가 고려되어야 한다는 것입니다.

The important message I would like to deliver throughout this presentation is that cultural differences must be taken into account.

*take into account ~을 고려하다

제가 말씀드리고자 하는 다음 사항을 잘 들어 주셨으면 합니다.

I would like to be heard on the following points that I make.

아동 학대 피해자들의 이야기를 들려 드리도록 하겠습니다.

I'm going to share some stories of victims of child abuse.

옥스팜의 세 가지 철칙을 소개해 드리죠.

Let me introduce the three mottos of Oxfam.

*motto 철칙 | Oxfam 옥스팜(영국의 옥스퍼드에 본사를 둔 1942년에 발족한 극빈자 구제 기관)

여러분은 오늘 국제 정치에 관한 새로운 관점을 배워 가실 겁니다.

You will learn about new perspectives on international politics today.

*perspective 관점

이 프레젠테이션을 통해 여러분은 그린 기술을 뒷받침하는 이론을 이해하실 수 있게 될 것입니다.

From this presentation, you will be able to understand the concept behind green technology.

*behind ~을 뒷받침하는

저희의 최근 국제 거래에 관한 정보를 업데이트해 드리는 것이 이 프레젠테이션의 목적입니다.

The aim of this presentation is to update you on our latest international deals.

본 발표의 목적은 저희의 새로운 고용 정책의 몇 가지 사항을 명확히 해 드리려는 것입니다.

The goal of this presentation is to clarify some issues in our new employment policy.

이 프레젠테이션의 목적은 우리의 최신 상품의 경쟁력을 높이는 몇 가지 방법을 제시하려는 것이죠.

The purpose of this presentation is to suggest some ways to raise the competitiveness of our latest products.

이 발표의 목적은 이번 분기에 대한 우리의 사업 계획에 관해 토론하기 위해서입니다.

The purpose of this talk is to discuss our business plans for this quarter.

이 프레젠테이션은 여러분이 더 나은 투자 선택을 하시도록 돕기 위한 것입니다.

This presentation is to help you make a better investment choice.

우리는 사업 전략을 검토하기 위해 오늘 이 자리에 나왔습니다.

We are here today to go over our business strategies.

저희의 최신 기술에 대한 흥미로운 조사 결과를 발표해 드리고 싶습니다.

I'd like to present some interesting findings to you about our latest technology.

이 발표로 여러분께 NGO 활동에 대한 기본 지식이 제공되길 바랍니다.

I hope this talk will provide you with some basic knowledge about NGO activities.

즉, 여기서 제가 강조하고자 하는 것은 그 아이들에 대한 개별적 관심이 필요하다는 것입니다.

So what I'm pointing out here is that we need individual care for those children.

프레젠테이션

2

프레젠테이션 서론

본 발표는 임대 계약의 세금 관점을 부각시키기 위한 것입니다.

This talk is designed to emphasize the tax angle of the leasing arrangement.

이 프레젠테이션에서 국내 철강 시장에서의 우리의 현황에 관한 최신 정보를 드릴 것입니다.

This presentation will update everyone on our current status in the domestic steel market.

이 프레젠테이션은 저희 신규 사업의 간단한 개요를 알려 드리려고 마련되었습니다.

This presentation is organized to give you a brief outline of our new business.

프레젠테이션 시작 알리기

자, 여러분께 몇 가지 질문을 드리며 프레젠테이션을 시작할까 합니다.

Now, let me begin the presentation by asking you some questions.

여러분에게 질문을 하나 드리면서 시작하고 싶습니다.

I'd like to open up by asking you a question.

저희 의사 일정을 소개하면서 시작하고 싶습니다.

I'd like to open up by introducing our agenda.

우리의 마케팅 전략에 관한 몇 가지 관찰 보고와 함께 시작하겠습니다.

Let's get the show on the road with a few observations about our marketing strategies.

*get the show on the road 시작하다

연구 개발에 관한 몇 가지 관찰 보고와 함께 시작하겠습니다.

Let's get the show on the road with a few observations about R&D.

발표의 간단한 개요를 말씀드리는 것으로 바로 시작하겠습니다.

Let's get the ball rolling by giving you a brief outline of the presentation.

*get the ball rolling 시작하다

자, 간단한 개요를 말씀드리는 것으로 발표를 시작할까 합니다.

Now, let's begin the presentation by giving you a brief outline.

자, 회사 정책의 개요를 알려 드리면서 발표를 시작해 보지요.

Now, let's begin the presentation by outlining company policy.

프레젠테이션을 간단히 요약해 드리는 것으로 시작하죠.

Let me start off by giving you a brief summary of my presentation.

프레젠테이션의 목차를 요약해 드리며 시작하겠습니다.

I will begin by summarizing the contents of my presentation.

이 수치에 관해 논의하는 것부터 시작하죠.

Let me start off by discussing these figures.

판매 수치를 살펴보면서 시작하겠습니다.

I will begin by looking at some sales figures.

자, 몇 가지 수치를 보여 드리는 것으로 발표를 시작할까 합니다.

Now, let me begin the presentation by showing you some numbers.

이 프레젠테이션에서 다룰 사항들을 소개하면서 시작하겠습니다.

I will begin by introducing some of the issues to be dealt with in this presentation.

프레젠테이션의 주요 사항들을 살펴보면서 시작하겠습니다.

I will begin by going over the main points of my presentation.

저희 마케팅 계획을 전체적으로 살펴보며 시작하고 싶습니다.

I'd like to open up by giving you an overview of our marketing plans.

더 지체하지 않고 저희의 현 판매 전략을 요약해 드리죠.

Without further delay, let me summarize our current sales strategies.

최근 조사 결과를 설명해 드리는 것으로 바로 시작하겠습니다.

Let's get cracking by explaining the latest findings.

*get cracking (서둘러) 시작하다

필요한 몇 가지 배경 설명으로 들어가기 전에 프레젠테이션의 개요를 말씀드리고 싶습니다.

I'd like to outline my presentation before jumping into some essential background information.

새 시스템의 장점을 살펴보며 시작하죠.

Let's begin by looking at the advantages of the new system.

프레젠테이션 개요 설명

모든 고전 연극들이 그러하듯이, 오늘 저는 제 프레젠테이션을 3막으로 구성해 봤습니다.

Like every great classic play, I've divided my presentation into three acts.

모든 훌륭한 프레젠테이션처럼, 저도 제 발표를 세 가지 주제로 나누었습니다.

Like every great presentation, I've divided my talk into three main subjects.

대부분의 훌륭한 고전 음악회처럼, 제 프레젠테이션은 세 부분으로 되어 있습니다.

Just like most great classical music concerts, there are three parts in my presentation.

제 발표의 주제인 '3단계 정보 수명 관리'와 같이 제 프레젠테이션도 3단계로 나누어져 있습니다.

Just like the topic of my presentation, "3-Step Information Lifecycle Management," the presentation itself is divided into three phases.

저는 제 프레젠테이션을 세 파트로 나누었습니다.

I've divided my presentation into three parts.

먼저, 이론적인 정의를 내리겠습니다. 두 번째로, 저희의 설문 조사 결과와 그 의미를 점검해 보겠습니다. 세 번째로, 각각의 시나리오에 대한 실질적인 조언을 제공해 드릴 것입니다.

Firstly, I will give you theoretical definitions. Secondly, our survey results and their implications will be examined. Thirdly, I will provide some practical advice for each scenario.

*theoretical 이론적인 | definition 정의 | implication 의미

프레젠테이션은 다음 세 가지 부분으로 구성될 것입니다: 첫째로, 우리 상품에 대한 수요 창출 방법. 둘째로, 우리 상품을 보다 효율적으로 유통시키는 방법. 그리고 셋째로, 시장에서 가장 효과적으로 경쟁하는 방법.

The presentation will have the following three parts: First, how to create a demand for our products. Secondly, how to distribute our products more effectively. And thirdly, how to compete more effectively in the market.

*distribute 유통시키다, 배급하다

저는 훌륭한 프레젠테이션의 다음과 같은 세 가지 요소에 대해 말씀드리겠습니다. 첫째, 콘텐츠, 둘째, 전달, 그리고 마지막으로, 청중에 맞추고 교감할 수 있는 기술입니다.

I will talk about the following three aspects of any good presentation: first, the content; second, the delivery; and last, the ability to adjust to and connect with the audience.

제 프레젠테이션에는 세 가지 주요 사항이 있습니다. 첫째, 문화, 둘째, 전달 기술, 그리고 마지막으로 스피치 기술입니다.

There are three main things in my presentation: firstly, the culture, secondly, the delivery, and lastly, the speech tips.

제 프레젠테이션에는 세 가지 중요 사항이 포함돼 있습니다. 그것들은 다음과 같습니다: 브랜드 사용료, 브랜드 이미지, 그리고 가격 책정입니다.

I have three important parts in my presentation. They are as follows: brand loyalty, brand image and pricing.

저는 오늘 이것에 대해 세 가지를 말씀드리려고 합니다.

I'm going to tell you three things about this today.

저는 이것을 다루는 데 있어서 처음 몇 가지 단계에 관해 말씀드리려고 합니다.

I'm going to tell you about our first few steps in dealing with this.

먼저, 저희의 시나리오에 대해 말씀드리겠습니다.

First I'll talk about our scenario.

프레젠테이션의 첫 번째 파트에서는 저희의 새로운 의류 제품의 샘플 사진을 보여 드리겠습니다.

In the first part of my presentation, I'll show you pictures of several samples from all of our new clothing lines.

먼저, 저희 연구의 최근 조사 결과를 알려 드리겠습니다.

To begin, I will show you the latest findings of our study.
To begin, let me bring you up to date on the latest findings of the study.

*bring ~ up to date 최신 정보를 제공하다

첫 번째로, 지금까지의 프로젝트 진행 상황에 관해 간략히 말씀드리겠습니다.

Firstly, I'll give you a brief history of the project to date.

그 후, 이 문제에 관한 저희 의견을 제시해 드리겠습니다.

After that, I'd like to present our views on this issue.

그러고 난 후, 저희의 5년 계획에 대해 말씀드리겠습니다.

After this, I'll talk about our five-year plan.

다음으로, 12개월 프로젝트 계획과 일정을 검토해 보고 싶습니다.

Next, I'd like to review the twelve-month project plan and timeline.

그 다음으로, 저희 계획을 실천 가능하게 하는 방법에 대한 이야기로 넘어가겠습니다.

Then I'll move on to discuss how to make our plans feasible.

*feasible 실현 가능한

그리고 마지막으로, 저희의 제안을 말씀드리며 마치겠습니다.

And finally, I'll finish with our suggestions.

마지막으로, 저희의 구조 조정 계획에 대해 말씀드리겠습니다.

Finally, I'll talk about our restructuring plan.

마지막으로 내년 매출 금액을 늘리기 위한 몇 가지 세부 전략을 제안할 것입니다.

Lastly, I'd like to propose some detailed strategies to increase next year's sales revenues.

*revenue 수입, 수익

마지막으로 중요한 얘기입니다만, 우리 회사의 구조 조정 계획에 대해서 다루겠습니다.

And last but not least, I'll cover our corporate restructuring plan.

프레젠테이션 소요 시간 알리기

이 프레젠테이션은 약 30분 정도 걸릴 것입니다.

This presentation will take about 30 minutes.

My presentation will take only 30 minutes of your time.

This presentation will last about 30 minutes.

It will take about 30 minutes of your time.

10분이면 끝납니다.

I shall only take 10 minutes of your time.

I will speak for about 10 minutes.

제 발표는 한 시간 정도 걸릴 예정이나, 중간에 10분간 휴식이 있을 것입니다.

This presentation will take about one hour, but there will be a ten-minute break in the middle.

간단히 설명할 예정입니다.

I plan to be brief.

한 시간 정도 발표할 예정입니다.

My intention is to present for about an hour.

이 발표에는 약 15분 정도가 할당되었습니다.

I've been allotted 15 minutes for this presentation.

Example

: 일반적 서론

Thank you for coming. Let me start off by briefly introducing who I am first. I am Seungchul Kim of the Marketing Department at IBT Korea. I've been working in the field of market research for the last 10 years. The topic of today's presentation is recent trends in market research. I hope this talk will be helpful in clarifying some market research tools we can adopt. I will talk about three aspects of recent market research trends: first, corporate profiling; second, data collection tools; and last, marketing statistics. Feel free to interrupt me if you have any questions. I plan to be brief. 와 주셔서 감사합니다. 먼저 간단히 제가 누구인지 소개해 드리며 시작하지요. 저는 IBT 코리아 마케팅부의 김승철입니다. 지난 10년간 시장 조사 분야에서 일해 왔습니다. 오늘 발표의 주제는 시장 조사의 최근 경향입니다. 이 프레젠테이션을 통해 우리가 채택할 수 있는 시장 조사 도구를 명확하게 하는 데 도움이 되기를 바랍니다. 저는 최근의 시장 조사 경향의 세 가지 측면에 대해 발표할 것입니다. 첫째, 기업 프로파일링, 둘째, 자료 수집 도구, 그리고 마지막으로 마케팅 통계입니다. 질문이 있으시면 주저 말고 해 주세요. 발표는 간단히 하겠습니다.

질의응답	질문이 있으시면 언제라도 말씀해 주세요.
	Please feel free to interrupt me, if you have any questions.
	Please don't hesitate to stop me, if you have a question.
	Please feel free to ask questions as we go along.

질문은 프레젠테이션 후에 받겠습니다.

I will take questions after the presentation.

프레젠테이션 후에 질의응답 시간이 있겠습니다.

After my presentation, there will be a question and answer period.

제 프레젠테이션이 끝난 후에 10분 동안 질문 받는 시간이 있겠습니다.

After my presentation, there will be time for questions, which will last 10 minutes.

제 프레젠테이션 마지막에 어떤 질문이든 기꺼이 답해 드리겠습니다.

I'd be glad to answer any questions at the end of my presentation.

본 프레젠테이션 마지막에 모든 질문에 대해 답변해 드리도록 하겠습니다.

We will endeavor to answer all your questions at the end of this presentation.

질문이 있으시면 끝날 때까지 기다려 주세요.

If you have any questions, please save them for the end.

발표 마지막에 어떤 질문이든지 기꺼이 대답해 드리겠습니다.

I will be happy to answer any questions at the end of my talk.

기타 공지 사항

두 번째 세션이 시작하기 전에 짧은 휴식을 갖겠습니다.

We will take a short break before the second session begins.

이 프레젠테이션 후 30분 동안 짧은 휴식이 있겠습니다.

We will take a short break for 30 minutes after this presentation.

질의응답 시간 전에 짧은 휴식을 갖겠습니다.

We'll take a short break before the question and answer session.

미스터 김의 발표 후 짧은 휴식을 갖겠습니다.

We'll take a short break after Mr. Kim gives his speech.

나중에 짧은 휴식을 가진 후, 지식관리팀의 책임자인 이 팀장님의 간략한 프레젠테이션이 있겠습니다.

We'll take a short break afterwards, followed by another short presentation by Mr. Lee, the team leader of knowledge management.

휴식 시간에 다과가 제공될 것입니다.

Refreshments will be provided for you during the break. Some snacks and drinks will be provided during the break.

프레젠테이션 후 오찬이 제공될 것입니다.

Lunch will be provided after the presentation.

발표 후 짧은 토론이 있겠습니다.

There will be a short discussion after the talk.

이 프레젠테이션 후에 패널 발표가 몇 개 있겠습니다.

There will be several panel talks after this presentation.

발표 후 발표자가 최근 출간한 책을 구입하실 수 있습니다.

The recently published books of the speaker can be purchased after the presentation.

그럼, 이제 자료물을 나누어 드리겠습니다.

Then, I will now distribute some information sheets.

그럼, 여러분의 이해를 돕기 위해 소책자를 나누어 드리겠습니다.

Then, I will now hand over some booklets for your information.

그럼 이제 자료집을 나누어 드리겠습니다.

Then, I will now distribute the information packets.

이 자료집에는 여러분이 상황을 더 잘 이해하실 수 있는 추가 자료와 정보가 포함되어 있습니다.

This information packet contains additional data and information so that you may have a better understanding of the situation.

Example

: 공지사항

This presentation will take about one hour, but there will be a ten-minute break in the middle. Refreshments will be provided for you during the break. We will endeavor to answer all your questions at the end of this presentation. This information packet that is now being distributed to you contains additional data and information so that you may have a better understanding of the situation. Without further delay, let me move on to the first point.   이 발표는 한 시간 정도 걸릴 예정이며, 중간에 10분간 휴식이 있겠습니다. 휴식 시간에는 간단한 다과가 제공될 것입니다. 프레젠테이션 마지막에 모든 질문에 대해 답변해 드리도록 하겠습니다. 지금 나누어 드리는 이 자료집에는 여러분이 상황을 더 잘 이해하실 수 있는 추가 자료와 정보가 포함되어 있습니다. 그럼 더 이상 지체하지 않고 첫 번째 사항으로 넘어가도록 하겠습니다.

Chapter 3

프레젠테이션 본론

본론의 도입

자, 몇 가지 수치를 보여 드리는 것으로 발표를 시작할까 합니다.
Now, let me begin the presentation by showing you some numbers.

몇 가지 질문을 드리며 발표를 시작할까 합니다.
Now, let's begin the presentation by asking you some questions.

여러분에게 질문을 하나 드리면서 시작하고 싶습니다.
I'd like to open up by asking you a question.

프레젠테이션을 간단히 요약해 드리는 것으로 시작하죠.
Let me start off by giving you a brief summary of my presentation.

현황을 살펴보는 것부터 시작하죠.
Let me start off by outlining our current status.

프레젠테이션의 목차를 요약해 드리며 시작하겠습니다.
I will begin by summarizing the contents of my presentation.

프레젠테이션의 주요 사항들을 살펴보면서 시작하겠습니다.
I will begin by going over the main points of my presentation.

저희 마케팅 계획을 전체적으로 살펴보며 시작하고 싶습니다.
I'd like to open up by giving you an overview of our marketing plans.

저희 회사의 최근 프로젝트 결과부터 시작해 보죠.
Let's start with our company's recent project outcomes.

자, 먼저 말씀드리는 것은 바로 자가용은 연료 효율이 좋아야 한다는 것입니다.
So first things first, cars should be energy efficient.

제 첫 번째 요점은 바로 기술적 특징에 관한 것입니다.

My first point is on its technical features.

*feature 특징

내용 연결

프레젠테이션의 처음 부분에서는 당사의 새 의류 라인의 견본을 몇 가지 보여 드리겠습니다.

In the first part of my presentation, I'll show you several samples of clothes in our new clothing lines.

첫째로, 지금까지의 프로젝트 진행 상황에 관해 간략히 말씀드리겠습니다.

Firstly, I'll give you a brief history of the project to date.

먼저 이 연구의 최근 조사 결과를 알려 드리겠습니다.

To begin, let me bring you up to date on the latest findings of the study.

*bring ~ up to date 최신 정보를 제공하다

그 후에 당사와 주요 경쟁 업체 간의 품질 비교에 관해 발표하겠습니다.

After that, I would like to present a quality comparison between our company and our major competitor.

그 후에 현 지출 품의서 절차에 관한 내용을 여러분께 직접 전해 드리겠습니다.

Following that, I will walk you through the current expense reporting procedure.

*walk A through B B에 관한 내용을 A에게 직접 전하다

그 다음으로, 2014년도 재무보고를 살펴보도록 하겠습니다.

Then, I am going to go over our financial report for the year 2014.

그러고 나서, 향후 저희가 직면하게 될 어려움에 대해 집중적으로 살펴볼 것입니다.

And then, I will focus my attention on the difficulties that we are likely to face in the future.

다음으로, 12개월 프로젝트 계획과 일정을 검토해 보고자 합니다.

Next, I'd like to review the twelve-month project plan and timeline.

문화에 관한 제 두 번째 사항으로 넘어가겠습니다.

Let me move on to my second point about culture.

여기서 저희의 현재 전략의 개요에 관한, 제 프레젠테이션의 다음 부분으로 넘어가겠습니다.

This brings me to the next part of my presentation which is an overview of our current strategies.

설명을 위해 이전 슬라이드로 돌아가도록 하죠.

Let's get back to the previous slide for clarification.

*clarification 설명, 해명

즉, 점점 더 많은 사람들이 친환경 제품에 관심을 보인다는 것입니다.

That is, more and more people are interested in environmentally-friendly products.

청중을 내편으로 만들기

이것은 중국 기업들과의 합작을 고려하는 분들에게 도움이 될 것입니다.

This is beneficial to those who are considering a joint venture with Chinese companies.

팀을 더 효율적으로 관리하는 방법에 대한 정보를 얻으실 겁니다.

You will take away tips on how to manage your teams more efficiently.

오늘 프레젠테이션은 한국에서 투자 기회를 찾고 계신 분들에게 큰 가치가 있을 것이라고 생각합니다.

I believe that today's presentation will be of great value to those seeking investment opportunities in Korea.

오늘 프레젠테이션은 다가오는 회계 감사에 관련된 분들에게 꼭 필요한 것이라고 생각합니다.

I believe that today's presentation will be essential to those involved in the upcoming audit.

*audit 회계 감사

제 발표는 최근 예산 감축에 대처할 수 있는 하나의 지침이 될 것입니다.

My presentation serves as a set of guidelines for dealing with our recent budget cuts.

*serve as ~의 역할을 하다

여러분은 우리 신제품을 어떻게 마케팅하시겠습니까?

How would you like to market our new product?

Biz Tip

대부분의 청중은 소극적으로 반응을 하기 때문에 의견을 물어도 별 반응이 없는 경우가 많습니다. 그들을 참여시키려면 절대 시작부터 서두르지 말고 먼저 아주 쉬운 질문을 던져 대답하게 편하게 만들어 준 후 중요한 이슈에 관해 질문하는 방법을 생각해 볼 수 있습니다.

여러분은 우리 신규 고객을 어떻게 만족시키겠습니까?

How would you like to satisfy our new customers?

시간 관리에 관해 잠시 생각해 봅시다.

Let us think for a moment about time management.

현 경제 동향에 대해 잠시 생각해 봅시다.

Let us think for a moment about current economic trends.

Biz Tip

Let's는 Let us의 축약형인데, Let us는 공식적이고 권위적인 느낌이 들며 Let's는 좀 더 캐주얼한 느낌을 전달합니다.

미래에 대해 잠시 생각해 보죠. 40년 후에는 인구의 25%만 일을 하고 놀랍게도 50%는 연금을 탈 것이라는 것을 알고 계셨나요?

Let us think for a moment about the future. Did you know that in 40 years, only 25 percent of the population will be working, and a surprising 50 percent will be collecting a pension?

Biz Tip

Let's think for a moment about ~ 다음에 Did you know that ~ ?을 활용하여 놀랄 만한 수치나 통계 자료 등을 넣어 발표 주제를 소개하면 청중의 주의를 끌 수 있습니다.

e-비즈니스에 관해 잠시 생각해 보죠. 모든 온라인 쇼핑 구매자 중 84%가 웹페이지가 뜨기까지 10초밖에 기다리지 않는다는 것을 알고 계셨나요?

Let us think for a moment about e-business. Did you know that 84 percent of all Internet shoppers will only wait 10 seconds for a web page to load?

빠르게 변하는 시장을 한번 생각해 보세요.

Give some thought to the rapidly changing market.

여기 계신 여러분 가운데 몇 분이나 인터넷이 어린이들에게 치명적일 수 있다는 것에 동의하십니까?

How many of you here agree with me that the Internet can be fatal to children?

소규모 사업을 시작하기가 더 힘들어지고 있다는 것에 동의하십니까?

Do you agree that it's getting more challenging to open a small business?

귀사의 인사 시스템이 바뀌어야 한다는 데 동의하시면 손들어 주세요.

Raise your hand if you agree that your HR system should be modified.

*modify 수정하다, 변경하다

경영진이 인력의 절반을 해고하라고 여러분에게 요구했다고 가정해 보세요.

Suppose that the management asked you to lay off half of your work force.

일본인과 협상을 해야 했던 경험이 있으십니까?

Have you ever had to negotiate with the Japanese?

저는 창의력이란 단어를 생각할 때마다 약 6천 년 전에 화장품을 발명한 고대 이집트 사람들이 떠오릅니다.

When I think about creativity, I'm reminded of the ancient Egyptians who invented cosmetics over 6,000 years ago.

십대 청소년들이 무엇 때문에 우리 상품을 구입하지 않는 것인지 보여 드린다면 발표 내용에 관심이 가시겠습니까?

If I could show you what stops teenagers from buying our product, would you be interested?

임원들의 입장에서 생각해 보세요. 어떤 직원에게 호감을 느끼겠습니까?

Put yourselves into the shoes of executives. What kinds of employees would you be fond of?

*put oneself in someone's shoes ~의 입장이 되어 보다

CEO와 면접을 본다고 상상해 보세요. CEO가 여러분께 묻는 첫 번째 질문이 무엇일까요?

Imagine yourself at a job interview with a CEO. What do you think the first question that he or she asks will be?

고위 간부급에 왜 여성들이 적은지 생각해 보신 적 있습니까?

Have you ever wondered why there are few women at the executive level?

우리 고객들의 관심사에 대해 생각해 보셨습니까?

Have you ever thought about the interests of our customers?

상사와 대립해야만 하는 상황에 처해 본 경험이 있으십니까?

Have you ever been in a situation where you had to confront your boss?

회사의 가치에 우선 순위를 두어야 하는 상황에 처한 적 있으십니까?

Have you ever been in a situation in which you had to prioritize the company's values?

*prioritize 우선 순위를 매기다

작년 매출이 10년 만에 가장 높았다는 것을 알고 계셨나요?

Did you know that our sales last year were the highest they have been in 10 years?

인터넷이 텔레비전보다 효과가 더 큰 광고 매체인 이유를 알고 계십니까?

Do you know why the Internet is a more effective advertising media than television?

고객이 우리 상품에 절대 완전히 만족하지 않는 이유를 짐작하실 수 있겠습니까?

Can you guess why our clients are never fully satisfied with our products?

이 문제를 해결하기 위해 우리가 할 수 있는 일이 무엇일까요?

What can we do to solve this problem?

공해를 줄이기 위해 우리가 해야 할 일은 무엇일까요?

What should we do to reduce pollution?

여러분은 우리의 마케팅 전략을 어떻게 개선하시겠습니까?

How would you go about improving our marketing strategies?

순서대로 진행하기

첫째로, 저희 투자 계획의 현황에 대해 말씀드리겠습니다.

Firstly, let me tell you the current status of our investment plan.

두 번째로, 여러분의 파워포인트 프레젠테이션을 활기 있게 할 수 있는 방법으로 넘어가 보도록 하겠습니다.

Secondly, I would like to move on to some methods to spice up your PowerPoint presentations.

*spice up ~을 활기 있게 하다

다음으로 이 수치들을 살펴보도록 하겠습니다.

Next, I'd like to go over some of these figures.

마지막으로, 신상품에 관한 몇 가지 의견을 말씀드리겠습니다.

Finally, I will provide some comments on our new product.

제가 먼저 다루고 싶은 주제는 반품과 교환에 관한 규정입니다.

The first subject I'd like to cover is our policy on returns and exchanges.

*return 반품 | exchange 교환

이 내용은 다음 단계인 신임 관리자들을 위한 경영 훈련 과정의 중요성으로 연결됩니다.

This brings us to the next point, which is the importance of a management training course for new managers.

계속해서 미국 시장 문제로 넘어가면, 전망이 긍정적이라고 말씀드리겠습니다.

Moving on to the question of the U.S. market, I would say that the prospect is positive.

내용 보충

우리의 영업 인력의 부족 문제뿐 아니라 높은 이직률을 줄일 수 있는 대책을 강구해야 합니다.

In addition to the shortage in our sales workforce, we need to take measures to reduce the high turnover rate.

*turnover rate 이직률

뿐만 아니라, 오늘 미 달러화는 일본 엔화에 대해 급락했습니다.

Moreover, the U.S. dollar dropped sharply against the Japanese yen today.

*drop against ～에 대해 떨어지다 | sharply 급격히

또한 대부분의 회사들은 제공하는 제품과 서비스의 개선을 통해 시장 원리에 대응합니다.

What's more, most businesses react to market forces by making changes to the goods and services they offer.

반대 내용 제시

우리 회사는 직원들에게 근무 시간 자유 선택제를 제공합니다. 하지만 하계 근무 시간 자유 선택제는 부서마다 다를 것 같습니다.

Our company is offering staff flexible working hours.

However, summer flextime policies are likely to be different in each department.

지난번에 실시한 해결책에도 불구하고 우리 부서 내 의사소통 문제는 여전히 존재합니다.

Despite the solutions we implemented last time, communication problems still remain in our department.

많은 신기술이 개발되고 있으나 우리 고객은 변화 속도를 따라가는 것에 불편해 하는 것 같습니다.

More and more new technology is being developed, but our customers seem uncomfortable with the speed of changes.

원인 및 결과 설명

회사에서의 소통이 잘못되는 원인이 무엇일까요?

What causes miscommunication in work places?

주의 집중 부족이 잘못된 의사소통의 원인이 됩니다.

Lack of attention causes miscommunication.

그렇다면 허리 통증이나 부상을 예방하는 방법에는 무엇이 있을까요?

So what can you do to prevent back strain or injury?

Biz Tip

so는 이제 말하게 될 내용을 앞의 내용과 자연스럽게 연결해 줍니다. therefore나 thus보다는 덜 강조된 느낌으로 앞뒤의 원인과 결과를 연결해 줍니다.

따라서 융자금을 상환하거나, 퇴직금을 모으거나, 혹은 인생의 기타 목적을 달성하기 위해 자금을 모을 수도 있습니다.

So you can accumulate funds to pay off your mortgage, to save for retirement or to accomplish other goals in your life. *mortgage payoff 융자금 상환

따라서 재무팀은 연구개발 예산을 늘리는 것이 바람직합니다.

Therefore, it's desirable for the Finance Department to raise the research and development budget.

따라서 우리가 시장의 차기 선두 주자가 될 가능성이 무척 높습니다.

Thus, the possibility is very high that we may be the next market leader.

결과적으로, 노사간 협상을 해야 합니다.

As a result, labor and management need to negotiate.

As a result, labor needs to negotiate with management.

**설명한 내용
마무리**

이것이 구조조정 문제에 관해 제가 말씀드릴 수 있는 전부입니다.

This is all I have for the issue of restructuring.

이 주제에 관해서는 이게 전부입니다.

That's all for this topic.

이것이 저소득층을 위한 주택 정책에 대해 제가 말씀드리고 싶었던 전부입니다.

That's all I wanted to say about the housing policy for low-income earners.

이것으로 프레젠테이션의 이 부분은 결론에 이른 것 같습니다.

I guess this concludes this part of my presentation.

지금까지의 내용이 대체로 제 요지의 결말입니다.

I think that pretty much concludes my point here.

**기간 대비
비교**

지난 분기 이전에 당사 수익은 연간 20% 성장했습니다.

Prior to last quarter, our revenues grew at an annual rate of 20%.

1990년대 말에 우리와 같은 중소기업들은 한국 시장에서 어려움을 겪었습니다.

Back in the late 1990s, small and medium-sized businesses like us had a tough time in the Korean market.

9월 이후 총 지수는 7개월째 줄곧 50을 밑도는 수준이었습니다.

Since September, the total index has remained below 50 for the 7th consecutive month.

*consecutive 연속되는

그 이후로 수익이 월 15% 정도 계속 감소하고 있습니다.

From then on, our profits have been decreasing about 15% a month.

올 한 해 동안 공장의 수는 수만 개로 증가할 것입니다.

Over the course of this year, the number is going to grow into tens of thousands of factories.

그러는 동안 우리는 수익을 증대시켜야 합니다.

Meanwhile, we have to increase our revenues.

그러는 동안 우리는 새로운 변화에 대비해야 합니다.

In the meantime, we should be ready for new changes.

당사의 목표는 향후 5년 내에 수익 1,000억 원을 달성하는 것입니다.

In the coming five years, our goal is to reach 100 billion KRW in revenue.

일본 정부는 지난 10년 동안 새로운 일자리 창출에 힘써 왔습니다.

The Japanese government has made great efforts in creating new jobs in the past decade.

지난 10년간 우리 수익은 매년 두 자리 수로 증가했습니다.

Over the past decade, our revenues have had double digit increases annually.

작년 총 매출이 20% 올랐습니다. 그럼에도 불구하고 우리는 여전히 일본에서 고전했습니다.

Total sales were up 20% last year. In spite of this, we were still faced with a lot of trouble in Japan.

올해 국내 경기가 침체되었지만, 우리는 3년째 연속해서 연 15% 성장률을 유지할 수 있었습니다.

Even though the domestic economy has been stagnant this year, we have managed for the third year in a row to sustain a 15% annual growth rate.

*stagnant 침체된, 불경기의

여기서 잠시 이 자료를 보여 드리죠.

Let me show you this data for a second here.

잠시 본론에서 벗어나 융통성 있는 정책이 무엇인지 설명하고자 합니다.

I'd like to digress for a minute and explain what a flexible
policy means.

*digress 빗나가다, 벗어나다

참고로 이 그래프를 보여 드리죠.

By the way, let me show you this graph.

잠깐 옆길로 새서 우리가 취할 수 있는 다른 옵션에 대해 이야기해 봅시다.

To digress a little bit, let us talk about other options we
have.

잠깐 옆길로 새서, 영화 검열 절차에 대해 설명해 드리지요.

Digressing for a moment, let me explain the process in
censoring a film.

불법 노동자 문제로 돌아갑시다.

Let's go back to the issue of illegal workers.

기업 합병 문제로 되돌아가서 말씀드리자면, 우리는 선택의 여지가 없다고 봅니다.

Going back to the question of M&As, I would say we
have no choice.

또 다른 가능성은 저희의 인터넷 사업 영역을 확장하는 것입니다.

Another possibility is expanding our e-business areas.

여기서 잠깐 멈추고 우리 회사의 설립 철학을 되새겨 봅시다.

Let us pause for a moment here and be reminded of our
company's founding philosophy.

제가 앞서 말씀드렸던 부분으로 돌아가겠습니다.

Let me return to what I was talking about before.

Chapter 4

본론 내용 전개

중요 내용 강조 및 요점 전달

제가 강조하고자 하는 점은 저희 경영진을 개편할 필요가 있다는 것입니다.

The point that I'd like to emphasize is that we need to reshuffle our management.

*reshuffle 개조하다, 개편하다

제가 강조하고자 하는 것은 협상 가이드라인을 제시해야 한다는 것입니다.

What I'd like to stress is that we need to come up with negotiation guidelines.

*come up with ... ~을 제시하다[내놓다] | negotiation 협상

제가 강조하고 싶은 것은 우리는 영업 교육 워크숍을 준비할 필요가 있다는 것입니다.

What I'd like to stress is that we need to arrange sales training workshops.

제가 집중적으로 살펴보고자 하는 것은 바로 이 22인치 LED 모니터입니다.

What I'd like to focus on is this 22-inch LED monitor.

제가 여기서 강조하고 싶은 점은 우리에게는 구조 조정이 필요하다는 것입니다.

The important point here that I'd like to emphasize is that we need restructuring.

당면한 문제는 우리가 시장 선두 주자가 아니라는 것입니다.

The problem at hand is that we are not a market leader.

여기서 쟁점은 한국 학생은 창의력과 혁신이 부족하다는 것입니다.

The issue here is that Korean students lack creativity and innovation.

중요한 사실은 우리는 중국의 경제력 증가를 경계해야 한다는 것입니다.

The thing is that we need to be alarmed by the increase in China's economic power.

여러분은 자신의 일을 즐기는 것이 특히 중요합니다.

It is especially important that you enjoy your job.

저희가 여기서 제안하는 가이드라인은 많습니다. 특히 세 번째 사항은 제가 오늘 강조해 드리고 싶은 점입니다.

There are many guidelines we suggest here. Number 3 in particular is the point that I'd like to emphasize today.

이 프로젝트의 성과에 대해 우리는 매우 흥분해 있습니다.

We are extremely excited about the outcome of this project.

*outcome 결과

비용을 걱정하시는 것은 아주 당연한 일이죠.

You are absolutely right to worry about the cost.

간단히 말하자면, 가격을 내려야 합니다.

Simply put, we need to cut prices.

근본적으로, 우리는 해결책이 필요하며, 바로 지금 필요합니다.

Basically, we need a solution and we need it now.

대체로, 우리는 경쟁사가 예상했던 것보다 훨씬 더 잘해 왔습니다.

Generally, we have done much better than our competitors had expected.

간단히 말하자면, 6시그마 도입이 생산성 증가에 도움이 되었습니다.

To put it simply, the introduction of Six Sigma has helped to increase productivity.

무엇보다도, 우리 회사는 5년 이상 흑자를 유지했습니다.

Above all, our company has been in the black for more than 5 years.

달리 말하자면, 시는 올해 판매세 수입이 7% 감소할 것입니다.

In other words, the city estimates sales tax revenues will be down by 7 percent this year.

방금 제가 말한 것을 바꿔 표현하면, 광고의 본질은 특정 제품을 사도록 사람들을 설득하는 것입니다.

If I can rephrase what I just said, the essence of advertising is to persuade people to buy a particular product.

프레젠테이션

4 | 본론 내용 전개

달리 표현하면 올해는 전세금이 급등할 것입니다.

To put it another way, rental deposits will skyrocket this
year.

*skyrocket 급상승하다, 급등하다

좀 더 엄밀한 의미에서, 미디어에 관한 견해는 사람마다 다릅니다.

In more technical terms, the view of the media varies
from person to person.

국내 경제 여건에서 보면, 국제 시장에서의 우리 회사의 위치는 최상입니다.

With regard to local economic conditions, our position
in the global market has never been better.

우리 회원들은 런던 증권 거래소의 운영 상황을 아주 상세히 듣는 것에 특히 관심이
갈 것입니다.

Our members will be particularly interested to hear in
great detail the workings of the London Stock Exchange.

북부 악어 가죽 제품은 여러 나라에서 호평을 받아 왔는데, 특히 동유럽의 신흥 부유
층 사이에 그렇습니다.

Leather goods made from the skin of the northern
crocodile are prized in many countries, especially
among the newly rich in Eastern Europe.

무엇보다도 인수합병은 사업을 확장하는 데 가장 효과적입니다.

Among other things, M&As are the most effective way
to expand business.

보다 중요한 것은, 우리의 주 목적은 새로운 네트워크 시스템을 구축하는 것입니다.

More significantly, our main objective is to build a new
network system.

보다 중요한 것은, 요는 너무 많은 것을 너무 빨리 기대할 수는 없다는 것입니다.

More importantly, the point is that we can't expect too
much too soon.

저희 회사는 특히 인쇄물 광고 및 전자 광고 캠페인뿐 아니라 국내외 마케팅 전략의
기획에도 참여할 것입니다.

In particular, we will be involved in planning national
and international marketing strategies, including print
and electronic advertising campaigns.

불법 거래 문제에 관해서 증권사들은 좀 더 엄격한 통합 규정의 적용을 시작했습니다.

In connection with the issue of illegal transactions, brokerages have launched unified and stricter regulations.

*illegal transaction 불법 거래 | brokerage 증권사

저희는 무선 통신 유통과 관련된 문제 해결에 있어서 SP 텔레콤 사의 역할 증대를 기대할 수 있습니다.

We can anticipate an increase in SP Telecom's role in settling issues concerning the distribution of wireless communication.

고객 만족도에 관한 한 우리는 누구한테도 지지 않습니다.

As far as customer satisfaction is concerned, we are second to none.

직원들을 해고하는 수밖에 없습니다.

There is no alternative but to lay off some staff.

*lay off (일시) 해고하다

다시 한 번 더 시도해 보는 수밖에 없습니다.

There is no other choice but to give it one more try.

그럼 제가 말하고자 하는 요점은 무엇일까요? 제 요점은 연구개발부에 연구원을 더 채용해야 한다는 것입니다.

So what is my point? My point is that we should hire more researchers in our R&D Department.

그래서 우리의 주 목적이 무엇이냐고요? 우리의 주 목적은 환경오염을 줄이자는 것입니다.

So what's our main objective? Our main objective is to reduce pollution.

그 결과가 어땠을까요? 결과는 완전 실패였습니다.

What was the result? The result was a disaster.

중요하지 않은 내용의 최소화

저희 경쟁사들도 저희 상품을 염두에 둔 것처럼 보입니다.

It seems our competitors had our products in mind.

Biz Tip

seem을 활용하여 확실치 않다는 것을 강조하면서 사실이 아닐 수도 있다는 것을 나타낼 수 있습니다. seem을 높은 톤으로 길게 발음합니다.

약간 늦었습니다.

It's just a little bit behind.

아마도 우리는 구조 조정을 고려해야 할 것 같군요.

Perhaps we should consider downsizing.

Biz Tip

개인적인 추측일 뿐이라는 것을 강조함으로써 전달하는 내용을 최소화시킵니다. Perhaps를 높은 톤으로 길게 발음합니다.

미국과 영국은 공통점이 거의 없다고 말하는 것이 아마 보다 정확할 것입니다.

Perhaps it would be more accurate to say that the US and Britain have very little in common.

뭔가 해결 방안이 있을 것입니다.

There might be some solutions.

Biz Tip

확실하지 않은 점을 추측하는 뉘앙스가 담겨 있습니다. might을 높은 톤으로 길게 발음합니다.

기업들이 경기 불황 때 방어적인 태도를 취하는 경향이 있습니다.

Businesses tend to be defensive during a recession.

*defensive 방어적인 | recession 경기 불황

어느 정도, 그 회사는 고객을 끄는 데 실패했습니다.

To some extent, the company failed to attract customers.

비교

비슷하게, 플라자 호텔과 힐튼 호텔 양쪽 다 저자극성 객실이 있습니다.

Similarly, both the Plaza Hotel and the Hilton Hotel have hypoallergenic rooms.

*hypoallergenic 저자극성의

마찬가지로, 수출 기업의 매출은 지난 분기의 2.1퍼센트의 감소에 비해 2.1퍼센트 상승하였습니다.

Likewise, sales of exporting companies rose 2.1 percent, compared to the previous quarter's decrease of 2.1 percent.

같은 방법으로, T폰은 수많은 무료 앱을 받을 수 있습니다.

In the same way, T-Phone has access to hundreds and hundreds of free applications.

마찬가지로, T폰2는 인터넷에 접속하기 위해 무선 연결을 이용합니다.

Likewise, T-Phone 2 uses a wireless connection to access the Internet.

*wireless Internet 무선 인터넷

또한, 요리를 빨리 하기 위해 이 버튼을 누르면 됩니다.

In like manner, you press this button to speed up the cooking time.

*speed up 속도를 올리다

아이폰 4와 갤럭시 4는 몇 가지 비슷한 점이 있습니다.

There are several similarities between the i-Phone 4 and the Galaxy 4.

토크준의 디스플레이는 아이폰의 디스플레이와 꽤 비슷합니다.

The display of the Talk-Zune is quite similar to that of the i-Phone.

우리는 BWC 사보다 교육면에서 더 전문적입니다.

We are more specialized in training than BWC.

플랜 B는 플랜 A보다 덜 위험합니다.

Plan B is less risky than Plan A.

저희의 245 모델은 지난번 모델만큼이나 멋지죠.

Our 245 model is as stylish as the previous model.

저희의 새로운 전략은 지난번 전략과 많은 점에서 다릅니다.

Our new strategy is different from the previous one in many ways.

경제 불안정과 정치 불안정은 여러 가지 면에서 다릅니다.

Economic instability and political instability are different in several ways.

*instability 불안정성

새로운 영업 전략은 우리의 과거 관행과 매우 유사합니다.

The new sales strategy is quite similar to our past practices.

이 새 기계는 저희가 사용했던 예전 기계와 유사합니다.

This new machine is similar to the old one we used.

프레젠테이션

4

본론 내용 전개

우리 회사의 500기가바이트 저장 장치는 경쟁업체의 제품과 몇 가지 공통점이 있습니다.

Our 500-gigabyte storage devices and our competitor's have several things in common.

우리의 새로운 소프트웨어는 지난번 것과 많은 면에서 유사합니다. 그래서 사용하시기엔 어려움이 없을 것입니다.

Our new software is similar to the previous one in many ways, so you won't have difficulties using it.

우리의 전략은 몇 가지 점에서 경쟁사의 전략과 너무 흡사합니다.

Our strategy is way too similar to our competitor's in several ways.

*way too 너무 ~하다

중산층과 고소득층 사이에는 저희의 상품에 대한 의견에 많은 유사점이 있습니다.

There are a lot of similarities in the views of our products between the middle and high income classes.

우리는 영업 전략 면에서 우리 경쟁사와 다릅니다.

We differ from our competitors in sales strategies.

M사 스마트 폰은 디자인이 특이하다는 점에서 S사 스마트폰과 다릅니다.

Company M's smartphones differ from Company S's smartphones as their designs are unique.

금년과 작년의 수치를 비교해 보면 탈세 건이 크게 증가하였습니다.

If you compare this year's figure and last year's, there is a huge increase in the cases of tax evasion.

*tax evasion 탈세 cf. tax avoidance 절세

2014년 2분기와 3분기 결과를 비교해 보면 매출이 크게 향상된 것으로 나타나 있습니다.

A comparison between the second and third quarters of the 2014 results reveals a substantial improvement in sales.

*substantial 상당한, 현저한

치솟는 물가와 비교했을 때 인건비는 같은 자리에 머물고 있습니다.

In comparison with rapidly rising cost of living, the cost of labor has stayed the same.

4월에는 1년 전에 비해 광고 페이지가 15.9% 줄었습니다.

In April, ad pages were down 15.9 percent, compared with a year earlier.

제가 생각하기로는 우리 가격이 경쟁사들의 가격에 비해 좀 더 비쌉니다.

My own assessment is that our prices are slightly more expensive than our competitors'.

*assessment 평가

제 생각에는 장기 투자를 하기에는 인도가 중국보다 낫습니다.

In my opinion, India is a better place for a long-term investment than China.

윈도우 XP와 윈도우 비스타는 비교가 안 됩니다.

There is no comparison between Windows XP and Windows VISTA.

저희 신상품을 경쟁사의 신상품과 단순히 비교할 수는 없습니다.

You just cannot simply compare our new products and our competitor's.

대조

반면, 예스피는 무료 음악과 영화 이용이 제한되어 있습니다.

In contrast, Yespi has limited access to free music and movies.

반면, 저희 제품은 3년 품질 보증 기간이 있습니다.

Contrarily, our product has a three-year warranty period.

*warranty 보증(서)

이에 반하여, 릴렌자는 흡입기를 사용하여 투여되어야 합니다.

On the contrary, Relenza has to be administered using an inhaler.

*administer (약을) 투여하다 | inhaler 흡입기

반면에, K6는 월간 유지비가 20퍼센트 더 듭니다.

On the other hand, a K6 costs 20 percent more for monthly maintenance.

*maintenance 유지, 보수 관리

하지만 저희의 새로운 시스템은 2회 교육만 요구됩니다.

However, our new system requires only two training sessions.

프레젠테이션

4 본론 내용 전개

사실은 이 새로운 시스템은 추가로 십만 달러가 더 듭니다.

In fact, this new system costs an extra 100,000 dollars.

비록 저희 상품은 다른 비슷한 상품보다 15퍼센트 가량 값이 더 나가지만, 이것은 시장의 다른 어떤 상품보다 더 믿을 만하고 오래갑니다.

Although our product costs about 15 percent more than other similar products, it is more reliable and durable than any other product in the market.

*reliable 믿을 만한 | durable 내구성이 있는, 오래가는

현행 세법은 민간인에게 제공된 뇌물만을 과세 대상으로 포함시키고 있을 뿐, 정치인에게 제공된 정치적 뇌물에 대해서는 그러한 법이 적용되지 않습니다.

The current tax laws only include bribes given to civilians, whereas political bribes given to politicians are not covered by those laws.

*bribe 뇌물

의견 제시

제가 볼 때, 우리는 다른 회사들보다 기술 면에서 앞서 있습니다.

As far as I'm concerned, we are ahead of other companies when it comes to technology.

제가 아는 한, 우리의 신상품은 점진적으로 시장 점유율을 장악하고 있습니다.

To my knowledge, our new product is taking over market share gradually.

*take over 장악하다

자유무역협정이 한국의 장기적인 경제에 유리하다는 것을 확신합니다.

I'm certain that FTAs are beneficial for the long-term economy of Korea.

*FTA 자유무역협정(Free Trade Agreement) | beneficial for 에 유리한

저는 우리가 프로그래머들을 추가 채용할 필요가 있다고 확신합니다.

I'm convinced that we should hire additional programmers.

*additional 추가의

우리의 해외 생산을 확대하는 것이 좋겠다고 생각합니다.

I think we should expand our overseas production.

조합원들은 그들의 현황을 확인해야만 합니다.

Our associates must confirm their current status.

*associate 조합원, 동업자 | current status 현황

저는 각 교육과정이 각각 독자적인 수업으로 활용될 수 있는 모듈로 구성되어야 한다고 주장합니다.

I maintain that every training course should consist of modules, each of which can stand alone as an independent lesson.

저는 새 회계 연도까지 기다리지 말고 프로그래머들을 더 고용해야 한다고 확신합니다.

I'm quite positive that we should hire additional programmers instead of waiting until the new fiscal year.

저는 저희의 신상품이 시장에서 굉장히 매력적일 거라고 확신합니다.

I'm sure that our new products will be very attractive in the market.

대부분의 농부들은 자유무역협정이 농업에 치명적이라고 주장합니다.

Most farmers argue that FTAs are lethal to the agricultural industry.

＊lethal 치명적인

이것은 단지 가격을 줄이기 위한 일시적인 해결책임을 주장합니다.

I contend that this is only meant to be a temporary solution to reducing cost.

생산을 늘리기 위해서 우리는 이 계획을 진행해야 합니다.

We should pursue this plan to increase output.

정부의 새로운 법안은 철회되어야 합니다.

The government's new legislation ought to be withdrawn.

협력 업체들은 우리와 새로 계약하기 전에 자신들의 현 상황을 확인해야 합니다.

Our associates must confirm their current status before signing a new contract with us.

일반적으로 우리의 브랜드 충성도가 중산층 소비자 사이에서 높다고 합니다.

Generally, it is said that our brand loyalty is high among middle class consumers.

일반적으로 고객들은 우리의 소프트웨어 제품이 비싼 편이라고 생각한다고 합니다.

Generally speaking, it is said that customers find our software products rather expensive.

아울러 말씀드리고 싶은 것은 한국 어디를 가더라도 우리보다 더 좋은 가격은 없다는 것입니다.

Let me also note that you can't beat our prices anywhere in Korea.

부연 설명

불공평이 무엇을 의미하는 것인지 더 설명해 드리도록 하죠.

Let me explain further what I mean by inequity.

*inequity 불공평

예컨대, 러시아는 그 조약을 1990년에 비준하였습니다.

For example, Russia ratified the treaty in 1990.

*ratify 비준하다

무엇보다도, 한국이 성장 속도를 회복하기 위해서는 보다 많은 투자가 관건입니다.

Above all, more investment is the key for Korea to recover its growth momentum.

*growth momentum 성장 속도[탄력, 추진력]

뿐만 아니라 선물은 뇌물로 오해를 받을 수 있습니다.

What's more, a gift can be misunderstood as a bribe.

게다가, GXP는 주주 가치를 개선했습니다.

On top of that, GXP has improved shareholder value.

*shareholder 주주

특히, 우리는 꼭 필요한 경우에만 우리 체제를 바꿀 것입니다.

In particular, we will change our system only when it is necessary.

일자리 제의를 수락할 때 고려할 요소가 많은데, 예를 들면 안정성, 승진, 편한 출퇴근 등입니다.

There are many factors to consider when accepting a job offer, such as job security, promotion, and an easy commute.

예를 들어, 이자율이 16%일 경우 72를 16으로 나누면 4.5가 나오므로 돈이 두 배가 되는 데는 4년 반이 걸립니다.

For instance, in the case of a 16% interest rate, 72 divided by 16 equals 4.5, so it takes four and a half years for money to double.

근거 제시

이 통계에서 보시는 것처럼, 대부분의 아동학대 피해자는 소녀들입니다.

As you see in these statistics, most victims of child abuse are girls.

웰치 박사의 연구에 기술되어 있듯이, 약 80퍼센트의 임산부들은 모유 수유를 계획합니다.

As described in Dr. Welch's research, about 80 percent of pregnant mothers plan on breast feeding.

유럽 자동차 협회에 따르면, 자동차 산업의 미래는 바로 녹색 기술 중심으로 돌아갑니다.

According to the European Automobile Association, the future for the industry revolves around green technology.

*green technology 녹색 기술 (재생 및 청정 에너지 자원을 포함하는 환경 친화적 자원 활용 기술)

보도 자료에 의하면, 그 회사는 내년에 새로운 기계를 몇 대 도입할 계획입니다.

According to the press release, the company is planning to introduce several new machines in the coming year.

전문가들은 2030년쯤에는 한국에서도 열대 과일이 재배될 것이라고 추정합니다.

Experts estimate that by the year 2030 tropical fruits can be grown in Korea.

*tropical 열대의

광범위한 연구조사를 근거로, 저는 우리의 해외 사업을 확장해야 한다고 주장합니다.

Based on extensive research, I would argue that we should expand our overseas businesses.

최근 조사에 나타나 있듯이, 한국의 자살률이 증가하고 있습니다.

As described in the recent survey, the suicide rate in Korea is on the rise.

통계치가 시사하는 바에 의하면, 총 수익이 증가하고 있다는 것을 알 수 있습니다.

Looking behind the statistics, we see that total revenues are on the rise.

*statistics 통계자료

제 말의 요지를 사실과 수치로 설명해 보겠습니다.

Let me illustrate my point with facts and figures.

한 가지 예만 더 들자면, 경쟁사들은 저희 전략을 따라하기 시작했습니다.

To cite just one more example, our competitors have started imitating our strategy.

시각 자료 활용

여러분께 보여 드릴 순서도[슬라이드, 원 그래프, 도표]가 있습니다.

I have some flow charts[slides, pie charts, diagrams] to show you.

몇 가지 차트를 통해 이 부분을 설명해 드리겠습니다.

Let me explain this part with some charts.

이 점을 상세히 설명해 드리고자 몇 가지 시각 자료를 준비했습니다.

I have prepared some visuals to explain this point in detail.

이 표를 통해 2013년 밀 소비량을 설명해 드리겠습니다.

Let me illustrate the consumption of wheat in 2013 with this table.

1/4분기의 판매 수치를 막대 그래프로 설명해 드리겠습니다.

Let me show you the sales figures for the first quarter with a bar graph.

이 그래프에 주목해 주시기 바랍니다.

I'd like to draw your attention to this graph.

이 차트에 잠깐 집중해 봅시다.

Let us focus on this chart for a moment.

자기 자본 수익률에 주목해 봅시다.

Let us pay attention to equity returns.

*equity returns 자기 자본 수익(률)

이 슬라이드에 주목해 봅시다.

Let us concentrate on this slide.

이제 이쪽을 봐 주십시오.

Now I want you to look over here, please.

가지고 계신 책자의 25쪽입니다.

I am now on page 25 of your booklet.

3페이지에 있는 재무제표를 봐 주시겠습니까?
Could you please turn to page 3 for the financial statement?

이 차트는 여러분이 전체적인 그림을 좀 더 잘 보는 데 도움이 될 것입니다.
This chart will help you see the whole picture a little better.　　　　　　　　*see the whole picture 큰 그림을 보다, 전체 윤곽을 잡다

여기서는 최근 판매 수치를 볼 수 있습니다.
Here we can see our latest sales figures.

이 그래프는 최근의 판매 경향을 명확하게 보여 주고 있습니다.
Recent sales trends are clearly represented in this graph.

이 그래프에서 볼 수 있듯이, 한국에서 이혼자들의 숫자가 증가하고 있습니다.
As you can see from this graph, the number of divorcees is on the rise in Korea.

이 그래프를 보시면 우리의 매출이 하락하고 있다는 것을 알 수 있습니다.
If you take a look at this graph, you will see that our sales have been decreasing.

이 차트는 무료 콘텐츠가 인터넷에서 인기 있다는 것을 보여 줍니다.
This chart shows free contents are booming on the Net.

이 표는 제가 지금까지 말씀드리고 있는 것을 보여 줍니다.
This table shows what I have been talking about.

지난 분기의 판매 수치가 나타나 있는 막대 그래프를 여러분께 보여 드리고자 합니다.
I'd like to show you a bar graph, which shows you the sales figures for the last quarter.

여기 보시는 세 가지 색깔들은 다른 연령 집단을 보여 줍니다.
The three colors you see here show different age groups.

이 통계 자료에 따르면 고객들의 기대가 꽤 높고 복잡해졌다는 것입니다.
These statistics show that customers' expectations are fairly high and sophisticated.　　　　　　　*sophisticated 세련된, 복잡한, 정교한

가로축은 매출액을 나타냅니다. 세로축은 시간대를 보여 줍니다.

The horizontal axis represents the sales volume. The vertical axis shows the time period.

*horizontal axis 수평축, 가로축 | vertical axis 수직축, 세로축

가로줄에는 국가별 1인당 연간 석유 소비량이, 세로줄에는 연도가 나와 있습니다.

In the rows, we have the yearly consumption of oil per capita for each country. In the columns, we have the different years.

*per capita 1인당

이윤이 19% 치솟았습니다.

Profits soared 19%.

이윤이 11% 올라 27억 달러가 되었습니다.

Profits rose 11% to $2.7 billion.

작년에 우리 사업이 10% 성장했습니다.

Our business grew by 10% last year.

주식이 12달러에서 25달러로 올랐습니다.

Shares have gone up from 12 dollars to 25 dollars.

이윤이 20%가 올라 순이익은 3만 5천 달러입니다.

Profitability has gone up by 20% to 35,000 dollars of net profit.

*profitability 수익성

연 매출이 백만 달러 감소했습니다.

There's been a decrease in annual sales of 1 million dollars.

이윤이 하락하고 있습니다.

Profits are falling.

1월에 매출이 곤두박질쳤습니다.

Sales plummeted in January.

*plummet 수직으로 떨어지다

이직률이 9퍼센트에서 5.5퍼센트로 감소했습니다.

The turnover rate has gone down from 9 percent to 5.5 percent.

우리의 시장 점유율이 23퍼센트 감소되어 현재 약 15퍼센트입니다.

Our market share has gone down by 23 percent to about 15 percent.

유가가 오르락내리락합니다.

The oil price is fluctuating.

*fluctuate 변동을 거듭하다

지난주에 주가가 오르락내리락했습니다.

Stock prices roller-coastered last week.

이번 주 코스피 지수가 많이 오르락내리락했습니다.

The KOSPI index has had a lot of ups and downs this week.

작년 이윤은 240만 파운드에 머물렀습니다.

Last year profits stood at 2.4 million pounds.

우리 매출은 지난 몇 년간 변동이 없습니다.

Our profits have remained constant in the last few years.

우리는 작년 매출 수준을 간신히 유지하고 있습니다.

We have managed to maintain our sales at last year's level.

재정적인 어려움에도 불구하고 저희는 올해 중국으로 2억 달러를 수출했습니다.

Despite financial difficulties, we exported $200 million to China this year.

비록 경쟁이 치열했지만 우리는 결국 이익을 냈습니다.

Although competition was stiff, we managed to make a profit.

프레젠테이션

4

본론 내용 전개

바로 이것이 우리의 새로운 사업 전략에 관한 제 첫 번째 포인트가 됩니다.

So this sums up my first point on our new business strategies.

정리하자면, 이것은 지체 없이 우리의 초기 목표를 달성할 필요가 있다는 것을 의미합니다.

In sum, this means we need to pursue our initial goal without delay.

다시 한 번 여러분이 바로 지금 변화를 만들어야 한다는 것을 강조하고자 합니다.

Once more, I'd like to emphasize that you have to make the change now.

자, 이 내용은 저의 다음 요지로 넘어갑니다. 그것은 바로 변화를 가져오기 위한 조치를 취하는 것에 관한 것입니다.

So this brings us to my next point, which is about taking action to make changes.

즉, 지금까지 제가 말씀드린 내용은 나노 기술의 효과에 관한 것입니다.

So what I have been telling you so far concerns the effectiveness of nanotechnology.

*effectiveness 유효성, 효과 | nanotechnology 나노 기술

제가 말씀드리는 것은 바로 기후 변화는 우리의 일상생활에 영향을 미친다는 것입니다.

What I'm saying is climate change is affecting our daily lives.

Chapter 5

프레젠테이션 결론

08-5.mp3

마무리 단계 알리기

이제 발표의 마지막 부분이 되겠습니다.
That brings me to the end of my presentation.
That brings us to the end of my presentation.

지금까지 오늘 제가 말씀드리고 싶은 부분을 전달해 드렸습니다.
That covers all I wanted to say today.

자기요법에 관한 오늘 발표의 요점을 정리해 드리면서 마무리 짓겠습니다.
Let me wrap up the main points of today's talk on
magnetic therapy.   *magnetic therapy 자기요법

끝내기 전에 말씀드리고자 하는 점은 변화는 지금, 바로 지금 여러분이 만들어 내야
한다는 것입니다.
Before I finish, let me just say that the change should be
made now, right now by you.

중요 내용의 요약

제 결론의 핵심은 다음과 같습니다.
The key points of my conclusion are as follows.

다시 한 번 요약해 드리면, 요점은 다음과 같습니다.
So to recapitulate, the main points are as follows.

*recapitulate 요약하다 (줄여서 recap이라고도 많이 쓰임)

핵심 내용을 다시 한 번 정리해 보도록 하겠습니다.
Let me run over the key points again.

요점을 다시 한 번 요약해 드리죠.
Let me sum up the main points again.

요약하자면, 제가 강조해 드리고자 하는 점은 그 변화를 지금 만들어야 한다는 것입
니다.
To wrap up, I would like to emphasize that we need to
make the change now.

요약하자면, 우리 생산을 증진시키기 위해 필요한 것은 바로 새로운 IBT50 기술입니다.

To sum up, the new IBT50 technology is what we need to boost our production.

*boost 증진시키다

요약하자면, 우리 경영 스타일에는 소프트 파워가 사용될 필요가 있습니다.

Briefly, we need soft power to be used in our management style.

간단하게 핵심 내용을 다시 요약해 드리겠습니다.

I will briefly summarize the key points again.

이 새로운 기술로 우리의 생산력을 증진시킬 수 있다는 것을 명심해 주시기 바랍니다.

Please bear in mind that with this new technology, we will be able to increase our production capacity.

간단히 말씀드리자면, 우리는 곧 새로운 투자 선택을 해야 합니다.

In short, we need to make new investment choices soon.

지금까지 제가 설명해 드린 것을 다시 요약해 드리겠습니다.

Let me give you a recap of what I have explained throughout.

*recap 재요약 (recapitulation)

새로운 정부 정책에 관한 제 요지를 요약해 드리겠습니다.

Let me sum up my points regarding the new government policy.

주요 안건을 간단히 요약하겠습니다.

I will briefly summarize the main issues.

요점들을 한 번 더 짚어 보도록 하겠습니다.

I would like to go over the main points one more time.

오늘 다루었던 내용을 다시 보겠습니다.

Let me run over what I covered today.

강조 및 제안

마지막으로 가장 중요한 점은, 저는 우리의 미래가 밝다고 생각합니다.
Last but not least, I believe our future is bright.

마치기 전에, 이런 아동학대 피해자들을 도울 수 있는 방법을 다시 한 번 강조해 드리고자 합니다.
Before I finish, let me stress again how you can help those victims of child abuse.

우리의 안보 수준을 강화해야 한다는 것을 제안하겠습니다.
I would suggest that we should beef up our security level.
*beef up 강화하다

더 많은 돈이 연구개발에 투자되어야 한다고 제안하고 싶습니다.
I'd like to propose that more money should be invested in R&D.

청중 분들이 인생에서 성공하고 싶으시다면 제 발표에서 설명해 드린 단계들을 기억하셔야 합니다.
What I need this audience to remember if they want to succeed in life is the steps I described in my talk.

끝으로 당부드리고 싶은 말씀은 우리 회사는 IT 산업 성장에 공헌하기 위해 최선을 다한다는 것입니다.
My parting wish for you is that our company does its best to contribute to the growth of the IT industry.
*contribute to ~에 공헌하다

제가 말씀드린 의견의 전반적인 의미를 명심해 주시기 바랍니다.
Please keep the overall implications of my points in mind.
*implication 함축, 암시

이 프레젠테이션은 제 개인적인 견해를 바탕으로 한 것임을 잊지 마시기 바랍니다.
Please bear in mind that this has been based on a personal view of mine.

제가 오늘 여러분께 말씀드린 내용을 실생활에서 꼭 실천해야 한다는 것을 기억해 주시기 바랍니다.
Please keep in mind that you should practice in real life what I have told you about today.

인용구·일화 등의 언급	제 프레젠테이션을 요약해 줄 이야기로 마칠까 합니다. Let me close now with a story that sums up my presentation. 제가 말씀드린 내용을 아주 잘 요약한 인용구로 마칠까 합니다. Let me close now with a quote that pretty much summarizes what I have been talking about. *quote 인용문, 인용어구 이 업종에 종사하는 우리 모두에게 적용되는 이야기로 마치겠습니다. I would conclude with a story that applies to all of us in this industry. 우리 회사를 처음 설립하셨던 고(故) 정 회장님에 관한 일화를 말씀드리며 마칠까 합니다. Let me wrap up with an anecdote about the late Chairman Chung who founded our company. *anecdote 일화
프레젠테이션 종료 인사	이것으로 제 프레젠테이션을 마치겠습니다. That ends my talk. So that's all I have to say. That covers my presentation. That completes my presentation. That brings us to the end of my presentation. 집중해 주셔서 감사합니다. Thank you for your attention. 시간 내 주셔서 감사합니다. Thank you for your time. 바쁘신 와중에 시간 내 주셔서 감사합니다. Thank you for taking the time out of your busy schedule. 와 주셔서 감사합니다. Thank you for coming.

질문 받기

질문을 받도록 하죠.

Let's throw it open to questions.

Biz Tip

여기서 it은 '발언권', '발표'를 의미하여 질문으로 넘어가겠다는 뜻입니다.

＊throw open (문 등을) 열어젖히다, 공개하다

질문 있으세요?

Any questions?

어떠한 질문이든 기꺼이 답변해 드리도록 하겠습니다.

I'd be glad to try and answer any questions.

어떤 질문이든 기꺼이 남아서 답변해 드리겠습니다.

I'd be happy to stay and answer any questions you have.

의문사항이 있으시면 질문해 주세요.

If there is anything you are not clear about, please ask.

If there is anything you are not clear about, please feel free to ask.

의문사항이 있으시면 이메일로 연락 주세요.

If there is anything you are not clear about, please contact me via email.

제가 방금 언급한 내용에 대해 질문 있으십니까?

Are there any inquiries about the points that I just mentioned?

이제 여러분의 질문을 받도록 하겠습니다.

I would like to open the floor for any questions that you may have.

이제 질문을 받겠습니다.

Now I open up the floor for questions.

질문을 위해 발언권을 부여해 드리죠.

Let me open up the floor for any questions.

한 번에 한 분씩만 질문해 주세요.

Please one at a time.

한 번에 하나씩만 질문을 받겠습니다.

I will take one question at a time.

이 분 질문을 먼저 받고 다음에 그쪽 분 질문을 받도록 하겠습니다.

Why don't you go ahead with your question and then I'll take yours next?

질문 확인

'유기적 경영'이라는 것이 무슨 말씀이신지요?

What do you mean by "organic management"?

고등교육에서는 이 교수법이 효과가 없을 것이라는 뜻입니까?

Do you mean this teaching method might not work in higher education?

제가 제대로 이해한 것이라면, 기술이 우리를 보다 인간적으로 만들어 준다는 말씀이시죠?

If I understand you correctly, you are saying technology makes us more human?

죄송하지만, 질문을 이해하지 못했습니다. 다시 한 번 말씀해 주시겠습니까?

Sorry, I didn't catch that. Could you go over that again?
Sorry, I didn't catch that. Could you repeat it, please?

제가 제대로 이해했는지 확실치는 않지만, 저희의 네트워크 시스템이 전부 업그레이드되어야 한다는 것입니까?

I'm not sure whether I understand you correctly, but are you saying that all our network systems should be upgraded?

질문을 좀 더 구체적으로 해 주시겠습니까?

Could you be a little more specific with your questions?

질문하시고자 하는 것이 정확히 무엇이죠?

What exactly is it that you are asking?

말씀을 이해하지 못했습니다. 정확히 무슨 뜻입니까?

I don't quite follow you. What exactly do you mean?

무슨 말씀을 하시는지 잘 모르겠네요. 다시 한 번 말씀해 주시겠습니까?

I'm not sure what you're getting at. Could you say that again?

미안합니다만 집중하지 못했습니다. 무슨 말씀이셨습니까?

I'm sorry. I was not paying attention. What was that again?

더 천천히 말씀해 주시겠습니까?

Could you speak more slowly?

Could you speak a little more slowly, please?

죄송합니다. 조금만 더 천천히 다시 한 번 말씀해 주시겠습니까?

I'm sorry. Could you repeat that a bit more slowly?

죄송합니다. 잘 들리지가 않네요. 조금만 더 크게 말씀해 주시겠어요?

I'm sorry. I couldn't hear you clearly. Could you speak a little louder, please?

좋은 질문에 대한 대답

아주 좋은 질문이네요.

That's a very good question.

매우 중요한 질문입니다.

That's a very important question.

제가 추가 예시를 드릴 수 있기 때문에 그 질문은 좋은 질문입니다.

That question is a good one because it allows me to give some extra examples.

그 점을 제기해 주셔서 기쁩니다.

I'm glad you raised that point.

흥미로운 질문이군요.

That's an interesting question.

답변하기 힘든 질문에 대한 대답

지금은 그 정보에 대해 밝힐 수 없습니다.

I can't reveal that information at this time.

죄송합니다만, 그건 기밀 정보입니다.

I'm sorry, but that is confidential information.

*confidential 기밀의

그건 제 분야가 아닌 것 같군요.

I'm afraid that's not my field.

그 질문에 대한 명확한 답이 지금은 없습니다만, 추후에 이메일로 논의해 보겠습니다.

I do not have a definite answer to that question now, but I'd be happy to discuss this further via email.

그 점은 나중에 얘기해도 좋을 것 같군요.

Perhaps we could deal with that later.

여러분 중 이 질문에 대해 의견을 가지고 계신 분이 있습니까?

Does anyone have any thoughts on this question?

Biz Tip

청중에게 되묻는 것도 자연스럽게 답을 회피하면서 청중의 토론을 장려하는 분위기로 만들어 줍니다.

김 선생님이 그 질문에 답해 주실 거라고 확신합니다.

I'm sure Mr. Kim can answer that question.

Biz Tip

같은 자리에 있는 관련 질문의 전문가, 또는 담당자에게 답변의 기회를 건네는 것도 좋은 방법입니다.

답변에 대한 이해 및 만족도 확인

명확한 답이 되었는지요?

Have I made that clear?

이제 명확합니까?

Is that clear now?

제 답변이 만족스러우신가요?

Does my answer satisfy you?

질문에 답이 되었나요?

Does that answer your question?

질문에 답이 되었길 바랍니다.

I hope I've answered your question.

<table>
<tr><td>질의응답
종료</td><td>다른 질문이 없으시다면 여기서 마무리 짓죠.

If there are no other questions, why don't we wrap it up here?

더 이상 질문이 없으시다면 여기까지 하는 것이 좋겠습니다.

If there are no further questions, perhaps we should stop here.

더 이상 질문이 없으시면 여기서 마치죠.

If there are no more questions, let us finish up here.</td></tr>
</table>

PART
9

계약 및 협상

이메일과 미팅, 전화 통화를 통해 바이어와의 상담 및 사업 목적을 파악했다면 이제 직접 대면하여 계약을 위한 협상 단계에 이르게 됩니다. 중요 사항을 전달하고 조건 협상에 필요한 표현들을 자유롭게 구사하려면 전략적으로 준비할 필요가 있습니다. 이번 파트에서는 협상을 시작할 때 필요한 인사 및 내용 정리뿐만 아니라 협상의 마무리 단계인 계약 체결에 필요한 표현까지 종합 정리했습니다.

Chapter 1

협상의 시작

Chapter 2

안건 정리

Chapter 3

가격 협상

Chapter 4

제안할 때

Chapter 5

양보할 때

Chapter 6

반대 · 동의 · 거절

Chapter 7

서류 및 계약서

Chapter 8

협상 종결

<table>
<tr><td>**Chapter 1**</td><td colspan="2"># 협상의 시작</td><td>🎧 09-1.mp3</td></tr>
</table>

상호 소개

제니퍼, 들어오셔서 앉으세요.

Jennifer, come in. Take a seat.

Biz Tip

협상 자리에서는 방문객을 먼저 환영하고 안내하는 것이 예의입니다. 영어로 말하는 것이 불편하다고 하여 그냥 인사만 하고 쑥스러워 고개도 들지 못하는 경우가 많은데 협상 결과 도출에 부정적인 영향을 끼칠 수 있으니 주 의하세요.

안녕하세요, 미스터 김. 들어오세요.

Hello, Mr. Kim. Please come in.

앉으셔서 음료를 좀 드세요.

Please have a seat and help yourself to something to drink.

환영합니다! 먼 걸음 하셨어요. 들어오셔서 앉으세요.

Welcome! You've come a long way. Come in and take a seat.

저는 프란시스코 쿠앤틴이고 이쪽은 제 동료 션 펜입니다.

I'm Francisco Quantin and this is my colleague, Sean Penn.

Biz Tip

자기소개와 함께 옆 동료나 회사 관계자를 초면인 상대에게 소개하는 자연스러운 매너를 보입시다.

Example

A   Sorry to have kept you waiting. You must be Karen Wang. **I'm Francisco Quantin and this is my colleague, Sean Penn.** 기다리게 해서 미안합니다. 카렌 왕 씨이시 죠? 저는 프란시스코 쿠앤틴이고 이쪽은 제 동료 션 펜입니다.

B   Good to meet you, Francisco and Sean. This is my partner, Andrew Carter. 만나서 반가워요. 프란시스코, 션. 이쪽은 제 파트너 앤드류 카터입니다.

여기는 사라 박입니다. ABC 프로젝트를 담당하고 계시지요.

This is Sarah Park. She is in charge of the ABC Project.

제프 팀장님을 만나 뵌 적이 있으신가요? 최근 기획팀의 팀장 업무를 맡으셨습니다.

Have you met Jeff? He has just taken over as head of the planning team.

새로 오신 김진 과장님께 소개시켜 드리지요.

Let me introduce you to Jin Kim, our new manager.

전에 우리, 통화한 적이 있었죠?

I think we've spoken on the phone, haven't we?

Biz Tip

초면인 경우라도 이메일이나 전화 통화를 나누었던 사이라면 이런 점을 언급하여 친근한 공감대를 형성하도록 하세요.

Example

A   Mr. Carter. **I think we've spoken on the phone, haven't we?**   카터 씨, 전에 우리, 통화한 적이 있었죠?

B   Yeah. Glad to meet you finally.   네, 드디어 만나 뵙게 되어 기쁘네요.

우리, 제임스앤모건 사의 연례 연회에서 만난 것 같은데요.

I think we've met at the James & Morgan annual banquet.

피터 아이리스 씨에게서 말씀 많이 들었습니다.

I have heard a lot about you from Peter Iris.

우리, 이메일로 연락한 적 있죠. 그렇지요?

We have communicated by email, haven't we?

드디어 만나 뵙게 되어 반갑습니다.

Glad to meet you finally.

Good to meet you finally.

Biz Tip

finally를 넣어 말하면 만남을 기다려 오다가 마침내 만나게 되니 반갑다는 뉘앙스를 전달할 수 있습니다.

만나 뵈어 반갑습니다.

So nice to meet you.

또 만나 반갑습니다.

Good to see you again.

잘 지내고 계시죠?

How's everything going with you?

Biz Tip

협상 시작 전에 인사와 안부를 나누면서 가능하면 우호적인 분위기를 조성하도록 합시다.

부서의 일들은 어떻게 되고 있습니까?

How's everything going in your department?

일은 잘 되시나요?

How's work going?

당신과 직원들은 어떻게 지내고 있습니까?

How are you and your staff doing?

ANK를 대표하여 저희 본사를 방문해 주신 것을 환영합니다.

On behalf of ANK, I am very glad to welcome all of you to our head office.

Biz Tip

회사를 대표하여 정식으로 협상이나 회의를 시작할 때 on behalf of 다음에 회사나 소속 단체 이름을 말하면 자연스럽습니다.

총이사이신 스나이더 씨를 대신하여 이 회의를 제가 진행하겠습니다.

On behalf of our chief executive Mr. Snyder, I will lead this meeting.

저희 팀을 대신하여 팀원들을 소개하겠습니다.

On behalf of our team, let me introduce our team members.

SBX 사를 대신하여 여러분 모두를 환영합니다.

On behalf of SBX, I welcome all of you.

여기까지 먼 걸음해 주신 데 대해 감사드립니다.

Thank you for coming all the way down here.

오늘 회의에 참석해 주셔서 감사합니다.

Thank you for taking part in this meeting.

제시간에 와 주셔서 감사합니다.

Thank you for being right on time.

참석해 주셔서 정말 감사드립니다.

I sincerely appreciate your presence. ❻

Biz Tip

참석에 대한 감사의 말을 전달합니다.

쿠앤틴 씨와 펜 씨, 여기까지 오는 데 힘들지 않으셨나요?

Mr. Quantin and Mr. Penn, did you have any trouble getting here?

시차로 고생을 겪으시는 건 아닌지요?

Are you suffering from jet lag?

Biz Tip

small talk(가벼운 대화)으로 공감대를 형성합니다. 주로 날씨, 교통, 뉴스 등의 이야기를 주고 받는 경우가 많습니다.

좋은 여행 되셨나요?

Did you have a good journey?

뉴욕은 이번이 처음이신가요?

Is this your first visit to New York?

교통체증이 대단하더군요.

The traffic was appalling.   *appalling 놀랄 만한, 지독한

Biz Tip

날씨, 교통 등에 관해 공감대를 형성할 만한 이야기를 합니다. 긍정적인 것이라면 더 좋겠지요.

여기 날씨는 참 좋군요!

The weather here is great!

저희 방은 전망이 참 좋군요.

Our room has a great view.

이곳 커피맛이 좋습니다.

The coffee is very delicious here.

자, 잘 지내시죠? 가족들도 안녕하시고요?

So, how are you? How is your family?

Biz Tip

여기서 so는 별 뜻 없이 쓰는 '자'와 같은 입버릇이라고 보면 됩니다. 너무 습관적으로 많이 쓰지 않는 한, 대화를 연결하거나 새로운 주제를 언급할 때 구어체적인 표현으로 적절합니다.

Example

A **So, how are you? How is your family?** 그래, 잘 지내시죠? 가족도 안녕하시고요?

B They're all fine, thanks. My youngest son has just gone off to college, actually. So now my husband and I are at home alone. 네, 잘 있어요. 감사합니다. 사실 막내아들이 대학 진학으로 집을 떠났죠. 그래서 지금은 집에 남편하고 저만 있어요.

자, GPR 프로젝트는 잘 되고 있어요? 민 부장님(상대방의 상사)은 잘 지내시죠?

So, how are you doing with the GPR Project? How is Mr. Min doing?

그간 잘 지내셨어요? 오랜만이네요.

How have you been? Long time no talk.

잘 지내시죠? 여전히 일로 바쁘세요?

How is everything? Are you still busy with work?

비행기와 숙박시설은 어떠셨어요? 모든 것이 흡족하셨나요?

How were your flight and accommodations? Did you find everything to be acceptable?

Biz Tip

안부와 함께 숙박 시설, 여행 일정 등이 만족스러운지 물으며 상대를 배려합니다.

당신은 서울이 도쿄와 많이 다르다고 생각하세요?

Do you find Seoul to be much different from Tokyo?

모든 것이 당신의 취향[기호]에 맞았나요?

Did you find everything to be to your liking?

제 생각에 분명히 우리는 많은 것을 이룰 것입니다.

I think we will get a lot accomplished.

우리는 오늘 분명히 많은 것을 할 것이라고 저는 믿습니다.

I believe we can certainly get a lot done today.

이 회의에서 우리가 의제를 얼마나 많이 다룰 수 있다고 생각하시나요?

How much of the agenda do you think we can get covered in this meeting?

이해할 만합니다. 저희도 비슷한 문제를 겪고 있지요.

That's understandable; we face similar problems.

＊face 직면하다. 경험하다. 당면하다

그 점이 저희에게도 영향을 끼치기에 이해가 됩니다.

We can understand that as it affects us, too.

저희 모두의 상황입니다.

That goes for us all.

저희도 마찬가지입니다.

Us, too.

우리는 비슷한 제약에 직면하고 있어요.

We face similar restrictions.

문 좀 닫아 주시겠어요?

Would you mind closing the door for me?

여기서는 금연해 주시겠습니까?

Would you mind not smoking here?

**협상 개시
알림**

급하게 이렇게 오늘 아침에 찾아 뵐 수 있게 해 주셔서 감사합니다.

Thanks for agreeing to meet with me this morning at such short notice.

Biz Tip
시간, 노력, 장소의 배려에 먼저 감사의 뜻을 전달하면서 협상을 시작하세요.

이렇게 빨리 만나는 데 대해 동의해 주셔서 감사합니다.

Thank you for agreeing to meet with me so soon.

이 시간에 만날 수 있게 해 주셔서 감사합니다.

Thank you for agreeing to meet with me at this time.

오늘 토론으로 넘어가도록 하죠. 저는 오늘 좋은 결실을 맺는 회의가 되기를 기대합니다.

Let's move on to today's discussion, and I am looking forward to a very fruitful discussion today.

Biz Tip
look forward to의 표현을 활용하여 초반에 회의, 만남에 대한 기대를 갖고 있음을 표현하세요.

우리 모두는 이 새로운 합작투자가 시작되기를 고대하고 있습니다.

We're all looking forward to getting this new joint venture started.

처리해야 할 논제가 몇 가지 있습니다. 시작하는 것이 어떻겠습니까?

We have several topics to address, so why don't we get started?

Biz Tip
자연스럽게 토론, 협상의 주제로 대화 내용을 이동시킵니다. 안건에 대해 간략한 정리를 해 주세요.

우리는 처리해야 할 많은 문제들이 있습니다.

We have a number of problems that we need to address.

자, 그럼 지난번에 보내 주신 제안서를 살펴보면서 시작해 볼까요?

So, shall we start by looking at your last proposal?

Biz Tip

어느 정도 공감대를 형성했다면 너무 잡담이 길어지지 않도록 하면서 협상 주제로 자연스럽게 넘어가도록 합니다. Shall we ~?는 '~합시다'라는 뜻의 Let's나 Let us보다 약간 더 정중한 의미를 나타냅니다.

좋습니다. 그럼 우리 토론으로 넘어가 볼까요?

All right[righty]. Shall we move on to our discussion then?

자, 먼저 핵심 사항으로 들어가 볼까요?

Now, shall we get to the key issues first?

좋습니다. 우리 목표를 소개하면서 시작해 볼까요?

Okay, shall we start by introducing our objectives?

괜찮으시다면, 현재 상황의 개요를 말씀드리면서 시작해도 될까요?

If you don't mind, could I start by presenting a rundown of our current status?

*rundown 설명, 보고, 요약

Biz Tip

공식적인 협상 자리에서는 너무 단도직입적으로 부탁하거나 제안하는 것이 어려울 수 있습니다. 그런 경우 개인적으로 양해를 구하는 의미로 if you don't mind(괜찮으시다면)를 넣어 문장을 만들 수 있습니다.

Example

A So what do we have today? Why don't we get started? 자, 오늘 무슨 건이 있나요? 시작할까요?

B **If you don't mind, could I start by presenting a rundown of our current status?** 괜찮으시다면, 현재 상황의 개요를 말씀드리면서 시작해도 될까요?

괜찮으시다면, 먼저 귀사의 프로젝트 일정에 관해 소개해 주실 수 있을까요?

If you don't mind, could you present your project schedule first?

괜찮으시다면, 이 협상을 오후 4시 전까지 마칠 수 있을까요?

If you don't mind, could we finish this session before 4 p.m.?

괜찮으시다면, 제 비서가 저와 함께 이 회의에 참석해도 될까요?

If you don't mind, could my assistant attend this meeting with me?

오늘 안건이 꽉 차 있기에 지금 시작해야 할 것 같습니다.

We have got a very full agenda so we'd better get started now.

계속 잡담으로만 연결되지 않도록 어느 정도 인사와 가벼운 대화를 나누었다면 본론으로 넘어가도록 회의나 협상의 진행자가 자연스럽게 이끌어 줍니다.

시간이 부족하니 시작하죠.

We are short of time, so let's get started.

분위기 푸는 대화는 충분한 것 같습니다. 본론으로 돌아가지요.

I think we had enough small talk. Let's get back to business.

좋습니다. 모두 본론으로 돌아갈 준비가 되셨는지요?

All right. Are we all ready to get back to our main issue today?

귀사의 물품 정보를 검토해 보았습니다.

We have reviewed the information on your product.

기계를 구입하는 것에 관심이 있습니다.

We are very interested in buying a machine.

제일 먼저 전하고 싶은 것은 결제 문제입니다.

The first thing I would like to address is the issue of late payments.

가장 먼저 우선 순위를 두어야 하는 업무, 안건을 설명할 때 유용합니다.

시간은 어느 정도 있으신지요?

How much time do you have available to you?

필요하다면 이 점들에 관해 논의하고 협상할 수 있기를 바랍니다.

So I hope that you are able to discuss and negotiate these areas if necessary.

전에 제안하셨듯이 덤핑 요금 조건에 관해 시작해 봅시다.

As you suggested earlier, let's begin with our requirements for the dumping charge.

무엇에 관한 것인지 제가 기억이 나도록 다시 말씀해 주시겠어요?

Can you please refresh my memory as to what they are again?

Biz Tip

다시 상기해야 할 사항을 정리하면서 시작하는 것이 좋습니다. 서로 오해의 여지를 줄이세요.

그 사항에 관해 다시 한 번 말씀해 주시겠습니까?

Can you please remind me of the issues?

문제들을 요약해 주시겠습니까?

Can you please summarize the problems?

문제들을 다시 한 번 말씀해 주시겠습니까?

Can you please reiterate the issues?

＊reiterate 되풀이하다, 다시 행하다

협상 시작 시 의견 교환

의견이 어떠하신지요?

What did you have in mind?

Biz Tip

협상에서 상대의 의견을 묻는 것이 말을 하는 것보다 중요합니다.

> Example
>
> A Shall we begin? 시작할까요?
>
> B Sure. **What did you have in mind?** 그럽시다. 의견이 어떠하신지요?

무슨 생각을 하셨는지 말씀해 주세요.

Tell me what you had in mind.

Tell me what you were thinking.

입장이 어떠세요?

What's your position?

우리 고객의 허락이 있으면 거래를 잘 성사시킬 수 있다고 믿습니다.

I am sure that we can work out a deal with our client's permission.

저희 측 예산 범위에 있는 한 그건 문제가 되지 않을 듯합니다.

As long as we can stay within our budget, it shouldn't be a problem.

Biz Tip

'~하는 한'이라는 뜻의 as long as를 사용하여 조건을 제시할 수 있습니다.

공급업체가 가격을 너무 많이 올리지 않는 한, 저희는 그들과 파트너 관계를 계속 유지할 수 있습니다.

As long as our supplier doesn't raise prices too much, we can continue to partner with them.

그 점은 좀 감이 잡히지 않네요. 명확하게 설명해 주실 수 있나요?

That seems a little vague, can you clarify?　　*vague 모호한

그건 큰 일인 듯합니다.

That seems like a great deal.

그건 정말 일이 많은 것 같아요.

That seems like an awful lot of work.

양측의 필요를 충족시킬 수 있도록 협상을 마무리할 수 있을 것입니다.

I am sure that we can work out a deal to satisfy both of our needs.

Biz Tip

가능해 보이는 사항은 확실하게 허락하거나 동의하도록 합시다. 협상 테이블에서 우유부단한 태도는 피하세요.

회사 입장의 관철 노력

모든 계약에 이 금액을 적용시키는 것이 저희의 정책입니다.

It is our policy to apply this fee to every contract.

Biz Tip

회사의 규정 등을 제시하며 입장을 알리거나 무례하지 않게 거절할 수 있지요.

Example

A **It is our policy to apply this fee to every contract** regardless of how small or large the contract is.　계약이 작든 크든 모든 계약에 이 금액을 적용시키는 것이 저희의 정책입니다.

B I see. As long as we can stay within our budget, it shouldn't be a problem.　그렇군요. 저희 측 예산 범위에 있는 한 그건 문제가 되지 않을 듯합니다.

각 문건을 일일이 검토하는 것이 저희의 정책입니다.

It is our policy to review each document individually.

이 조건은 조절 가능하기에 귀사의 개별적인 필요에 맞춰 거래를 기꺼이 해 드리도록 하겠습니다.

These terms are flexible, so we would be willing to work out a deal depending on your individual needs.

Biz Tip

상대를 배려하는 듯한 표현을 협상 중간중간에 넣어 주는 화술을 활용하세요.

Example

A **These terms are flexible, so we would be willing to work out a deal depending on your individual needs.** 이 조건은 조절 가능하기에 귀사의 개별적인 필요에 맞춰 거래를 기꺼이 해 드리도록 하겠습니다.

B I see. We would appreciate that. 그렇군요. 감사합니다.

귀사의 필요에 맞출 수 있도록 인도 조건은 변경 가능합니다.

The delivery terms are adaptable to meet your needs.

*adaptable 융통성 있는

이 조건들은 협상 가능합니다.

These terms are negotiable.

이 인도 조건은 완전히 정해진 것이 아니기 때문에 필요에 따라 협상할 수 있습니다.

The delivery terms are not written in stone, so we would be willing to work out a deal depending on your needs.

*be written in stone 완전히 정해지다

그 점은 저희가 해 드릴 수 있겠군요.

That seems within our capabilities.

Biz Tip

seem(~로 보이다)은 확실하지 않은 의견을 표현할 때 유용하게 쓸 수 있습니다.

불합리해 보입니다.

That seems very unreasonable.

안건 제시

자, 그럼 안건의 첫 번째 사항부터 시작할까요?

Okay, shall we start with the first item on the agenda?

보내 주신 서류를 읽어 보았으나 주요 문제들을 명확하게 해 주시면 더 좋을 것 같습니다. 시작할 준비 되셨습니까?

We have read the document you sent us, but it might be better if you can clarify some of the key issues. Are you prepared to begin?

저희의 안건을 준비해 왔습니다.

I've drawn up our agenda.

궁금하신 점은 나중에 편히 질문해 주세요.

Please feel free to ask any questions you have afterwards.

프레젠테이션 후에, 저희가 몇 가지 제안을 드리고 있을 수 있는 차이점을 풀어 나가겠습니다.

After the presentation, we will offer some suggestions and try to resolve any differences we may have.

오늘 회의에 관해 그리고 저희가 이루고자 하는 사항에 관해 간단히 말씀드리면서 시작하고 싶습니다.

I'd like to start by saying a few words about today's meeting and what we expect to achieve.

Biz Tip
회의의 목적, 안건 등을 먼저 언급하며 시작하세요.

저희의 관점을 명확히 밝혀 드리며 시작하겠습니다.

Let me start by clarifying our point of view.

먼저 제가 이 회의에 관해 설명을 드리고 난 후 토론으로 들어가겠습니다.

Allow me to explain what this meeting is about and then we will move on to the discussion.

먼저 이 회의의 진행 순서에 관해 개요를 말씀 드리죠.

First, allow me to outline how the meeting will proceed.

이 프로젝트를 함께 할 가장 좋은 회사를 찾고 있던 중입니다.

We have been looking for the best company to partner with on this project.

현재까지는 귀사가 이 합작 투자 사업의 가장 강력한 후보입니다.

So far, your company is the strongest candidate for this joint venture.

우리는 이 프로젝트를 위해 우리와 같은 비전을 가진 회사를 찾고 있습니다.

We are looking for a company which has the same vision as ours for this project.

오늘 우리가 바라는 것은 귀사와 공동 사업을 함께 할 수 있을지 충분히 확신할 만한 공감대를 찾고자 하는 것입니다.

What we hope to do today is find enough common ground to warrant entering into a possible business partnership with you.　　　　*common ground 공통되는 기반, 공통점

프로젝트를 시작하기 전에 세부사항들을 철저하게 토의하고 싶습니다.

I'd like to hammer out some details with you before starting the project.　　　　*hammer out 끝까지 논의하여 타결을 보다

함께 사업에 들어가는 것을 결정하기 전에 공통 분모를 찾아봅시다.

Let us try to find some common ground before deciding to go into business together.

합작 사업에 같은 목표와 비전을 공유하면 귀사와 함께 사업하는 것이 훨씬 수월합니다.

Sharing the same goals and vision for our joint venture makes it even easier to do business with you.

먼저 여기 보시다시피, 귀사의 제안서에 관한 간략한 프레젠테이션을 부탁합니다.

First, as you can see here, we'd like you to give us a brief presentation on your proposal.

Biz Tip

안건 및 회의의 순서대로 진행하고 있음을 수시로 알리세요.

토론을 시작하기 전에 이 점을 먼저 상세히 설명해 드리지요.

Let us explain this issue in more detail first before opening it up to the floor.   *floor (토론장 등에서) 참가자석; (토론) 참가자

좋습니다. 가격 책정에 관한 간단한 프레젠테이션으로 시작하는 것이 어떨까요?

Okay, why don't we start with a short presentation on pricing?

나머지 사안을 설명하는 보고서와 함께 시작하죠.

Let's begin with the report detailing the remaining issues.

상세한 토론이 필요한 중요 안건을 확인하는 데 도움이 되겠군요.

It will help us identify key issues that need in-depth discussion.

Biz Tip

상대의 제안에 동의하며 도움이 될 만한 사항을 언급합니다.

이 프레젠테이션은 이 건을 더 잘 이해할 수 있도록 해 줄 것입니다.

This presentation will help us understand the issue better.

직면한 문제를 먼저 파악합시다.

Let's identify the problems at hand first.

이것은 우리가 이 프로젝트의 원리를 이해하는 데 필요한 주요 개념을 명확히 하는 데 도움이 될 것입니다.

It will help us clarify key concepts that are required for us to understand the fundamentals of this project.   *fundamental 기본 원칙, 핵심

동의한다고 가정했을 때, 저희 프로젝트 이행 방식에 관해 자세히 설명하는 상세한 사업 계획을 만들 수 있을 것입니다.

Assuming that we can agree, I am sure we can draw up an action plan detailing how to implement our project.   *action plan 상세한 사업 계획

Biz Tip

협상 시작 단계에서는 아무것도 확실히 약속할 필요가 없습니다. 조건을 제시하면서 협상이 긍정적으로 진행되어 목적을 달성하기를 바란다는 메시지를 전달하는 것이 적합합니다.

우리가 공감대를 찾는다고 하면, 이 계획을 당장 다음 달부터 시작할 수 있을 듯합니다.

Provided that we can find common ground, we may be able to proceed with the plan starting next month.

아무도 반대하지 않는다고 하면, 프로젝트는 제시간 안에 예산 범위 내에서 완수될 것입니다.

As long as no one disagrees, the project will be completed on time and within the budget.

이 계획의 대안을 마련해야 하겠습니다.

Let us draw up some alternatives to this plan.

안건 요약

자, 아시다시피, 저희는 귀사의 제공조건을 읽어 보고 오늘 협상의 안건을 준비해 보았습니다.

Now, as you know, we've read your offer and drawn up an agenda for today.

어떻게 생각하세요?

How does that sit with you?

네, 좋아 보이는군요.

Yes, that seems fine.

우리 모두 알다시피, 오늘 우리는 우리의 합작투자 사업 협정에 관해 합의에 도달하고자 모였습니다.

As we all know, we are here today to try and reach an agreement concerning our joint venture agreement.

Biz Tip

you know는 격식 있는 자리에서는 다소 무례하게 들릴 수가 있습니다. As we all know를 사용하면 알고 있는 사항에 대해 언급할 때 공감대를 형성할 수 있죠.

아시다시피, 오늘 우리는 우리 합의 내용의 대안을 브레인스토밍하고자 합니다.

As you know, we are here today to brainstorm some alternatives to our agreement.

우리 모두 알다시피, 우리는 서로 공통점을 찾으려고 이 자리에 함께 했습니다.

As we are all aware, we are here to find some common ground.

오늘 우리가 이루고자 하는 것은 세 가지 주요 부품의 공급에 관한 1년간의 계약을 체결하는 것입니다. 계약이 성공적으로 실행되면 1년마다 연장이 될 것입니다.

What we're looking for is a year-long contract for the supply of three key components. If the contract is carried out successfully, it will be renewed annually.

Biz Tip

이 문장은 What we're looking for를 주어 자리에 두어 a year-long contract for ~ 부분을 강조해 줍니다. 주어 자리의 단어가 강조되는 경향이 크므로 비즈니스 상에서 개인이 아닌 대상을 강조해야 하는 경우 주어 중심으로 문장 구조를 바꾸어 말하면 좋습니다.

우리가 찾고 있는 것은 믿을 만한 하청업체입니다.

What we are looking for is a reliable contractor.

오늘 안건은 세 가지 주요 쟁점을 다루고 있어요. 다시 말해 가격, 지불 조건, 그리고 품질 보증입니다.

It covers the main areas for negotiations – that is price, payment terms and quality guarantees.

Biz Tip

협상에서 주제를 미리 정하고, 가능하면 안건의 범위를 벗어나지 않도록 미리 언급·요약하며 목표 설정을 하는 것이 중요합니다. 상대가 미리 알고 있는 내용이더라도 알고 있다는 가정 하에 그냥 넘어가기보다는 다시 한 번 각인시켜 주는 것이 협상의 목표 도달에 좀 더 효과적입니다.

우리의 안건은 이 협상을 위한 주요 쟁점을 포함합니다. 다시 말해 갱신 조건과 프로젝트 일정입니다.

Our agenda covers the main areas for negotiations which are the renewal terms and the project schedules.

오늘 협상은 우리가 당면한 핵심 사항을 다루겠습니다. 다름 아닌 위약 조항입니다.

Today's negotiations will cover the key issue at hand – namely, penalty clauses.

그럼 귀사의 가격 제안에 관해 살펴보도록 하죠.

Then, let's have a look at your pricing proposals.

Biz Tip

먼저 전반적인 협상 내용을 살펴본 후 첫 번째 안건부터 순서대로 다루도록 하세요. 대화의 흐름을 자연스럽게 연결하는 표현(예: then 그러면)을 넣어 주세요.

그럼 귀사의 제안서를 살펴보도록 하죠.

Then, let's have a look at your proposal.

좋아요, 그럼 당신의 제안에 대한 대안을 살펴봅시다.

Okay, then, let's take a look at some alternatives to your offer.

**본격 협상
전개**

다음 단계는 무엇이죠?

What's the next step?

Biz Tip

협상의 시작은 안건이나 사항을 단계별로 풀어 나가는 것이라는 것을 기억하세요.

Example

A   We're very happy that we've been able to negotiate good terms for this joint venture.   이번 합작 사업을 위한 좋은 조건을 협상할 수 있었기 때문에 매우 기쁩니다.

B   We're also very excited about our future together. **What's the next step?**
양측이 함께 하는 미래에 관해 기쁘게 생각합니다. 다음 단계는 무엇이죠?

다음 안건은 무엇이죠?

What's next on the agenda?

다음 단계는 무엇인가요?

What's our next move?

다음 사항은 무엇인가요?

What's the next point?

자, 이 공동 사업 프로젝트의 중요한 이정표의 윤곽을 그릴 필요가 있지요.

Now, we need to outline the major milestones in the joint venture project.

Biz Tip

now는 굳이 '지금'이라고 해석하기보다는 '자', '먼저', '이제' 이런 뜻으로 대화를 이어갈 때 쓰세요.

좋아요. 이제, 중대한 프로젝트 목적을 논의해야 합니다.

Okay, now we need to discuss the major project objectives.

자, 그럼 벤처 프로젝트가 설계되어야겠군요.

Now, the venture project needs to be laid out.

*lay out 기획하다, 설계하다

자, 전체 절차 중 주요 단계의 윤곽을 그릴 필요가 있습니다.

Now, we need to outline the major steps in the whole process.

이제 제시되어야 할 요점의 개요를 정리해야 합니다.

Now, we need to outline the major points which should be presented.

네, 제 생각에, 첫 번째 단계는 최대한 한 달 정도가 좋을 것 같군요.

Okay, in my opinion, phase one should take no longer than one month.

제 견해로는, 두 번째 단계에서는 세 가지 작업을 완수해야 하죠.

From my perspective, phase two should accomplish three things.

Biz Tip

from one's perspective는 '~의 견해로 볼 때', '~의 입장에서'라는 뜻으로 본인의 생각을 정중하게 표현할 수 있습니다. 비슷한 표현으로 in my opinion, my view is that ~ 등이 있습니다.

Example

A And, **from my perspective, phase two should accomplish three things.** First, we should secure the needed capital. Second, we need to acquire all the necessary permits from the government. Third, we have to find and purchase the land where we'll build the manufacturing plant. 그리고 제 견해로는 두 번째 단계에서는 세 가지 작업을 완수해야 하죠. 첫째, 필요한 자본을 확보하고, 둘째로 정부로부터 필요한 모든 허가를 받아야 합니다. 셋째로 제조공장을 세울 땅을 찾아서 구매해야 합니다.

B Exactly. 그렇습니다.

제 견해로는, 애초에 그 거래에 서명을 하지 말았어야 했습니다.

From my perspective, we shouldn't have signed the deal in the first place.

제 견해로는, 대부분의 다른 대행업체는 우리의 요구를 들어줄 만한 전문기술이 없습니다.

From my perspective, most other agencies don't have the expertise to handle our request.

제 견해로는, 비용을 줄여야 합니다.

From my perspective, we should reduce the cost.

언제 공장을 열 수 있다고 생각하십니까?

When do you think we would be able to open the plant?

시장 분석의 결과를 언제쯤 받을 수 있다고 생각합니까?

When do you think we'll get the results of the market analysis?

언제쯤 우리가 이 계약을 체결할 수 있을까요?

When do you think we could seal this contract?

그러나 그 점에 대해 아직 말할 단계가 아니라고 생각합니다.

But I don't think we are ready to talk about that yet.

미안하지만 너무 앞질러 가고 싶지 않습니다.

I'm sorry, but I want to make sure that we don't get ahead of ourselves.　　*get ahead of oneself 생각이나 행동이 너무 앞질러 가다

속단하지 맙시다.

Let's not jump to conclusions.

너무 앞질러 생각하지 맙시다.

Let's not get ahead of ourselves.

Example

> A　But **let's not get ahead of ourselves**. We have a lot of details to work out.
> 　　근데 너무 앞질러 생각하지 맙시다. 많은 세부사항을 풀어나가야 하니까요.
>
> B　I agree.　동의합니다.

우선 양측은 관계를 형성해야 한다고 생각합니다.

We need our two teams to build a relationship first.

언제쯤 투자 수익을 보기 시작할 수 있을까요?

When could we begin to see a return on our investment?

　　*return on investment 투자 수익(률)

3~5년 뒤에 이득을 기대할 수 있을 거라고 봅니다.

We could see a return in three to five years.

많은 세부사항을 풀어 나가야 하지요.

We have a lot of details to work out.

우리는 좋은 계획을 세운 것 같습니다.

It looks like we have a good plan then.

가격 및 옵션 제시

저희에게 좋은 가격을 제시해 주시길 바랍니다.
We would need you to give us a good price.

어느 정도의 할인을 제시하실 수 있습니까?
What kind of discount could you offer?

5퍼센트는 어떻습니까?
How about 5 percent?

10퍼센트가 훨씬 좋을 것 같은데요.
10 percent would be much better.

미안하지만 그렇게는 힘듭니다.
I'm sorry. I'm afraid we couldn't manage that.

만약 저희 측에서 모든 설치 비용을 댄다면 10퍼센트 인하에 동의하시겠습니까?
Would you agree to a 10 percent discount if we covered all the installation costs?

그럼 확인하자면, 저희가 가격을 8퍼센트 인하하면 모든 발송비를 지불하고 설치를 맡아서 해 주신다는 것이군요.
So, to confirm: we will give you an 8 percent discount, while you pay all the shipping costs and handle the installation.

가격을 좀 내려 주실 수 있습니까?
Is there any way we could get a discount?

Biz Tip
일방적으로 가격 인하를 요구하는 것이 아니라 예의를 갖춰 물어보는 것이 중요합니다.

Example

A The prices you initially quoted are a little higher than we can pay. **Is there any way we could get a discount?** 처음 제시한 가격은 저희가 낼 수 있는 가격보다 비싸군요. 가격을 좀 내려 주실 수 있습니까?

B A discount is possible if you agree to pay for the shipping costs. 발송비를 부담하신다면 가격 인하가 가능할 것 같습니다.

할인을 받을 수 있나요?

Would it be possible to get a discount?

저희에게 추가 할인을 해 주실 수 있습니까?

Could you give us a further discount?

발송비를 부담하신다면 가격 인하가 가능할 것 같습니다.

A discount is possible if you agree to pay for the shipping costs.

Biz Tip

항상 조건을 같이 제시합니다. 협상에서 그냥 주는 것은 없습니다.

발송비를 부담하신다면 가격 인하를 해 드릴 수 있습니다.

We can give you a discount so long as you can pay for the shipping costs.

발송비를 부담하시는 한 가격 인하는 가능하지요.

Provided that you pay for the shipping costs, a discount is possible.

만일 3년 간의 예상 판매량에 기초한 보상금 지불에 동의하신다면 15퍼센트의 로열티가 가능할 것 같습니다.

A 15 percent royalty is possible if you agree to pay compensation based on three years of projected sales.

＊compensation 보상금

좀 더 엄격한 계약 조건에 응하신다면 고객 서비스 요금 포기는 가능할 것 같습니다.

Waiving the customer service fee is possible if you agree to stricter contract terms.

＊waive (권리 등을) 포기하다

10퍼센트는 무리입니다. 하지만 8퍼센트 인하는 어떻게 해볼 수 있을 것 같습니다.

We couldn't manage a 10 percent discount, but I think we could manage an 8 percent discount.

Example

A **We couldn't manage a 10 percent discount, but I think we could manage an 8 percent discount.** 10퍼센트는 무리입니다. 하지만 8퍼센트 인하는 해볼 수 있을 것 같습니다.

B Okay, great. We can agree to that. When can the products be delivered? 알겠습니다. 그럼 그 제의에 응하겠습니다. 그럼 언제 물품을 받을 수 있습니까?

10퍼센트 인하에는 동의할 수 없겠지만, 8퍼센트 인하는 어떻게 해볼 수 있습니다.

I'm afraid we can't agree to a 10 percent discount, but we can manage an 8 percent discount.

안타깝게도 10퍼센트는 너무 높아요. 이 경우엔 8퍼센트는 가능할 것 같아요.

Unfortunately, 10 percent is just too high. 8 percent seems possible in this case.

그럼 그 제의에 응하겠습니다.

We can agree to that.

Biz Tip

여러 가지 동의 표현을 익혀 협상 중간마다 동의 의사를 확실하게 표현해 주세요.

동의합니다.

I'm with you.

I'm for that.

전적으로 동의합니다.

I can't agree with you more.

좋은 생각이군요.

That sounds good.

그 제의를 받아들이지요.

I will accept that offer.

합당해 보이는군요.

That seems reasonable.

Biz Tip

상대의 조건에 동의 또는 반대하는 의사를 즉시 표현하도록 합니다.

그건 정말 말도 안 되는군요.

That seems way too unreasonable.

그건 많은 공을 들인 것 같군요.

That seems like a lot of effort.

일리 있군요.

That makes sense.

그럼 상품 구매 주문서를 작성합시다.

Let's write up the purchase order.

모든 지원 업무는 정액제로 실시하고 대신 추가로 프로젝트 업무량을 최소화하는 것은 어떨까요?

How about doing all the support work at a fixed price, plus a minimum project load?

그냥 월정액으로 하는 것이 더 좋지 않을까요?

Wouldn't it be better to have a fixed monthly rate?

우선 저희는 귀사가 가격 문제에 대해서 염려하고 있다는 점을 충분히 이해하고 있습니다.

First of all, we do understand your concerns about the pricing.

Biz Tip
우선순위 별로 안건을 나누어 설명합니다.

제가 먼저 말씀드리면 저희는 당신이 가격 문제에 대해 고심하고 있다는 점을 충분히 인지하고 있습니다.

Let me first say we do take your pricing concerns seriously.

그렇지만 제가 지적하고 싶은 것은 저희도 가격 문제에 대해 관심을 갖고 있다는 점입니다.

But I would like to point out that we do have our own pricing concerns.

옵션 A는 약간 비싸고 옵션 B에는 너무 많은 위험요소가 있습니다.

Option A is a little expensive and option B holds too many risks.

저희는 옵션 A와 B 사이의 어느 정도의 지원을 제안합니다.

So we propose a level of support between option A and option B.

Biz Tip
동사 propose는 '제안하다'라는 의미로 공식적인 자리, 협상, 회의 등에서 새로운 의견을 제시할 때 유용한 표현입니다.

저희는 옵션 A와 B를 혼합하는 방식을 제안합니다.

We suggest the middle ground between option A and option B.

*middle ground 중도, 중용; 절충안

그래서 저희는 옵션 A와 B의 조합을 제안합니다.

So we would like to propose a combination of option A and option B.

옵션 A와 B의 차이에 대해 자세히 설명해 주실 수 있겠습니까?

Would you mind elaborating on the difference between option A and option B?

Biz Tip

정중한 부탁을 할 때 쓸 수 있는 표현이 바로 Would you mind ~ing?입니다. mind는 동명사만 수반하는 동사이므로 mind 뒤의 목적어 자리에는 〈동사 + -ing〉형이 와야 합니다. Would you mind ~ing?의 직접적인 뜻은 '~하는 것에 신경 쓰이십니까[꺼리십니까]?'이나 '~해 주실 수 있습니까?'라고 정중하게 부탁하는 의미라고 보는 것이 좋습니다. Would you mind if I ~?의 경우에는 '제가 ~해도 될까요?'라는 의미로 내 행동에 대해 허락을 구하는 문장입니다.

그래요, 이론적으로는 그럴 듯하지만, 제 생각에는 이것과 당신이 애초에 제시했던 것 사이에 많은 차이점이 있어 보이지는 않는군요.

Yes, it sounds good in theory, but I don't see much difference between this one and what you originally proposed.

Biz Tip

이론적으로나 가능하다면서 제안을 거절할 때는 it sounds good in theory, but 뒤에 반대하는 의견을 제시합니다.

그래요, 좋은 생각인 것 같지만 애초의 것과 비교하여 새 제안도 별다른 차이점은 없군요.

Yes, it seems like a good idea, but there is little difference in the new proposal compared to the original.

*compared to ~와 비교하여

그래요, 이론적으로는 그럴 듯한 제안일지 모르지만, 애초의 것과 별다르지 않군요.

Yes, a plausible suggestion in theory, however, it is not different enough from the original.

*plausible 그럴 듯한, 이치에 맞는

**본격 가격
협상 단계**

첫 2개의 안건 주제를 처리하게 되어 다행이군요.

Glad we were able to work through the first two agenda topics.

이 부분에서 긴 논의가 필요할 것 같군요.

I guess this is where we'll need some lengthy discussion.

한 가지 질문이 있는데요, 여기 가격 견적에 관해서요.

Just one question though, here on the price quote.

가격에 관련된 사항으로 넘어가 볼까요?

Shall we move on to the issue of pricing?

Biz Tip

어떤 사항에 관해 이야기나 토론을 전개할 때 쓸 수 있는 정중한 표현입니다. Shall we ~?는 Should we ~? 의 정중한 표현으로서 Let's ~와 비슷한 의미로 무엇인가를 정중하게 부탁하거나, 권유할 때 사용하세요.

저희가 보내 드린 자료와 견적서를 살펴보셨을 거라고 생각합니다.

I assume you have already gone over the fact sheets and quotes we sent?

Biz Tip

평서문 구조로 질문을 만들 때는 끝 부분 억양을 올려야 합니다. I assume ~은 '~라고 예상[생각]합니다'라는 뜻으로 상대의 입장을 간접적으로 확인할 때도 사용됩니다. 즉, 이 문장을 질문처럼 끝 억양을 올려 말할 경우 '~라고 예상[생각]하는데 그렇죠?'라는 의미를 전달할 수 있습니다.

그렇다면 저희가 어떻게 지불할지를 결정해야 하는 것이죠, 그렇죠?

So what we have to decide is how we'll pay, right?

Biz Tip

본인의 입장이나 행동 사항을 강조하는 문장입니다. What we have to decide is how ~는 we have to decide to ~보다 결정해야 하는 사항, 즉 우리 측의 행동을 좀 더 강조하며 재확인하는 듯한 뉘앙스를 전달합니다. 확실하지 않은 사항, 혹은 오해를 줄이기 위해 협상에서 상대방에게 재확인할 때 활용하세요. 평서문이지만 역시 질문처럼 끝을 올리는 더 효과적일 수 있습니다. 부가의문문이나 끝에 right을 덧붙여 말해 보세요.

물론 운영비도 여기 포함되어 있는 것이지요.

Management fees are also included here.

옵션 A는 월정액 4,500달러로 모든 기술 컨설팅과 시장 조사를 위해 실시하는 고객 설문을 포함합니다.

With option A, there is a fixed monthly fee of $4,500 for all technical consulting and customer surveys we conduct for market research.

옵션 B는 10시간짜리 프로젝트당 $1,500달러를 지불하시는 것입니다.

With option B, you pay $1,500 per each ten-hour project.

우리는 장기 프로젝트를 주로 다룰 것이기에 옵션 A가 사실 더 경제적이지요.

Option A is actually more economical as we will work mostly on long-term projects.

저희는 옵션 A로 결정했죠.

Option A is what we have decided to go with.

저희 회사의 컨설턴트들은 담당 업무에 전문가이며, 우리 서비스에 대해 저희 고객들이 작성한 설문 조사 결과가 의심할 여지 없이 이를 입증하고 있습니다.

Our consultants are experts in their work and surveys of our services filled out by our clients prove that without a doubt.

우리가 직접 시장 조사를 좀 해보았는데요.

We have done some market research ourselves.

그게 말이죠, 귀사의 컨설팅 비용은 좀 비싼 편이더군요.

However, we figure your consulting fees are a little on the high side.

> **Biz Tip**
>
> 직접적으로 가격이나 비용이 비싸다고 expensive라고 말하면 별로 설득력이 없습니다. 그냥 입버릇처럼 투정하는 것으로 들릴 수 있습니다. '시장조사를 해서 평균 비용을 알고 있는데 그에 비해 귀사의 가격이 좀 비싼 편이더라' 식으로 말하며 협상을 전개합니다. 또한 다른 회사도 고려하고 있다는 식으로 부연 설명하면 상대가 협상 조건에 응하도록 하는 결정적인 테크닉이 될 수 있습니다.

흠, 귀사의 가격은 귀사의 주요 경쟁사에 비해 높더군요.

Well, we found your prices to be on the high side compared to your main competitor's.

글쎄, 귀사의 서비스 비용은 시장 평균가에 비해 약간 비싸군요.

Well, we figure your service charge is slightly over the industry average.

저희 비용이 약간 높다는 말씀이시군요.

So you're saying our price is a bit steep.

*steep (가격 등이) 터무니없이 비싼

우리 가격이 터무니없다는 말씀이십니까?

So you're saying our price is unreasonable?

> **Biz Tip**
>
> 상대의 의견을 확인하는 듯한 반응을 보여 주는 것이 협상에서는 필요한 기술 중 하나입니다. 약간 의아하다는 듯이 질문하는 어조로 말하면 상대의 말을 이해할 수 없다는 뉘앙스를 전달할 수 있습니다. 억양을 내리며 평서문처럼 전달하면 단순히 내용을 재확인하는 의미를 전달하지요.

저희 상품이 시대에 뒤떨어진다는 말씀이시군요.

So you're saying our products are outdated.

어느 정도 맞는 말씀이긴 하나, 질적인 관점에서 보시기 바랍니다.

Well, that may be true in some respect, but look at it from a qualitative point of view.

Biz Tip

상대의 말에 그대로 순응하는 것이 아니라 논리적으로 가격의 합리성을 설명해 주어야 합니다. 다른 경쟁사보다 가격이 비싼 이유를 서비스의 질적인 면을 강조하며 설명하고 있습니다. from ~ point of view는 '~의 측면에서'라는 뜻으로 근거 자료 등을 중심으로 상황 설명을 하고자 할 때 효과적인 표현입니다.

그런 관점에서는 맞는 말씀이긴 하나, 마케팅의 측면에서 보시기 바랍니다.

Well, that may be true from that perspective, but look at it from a marketing perspective.

어느 정도 맞는 말씀이긴 하나, 소비자의 관점에서 보시기 바랍니다.

Well, that may be true to some degree, but look at it from the perspective of the consumer.

동의해 드리고 싶습니다. 물론 가격을 약간 내려 주신다면요.

I'm inclined to agree, of course, if you'll only come down a little in price.

Biz Tip

조건을 제시하면서 동의할 의사가 있다는 것을 비춥니다. 상대의 의견을 존중하나 우리 쪽에서도 조건이 있음을 확실히 보여 주는 표현입니다. be inclined to는 '~하기를 원하다'라는 뜻으로 if절의 조건을 넣어 주어 가격 흥정의 첫 움직임을 보입니다. 처음부터 얼마에 하자고 제시하기보다는 상대가 먼저 제안하도록 유도하는 것이 중요합니다.

그 조건을 받아들이고 싶네요. 물론 대량 구입에 대한 할인을 적용해 주신다면요.

I'm inclined to take that offer, of course, if you will give us a bulk discount.

이 계약을 체결하고 싶습니다. 몇 가지 조건에 더 응해 주신다면요.

I'm inclined to seal this contract, if you'll agree to a few more conditions.

가격 제안

이런 유형의 컨설팅 서비스의 시장 가격은 평균 3천 달러입니다.

The market price for this type of consulting service is on average $3,000.

그렇다면 귀사는 시장 평균 가격의 선에서 생각하고 계신 건가요?

So you're thinking along the lines of the market average?

그건 시장 평균가보다 다소 비싸군요. 그러나 4,500달러는 너무 비싸다고 생각해요.

That is slightly more than the market average, but $4,500 is way above it, we think.

조금 더 조정해 주실 수 있을 거라고 생각합니다.

I still think you can trim it a little.

*trim 삭감하다, 줄이다

그 비용에 컨설팅과 운영 비용이 다 포함되어 있다는 것을 기억하세요.

Remember, it includes all consulting and management fees.

가격을 너무 내리셨습니다.

You're cutting it too short.

다른 회사와 비슷한 서비스에 왜 50%나 추가로 더 비용을 지불해야 하는지 도무지 이해할 수가 없습니다.

We just do not see the point of paying 50% more for a service similar to other companies.

Biz Tip

상대방이 제시한 금액이나 비용에 강하게 이의를 제기하는 표현입니다. 개인적인 감정을 드러내지 않고 회사의 입장을 나타내도록 주어 자리에 we나 회사 이름을 넣습니다.

왜 물건 한 개당 350달러를 추가로 지불해야 하는지 이해할 수 없습니다.

We don't understand why we should pay an extra $350 per product.

왜 대량 구매 할인이 제공되지 않는지 이해할 수 없군요.

I don't see why no bulk discount is being offered.

왜 4천 달러를 추가로 지불해야 하는지 이해할 수 없네요.

We just do not see the point of paying an extra $4,000.

그 견적은 저희의 최저 서비스 비용에 기초한 것입니다.

That estimate is based on our lowest service charge.

Biz Tip

가격이 너무 높다고 하는 상대에게 견적 비용은 최저 비용에 기초한 것임을 알리도록 합니다. 가격에 거품이 없음을 단도직입적으로 설명하세요.

저희 견적은 평균 시장 가격을 기준으로 한 것입니다.

Our estimate is based on the average market price.

이 견적은 변경 불가능합니다.

This quotation is not subject to change.

저희는 월 정액제로 3,500달러 지불을 고려하고 있습니다.

We are considering paying a fixed monthly fee of $3,500.

Biz Tip

고려하고 있는 기대치를 제시합니다. 목표치를 솔직히 드러낼 필요는 없습니다. 어차피 그 가격에 협상이 쉽게 이루어지지 않으니 단계별로 양보한다는 것을 염두에 두고 구입하는 입장이라면 협상 가격을 목표치보다 낮게 제시합니다.

한 개당 450달러 정도로 생각하고 있습니다.

We are thinking about $450 per unit.

시간당 100달러의 서비스 비용 지불을 고려하고 있습니다.

We are considering paying a service charge of $100 per hour.

만일 저희가 여섯 번째 달부터 10퍼센트 할인율을 제공하면 어떨까요?

What if we offer a 10 percent discount from the sixth month on?

What if we offer a 10 percent discount after six months?

Biz Tip

상대의 요구에 무리가 있음을 밝힌 후 새로운 조건을 제시하거나 제안을 하도록 합니다. 상대의 조건을 무작정 들어주기보다는 가격차를 조금씩 좁히는 것이 중요합니다.

15일 시범 사용 기간을 제공해 드리면 어떨까요?

What if we offer a 15-day trial period?

100개씩 대량 구입을 하실 때마다 10퍼센트 할인을 제공해 드리면 어떨까요?

What if we offer you a 10 percent discount after every 100 units purchased in bulk?

**가격 합의
도출**

그럼 여섯 번째 달부터는 매달 4천 달러라고요?

$4,000 per month beginning the sixth month, you say?

저희 가격이 주요 경쟁사보다 약간 비싸지만, 그들보다 저희가 품질과 기술 면에서 앞서 있습니다.

Our price is a bit higher than our main competitor's, but we are way ahead of them in quality and technology.

그렇다면 매달 250달러의 할인이 적용되어 계약 기간 동안 총액 4,250달러가 되는 거로군요.

That means a $250 reduction per month amounting to a grand sum of $4,250 over the length of the contract.

만일 6개월 임대 계약을 하면 가격이 어떻게 되나요?

What are your prices if I sign a six-month lease?

독점 계약을 하면 가격이 어떻게 되나요?

What are your prices if we sign an exclusive contract?

*exclusive 독점적인

2천 개를 추가로 구입하면 어떤 가격으로 주실 수 있나요?

What prices would you give us if we buy an extra 2,000 units?

저희의 예산과 프로젝트 규모를 봐서는 여전히 비싼 것 같습니다.

I think it's still expensive considering our budget and the scale of the project.

Biz Tip

단순히 가격이 비싸다고만 하면 감정적인 불만으로 들릴 수 있습니다. considering은 '~을 고려하여', '~의 측면에서'라는 의미로, 협상에서 반대하거나 제안을 거부할 때 어떤 측면에서 고려하여 내린 결과라는 것을 자세히 설명할 때 활용하세요.

저희가 투자한 시간을 고려하면 그것은 여전히 부당하다고 생각합니다.

I think it's still unreasonable considering the amount of time we put in.

품질을 고려하면 여전히 비싸다고 생각해요.

I think it's still expensive considering the quality.

솔직히 말씀드려, 배정한 예산을 넘어서는군요.

To be honest, that's more than I have allotted.

*allot 할당하다, 배당하다

Biz Tip

가격 협상시 제시할 수 있는 타당한 이유 중 하나는 예산보다 가격이 비싸다고 설명하는 것입니다. 예산 범위를 제시하여 가격을 맞출 수 있도록 하는 것도 좋은 방법입니다.

솔직히 말씀드려, 월 1,400달러의 임대료를 예산으로 세웠습니다.

To be honest, I have budgeted for a lease of around $1,400 per month.

솔직히 말씀드려, 제가 예상한 것보다 훨씬 비싸군요.

To tell you the truth, that's way more than I expected.

솔직히 말씀드려, 제가 투자하기로 계획했던 것보다 비싸군요.

To be honest, that's more than I have planned to invest.

계약 기간을 연장하면 가격이 어떻게 되나요?

What are your prices if I extend the contract period?

만일 6개월치 임대료를 선불로 내면 가격이 어떻게 됩니까?

What are your prices if I pay you six months' rent in advance?

제게는 아직 조금 비싼 것 같아요.

It's still on the high side for me.

Biz Tip

expensive나 pricy, cheap 등 가격을 직접적으로 표현하는 단어보다는 우회적으로 가격이 적절하지 않다고 말하는 것이 협상에서 주도권을 잃지 않는 방법입니다. 협상의 여지가 있음을 보여 주어야 상대방도 적절한 가격을 제공해 줄 의향을 보일 것입니다.

훨씬 낫긴 합니다만, 조금 더 깎아 주실 수 있을까요?

Much better, but can you lower it a bit further?

좋긴 하나, 조금 더 내려갈 수 있을 것 같아요.

Great, but it could go down a bit more, I think.

만일 잘된다면, 운영비를 절감해 주실 수 있겠지요.

If it works, you can offer us a reduction in management fees.

Biz Tip 조건을 제시할 때 if 가정법을 사용하세요.

가격이 올랐다는 것을 저희는 몰랐습니다.

We were not aware that prices had gone up.

저희 대금이 늦게 수령되고 있다는 사실을 몰랐습니다.

We were not aware that our payments were being received late.

Biz Tip

did not know ~로 직접적으로 표현하기보다는, was[were] not aware that ~의 표현을 활용하여 책임을 전적으로 한쪽에 돌리지 않으면서 몰랐던 사실이라는 것을 나타내세요.

그렇지만 한 달에 만 달러 이하로 비용을 유지하고 싶어서요.

However, I was looking to keep my costs under $10,000 per month.

Biz Tip

이쪽의 예산 범위를 알려 주며 추가 예산 절약을 위한 협조를 요청하면 효과적입니다.

하지만 제 예산은 월 2천 달러 이하입니다.

However, my budget is under $2,000 per month.

제가 15% 할인해 드리면 어떨까요?

What would you say to a 15% discount?

Biz Tip

상대의 의견을 물어볼 때 What do[would] you say to ~?로 '~에 대해 어떻게 생각하세요?'라고 질문하세요. 무엇인가를 제시하며 의견을 물을 때 쓰는 표현입니다.

6개월 임대차 계약을 하는 것은 어떨까요?

What would you say to signing a six-month lease?

그렇게 좋은 제안을 거절할 자신이 없군요.

I don't think I can turn down such a great offer.

Biz Tip

좋은 제안이라 받아들이겠다는 의미입니다.

그렇게 좋은 거래를 거절할 자신이 없군요.

I am not sure I could say no to such a good deal.

사실, 저의 최저선은 10,500달러였으니, 이제 그 제안을 분명히 받아들일 수 있겠군요.

In actuality, my bottom line was $10,500, so I'll definitely be able to work with that offer.

To tell you the truth, my bottom line was $10,500 so I'll definitely be able to work with that offer.

Biz Tip

협상의 마지막 단계에서는 본인의 최저선을 제시하고 협상 가능한 범위에서 거래 금액을 협의, 결정합니다.

사실, 저의 최저선은 거의 4천 달러였으니, 당신이 제안하는 그 가격이 괜찮겠습니다.

Actually, my bottom line was close to $4,000, so the price you offer will work out well.

사실, 대략 400달러를 생각하고 있었으니, 그 총액을 받아들일 수 있겠습니다.

The truth is I was thinking roughly $400, so I'll be able to work out that total just fine.

가격 협상 마무리

한 단계 더 양보해 주실 수 있나요?
Will you take it one step further?

만일 우리측이 계약 기간을 최초 1년에서 2년으로 연장해 드린다면 세 번째 달부터 10퍼센트 할인을 적용해 주실 수 있습니까?
If we extend the contract period from the initial one year to two years, could you make the 10 percent discount starting the third month?

저희가 그 정도는 해 드릴 수 있다고 생각합니다.
I think we can manage that.

그런 조건을 계약서에 추가하도록 하겠습니다.
We will make sure we've added those conditions to the contract.

오늘 말씀 나눈 세부 사항을 다음 주 중에 만나 확인하면 어떨까요?
Why don't we meet sometime next week to confirm the details we discussed today?

이번 주 말까지 계약서를 준비하도록 하겠습니다.
I will have the agreement ready by the end of this week.

그쪽 생각만 하며 협상을 진행하시는군요.
You drive a hard bargain.

Biz Tip

상대가 비현실적인 요구를 하는 경우에는 상대의 협상 태도에 대한 언급을 할 수 있습니다. 본인에게 유리한 쪽으로 협상을 진행하는 소위 협상의 달인들에게 농담조로 You drive a hard bargain.이라고 하면 비판적이라기보다는 상대의 요구사항에 쉽게 응하기가 쉽지 않음을 우호적으로 알릴 수 있습니다.

당신과 협상은 힘들군요.
You are tough to negotiate with.

그러나 독점 계약이어야 합니다. 저희 회사만 귀사의 기술 컨설팅을 받는 회사이어야 한다는 뜻이지요.
However, the contract should be exclusive, meaning we should be the only one to whom you're giving technical consulting.

Biz Tip

가격 절충에 동의하게 되었다면 give-and-take, 즉 이쪽 요구 사항을 조건으로 달면서 제안에 응하세요.

하지만 계약에는 모든 조건들이 자세히 포함되어야 합니다.

However, the contract should include all the requirements in detail.

그러나 이 계약 조건들은 상호 간에 배타적 계약이어야 합니다.

However, these contract terms should be exclusive between the two of us.

하지만 계약은 협상 불가합니다. 계약 기간 동안에는 어떤 변경도 할 수 없습니다.

However, the contract is nonnegotiable, meaning we cannot make any changes during the contract period.

모든 조건은 우리가 확인하고 서명한 시점 이후는 협상 불가능합니다. 그러니 마지막으로 요청 사항이 있으시면 지금 말씀해 주세요.

All terms are nonnegotiable after we confirm and sign, so if you want to make any last minute requests, please go ahead now.

Biz Tip

보통 계약서에 서명을 하면 조건이나 내용을 추가하거나 삭제할 수 없습니다. 따라서 협상 종료시 계약 전 마지막으로 전할 사항이 있는지를 재확인하는 습관을 기르도록 하세요.

계약서에 서명하면 모든 조건은 협상 불가합니다.

All conditions are nonnegotiable after you sign the contract.

마지막으로 요청하실 일이 있으면 알려 주세요.

Let us know if you have any last minute requests.

필요한 것은 다 다룬 것 같습니다. 아주 훌륭한 협상을 한 것 같습니다.

I guess we covered just about everything. I believe we've made a great deal.

Biz Tip

협상을 마무리 지으면서 긍정적인 코멘트를 건네도록 합니다. 만일 협상을 체결하지 못한 경우라면 I hope we can come up with better solutions next time.(다음 번에 더 좋은 해결 방안을 찾을 수 있을 거라고 믿어요.)이라고 하며 다음 협상 미팅 약속을 정합니다.

필요한 모든 사항을 다 다룬 것 같습니다. 성공적인 협상이었습니다.

I guess we have covered everything we need. I'm glad we were successful.

우리가 필요한 모든 사항을 다룬 것 같아요. 여기서 마치고 같이 저녁 식사하는 게 어떠세요?

I guess we have covered just about everything. Why don't we call it a day and go for dinner together?

| Chapter 4 | 제안할 때 | 🎧 09-4.mp3 |

제안 내용 확인

저희가 그 제안을 받아들이려면, 저희의 추가 조건을 받아 주실 수 있는지 여쭤 보겠습니다.

In order for us to accept it, we need to ask if you can accept some additional conditions.

시작은 좋은데요. 무슨 조건인지 먼저 알 수 있을까요?

Well, that's a good start. What are the conditions first?

시작에 있어서, 우리는 귀사가 제안하신 가격에 융통성이 있는지 알고 싶습니다.

Well, to start with, we need to know what kind of flexibility surrounds your proposed price.

새로운 계약이 진척되고 있는 건가요?

So, are we making progress with the new contract?

재계약 단계는 어떻게 되어가고 있죠?

So, how's the re-signing process coming?

그렇게 하세요.

Please do.

Go ahead.

잘 듣고 있습니다.

I'm all ears.

말씀하시는 것의 중요성을 알겠습니다.

I realize the importance of what you're saying.

무슨 말씀을 하시는지 알겠습니다.

I can identify with what you're saying.

재계약을 하기 위해 가격 인하를 원합니다.

In order to renew the contract, we need a discount.

저희가 할인을 받기만 한다면 재계약을 할 수 있습니다.

We can renew the contract, but only if we get a discount.

중요 내용을 다시 한 번 말씀해 주시겠습니까?
Can you please go over the main point one more time?

타당한 제안입니다.
Your suggestions do make some sense.

당신의 제안은 그럴 듯하군요.
Your suggestions are plausible.

고려해 볼 만한 가치가 있는 제안입니다.
Your suggestions are worth considering.

양측을 위한 가장 적절한 해결 방안을 내기 위해 우리는 지금 이 대안들을 논의하는 것이 좋겠습니다.
Perhaps now we should discuss these alternatives to come up with the most suitable solution for both parties.

우리는 그 내용을 고려할 준비가 되어 있습니다.
We're prepared to consider it.

그 점은 좀 고려해 보겠습니다.
We will give it some consideration.

그것을 하나의 선택 사항으로 생각할 준비가 되었습니다.
We are prepared to regard it as an option.

그것을 생각해 보도록 하겠습니다.
We will give it some thought.

문제점 지적

실례지만, 첫 제안서는 기한이 지났습니다.
With all due respect, the initial proposal was overdue.

Biz Tip

with all due respect는 '알고는 있습니다만', '옳은 말씀이시긴 하나'라는 의미로, 상대방의 의견과 대립하는 경우 상대방의 입장을 존중하면서 반대 의견을 말할 때 효과적인 정중한 표현입니다.

말씀드리기 쉽지 않으나, 귀사의 대행사는 첫 제안서를 늦게 제출하였습니다.
I hate to say it, but your agency delayed giving us the initial proposal.

단순히 의사소통이 안 된 문제였다고 생각합니다.
I think it was just a matter of miscommunication.

저희의 문제는 단순히 의사소통이 안 된 문제였다고 믿고 싶군요.
I believe our problem was simply a matter of miscommunication.

안타깝지만, 그건 단지 오해였던 것 같습니다.
It's unfortunate, but I'm afraid it was just a misunderstanding.

다른 방법이 없는 것 같군요.
I'm afraid that you may leave us no choice.

죄송합니다만, 다른 방법이 없는 것 같습니다.
I'm sorry, but we feel that we have no other choice.

아직 이 문제에 대해 합의에 이르지 못한 듯합니다.
We don't seem to be able to come to an agreement on this matter at this time.

이 사항에 아직 동의를 하지 못했습니다.
We have not yet reached an agreement on this matter.

이 문제에 관해 회의가 별로 진행되고 있지 않는 것 같아 보입니다.
Our meeting does not appear to be progressing very far on this point.

아마 이 점은 나중에 다시 살펴보는 것이 좋을 듯합니다.
Perhaps it would be a good idea for us to come back to this later.

문제의 진상을 알아내기 위해 이 문제를 좀 더 깊게 분석해 봅시다.
Let's analyze this issue a little more deeply in an attempt to get to the bottom of the problem.

이 문제를 해결할 수 있는지 보기 위해 구체적인 반대와 이슈를 검토하면서 이 사항을 다시 평가해 볼까요?
Shall we reassess this issue by addressing our specific objections and issues to see if we can get this problem ironed out?

*reassess 재평가하다 | iron out 해결하다, 해소하다

당신 말의 핵심은 알겠지만, 당장 시급한 추가 작업은 어떻게 하나요?

I see your point, but what about urgent and additional work?

Biz Tip

I see your point는 '상대의 말을 이해한다'라는 의미로, but 뒤에는 그보다 더 중요한 사항을 전달하거나 질문하는 내용을 덧붙입니다.

당신 생각은 알겠는데요, 시급한 추가 작업은 어떻게 처리해야 할까요?

I get your drift, but how should we handle urgent and additional work?

*drift (글이나 말의) 취지

결과적으로, 저희는 신상품 출시일을 놓쳤습니다.

As a result, we missed the launching date for the new product.

이 점 때문에, 저희는 신상품 출시일을 놓쳤는데, 저희로서는 당혹스러웠습니다.

Because of this, the launching date for the new product was missed, which was embarrassing for us.

이번 지연 때문에 매우 중요한 신상품 출시일을 놓쳤습니다.

The very important launching date for the new product was missed due to this delay.

문제의 주요 부분을 요약해 주시겠습니까?

Can you please summarize the main area of concern again?

문제 부분을 다시 한 번 말씀해 주시겠습니까?

Can you please reiterate the problem area one more time?

*reiterate 반복하다

다음으로는 이 문제에 대한 가장 좋은 접근 방법을 결정하기 위해 우리의 대안을 얘기할 필요가 있겠습니다.

So the next thing we need to do is talk about our alternatives in order to decide the best approach to this problem.

확신을 주고자 할 때

이 프로젝트를 일본으로 가져가고 싶지만, 우리는 건실한 회사와 파트너 관계를 맺을 필요가 있습니다.

We'd like to take this project to Japan, but we'll need to partner with a strong company.

Biz Tip

A와 B를 비교해 가며 더 중요한 점이 있다는 것을 설명합니다. We'd like to A 부분은 '원하는 것', but we'll need to B 부분엔 꼭 이행될 필요가 있는 사항을 언급합니다.

저는 저의 경력을 다음 단계로 끌어 올리고 싶습니다. 하지만 (그러려면) 더 많은 교육을 받아야 합니다.

I'd like to take my career to the next level, but I'll need to get more education.

그들은 그들의 웹사이트를 더 개발하기를 원합니다. 하지만 그들은 많은 돈을 지출해야 할 것입니다.

They'd like to further develop their website, but they'll need to spend a lot of money.

우리가 그 기술을 고수하고 그 분야의 회사와 합작 제휴를 하게 되면, 우리는 그 거래에서 더 많은 것을 얻을 것이라고 확신합니다.

We are confident that we will get more out of the deal if we hold on to the technology and just form a joint partnership with a company in that area.

Biz Tip

회사가 확신을 줄 수 있는 부분을 강조하세요.

이것이 그 회사에 가장 좋다고 우리는 확신합니다.

We are confident that this is the best thing for the company.

당신이 우리의 서비스에 만족하실 거라고 확신합니다.

We're confident that you will be satisfied with our services.

이것은 혁신적인 기술입니다. 귀사는 분명히 저희와 함께 하고 싶어 할 것입니다.

It's breakthrough technology. You'll want to be a part of this for sure.

Biz Tip

공동[합작] 사업의 기회를 언급하며 사업 파트너가 되기를 원한다는 것을 간접적으로 언급하세요.

귀사는 분명히 이 새 개발에 관한 소식을 계속 듣기를 원할 것입니다.

You'll definitely want to stay informed on this new development.

당신은 우리의 경쟁력 있는 봉급과 복리후생 제도에 대해서 듣고 나면 우리 회사에서 일하고 싶어하게 될 것입니다.

You'll want to work for our company after you hear about our competitive salary and benefits package.

＊benefits package 복리후생 제도

다시 말씀드리자면, 협의하여 변경할 주요 부분은 덤핑 요금, 배송 조건 그리고 계약 갱신에 관해 추가로 포함하고 싶은 조건이 있다는 점입니다.

Just to reiterate, the main areas that I would like to discuss and negotiate some changes to are the dumping charge, the delivery terms, and the addition of another condition regarding the renewal of the contract.

추가 조건 제안

또 하나 제안해 드리지요.

Let me make another suggestion.

저희 측에서 이 문제를 검토하겠습니다.

We'll look into this matter.

주신 제안을 윗분들과 확인하겠습니다.

I will confirm your suggestion with upper management.

귀사의 제안서는 훌륭해 보이므로, 우리는 그 내용을 고려할 준비가 되었습니다.

Well, your proposal looks great and we're prepared to consider it.

Biz Tip

상대가 제시한 사항에 관해 명확한 피드백을 먼저 주고 난 후, 채택할 건지 말 건지 의사를 밝히도록 합니다. 문화에 따라 차이가 있으나 미국, 영국계의 사람들은 좀 더 비즈니스적이며 단도직입적인 태도를 취하는 경향이 있습니다.

귀사의 제안서가 그럴 법하니 고려해 보겠습니다.

Your proposal is feasible. We will give it some consideration.

그것을 하나의 선택 사항으로 생각할 준비가 되었습니다.

We are prepared to regard it as an option.

제안서는 고려해 볼 만한 가치가 있더군요. 한 번 생각해 보도록 하겠습니다.

Your proposal is worth considering. We will give it some thought.

당신이 우리와 함께 합작했으면 하는 첨단기술 프로젝트가 있습니다.

We have a high-tech project that we would like you to collaborate with us on.

Biz Tip
함께 할 수 있는 사업 영역을 제시하며 공동 사업 기회에 대한 여지를 둡니다.

그런데 저희가 그 제안을 받아들이려면 저희가 먼저 추가조건을 제시하고 귀사의 피드백을 받을 필요가 있죠.

However, in order for us to accept it, we need to first present some additional conditions and get your feedback.

Biz Tip
아무리 마음에 드는 조건이라 하더라도 무작정 받아들이기보다는 협상의 기회를 시시때때로 노리는 자세로 추가 요구사항을 제시하도록 하세요. 상대가 받아들이지 않는다면 양보하거나 추가로 협상을 하겠지만, 의외로 쉽게 받아들이는 경우가 생길 수도 있기 때문이지요.

그런데 당신의 제안을 고려하기 위해, 전 당신이 저의 제안에 동의하시는지 확실히 해야겠습니다.

But, in order to consider your offer, I need to be sure you are agreeable to mine.

귀사와 함께하기 위해, 저희에게 필요한 것을 귀사가 공급해 줄 수 있는지 여쭈어야 하겠습니다.

In order to go with your company, we need to ask if you can supply us with what we need.

양측의 통화 위험 부담에 대한 방지책을 고려하는 것이 어떨까요?

How about if we consider hedging our risks against both currencies?

*hedge (금전손실을 막기 위해) 대비책을 세우다

Biz Tip
무엇인가를 제안할 때 How about ~?(~하는 게 어때요?)은 매우 유용한 표현입니다.

VIP고객을 위한 특별 할인이 있습니까?

Do you have any special discounts for VIP customers?

다음 주까지 보증금을 납부해 주시기 바랍니다.

We'd like to ask you to pay the key money by next week.

*key money 권리금, 보증금

우리는 보통 임차인에게 임대차 계약에 서명할 때 보증금을 납부하도록 요청합니다.

We generally ask tenants to pay the key money when they sign the lease agreement.

임차료를 1일이 아닌 5일에 징수되도록 해 줄 수 있나요?

Can I ask that the funds be collected on the 5th instead of the 1st?

Biz Tip

임차료, 임대료에 관한 지불 선호 방법이 있다면 계약서를 확정하기 전에 미리 다시 한 번 확인하도록 하세요.

우리가 제시할 수 있는 최선은 30퍼센트입니다.

The best we could offer is 30 percent.

Biz Tip

최선의 금액을 제시할 때 bottom line 혹은 the best we could offer ~의 표현을 사용하세요.

저희가 드릴 수 있는 최선은 무료 배송과 설치입니다.

The best we can give you is free shipping and installation.

저희가 할 수 있는 최선은 10퍼센트의 급여 인상과 함께 유급 휴가를 주는 것입니다.

The best we can do is offer a paid vacation with a 10 percent raise.

또한 유지보수와 배송을 추가하는 것은 어떻습니까?

What about adding maintenance and shipping in addition?

Biz Tip

조건을 제시하는 경우에는 How about ~?이나 What about ~?으로 문장을 시작하세요.

(이에 대한 지불을) 3개월 할부로 납부할 수 있나요?

Can I pay in installments over three months?
Can I have a three-month installment plan to pay for this?

자동이체를 신청할 수 있나요?

Can I sign up for the auto payments plan?

중개수수료와 세금에서 좀 더 절약할 수 있는 게 있나요?

Are there any other additional savings in brokerage commissions and taxes?

추가로 비용을 절약할 수 있는 조건을 제시해 주실 수 있을까요?

Are there any other additional savings that you can offer me?

Biz Tip

제시하는 가격에 곧바로 계약을 맺는 경우는 흔치 않습니다. 부동산 시장에서는 '부르는 것이 값'이 될 수 있기 때문에 협상만 잘하면 비용을 줄일 수 있는 방법이 많습니다. 중개인이나 건물주에게 추가로 비용을 절약할 수 있는 방법이 있는지 질문합시다.

서로 공감하는 점을 찾을 수 있어서 기쁘군요.

Glad we were able to find some common ground here.

Biz Tip

be동사를 사용하여 감정을 전달할 때에 주체가 분명한 경우 특히 주어와 be동사를 생략하는 경우가 많습니다.

오늘 서로 공통된 의견에 도달해서 기쁘군요.

Glad we have reached some common ground today.

조건 확인

새로운 사업에 가장 먼저 견적을 내실 기회를 드리겠습니다.

We will give you the first opportunity to give us a quote for any new business.

무슨 말씀인지 알겠습니다. 근데 그것이 실제로 어떻게 이행되죠?

I see what you mean, but how would that actually work?

저희가 견적을 요청드리겠죠.

We would ask you for a quote.

만약 우리가 만족하지 않는다면, 다른 공급업체에 견적을 묻겠지요.

If we weren't satisfied, we'd ask another supplier for a quote.

만약 그들이 더 좋은 조건을 내놓는다면, 귀사에 거기에 맞추실 기회를 드릴 것입니다.

If they came up with a better offer, we'd give you a chance to match it.

총회전율에 의거하여 월별 계산서의 금액을 줄이는 범위를 제시해 드리도록 하지요.

We could come up with a scale which reduces the monthly invoice depending on the overall turnover.

*turnover 회전율, 이직률

좋습니다.

That sounds appealing.

저희의 우선 공급업체로 지정을 해 드린다면 무엇을 제공해 주실 수 있습니까?

What could you offer us if we made you our preferred supplier?

Biz Tip
협상의 조건을 제시합니다. '만일 ~하면 …하겠는가?' 식의 if 가정법 구문을 사용하면 효과적이지요.

개당 75달러로 해 주신다면, 3년간의 지원 계약에 서명하겠습니다.

If you make it $75 per unit, we will sign a three-year support contract.

계약 기간을 2년으로 연장한다면 어떤 가격 조건을 주시겠습니까?

What pricing deal could you give us if we extended our contract term to 2 years?

당신은 우리의 우선 협상 대상자가 될 것입니다.

We will make you our preferred bidder.

*bidder 가격 제시자, 응찰자

무슨 말씀인지 잘 모르겠습니다.

I'm not sure I understand what you mean.

Biz Tip
이해되지 않는 부분은 정확하게 밝혀 오해가 없도록 하세요.

다시 한 번 요점을 정리해 주시겠습니까?

Would you clarify your point once more?

무슨 의도로 말씀하시는 것인지 잘 모르겠습니다.

I am not sure what you are getting at.

확실하게 정리합시다.

Let's get it straight.

빙빙 얘기 돌리지 마세요. 요점으로 들어갑시다.

Don't beat around the bush. Let's get to the point.

*beat around the bush 에둘러 말하다

귀사가 요청하는 가격에 저희가 만족한다면, 귀사와 계약을 하는 것이지요.

If we were happy with the price you were asking for, you'd get the contract.

저희 엔지니어 5명이 프로젝트를 맡을 수 있다면, 계약을 체결하겠습니다.

If 5 of our engineers can be in charge of the project, we will sign the contract.

적절하다고 생각하는 가격대를 말씀해 주시겠어요?

Why don't you tell us the prices you feel are reasonable?

협상 조건에 저희가 회전율 관련 할인을 제공해 드릴 수 있습니다.

We might be able to offer you a turnover-related discount.

Biz Tip

상대의 조건에 대해 응하여 협상 의지를 보이며 새로운 조건이나 대안을 제시해 줍니다.

어떻게 생각하고 계신지 고려해 볼 의사가 있습니다.

I would be willing to consider what you have in mind.

저희가 20개 이상 구입할 때마다 10% 할인을 해 주고, 그렇지 않을 경우 5% 할인을 해 주시면 어떨까요?

How about offering us a 10% discount every time we purchase over 20 units and a 5% discount if we don't?

Chapter 5

양보할 때

**원활하지 않은
협상 상황**

(이런 업무 관계가) 무너지는 것을 보고 싶지 않습니다.

I would hate to see it fall apart.

Biz Tip

원치 않는 것을 설명하며 희망사항을 강하게 언급할 때 I would hate to ~의 표현으로 '저는 ~하기를 원치
않습니다'라고 표현하세요.

**만일 저희에게 월 단위 주문이 아닌 연간 계약을 제시해 주신다면, 저희도 1퍼센트
할인을 제공해 드릴 수 있습니다.**

If you could offer us an annual contract rather than just
month-by-month orders, I think we would be happy to
give you a one percent reduction.

Example

A Well, **if you could offer us an annual contract rather than just month-by-month
orders, I think we would be happy to give you a one percent reduction.**   음, 만일 저
회에게 월 단위 주문이 아닌 연간 계약을 제시해 주신다면, 저희도 1퍼센트 할인을 제공해 드릴 수 있습니다.

B Sounds reasonable. Alright. We will look into it.   합당한 말씀이시네요. 좋습니다.
살펴보겠습니다.

상사에게 이 내용에 관해 말씀드려 보겠습니다. 그리고 전화를 드리지요.

I will talk to senior management about this. Then I will
give you a call.

계속 같은 자리에서 나아가지 못하고 있군요.

We're just going round and round here.

*go round and round (같은 행동을 되풀이하기 때문에 혼란스러워) 만족할 만한 결정이나 결론에 이르지 못하다

아무것도 하지 못하는 상태군요.

We are not going anywhere.

우리는 답보 상태입니다.

We are deadlocked here.   *be deadlocked 답보 상태이다

We are at a stalemate.   *stalemate 교착 상태, 막다른 궁지

진척되는 사항이 없어요.

We are making no progress.

저희에게 필요한 것은 일종의 귀사 측의 양보입니다.

What we need is some sort of concession from your side.

우리는 타협을 해야 해요.

We need to reach a compromise.

저는 양측이 조금씩 양보를 해야 한다고 생각해요.

I think we are both going to have to give a little.

조금씩 양보하지 않으면 우리는 오랫동안 교착 상태에 빠지게 됩니다.

We may be at a stalemate for a long time unless we give in a bit.

Biz Tip

be at a stalemate는 '교착 상태에 있다'라는 뜻으로 협상에 진전이 없다는 것을 의미합니다. 상대방의 양보나 제안 승낙을 받아 내기 위해 위협적이지 않으면서도 다소 급하다는 듯이 교착 상태를 언급하세요. 양측 다 팽팽한 대립 상황인데 계약을 원하는 경우 상대방의 양보를 유도할 수 있습니다.

조금씩 양보하지 않으면 아무것도 할 수 없을 겁니다.

We may go nowhere unless we compromise a bit.

＊compromise 타협하다, 절충하다

계속 합의를 보지 못하면 이러지도 저러지도 못하게 돼요.

We may get stuck if we continue to disagree.

월정액에 약간의 할인을 제공해 드릴 수 있습니다. 물론 특정 조건하에서요.

We could offer you a slight reduction in the monthly fee – on certain conditions.

Biz Tip

양보하는 조건을 제시합니다. 지나치게 서둘러 최저 금액을 제시하는 실수를 하지 않도록 하면서 조건을 제시합니다.

계약 기간을 1년에서 3년으로 연장한다면 할인해 드릴 수 있습니다.

We can offer you a discount provided that we extend our contract period from 1 to 3 years.

＊provided(that) ~을 조건으로 (if)

만약에 그들이 우리의 조건에 동의한다면, 우리는 그 거래를 받아들일 겁니다.

If they agree to our terms, we will accept the deal.

If they agree to some of our terms, we can consider accepting the deal.

이것은 나중에 고려해 봐도 될까요?

Could we perhaps look into this at a later date?

생각하고 계신 사항이 있으신가요?

What do you have in mind?

Biz Tip

상대의 의견을 묻습니다. 의견을 고려할 융통성이 있음을 보여 줍니다.

대체 우리에게 무엇을 하라고 제안하시는 거죠?

What do you propose we do?

중간 지점을 찾으려고 노력합시다.

Let's try to find a middle ground.

중간 지점으로 정하면 어떨까요?

How about we meet in the middle?

Biz Tip

양측의 양보가 없는 경우 중간 지점을 권유합니다.

**협상 타결을
위한 노력**

이 프로젝트를 완수하기 위해 우리가 정확히 뭘 해야 하나요?

What exactly do we need to do to finish this project?

귀사에서 이 프로젝트를 저희에게 주시도록 하려면 저희가 정확히 뭘 해야 하나요?

What exactly do we need to do for you to give us this project?

결정 내릴 사항이 무엇이지요?

What's your call?   *call 결정, 결단

타당하군요.

Sounds reasonable.

Biz Tip

상대의 협상 조건에 대한 반응을 보여 찬성이나 반대 여부를 확실하게 나타냅니다.

고려해 볼 가치가 있는 타협인 것 같군요.

Sounds like a compromise worth considering.

공평하군요.

Sounds fair.

무슨 말씀인지 알겠습니다.

I hear your point.

사실 이제 더 알아보러 다니지 않아도 될 것 같아 기쁘군요.

Actually, I am excited to possibly be at the end of my search.

Biz Tip

다른 협상과 달리 임대 계약 등의 협상에서는 공인중개사나 대리인들이 확실히 계약을 할 것 같은 고객에게 더 좋은 정보를 제공하고 친절한 경향이 있습니다. 그냥 가격만 알아보러 다니는 듯한 행동보다는 실제 계약을 할 것 같은 태도로 협상에 임하면 더 나은 가격에 거래할 수 있고 또 경우에 따라서 더 좋은 정보를 제공받을 수 있습니다.

사실 좋은 중개소를 찾아 기쁘네요.

Actually, I am glad to have found a good agency.

간단히 말해 이 회사가 내가 찾던 곳이에요. 이곳에 투자하고 싶군요.

This company is simply the end of my search. I'd like to invest in it.

그가 쏟은 노력을 생각하면 여전히 불공평하다고 생각해요.

I think it's still unfair considering the effort he put into it.

저도 압니다만, 요즈음 상황이 좋지 않아 저희들도 가격에 관해 고려를 해야 합니다.

I know that, but the way things are these days, we've got to think about the price, too.

Biz Tip

외적, 내적 요소 등을 언급하며 가격이 조정되어야 함을 다시금 강조하고 있습니다. 구체적인 예를 제시하는 것이 효과적입니다. 내부적으로 해결할 수 없는 외적 요인들을 설명하면서 상대의 뜻은 이해하나 어쩔 수 없는 상황임을 강조하세요.

당신의 뜻을 이해합니다만, 요즈음 상황이, 경제 침체로 인해 저희도 예산을 축소해야 합니다.

I understand your point, but the way things are these days, with the economic downturn we have to cut our budget.   *downturn 침체, 하락, 감소

무슨 말씀인지 이해합니다만, 요즈음 상황이 상황인지라 제시하신 가격을 감당할 수 없습니다.

I see your point, but the way things are these days, we cannot afford your price.

만일 일이 잘 안 되면, 우리 프로젝트를 모두 다 취소해야 합니다.

If it doesn't work out, we may have to cancel all our projects.

만일 저희 현 경영진이 동의한다면, 저희가 추가 할인을 제공해 드릴 수 있을 겁니다.

If our current management agrees, we can offer you a further discount.

If upper management approves, we'd like to offer you a further discount.

만일 실패하면, 제가 모든 책임을 지겠습니다.

If it fails, I will take complete responsibility.

저희 말을 믿어 주세요.

You have our word.

Biz Tip

have one's word는 '맹세하다; 약속하다'라는 의미로 확실한 사실을 전달할 때도 사용됩니다.

저희는 장래에 발생할 수 있는 문제를 피하기 위해서 전자 결제를 설치했습니다.

We have set up electronic payments to avoid future problems.

이 유형의 제품에 대해서는 귀사가 우리의 독점적인 공급업체가 될 것입니다.

Your company will be our exclusive supplier for this type of product.

이 프로젝트에 최선을 다하겠습니다.

I will do my best on this project.

예산 및 경비의 타협

어제 말씀드렸듯이, 저희가 제공하는 새로운 서비스에 대한 예산안에 관해 우려되는 사항이 있습니다.

As I said to you yesterday, I have some concerns regarding the proposed budget for the new service we're offering.

어제 잠재적인 문제가 있을 수 있다고 하셨습니다.

Yesterday, you made me aware that there could be some potential problems.

미리 보고서를 완성했고 여기 살펴보시도록 가지고 왔습니다.

I have already completed a report and I have it here for you to look at.

상황을 잘 이해합니다. 그런데 제가 자금을 드리기 전에 이 자금이 어디에 사용될지 정리된 예산안과 보고서를 봐야겠습니다.

I understand the situation, but before I can hand out any money for this, I need to see your projected budget and a report showing how this money is to be used.

아니면 이 추가 일수에 대해서는 그들이 '사용한 만큼 금액'을 낼 수 있습니다.

Or perhaps they could "pay as they go" for these additional days.

아니면 추가 일수 동안 그들의 방식대로 지불할 수 있겠습니다.

Or perhaps they could pay their own way for these additional days.

아니면 이 3일 간의 경비는 총 금액에 포함되지 않고, 고객은 각자 이 비용을 우리에게 지불할 수 있습니다.

Or perhaps the expenses for these three days won't be included in the overall price, and our customers can just pay us for these expenses separately.

이 프로젝트의 자금을 늘리기 위해 쓸 수 있는 추가 금액이 얼마인지에 관한 수치도 포함했습니다.

I've also included some figures regarding how much extra money there is available to boost the funding of this project.

25만 달러가 사용 가능하군요.

I can see that there is $250,000 available.

그럼 이 금액을 융통시켜 드리죠.

I'll make this money available to you.

이 사업을 1월까지 운영해 보고, 그 다음 사업을 성공적으로 이끌기 위한 금전적 실행 가능성과 필요조건을 다시 평가해 보지요.

We'll run this business until January and then reassess the financial viability and requirements to make it successful afterwards.

*viability 실행 가능성

어떻습니까?

How's that?

돈을 잃는 상황에 도달하고 싶지 않습니다.

We don't want to find ourselves in a situation where we're losing money.

경영진이 경비를 절약하여 예산이 많이 줄어들었습니다.

The management is cutting corners and the budget has been reduced a lot.

*cut corners 지름길로 가다; (돈·노력·시간 등을) 절약하다; 안이한 방법을 취하다

예산은 가장 쉽고 가격이 가장 저렴한 상황에 대처하도록 설계되었습니다.

The budget has been designed to accommodate only the easiest and most inexpensive scenarios.

예산은 회사 고객의 요구를 반영하지 않는 것 같아요.

The budget does not take into consideration the needs of the company's clientele.

*clientele (집합적인 의미) 고객, 손님

예산은 회사의 표적 시장을 고려하지 않습니다.

The budget doesn't consider the company's target market.

고객이 정말 무엇을 원하는지에 관한 생각이 예산에는 고려되지 않았습니다.

Thought has not been put into the budget in terms of what customers actually want.

적절한 수준의 서비스를 제공하기에 적절하지 않군요.

It is not appropriate to offer an adequate level of service.

현 예산은 융통성이 떨어집니다.

The current budget does not allow for much flexibility.

*flexibility 융통성

기금 적립금은 필요한 경우에 사용될 것입니다.

The funding reserves will only be drawn upon if necessary.

*draw upon ~을 이용하다, ~에 의지하다

우리는 제시간에 프로젝트를 마치기 위해 추가 자원을 이용하였습니다.

We have drawn upon additional resources in order to complete the project on time.

설득 노력

우리가 만일 계약을 무효로 하기로 하면, 우리는 위약금을 내고 그쪽은 다른 계약 상대를 찾아야 한다는 것을 말씀드리고자 합니다.

I would like to remind you that if we choose to void the contract, we would pay the penalty fee and you would have to find someone else.

물론 프로젝트의 마지막 단계에서 포기하기를 원하시는 건 아니겠죠?

Surely you do not want to give up on the project in its very last stage?

Biz Tip
상대의 의견을 확인하듯 '물론 ~ 아닐 것이다'라는 의견을 비칠 때 Surely you do not ~?처럼 평서문으로 질문을 만들 수 있습니다.

물론 저희와의 계약 취소를 원하시는 건 아니겠죠?

Surely you do not want to cancel your contract with us?
Seriously, you do not want to cancel your contract with us, do you?

정말 저희와의 계약 최소를 생각하고 계신 것은 아니죠?

Come on, are you really considering canceling your contract with us?
You aren't seriously contemplating canceling our contract, are you?

제가 틀렸다면 정정해 주세요. 그런데 저희와의 계약 취소를 원하시는 것 같은데요.

Correct me if I am wrong, but it sounds like you want to cancel your contract with us.

계산을 해 보니, 귀사에서 그 프로젝트를 정말로 철회하시면 저희의 비용 충당에 필요한 것보다 위약금이 훨씬 적다는 것을 알았습니다.

After doing the calculations, we figured out that the penalty fee was far less than needed to cover our costs if you did indeed back out of the project.

＊back out of 철회하다, 취소하다

Biz Tip
상대가 강경하게 거부한다면 수치, 비용 등의 근거 자료를 비교하여 거절할 수 없는 논리적인 이유를 제시합니다.

저희 측이 귀사에 비용을 더 내는 것을 고려해 보도록 저희를 설득하실 기회를 드리지요.

We'll give you a chance to persuade us to consider increasing the payment we make to you.

Biz Tip

협상에서 상대 측에게 무엇인가를 허락할 때 We will let you (동사원형) 혹은 We will give you a chance to (동사원형)의 표현을 사용하세요.

서로가 뭔가 노력할 수 있다는 것을 이해하실 거라고 확신합니다.

We are confident you will see that we can work something out.

Biz Tip

확신하는 사항을 전달할 때 be confident의 표현을 사용하세요.

새로 온 경영팀이 좋은 성과를 올릴 거라고 확신합니다.

We are confident that the new management team will perform well.

Chapter 6
반대·동의·거절

반대

왜 원 계약서에 추가 비용이 계산되어 있지 않았나요?
Why was the extra cost not calculated in the original contract?

귀사의 총액 계산 착오에 대해 왜 저희가 책임을 져야 하는지 이해할 수 없군요.
We don't understand why we should be responsible for your miscalculation of the total cost.

저희 예산이 허용하는 것보다 추가 비용이 확실히 더 크겠지요.
The additional costs are sure to be greater than our budget will allow.

전적으로 동의해 드릴 수 없군요.
I disagree entirely with you.

이것을 하자고 저희가 요구하지 않습니다.
We are not asking that it be done.

Biz Tip
요구하지 않았음을 강조할 때 현재진행형으로 We are not asking that ~의 표현을 활용할 수 있습니다.

우리는 계약이 무효화되어야 한다고 요구하는 것이 아닙니다.
We are not asking that the contract be nullified.

*nullify 무효화하다

프로젝트 마감일이 연기되어야 한다고 주장하는 것이 아닙니다.
We are not insisting that our project due date be postponed.

맞는 말씀입니다만, 어떤 제품이든 수출이 되려면 미국법은 추가 안정성 테스트가 실시되어야 한다고 규정하고 있습니다.
This is true, but for any products being exported, US law dictates that the extra safety test be conducted.
I see your point, but for any products being exported, US law dictates that the extra safety test be conducted.

I know where you're coming from, but for any products being exported, US law dictates that the extra safety test be conducted.

I totally hear you, but for any products being exported, US law dictates that the extra safety test be conducted.

You are somewhat correct, but for any products being exported, US law dictates that the extra safety test be conducted.

*dictate 지시하다, 명령하다

Biz Tip

부분적으로 동의하며 반대 의견을 전달할 때는 That[This] is true, but ~(맞는 말씀입니다만, ~)이라고 하면서 말합니다. 이외에도 위의 문장들에 쓰인 것처럼 I see your point, but ~ / I know where you're coming from, but ~ / I totally hear you, but ~ / You are somewhat correct, but ~ 등의 표현들도 쓸 수 있습니다.

맞는 말씀입니다만, 저희가 ABC 아울렛과 합병하려면 이사회의 전적인 승인이 필요합니다.

This is true, but for us to merge with ABC Outlet, we need to get full acceptance from the board.

맞는 말씀입니다만, 리콜되는 어떤 불량품에 대해서든 지방 법률은 감독 위원회가 모든 조사 결과를 검토하고 보고하라고 되어 있습니다.

This is true, but for any defective products being recalled, local law dictates that the inspection committee examines and reports all findings.

글쎄요. 만일 다른 도급업자를 찾아야 하신다면 일정이 완전히 다 깨지게 될 것입니다.

Well, your timeline will be totally destroyed if you're forced to find another contractor.

Biz Tip

고민하듯이, 하지만 상대가 거절하지 못할 히든 카드를 내놓으며 협상의 중요성을 인식시키세요.

글쎄요. 그렇게 하면 일정이 완전히 무너질 텐데요.

Well, then your schedule will be totally ruined.

재정적으로 가능한 이야기가 아닙니다.

That's just not possible financially speaking.

Biz Tip

불가능하다는 점을 전달할 때 적절한 이유를 설명해야 합니다. financially speaking은 재정적인 관점을 의미하지요.

시장 동향의 측면에서 그건 실행 가능하지 않습니다.

That's just not viable in terms of the market trends.

*viable 실행 가능한, 성공할 수 있는

현재 금년에 책정된 예산을 고려해 보면 그것은 가능하지 않습니다.

That's just not possible considering the budget currently set for this year.

마케팅 측면에서 볼 때, 요구하시는 부분은 불가능합니다.

From the marketing point of view, what you're asking is just impossible.

현 재정 상황을 고려해 볼 때 귀사의 요구사항을 받아들일 수 없습니다.

We cannot accept your offer, considering our current financial stance.

*stance 입장, 처지

평균 시장가격을 고려해 볼 때 너무 비싼 편입니다.

That's just way too expensive considering the average market price.

부분적인 동의

저희의 제안을 어떻게 생각하십니까?

What do you say to our offer?

양측에 다 어려운 조건임을 고려해 볼 때 저희 측은 미래의 기회를 위해 좋은 조건으로 관계를 유지하고 싶습니다.

Considering this is a difficult position for both of us, we'd like to keep things on good terms for future opportunities.

Biz Tip

의견을 고려한 기준이 무엇이었는지 말할 때 considering(~을 고려해 볼 때)을 사용하세요.

이것이 굉장히 도전적인 프로젝트인 것을 고려해 볼 때, 귀사의 기술적인 도움을 요청하고자 합니다.

Considering this is a very challenging project for us, we would like to ask for some technical help from your company.

동의합니다.

Yes, we could accept that.

당신의 제안서는 그럴 듯합니다.

Your proposal is plausible.

*plausible 그럴 듯한, 타당한 것 같은

Your proposal is feasible.

제안서는 말이 되네요.

Your proposal makes sense.

제안서가 고려해 볼 만한 가치가 있군요.

Your proposal is worth considering.

그럼 새 계약서를 작성해야겠군요.

We'll need to write up a new contract then.

Biz Tip

조건에 대한 이행 사항이나 결과를 제공해 줍니다.

그럼 저희는 이 점에 대해 더 자세하게 얘기 나눌 필요가 있겠군요.

We will need to talk about this in more detail then.

이 건에 대해 결국 서로 합의할 수 있을 거라고 생각했습니다.

I knew we would be able to come to an agreement on this matter.

Biz Tip

궁극적으로 처리된 사안에 대해 긍정적인 코멘트로 마무리합니다.

이 문제에 대해 결과적으로는 저희의 제안을 받아들이실 거라고 생각했습니다.

I knew you would eventually accept our suggestion on this matter.

이 거래의 적정선을 찾을 수 있을 거라고 생각했습니다.

I knew we would be able to find the appealing point for this deal.

거절

그건 말도 안 되지요.

But that is out of the question.

Biz Tip

확고하게 거절할 때 쓰는 표현이므로 상황에 따라 주의해서 사용하세요.

그건 제가 협상하려고 준비한 선을 넘는 이야기이군요.

That is beyond the boundaries I'm prepared to negotiate within.

그건 이룰 수 없겠는데요.

That can't be achieved.

그 조건에는 응할 수 없습니다.

I am not able to agree to those terms.

유감이지만 40% 이하의 금액이면 파업을 한다고 위협할 우려가 있어요.

I'm afraid that they will threaten to strike for any amount less than 40%.

Biz Tip

가격, 금액 등의 협상시 수치를 사용하여 조건 제시를 분명히 하세요.

만일 그들의 조건을 고려할 준비가 되시지 않았다면, 그들이 그 이상의 행동을 취할 수 있습니다.

If you are not prepared to consider their terms, there is a chance that they will take further action.

20퍼센트 인상 요구를 고려해 주지 않으면 직원들이 그만둘 수 있어요.

The staff members may jump ship if you do not consider their request for a 20 percent raise.

＊jump ship (무단으로) 이탈하다, 그만두다

이것이 이 시점에서 제가 협상을 하기 위해 준비한 것입니다. 따라서 대략 제 입장과 그들의 입장 사이에서 제안을 하고 싶군요.

This is as far as I'm prepared to go with the negotiations at this point, so I would like to make an offer that is roughly between my stance and theirs.

중간 지점을 찾고 싶습니다.

I would like to find a middle ground.

우리가 논의하고 있는 두 수치 사이에서 양측에 다 만족스러운 수치를 찾도록 합시다.

Let's try to find a figure that will be satisfactory to both and is between the two figures we are discussing.

돌아가서 25%가 제공될 거라고 알리고 거기서부터 시작하지요.

I'll go back to them with the offer of 25% and we'll go from there.

Biz Tip

대신하여 전달할 사항에 대해 오해가 없도록 다시 한 번 확인하기 바랍니다.

당신의 제안을 고려하여 저희 직원과 좀 더 그 문제를 논의하고 거기서부터 시작하겠습니다.

I will discuss the issue further with my staff in light of your offer and we'll take it from there.

저희 측에서 그 조건들을 받아들이기에는 무리일 것 같습니다.

I don't think it is possible for us to accept those terms.

양측의 요구를 충족시킬 수 있는 조건에 합의할 수 없게 되어서 유감입니다.

I'm sorry we've been unable to agree on terms that satisfy both our needs.

추후에 필요한 사항이 있으면 저희 측에 연락 주시길 바랍니다.

I hope that you'll contact us again with any future requests.

이 건에 관해 연락을 주고 받도록 하죠.

We'll be in touch on that matter.

Biz Tip
확정이 되지 않은 경우 추가로 연락을 취하며 확인할 것을 언급합니다.

죄송합니다만, 그렇게는 별 차이가 없을 것 같습니다.

I'm afraid it wouldn't make much difference.

죄송합니다만, 그렇게는 별로 바뀔 게 없군요.

I'm sorry, but it wouldn't change anything.

안타깝지만, 그래도 위험 부담을 정당화할 수는 없어요.

Unfortunately, it still can't justify the risk.

우리는 이 자리에서는 공감대를 찾을 수가 없는 듯합니다.

We don't seem to be able to find common ground here.

제안해 주신 사항을 따를 수가 없을 듯합니다.

We don't seem to be able to go along with the proposal.

전화상으로는 효과적으로 대화를 나눌 수 없을 듯합니다.

We don't seem to be able to communicate effectively over the phone.

당신의 제안에 대한 그들의 생각을 듣고 다시 연락드리겠습니다.

I'll get back to you with their thoughts on your offer.

당신의 입장을 밝히셨으니, 전 그 상황을 그들과 더 논의한 후 결과를 다시 알려 드리지요.

Now that you've made your stance known, I'll discuss the situation further with them and relay the results back to you.

정보가 좀 더 들어오면 이 사항에 대해 좀 더 이야기하겠습니다.

We will talk further on this issue once more information is available.

불만사항의 전달

뭐가 문제인 것 같나요?

What appears to be the problem?

Biz Tip

What is the problem?은 너무 단도직입적으로 들리기 때문에 좀 더 완곡히 표현하고 싶다면 appear to be(~로 보이다, ~인 듯하다)의 표현을 사용할 수 있습니다.

네, 제가 불만사항을 조사하죠.

Okay, I will look into the complaint.

뭣 때문에 문제가 생기는 거죠?

What is causing the problem?

불평의 이유는 무엇입니까?

What is the reason behind the complaint?

불만사항이 무엇이지요?

What are the complaints?

문제가 무엇입니까?

What is the problem?

새로운 계약 때문에 좀 술렁거리네요.

This new contract has stirred things up a bit.

그 문제를 저희 입장에서 정리해 드리죠.

I'd like to summarize the problem for you from our point of view.

저희 입장에서 그 문제를 검토해 볼까요?

Could I review the problem with you from our perspective?

저희 입장에서 문제가 어떻게 보이는지 말씀드리죠.

Let me tell you what the problem looks like from our side.

제가 말씀드렸듯이, 새로운 계약에 대해 저희 직원들이 몇 가지 불만이 있는 것 같아요.

As I said, I have several complaints from my staff regarding the new contracts.

잘 듣고 있습니다.

I'm all ears.

또 다른 특별한 얘기가 있습니까?

Any other issues in particular?

이 불만사항은 직원 전체로부터 나오는 건가요, 아니면 몇 명의 직원들로부터 나오는 건가요?

Are these complaints from the staff as a whole or from a select few?

Biz Tip

소수의 문제인지, 다수의 문제인지에 따라 해결 방법에 차이가 생길 수 있습니다. 몇 명의 선동자로 인해 문제가 생기지 않도록 확인할 필요가 있습니다.

이 불만사항들이 고객들의 전반적인 감정을 반영하는 겁니까?

Do these complaints reflect the overall feeling of the clients?

이것은 관련된 사람들의 일치된 의견입니까?

Is this the general consensus of all those concerned?

전반적인 감정이라고 그들이 확실하게 말해 주더군요.

They have assured me that it is the general feeling across the board.

＊across the board 전반에 걸쳐, 일률적으로

**협상 중
중간 휴식**

음료수 좀 드시고 계세요. 몇 분 후에 돌아올게요.

Help yourself to something to drink and I'll be back in just a few minutes.

잠깐 쉬도록 하지요.

Perhaps we should adjourn for a little while.

＊adjourn 휴정하다, 휴회하다

지금 쉬는 것이 좋을 듯합니다.

Perhaps we should take a short break now.

우리 안건의 세 번째 사항을 토론하기 전에 5분 쉬는 것이 어떨까요?

Shall we take a five-minute break now before we discuss the third issue on our agenda?

만찬을 위해 그랜드볼룸으로 가실까요?

Shall we go to the Grand Ballroom together for the banquet?

다리 스트레칭을 하고 기분 전환을 하기 위해 회의 중에 잠깐 쉬는 시간을 갖는 것이 좋겠네요.

I think we should have a little break from this meeting for a little while to stretch our legs and freshen up.

자, 이제 휴식을 취했으니 이 사항을 좀 더 자세하게 살펴보고 문제를 해결할 수 있는지 봅시다.

Now that we're both refreshed, let's have a look at this issue in a little bit more detail and see if we can get it sorted out.   *sort out ~을 정리하다

계약 재확인

아주 좋은 거래라고 생각합니다.

I think we've got a very good deal here.

이번 달 말까지 좀 더 상세한 배송 계획을 원한다는 것을 추가하고 싶었습니다.

I just wanted to add that we hope to have a detailed delivery plan ready by the end of the month.

그럼 다시 한 번 훑어보죠.

Let me just run over that again.   *run over 재빨리 훑어보다

Biz Tip

협상에서 이미 결정된 사항은 항상 확인하는 습관을 갖도록 합시다. 다음 안건으로 넘어갈 수 있도록 하는 데 도움이 될 뿐만 아니라 이미 확정된 사항에 관해 다른 이야기를 하거나 오해를 하는 일이 없도록 하기 위해서입니다.

지금까지 동의한 사항을 확인해 봅시다.

Okay, let's confirm what we have agreed to so far.

계약 조건을 다시 한 번 훑어보는 게 어떨까요?

Why don't we run over the contract terms again?

다음으로 넘어가기 전에 세부 사항을 요약해 드리죠.

Let me summarize the details before we move on.

내년에는 주요 제품에 2퍼센트 할인을 적용하기로 동의하였습니다.

We have agreed to a two percent cut on the main product line next year.

Biz Tip

동의한 내용 중 핵심이 되는 부분을 요약하여 확인합니다.

우리의 계약 기간을 6개월에서 1년으로 연장하는 것에 동의하였습니다.

We have agreed to extend our contract period from six months to one year.

2년간 연구원들을 교환하기로 타협했습니다.

We have made a deal to exchange our researchers for a period of two years.

우리의 차이점을 좁혀 계약서 초안을 내놓았습니다.

We have narrowed down our differences and have come up with a draft of the contract.

배송 시간은 그전과 동일할 것으로 예상합니다.

We expect delivery times to be the same as before.

Biz Tip

언급해야 할 내용, 변경 사항, 조건 등을 정리해 전달합니다.

Example

A   What else would you like to say?   또 다른 말씀 하실 것이 있나요?

B   Well, **we expect delivery times to be the same as before** with payments tightened up – no later than thirty days in the future.   배송 시간은 그전과 동일하고 지불 기간은 조금 당겨서 앞으로는 30일 안에 지불할 것으로 기대합니다.

배송 일정은 이전과 같을 것으로 예상합니다.

We expect the shipping schedules to be the same as before.

전체 진행 단계는 약 3년 소요될 것으로 예상합니다.

We project the entire procedure to take about three years.

서면으로 원하세요?

Would you like that in writing?

Biz Tip

구두 혹은 문서로 협상 조건을 확인합니다. 정식 계약의 경우라면 서면 합의서를 작성하는 것이 좋습니다.

구두 확인으로 충분합니다.

Oral confirmation will do.

초안을 수정합시다.

Let's amend the draft.

문서를 교환하지 않으시겠습니까?

Why don't we exchange notes?

저희의 자원을 공유하는 좋은 방법일 겁니다.

That would be a good way to pool our resources.

Biz Tip

제안을 하면서 상대방에게도 이득이 있다는 것을 언급하세요.

A **That would be a good way to pool our resources.** 저희의 자원을 공유하는 좋은 방법일 겁니다.

B Sounds good. I will tell Anna to send you a detailed summary then. 좋습니다. 안나에게 상세한 요약본을 보내 드리라고 말할게요.

계약서에 몇 가지 조건을 추가하길 원합니다.

We would like to add some conditions to the contract.

당신과 함께 검토했으면 하는 계약이 몇 건 있습니다.

I have a few contracts I'd like you to look over with me.

당신에게 소개해 주고 싶은 업체가 있습니다.

We have a contractor that we would like you to meet.

저의 법무팀은 항시 준비되어 있습니다. 시간은 언제가 좋으시죠?

Our legal team is available anytime. When is good for you?

저희 쪽 계약 변호사도 이 건에 서명하기 위해 대기 중입니다.

Our contract lawyer is standing by waiting to sign this deal.

내일 양측이 모이는 것은 어떨까요?

How about if we get our two teams together tomorrow?

A **How about if we get our two teams together tomorrow?** 내일 양측이 모이는 것은 어떨까요?

B Alright. Let's not waste any time then. 그럽시다. 시간을 낭비하면 안 되지요.

서류 및 계약서 정리

좋습니다. 자, 첫 번째로 먼저 계약서에 서명을 해야겠군요.

Okay, so first things first, we need to sign the contract.

> **Biz Tip**

first things first는 '처음 일이 먼저' 내지는 '중요한 일부터 우선 먼저', '우선 첫째로'라는 뜻으로 먼저 해야 할 일부터 처리하고 보자는 의미입니다. 협상에서 안건의 우선순위대로 처리하는 것이 중요합니다. 주로 가장 어려운 안건을 마지막으로 잡아 놓으면 문제 소지가 없는 부분부터 해결하는 것처럼 느끼게 되어 심리적으로 협상이 잘 진행되고 있다는 느낌을 줄 수 있지요.

모두 계약서 사본을 가지고 계십니까?

Does everyone have a copy of the contract?

다 가지고 있습니다.

Everyone has a copy.

자, 그럼 1페이지부터 봅시다.

Okay, let's start by looking at page one.

지금까지 질문 있으십니까?

Any questions so far?

지금까지는 모든 게 좋아 보입니다.

Everything looks good so far.

세 번째 부분으로 넘어갑시다. 여기엔 모터즈 라이트 사에 대한 요구사항이 있습니다.

Let's move on to section three, then. Here are the requirements for Motors Right.

그것을 좀 검토해 보도록 하죠.

Let's take a minute to review them.

이 요구 조건은 우리가 합의한 지불 건에 관한 조항입니다.

These requirements are simply in regards to the payment terms that were agreed upon.

오늘 이 회의의 목적은 모터즈 라이트 사와 AIK 사 간의 계약을 검토하고 서명하는 것입니다.

The objective of our meeting today is to review and sign the contract between Motors Right and AIK.

오늘 회의의 목적은 카 파츠 주식회사와 APEX 건강보험회사 간의 계약을 검토하고 서명하는 것입니다.

The goal of our meeting today is reviewing and signing the contract between Car Parts, Inc. and APEX Health Insurance Company.

오늘 달성하고자 하는 사항은 ABC 사와 EGH 사 간의 계약을 검토하고 서명하는 것입니다.

What we'd like to accomplish today is to review and sign the contract between ABC and EGH.

시작하기 전해 말씀드리고 싶은 것은 이 서류에 모터즈 라이트 사는 '공급자', 그리고 AIK 사는 '공급받는 자'로 표기됩니다.

Before we begin, let me note that, in this document, Motors Right is referred to as the Provider, and AIK is referred to as the Providee.

Biz Tip

계약서 상에 구체적으로 표기되는 회사 명칭이나 서류상 표기 사항을 먼저 확인하면서 진행하세요.

시작하기 전에, 이 계약서에서 암코 사는 '공급자'로 카 파츠 주식회사는 '공급받는 자'로 되는 점에 주의하셔야 합니다.

Before we begin, it is important to notice that this document refers to Amco as the Provider and Car Parts, Inc. as the Providee.

첫 번째 조항에 계약 조건이 있습니다.

In the first clause, we have the terms of the contract.

Biz Tip

계약서의 내용을 순서대로 언급하되, 모든 내용을 일일이 읽으면서 시간을 소모할 필요는 없습니다. 읽고 내부적으로 파악하는 단계는 이미 지났다고 보면 됩니다.

첫 번째 조항은 계약 조건을 규정하고 있습니다.

Article one defines the terms of the contract.

첫 번째 부분에서 계약 조건을 보실 수 있습니다.

In section one, you can see the terms of the contract.

보시다시피, 첫 번째 조항이 계약 조건입니다.

As you can see, the first clause is the terms of the contract.

*clause 조항, 조목

두 번째 조항을 보시면 카 파츠 주식회사에 대한 요구사항이 요약되어 있는 것을 보실 수 있습니다.

Looking at article two, you can see that the requirements for Car Parts, Inc. are outlined.

그 다음 세 번째 조항으로 넘어갑시다.

Let's move on to section three, then.

카 파츠 주식회사에 관한 요구사항은 제 2항에 요약되어 있습니다.

The requirements for Car Parts, Inc. are outlined in article two.

그래프에서 보시다시피, 지난 분기의 매출 수치가 7퍼센트 줄었습니다.

Looking at the graph, you can see that sales figures for the last quarter fell seven percent.

Biz Tip

looking at ~은 사진, 그림, 도표 혹은 프린트물을 참고하며 설명할 때 쓸 수 있는 유용한 표현이지요. 계약서의 어느 부분을 설명하는 것인지 서두에 꼭 언급하세요.

다음은 요구사항입니다. 좀 검토해 보도록 하죠.

Here are the requirements. Let's take a minute to review them.

이 계약은 2년간 유효합니다. 다시 말해 2017년 10월 30일 만기가 됩니다.

The contract will be valid for a two-year period, which means it will expire on October 30, 2017.

보시다시피 이 계약은 올해 11월 1일부터 시행됩니다.

You can see that this contract will take effect on November 1st of this year.

Biz Tip

계약의 중요 항목 중 하나인 기간에 대해 서로가 동의하고 혹시 실수는 없는지 구두로도 꼭 확인해야 합니다.

이 계약서는 금년 7월 1일부터 유효합니다.

This contract will be effective beginning July 1st of this year.

계약서는 금년 7월 1일부터 구속력이 있습니다.

The contract will be binding beginning July 1st of this year.

이 계약서는 2년간 유효합니다.

The contract will be valid for a two-year period.
The contract will be in effect for two years.

이 계약서는 2년 기간 동안 법적 구속력을 유지합니다.

The contract will be legally binding for a period of two years.

어느 한 쪽이 계약을 종료할 경우 45일 전에 통보해야 합니다.

In the case that either party needs to terminate the contract, 45 days' notice is required.   *terminate 끝내다, 종료하다

양측이 계약을 종료해야 할 경우 적어도 45일 전에 통보가 필요합니다.

No less than 45 days is required by both parties in the case of a need to terminate the contract.

계약을 종결하려면 양측은 최소 45일 전에 통보를 해야 합니다.

Both parties must give 45 days' notice for termination of the contract.

Biz Tip

계약 기간 및 종결 방식에 관한 사항을 꼭 짚고 넘어가세요.

여기 보면 AIK 사가 계약을 갱신하고 싶을 때 모터즈 라이트 사에 현 계약 만료일에서 30일 전에 통보를 해야 합니다.

It states that if AIK would like to renew the contract, Motors Right requires 30 days' notice before the current contract's expiration date.

계약 내용 최종 확인 및 서명

페이지를 넘기시면 네 번째 부분이 조항의 갱신 및 종료에 관한 것입니다.

If you turn the page, section four covers the renewal and termination terms.

서명하시고 이 줄에 날짜를 적어 주세요.

Please sign and date here on the line.

저는 그 밑에 서명하죠.

I'll sign below that.

그 정도면 됐군요.

Fair enough.

좋아 보이는데요.

This looks good to me.

모터즈 라이트 사는 만일 지불이 되지 않은 경우 계약을 즉시 종료할 수 있는 권리를 보유합니다.

Motors Right reserves the right to terminate the contract immediately if payments are not made.

저희의 요구를 계속 무시한다면 우리는 다른 공급자를 선택할 권리가 있습니다.

We reserve the right to choose a different supplier if you continue to neglect our requests.

서명하기 전에 질문 없으신가요?

Are there any questions before we sign?

Biz Tip

확인하고 질문을 하세요.

다른 주제로 넘어가기 전에 질문 없습니까?

Are there any questions before we move on to another topic?

오늘 순서를 마치기 전에 질문 없습니까?

Are there any questions before we finish for the day?

하드카피를 만들어 우편으로 보내 드리죠.

We will make a hard copy and send it to you in the mail.

Biz Tip

계약서는 직접 전달하거나 우편으로 보냅니다. hard copy는 원본과 같은 문서를 의미합니다.

오늘 오후에 계약서를 이메일로 보내 드리도록 하지요.

We will send you a copy via email later this afternoon.

기록 보관을 위해 한 부를 보관하시길 바랍니다.

You should keep a copy for your records.

시간 내 주셔서 감사드리고 양사 간에 좋은 비즈니스 관계를 만들어 가기를 기대합니다.

I appreciate your time and look forward to a continued good business relationship between our two companies.

＊I appreciate your time. 시간 내 주셔서 감사합니다. | look forward to (동명사) ~하기를 고대하다

시간 내 주셔서 감사하고 추후에 함께 일하기를 고대합니다.

I appreciate your time and look forward to working with you in the future.

시간 내 주셔서 감사하고 내일 전화 주시길 기대합니다.

I appreciate your time and look forward to your phone call tomorrow.

참석해 주셔서 감사합니다.

We appreciate your attendance.

다른 쟁점이나 문제가 없다면, 거래를 확정하죠.

If there are no other issues or questions, let's seal the deal.

Biz Tip
추가로 다뤄야 할 사항이 없다면 계약서에 서명을 함으로써 거래를 확정 짓습니다.

더 이상 질문이 없다면, 계약에 서명합시다.

If you do not have any more questions, let us sign the contract.

이 양식 아래에 서명하고 날짜를 써 주세요. 그리고 귀사 측의 기록 보관을 위해 제가 사본 한 부를 만들게요.

Sign and date at the bottom of these forms and I'll have a copy made for your records.

Biz Tip
계약서에 서명을 하고 사본 한 부씩 각각 보관하세요.

여기에 서명해 주시고, 승인 후에 제가 계약서를 귀사 사무실 주소로 우편 송부하겠습니다.

Please sign here and after the approval I will have the contract mailed to your office address.

표시된 이 양식의 아래에 서명하고 날짜를 써 주세요. 그리고 보증금은 오늘 오후까지 여기 이 계좌로 송금하시면 됩니다.

Please sign and date these forms at the bottom where indicated, and you can wire us the key money here to this account by this afternoon.

다른 질문이 없다면, 여기에 서명하시고, 오늘 오후까지 보증금을 송금해 주세요.

If there are no other questions, please sign here and wire us the key money by this afternoon.

어디에 서명하죠?

Where do I sign?

계약이 성사된 것 같군요.

I think you have yourself a deal.

| Chapter 8 | 협상 종결 | 09-8.mp3 |

협상 마무리

좋습니다. 우리 협상에 진척이 있었다고 보는데요.
Great. Well, I feel that we've made some good progress here.

서명하기 전에 다른 질문 더 없습니까?
Are there any more questions or concerns before we sign?

질문이나 문의 사항 혹은 다른 점들을 추가하고 싶으신 분들은 지금 말씀해 주십시오.
If anyone has any questions, concerns, or something to add, please do so now.

이로써 회의를 마무리할 때가 된 것 같습니다.
This will be a good time to conclude our meeting.

이번 거래는 향후 이익을 증진시킬 수 있는 좋은 시작점입니다.
This deal would be a good starting point to increase our future profits.

이 회의는 저희의 관점을 이해하는 데 아주 도움이 될 것입니다.
This meeting was productive in understanding our viewpoints.

드디어 계약을 체결하게 되는군요.
Finally, we get to seal this deal.
At last, we get to sign this contract.

Biz Tip

협상 후의 대화는 너무 딱딱하지 않도록 정감 있으면서 프라우드한 어조를 유지하는 것이 좋습니다. 〈get to + 동사원형〉은 '~할 수 있게 되다'라는 뜻으로 노력을 통한 결실을 맺게 되었다는 의미를 내포하고 있습니다.

우리의 협상이 좋은 성과를 거두어서 기쁘군요.
I am glad our talk has panned out well.   *pan out 전개되다

Biz Tip

협상이 체결되었다면 감사의 뜻, 기쁜 마음, 개인적인 견해를 밝히되, 감정적이 되지 않도록 사실 중심으로 기분을 전달하도록 하세요. 무난한 표현으로 I'm glad ~가 있고 개인적인 입장보다는 회사의 입장을 전달하고자 하는 경우 주어 I 대신 we로 말하면 효과적입니다.

저희는 귀사와 함께하는 이번 합작 사업을 위한 조건을 협의할 수 있었기 때문에 매우 기쁩니다.

We're very happy that we've been able to negotiate terms for this joint venture with your company.

*terms 조건

양측이 함께하는 미래에 관해 기대가 되는군요.

We're also very excited about our future together.

저희 측은 거래를 성사시킬 수 있게 되어 기쁩니다.

We are pleased that we've been able to work out a deal.

합의에 이를 수 있게 되어 정말 좋군요.

I am glad that we've been able to reach an agreement.

이로써 우리에게 좋은 사업 관계의 시작이 되기를 바랍니다.

This could be the start of good business relations for us.

Biz Tip

협상에 관한 긍정적인 말로 마무리를 짓습니다.

귀사와의 좋은 비즈니스를 기대합니다.

We anticipate having good business relations with you.

*anticipate 기대하다, 예상하다

회의가 성공적이었습니다.

The meeting was a great success.

알찬 회의가 되도록 협조해 주셔서 감사합니다.

Thanks for making this meeting productive.

*productive 생산적인, 결실 있는

제가 저희 법인 변호사에게 연락을 드려 이 건을 논의하는 것이 어떨까요?

How about if I contact our corporate lawyer to discuss this issue?

지금 저희가 문서를 작성하면 30분 후 서명하실 수 있게 해 드리지요.

I'll draw up the paperwork right now and we'll have you sign it on your way in half an hour.

Biz Tip

계약서를 준비하는 데 소요되는 시간을 미리 알리고 기다려 달라고 양해를 구하세요.

지금 바로 제가 문서를 작성할 것이니, 오늘 계약을 체결할 수 있습니다.

I will draw up some paperwork right now, so we can sign the contract today.

계약서 한 부 가지고 30분 후에 제가 돌아오면, 귀하께서 서명하시면 되겠습니다.

I will be back in half an hour with a copy of our contract for your signature.

모든 부속 서류를 작성해 올 테니, 20분 정도 여기서 기다려 주시겠습니까?

I will draw up all other necessary paperwork, so would you wait here for 20 minutes or so?

협상 조건의 변경 요구

이메일과 전화로 짧게 연락을 받았는데 추가 비용이 계약에 첨가되어야 한다고요?

We heard briefly both via email and over the phone that some additional costs should be added to the contract?

그래서 저희가 방문한 것입니다. 그에 따라 적절하게 재협상을 할 수 있을까 해서요.

That's why we are here, to possibly renegotiate accordingly.

저희가 아직은 법적으로 변경 사항을 고려하여 가격을 재협상할 수 있다고 생각합니다.

We believe we are within legal parameters to renegotiate the price considering the changes.　　　*parameter 한도

물론 사실입니다만, 협상은 가격 조건에 관하여 명확했습니다.

That may be true; however, the contract was clear in its price stipulation.　　　*stipulation 조항, 조건

저희는 예산 내로 비용을 유지할 필요가 있습니다.

We are required to stay within our budget.

하지만 우리가 그 제안을 받아들이려면, 추가 조건을 몇 가지 받아 주실 수 있는지 여쭤 보겠습니다.

However, in order for us to accept it, we need to ask if you can accept some additional conditions.

Biz Tip

협상을 위한 조건을 제시할 때 if(만일) ~를 활용합니다.

만약 우리가 그것을 승인하면, 귀사는 저희 조건의 일부에 동의하셔야 할 것입니다.

If we are going to accept it, you will need to agree to some of our conditions.

먼저 그쪽이 저희 조건 일부에 동의하는 것이 아니라면 그것을 승인할 수 없습니다.

We can't accept it without knowing if you will accept some of our conditions first.

우리가 그것을 받아들이려면 몇 가지 조건이 포함되어야 합니다.

There will be some conditions involved if we are to accept it.

저희는 즉시 이 문제를 해결하기를 원합니다.

We are eager to resolve this issue immediately.

Biz Tip
협상에서 상황의 긴박함을 알리는 표현으로 부사 immediately를 사용하세요. be eager to를 활용하면 어떤 것을 간절히 원하는 감정을 전달할 수 있습니다.

빠른 시일 안에 귀사의 조건을 받아들이고 싶습니다.

We are eager to accept your conditions sooner or later.

세부 사항을 논의하기 위해 직접 만나 뵈었으면 합니다.

We are eager to meet with you in person to discuss the details.

이 기회를 통해 저희의 입장을 확실히 하고 싶었습니다.

We wanted to take this opportunity to clarify our position.

Biz Tip
특별한 기회를 빌어 입장을 확실히 전달하고자 할 때에는 take this opportunity to (동사원형)의 표현을 활용합니다.

이 기회를 통해 보쉬와의 저희 계약 조건을 재협상하고 싶었습니다.

We wanted to take this opportunity to renegotiate the terms of our contract with Borsh.

저희의 첫 번째 제안에 만족하실 거라고 예상하였습니다.

We were anticipating that you would be happy with our first offer.

저희가 계약서에 포함되어 있지 않은 추가 서비스까지 제공해 드리는 점을 고려하면 조금 가혹한 결정이라고 생각하지 않으십니까?

Don't you think that's a bit harsh considering we are providing extras not included in the contract?

Biz Tip
상대방이 강경한 태도를 유지하며 상황 설명을 듣지 않으려는 상황일 때 섭섭함을 전달하기에 적절한 표현입니다. considering을 활용하여 '~을 고려했을 때'라는 의미로 특정 상황에 대한 설명과 함께 정도가 심하다는 것을 상대에게 전달할 수 있습니다.

다시 한 번 계약에 이번 수정을 받아들여 주셔서 감사드립니다.

Once again, thank you for accepting this modification to the contract.

이 변경 사항이 양측에 도움이 되기를 바랍니다.

We hope this alteration will benefit both parties.

서명하실 새로운 계약 조건을 정리하는 동안 음료나 다과를 들고 계시지요.

Please have a drink or a snack while we wrap up the new contract terms for you to sign off on.

그럼, 모든 것이 준비된 거로군요.

Well, I guess we are all set.

감사합니다.

Thank you for everything.

PART
10

출장

잦은 해외 출장. 영어 때문에 스트레스를 많이 받으셨나요? 혹은 영어가 안 된다는 이유로 매번 출장을 영어 잘하는 동료 직원에게 양보했던 슬픈 기억이 있으신가요?

이제 영어 때문에 불편했던 출장 기억을 지우도록 하세요. 출장 준비 단계부터 현지 상황에서까지 영어를 자유롭게 구사할 수 있도록 필수 표현을 배워 봅시다. 이번 파트에서는 출장시 영어를 사용해야 하는 여러 상황을 친절하게 설명해 드리고 그때그때 적절한 맞춤 답변을 만들 수 있도록 도와 드립니다.

출장 전 필요한 절차에 대한 영어 표현부터 출장 후 보고, 그리고 현지에서 필요한 다양한 여행 영어 표현까지 일괄적으로 정리해 보도록 합시다.

Chapter 1
출장 전

Chapter 2
비자 및 항공권 예약

Chapter 3
공항 및 기내

Chapter 4
호텔

Chapter 5
식당

Chapter 6
길 찾기 및 교통수단

Chapter 7
관광 및 쇼핑

Chapter 8
출장 후

**출장 계획
보고**

컨퍼런스로 부산에 다녀오겠습니다.

Let me go to Busan for the conference.

Why don't I go to Busan for the conference? ❻

Why don't you let me go to Busan for the conference?

I would appreciate it if I could go to Busan for the conference. ❻

I'm off to Busan. ❶

> **Example**
>
> A What did you want to see me about? 무엇 때문에 날 보자고 했어요?
>
> B It's about the conference. **Why don't I go to Busan for the conference?** I think it would be beneficial. 컨퍼런스에 관한 것입니다. 제가 부산에 회의차 다녀오도록 하겠습니다. 우리에게 이득이 될 것 같아요.
>
> A Email me the information on the conference, and I'll look it over. 회의 자료를 이메일로 보내면 내가 검토해 보도록 하죠.

런던(회의)에 다녀오도록 하세요.

I want you to go to London.

We'd like you to go to London.

I think you should go to London.

Why don't you show up at the meeting in London in person?

이번에는 당신(이 출장을 갈) 차례군요.

It's your turn to go this time. ❶

> **Example**
>
> A How can we show our investors that they are important to us? 투자자들이 우리에게 얼마나 중요한지를 어떻게 보여 줄 수 있을까요?
>
> B **Why don't you show up at the meeting in London in person?** 직접 런던회의에 가는 것이 어떻겠어요?
>
> A Okay. 알겠습니다.

(뉴욕에) 언제 다녀올까요?

When should I go?

What dates do you have in mind?

When would be a good time to make the trip? ❻
When should I leave for New York?

A **What dates do you have in mind?** (출장은) 언제로 생각하고 계시나요?

B I think you should go as soon as possible. 가능한 빨리 다녀오는 것이 좋을 듯하군요.

저는 다음 주에 출장을 갑니다.

I'll be traveling next week.

I'll be out of the office next week.

I'll be away on business next week.

A I will call you next week to check the status of our contract negotiations.
우리의 계약 협상 상황을 확인하러 다음 주 중에 전화를 드리지요.

B Do you have my cell phone number? **I'll be traveling next week.** I want to
make sure you can contact me. 제 핸드폰 번호 가지고 계십니까? 다음 주에 출장 갑니다. 출
장 중에도 연락 가능하도록 확실히 해 두고 싶군요.

A No, I don't have it. You'd better give it to me. 아뇨, 핸드폰 번호는 없어요. 알려주
시는 게 좋겠네요.

저는 다음 주 출장으로 사무실에 없을 거예요.

I'll be absent from work due to a business trip next week.

*be absent from ~에 부재이다

등록 및 예약

회의에 등록하고 싶습니다.

I'd like to register for the conference.

I need to register for the conference.

A **Hello, I need to register for the conference.** 안녕하세요. 회의에 등록하려고요.

B Great. I just need your name, please. 좋습니다. 이름이 필요해요.

회의에 등록하기에 너무 늦었나요?

Is it too late to register for the conference?

회의에 자리 하나를 예약하고 싶습니다.

I'd like to reserve a spot at the conference.

*reserve a spot 자리를 예약하다

박람회에 부스[자리] 하나를 예약하고 싶습니다.

I need to reserve a booth at the fair.

I would like to reserve a spot at the fair.

박람회에 저희 회사를 등록하고 싶습니다.

I'd like to register my company for the fair.

Example

A **Hello, I'd like to register my company for the job fair in May.** 안녕하세요. 5월에 열리는 취업 박람회에 저희 회사를 등록하고 싶은데요.

B **Great. Just go to our web site and submit an application.** 좋습니다. 저희 웹페이지에 가셔서 신청서를 제출해 주세요.

박람회에 부스[자리]가 있습니까?

Are there any available places at the fair?

Are there any available booths at the fair?

(방을) 예약하고 싶습니다.

I need to make a reservation.

I'd like to reserve a room.

방이 있습니까?

Do you have any rooms available?

Example

A Hilton Hotel Sydney. How can I help you? 시드니 힐튼 호텔입니다. 무엇을 도와 드릴까요?

B **Hi, do you have any rooms available?** 안녕하세요. 남은 방이 있습니까?

A What dates do you want to stay, ma'am? 손님. 언제 머물고 싶으신가요?

전망이 좋은 방을 원해요.

I'd like a room with a view.

I prefer a room with a view.

Could I get a room with a good view?

Example

A **I'd like a room with a view.** 전망 좋은 방을 원합니다.

B There are rooms with an ocean view and rooms with a mountain view. Which one do you prefer? 바다가 보이는 방과 산이 보이는 방이 있습니다. 어떤 것이 더 마음에 드세요?

회사 차량을 예약하고 싶은데요.

I need to reserve the company car.

이용 가능한 회사 차량이 있습니까?

Are there any company cars available?

이번 주 목요일 15일에 회사 차가 필요한데요.

I will be requiring a company car this Thursday, the 15th.

A   Hello, **I will be requiring a company car this Thursday, the 15th.**   안녕하세요. 이번 주 목요일 15일에 회사 차가 필요합니다.

B   Okay. What name should I reserve that under?   알겠습니다. 어느 분 성함으로 예약해 드릴까요?

A   John Hughes, please.   존 휴즈입니다.

렌터카를 예약하고 싶습니다.

I'd like to make a reservation for a rental car, please.

렌터카가 필요해요.

I need to rent a car.

예약에 필요한 정보를 주실 수 있나요?

Can you give me some information about making a reservation?

A   Hi, **can you give me some information about making a reservation?**   안녕하세요. 예약에 필요한 정보를 주실 수 있나요?

B   Sure, what would you like to know?   네, 뭘 알고 싶으신가요?

A   What are the prices for renting a luxury sedan for one week? And can you tell me about your insurance policy?   고급 세단을 일주일 동안 빌리는 비용이 얼마죠? 그리고 보험 정책에 대해서도 말씀해 주시겠어요?

소형차나 세단으로 예약하고 싶습니다.

I would like to reserve an economy car or sedan.

브로드웨이 뮤지컬 '캣츠' 티켓 두 장이 필요해요.

I need two tickets to the Broadway musical *Cats*, please.

'캣츠' 티켓 두 장을 예약하고 싶어요.

I'd like to reserve two tickets to *Cats*.

브로드웨이 공연 티켓을 어떻게 구입할 수 있나요?

How can I get tickets to a Broadway show?

출장

1 출장전

Example

A This is the New York Tourism Board, Mandy speaking. 뉴욕 관광청, 맨디입니다.

B Hi, I was wondering **how I can get tickets to a Broadway show**? 안녕하세요. 브로드웨이 쇼 티켓을 어떻게 구입할 수 있는지 궁금합니다.

A You would need to call a company called Ticketmaster. Let me give you the number. 티켓마스터라는 회사에 전화를 하셔야 합니다. 전화번호를 드리지요.

현지 정보 문의

요즘 그곳 날씨가 어떻지요?

What's the weather like out there these days?

지금 이맘때 그곳 날씨는 어떤가요?

How's the weather this time of year?

Example

A **How's the weather this time of year?** 일년 중 이맘때 날씨가 어떤가요?

B It's winter now in the Southern Hemisphere. Bring your jacket! 지금 남반구는 겨울이에요. 재킷을 가져오세요!

어떤 옷을 챙겨가야 할까요?

What should I bring to wear?

일년 중 이맘때에는 어떤 날씨를 예상해야 할까요?

What kind of weather should I expect this time of year? ⓕ

시드니는 어떤 게 인기가 있나요?

What is popular to do in Sydney?

시드니에서 할 일이 뭐가 있나요?

What is there to do in Sydney?

시드니는 뭐가 좋죠?

What is so nice about Sydney?

Example

A **What is so nice about Sydney?** 시드니는 뭐가 좋죠?

B Well, it's nice because it has a well-balanced mixture of city life and nature. 음, 도시 생활과 자연의 조화로운 조합이 있어서 좋아요.

시드니는 어떻지요?

What is Sydney like?

도쿄에서 볼 만한 곳을 추천해 주시겠어요?

Can you recommend some things to see in Tokyo?

도쿄의 주요 관광 명소는 어디이지요?

What are the main tourist attractions in Tokyo?

*tourist attractions 주요 관광 명소

도쿄의 인기 있는 관광 명소는 어딘가요?

What are the popular sights in Tokyo?

도쿄 어디를 가 보라고 추천해 주시겠어요?

Where do you recommend I go in Tokyo?

도쿄 어디에 가 봐야 할까요?

Where should I visit in Tokyo?

Example

A **Where should I visit in Tokyo?**   도쿄 어디에 가 봐야 할까요?

B You should visit Shibuya and Ginza for shopping. You will see interesting items there.   시부야와 긴자에 쇼핑하러 가세요. 재미있는 것들을 보실 수 있을 겁니다.

Chapter 2

비자 및 항공권 예약

🎧 10-2.mp3

비자 인터뷰

비자 인터뷰를 예약하고 싶은데요.

I need to make an appointment for a visa interview.

I need to schedule a visa interview.

I'd like to request a visa interview, if possible.

> **Example**
>
> A   Hello, **I need to make an appointment for a visa interview.**   안녕하세요. 비자 인터뷰 예약을 하고 싶은데요.
>
> B   When would you like to come in?   언제 방문할 예정입니까?
>
> A   Next Tuesday around 9:00 a.m. would be great.   다음 주 화요일 오전 9시쯤이 좋겠어요.

미국 취업비자를 신청해야 합니다.

I need to apply for a work visa to the United States.

비자 인터뷰를 취소하고 싶은데요.

I need to cancel my visa interview.

I want to cancel my visa interview.

Can I cancel my visa interview?

> **Example**
>
> A   Hello, **I need to cancel my visa interview.**   안녕하세요. 비자 인터뷰를 취소하고 싶은데요.
>
> B   When is your scheduled interview date?   예정된 인터뷰 날짜가 언제입니까?
>
> A   Next Tuesday at 9:00 a.m.   다음 주 화요일 오전 9시입니다.
>
> B   Would you like to reschedule then?   다시 날짜를 잡으시겠어요?
>
> A   I will call you back after checking my schedule.   스케줄 확인 후에 다시 연락을 드리지요.
>
> B   Sure.   그러세요.

인터뷰를 연기해도 될까요?

Is it okay to postpone my interview?   *postpone 연기하다, 지연하다

비자 인터뷰를 취소하게 되어 사과드립니다.

I apologize for canceling the visa interview.

이번에는 비자 허가가 되지 않습니다.

Not this time. ❶

저는 비자 신청을 위해 고용 증명서가 필요해요.

I need a certificate of employment to apply for a visa.

비자 신청을 위한 고용 증명서를 어떻게 받아야 합니까?

How do I get a certificate of employment for my visa application?

A **How do I get a certificate of employment for my visa application?**
비자 신청을 위한 고용 증명서를 어떻게 받을 수 있을까요?

B It's simple. Just contact Betty Davis in Human Resources at extension
4593. 간단해요. 내선 번호 4593으로 인사부의 베티 데이비스와 통화하세요.

A Great, thanks. 네, 감사합니다.

고용 확인서를 요청하려고 전화 드립니다.

I'm calling to request a letter verifying employment.

제 이름은 강자영입니다.

My name is Jayoung Kang.
I'm Jayoung Kang.

A Please introduce yourself for me. 자기소개 해 주시죠.
B **My name is Jayoung Kang.** 제 이름은 강자영입니다.

제 이름은 민호이고 성은 이입니다.

My first name is Minho and my last name is Lee. ⑤

저는 퍼스트 내셔널 은행에 다닙니다.

I work at First National Bank.
I work for First National Bank.

저는 퍼스트 내셔널 은행의 투자자 관리부에서 근무합니다.

I work in investor relations at First National Bank.

A Please introduce yourself to me. 자기소개 부탁합니다.
B I'm Michael Kim. **I work in investor relations at First National Bank.**
저는 마이클 김입니다. 저는 퍼스트 내셔널 은행의 투자자 관리부에서 일을 합니다.

저는 기혼에 세 명의 자녀를 두고 있어요.

I am married with three children.
I have a wife and three children.

A   Please introduce yourself to me.   자기소개 부탁합니다.

B   I'm Michael Kim. I work in investor relations at First National Bank. **I am married with three children.**   저는 마이클 김입니다. 저는 퍼스트 내셔널 은행의 투자자 관리부에서 일을 합니다. 저는 기혼으로 세 명의 자녀를 두고 있습니다.

저는 아내와 아이 셋을 두었고 강남에 거주하고 있습니다.

I live in Gangnam with my wife and three children.

I am married, and my wife and I have three lovely children. I live in Gangnam.

비즈니스 회의(참석)차 출장을 갈 예정입니다.

I'm going to a business conference.

I'll be traveling for a business conference.

I'm traveling to attend a business conference.

A   And what is the purpose of your travel to the United States?   미국 여행의 목적은 무엇이지요?

B   **I'm traveling to attend a business conference.**   비즈니스 회의에 참석하려고 갑니다.

제 여행의 목적은 비즈니스 컨퍼런스에 참석하는 것입니다.

The purpose of my travel is to attend a business conference. **❻**

비자를 찾으러 왔습니다.

I'm here to pick up my visa.

어디서 비자를 찾는지 말씀해 주시겠습니까?

Can you tell me where I have to pick up my visa?

여기서 비자를 받는 것이 맞습니까?

I understand this is where I can get my visa?

A   **I understand this is where I can get my visa?**   여기서 비자를 받는 것이 맞지요?

B   Yes, just give me your name and some identification and I'll get it for you.   네. 이름과 신분증을 주시면 가져다 드리겠습니다.

항공권 예약

항공편을 확인하러 전화 드립니다.
I'm calling to confirm a flight.

항공편을 확인하고자 합니다.
I need to confirm my flight.

1273편 비행기 예약을 확인하고 싶습니다.
I'd like to confirm my reservation on flight 1273.
I'd like to check the status of my reservation on flight 1273.

Example

A Thank you for calling Western Airlines. How can I help you? 웨스턴 에어라인에 전화 주셔서 감사합니다. 어떻게 도와 드릴까요?

B **I'd like to confirm my reservation on flight 1273.** 1273편 비행기 예약을 확인하고 싶습니다.

A Your name, please? 성함이 어떻게 되시죠?

뉴욕행 항공편을 예약하고자 합니다.
I need to book a flight to New York.
I'd like to make a reservation for a flight to New York.

Example

A **I'd like to make a reservation for a flight to New York.** 뉴욕행 항공편을 예약하고 싶습니다.

B What date will you be traveling, sir? 언제 여행하실 예정입니까, 손님?

뉴욕행 비행기를 예약하려고 전화 드립니다.
I'm calling to reserve a flight to New York.

뉴욕행 항공편이 있습니까?
Do you have any flights to New York?

뉴욕까지 요금이 얼마입니까?
How much is the fare to New York?
How much does it cost to fly to New York?

Example

A **How much is the fare to New York?** 뉴욕까지의 요금이 얼마입니까?

B It depends on when you want to go. 언제 가실지에 따라 달라져요.

뉴욕행 왕복 티켓을 예약하고 싶습니다.

I'd like to reserve a round-trip ticket to New York.

왕복 티켓으로 부탁합니다.

It will be a round trip.

I would like to have a return ticket, please.

* round-trip ticket 왕복 티켓(return ticket)　*cf.* one-way ticket 편도 티켓

> **Example**
>
> A　Do you need a one-way or a round-trip ticket?　편도 티켓입니까, 왕복이십니까?
>
> B　**It will be a round-trip.**　왕복입니다.

8월 1일에 떠나서 9일에 돌아올 예정입니다.

I'm leaving on the 1st of August, and returning on the 9th.

I'm planning to leave on August, 1st and return on the 9th.

> **Example**
>
> A　When would you like to leave?　언제 떠나십니까?
>
> B　**July 17th and I'd like to return in 30 days time.**　7월 17일에 떠나서 30일 후에 돌아올 예정입니다.

8월 1일의 표 한 장과, 9일에 돌아오는 표 하나 부탁 드립니다.

I'd like a ticket on the 1st of August, and another one for coming back on the 9th.

7일에 있으면 어떤 항공편도 괜찮습니다.

Any flight is okay as long as it is on the 7th.

> **Example**
>
> A　There are only night flights on the 7th. Is that okay?　7일에는 밤 비행기뿐이네요. 괜찮으시겠습니까?
>
> B　Yes. **Any time is okay as long as it is on the 7th.**　네. 7일 출발이면 어떤 시간도 괜찮습니다.

그날로 시간은 아무 때나 괜찮습니다.

Any time on that day is fine.

아무 때나 괜찮습니다.

I can make any time that's available.

뉴욕행 직항 항공편이 있나요?

Do you have a direct flight to New York?

I'd like to know if there is a nonstop flight to New York.

Is there a nonstop flight to New York?

A **Is there a nonstop flight to New York?** 뉴욕행 직항 항공편이 있나요?

B Yes, but at a higher price. 네. 하지만 가격이 높습니다.

밴쿠버를 (며칠) 경유하여 토론토로 가고 싶습니다.

I'd like to fly to Toronto via Vancouver.

I'd like to stop over in Vancouver for a few days on the way to Toronto.

The final destination is Toronto with a stopover in Vancouver.

A Where would you like to go? 어디로 가시려고요?

B **I'd like to fly to New York via Chicago.** 시카고에 들렀다 뉴욕으로 가려고요.

일반석으로 부탁합니다.

Economy class, please.

Economy class will do for me.

I'll go with economy.

＊economy class 일반석 *cf.* first class 1등석 ｜ business class 2등석

A What class would you like? 어떤 좌석으로 하시겠어요?

B **Economy class will do for me.** 일반석이면 됩니다.

가능하다면 통로 쪽 좌석으로 부탁해요.

I would prefer an aisle seat, if possible.

Could you book me an aisle seat, please?

I'd like to request an aisle seat.

＊aisle seat 통로 쪽 좌석 *cf.* window seat 창가석 ｜ center seat 중간석

A Do you have a seat preference? 선호하는 좌석이 있으십니까?

B **Could you book me an aisle seat, please?** 통로석으로 예약해 주세요.

A Certainly, sir. 네. 그러지요.

채식주의자 식단을 부탁해요.

I'd like to request a vegetarian meal.
Could you make sure I get a vegetarian meal?
I would prefer a vegetarian meal.

> **Example**
>
> A **I'd like to request a vegetarian meal.** 채식주의자 식단으로 부탁드립니다.
>
> B I will make a note of it on your reservation entry. 예약 내용으로 이 사항을 기입해 드리겠습니다.

공석 대기 확인

대기자 명단에 올려 주실래요?

Can I be on the waiting list?
Is there a chance to get on as standby?

> **Example**
>
> A **Can I be on the waiting list?** 대기자 명단에 올려 주실래요?
>
> B Yes, I've already put you on it. If there's a cancellation, we'll let you know. 네, 그렇게 해 드렸습니다. 취소되는 좌석이 생기면 말씀드릴게요.

만약의 경우를 대비하여 다음 비행기 대기자 명단에 제 이름을 올려 주시겠습니까?

Can you add my name to the standby list of the next flight, just in case?

제 공석 대기 상황이 어떻게 되었는지 알려 주시겠습니까?

Can you tell me the status of my standby request?
Could you tell me where I am on the standby list, please?
What are the possibilities that I will make this flight?

> **Example**
>
> A **Can you tell me the status of my standby request?** My name is John Hughes.
> 제 공석 대기 상황이 어떻게 되었는지 알려 주시겠습니까? 제 이름은 존 휴즈입니다.
>
> B It looks like you are first on the list, so your chances of getting on this flight are good. 리스트의 첫 번째로 있으셔서 이 비행기의 좌석을 확보하실 수 있을 것 같습니다.
>
> A Thank you. 감사합니다.

Chapter 3

공항 및 기내

 10-3.mp3

탑승 수속

서울행 아시아나 1132 항공편입니다.
Asiana Flight 1132 to Seoul, please.

체크인하려고요.
I need to check in.

서울행 비행기 체크인하러 왔습니다.
I'm here to check in for my flight to Seoul.

> **Example**
>
> A **I'm here to check in for my flight to Seoul.** 서울행 비행기 체크인하러 왔습니다.
> B Your passport, please. 여권 주세요.

(부칠) 가방이 2개 있습니다.
I have two suitcases to check in.
I need to check in two suitcases.
I have two pieces of luggage.

＊luggage 짐, 수하물(baggage)

> **Example**
>
> A Do you have any luggage to check in? 부칠 짐이 있으십니까?
> B Yes, **I have two suitcases.** 네, 가방이 2개 있습니다.

기내로 이 가방을 가지고 들어갈 수 있나요?
Can I take this on the plane?
Can I carry this with me?
Can this be my carry-on?
I'd like to take this on board, please.
Is it okay to have it with me on board?

> **Example**
>
> A Have you checked in all your baggage? 짐을 모두 부치셨나요?
> B Yes. Except this one. **Can I take this on the plane?** 네, 이것을 제외하고요. 기내로 이 것을 가지고 들어갈 수 있나요?

가능하면 통로 쪽 좌석으로 부탁 드려요.

I'd like an aisle seat, if possible.

I would prefer an aisle seat if possible.

Could you book me an aisle seat, please?

Could you make sure that I'm in an aisle seat?

통로 쪽 자리를 받을 수 있을까요?

Could I have an aisle seat, please?

I'd like to sit by the aisle.

통로 쪽 자리로 바꿀 수 있을까요?

Could I change my seat to an aisle seat?

(이 항공편) 좌석 등급을 올릴 수 있을까요?

Would it be possible to get an upgrade on this flight?

What are the chances of me getting an upgrade on this flight?

I'd like to get an upgrade if possible.

비행기 지연

항공기 1347편 현재 상황이 어떻습니까?

Can you give me a status update on flight 1347?

Do you have any new information regarding flight 1347?

Where are we with flight 1347?

> A **Do you have any new information regarding flight 1347?** 항공편 1347편에 관한 새로운 정보가 있습니까?
>
> B I'm told that the maintenance crew is almost finished and we should be departing in 45 minutes. 정비기사들 작업이 거의 끝나서 45분 뒤에 이륙하게 된다고 전달 받았습니다.
>
> A Okay, thank you. 알겠습니다. 감사합니다.

한 시간 내로 이륙할 것 같습니까?

Do you think we'll take off within the hour?

비행기 탑승 시간은 언제입니까?

When is the boarding time?

What time can we board?

When can we board?

> A **When is the boarding time?** 탑승 시간은 언제입니까?
>
> B In about an hour. 한 시간 후쯤입니다.

서울발 비행기가 지연되었습니다.

My flight out of Seoul has been delayed.

서울에 묶여 있어요.

I'm held up in Seoul.

비행기가 지연되었습니다.

My flight is running late.

The flight is behind schedule.

안타깝게도 이륙하려면 몇 시간 더 걸릴 것 같군요.

Unfortunately, it looks like we won't take off for another few hours.

> A Hey, John, what's up? When is your flight arriving? 존, 무슨 일이죠? 언제 비행기가 도착하나요?
>
> B **Unfortunately, it looks like we won't take off for another few hours.** 안타깝게도 이륙하려면 몇 시간 더 걸릴 것 같군요.
>
> A Alright, I will reschedule our meeting for tomorrow morning. 알겠습니다. 내일 아침으로 회의 일정을 다시 잡도록 하지요.

도착 예정 알리기

(비행기가) JFK 공항에 오후 8시 도착할 예정입니다.

The flight will arrive at JFK Airport at 8 p.m.

My flight is scheduled to arrive at JFK at 8 p.m.

I'm arriving at JFK at 8 p.m.

> **Example**
>
> A   When's your arrival?   도착이 언제인가요?
>
> B   **I'm arriving at JFK at 8 p.m.**   JFK 공항에 오후 8시 도착입니다.

저는 대한항공 704편을 타고 갑니다.

I'm taking KAL 704.

My flight is Korean Air 704.

I will be on Korean Air 704.

대한항공 704편으로 도착할 거예요.

I'll be arriving on KAL flight 704.

> **Example**
>
> A   Which flight is it?   어떤 비행편이시죠?
>
> B   **I'll be arriving on KAL flight 704.**   대한항공 704편으로 도착할 겁니다.

제가 공항으로 마중 나가지요.

I'll be at the airport.

I'll pick you up at the airport.

I'll be at the airport to greet you.

You will find me at the airport.

I'll be waiting for you at the airport.

> **Example**
>
> A   My flight is arriving tomorrow. Is someone picking me up?   제 비행기가 내일 도착합니다. 누가 마중 나오시나요?
>
> B   Yes, **my secretary, Jessica Hwang, will pick you up at the airport.**   네, 제 비서 제시카 황 씨가 공항으로 마중 나갈 겁니다.

기내 상황

제 자리는 어디지요?

Where's my seat?

Can you find my seat, please?

Could you help me find my seat?

Could you tell me where my seat is?

Would you show me where my seat is?

A **Where's my seat?** 제 좌석이 어디이지요?

B Let's see. This way, please. Just down the aisle on your right. 볼게요. 이 쪽으로 오세요. 쭉 가셔서 오른쪽입니다.

(승무원에게) 실례합니다만, 자리 좀 바꿔 주실 수 있을까요?

Excuse me, but would it be possible to change seats?

Is there any way I can change seats?

Can I request a seat change?

A Did you need something, sir? 뭐가 필요하십니까?

B **Can I request a seat change?** Are there any open in the back? 좌석 변경을 부탁 드릴 수 있을까요? 뒷자석에 남은 자리가 있나요?

A Let me check for you. 확인해 드리겠습니다.

(다른 승객에게) 번거롭게 해 드려 죄송하지만 일행과 앉으려고 하는데 저와 자리 좀 바꿔 주시겠습니까?

Would you mind trading seats with me so I can sit by my colleague?

A Excuse me. **Would you mind trading seats with me so I can sit by my colleague?** 죄송합니다만, 제 동료와 앉으려고 하는데 저와 좌석을 바꿔 주시겠습니까?

B Sure, no problem. 네, 그렇게 하지요.

A Thank you so much. 정말 감사합니다.

(번거롭게 해 드려 죄송하지만,) 저와 자리 좀 바꿔 주시겠습니까?

Would it be possible to trade seats with you?

I'm sorry to bother you, but would you consider changing seats with me?

제 일행과 앉고 싶습니다.

Is it possible to sit with my friends?

Can we sit together?

A **Is it possible to sit with my friends?** 제 친구와 함께 앉을 수 있을까요?

B Let me see if we have some empty seats. 빈 좌석이 있는지 확인해 보겠습니다.

다른 사람과 같이 여행하는데, 그 사람 옆에 앉고 싶습니다.

I'm traveling with someone, and I'd like to sit by him.

(미안합니다만,) 여기는 제 자리인데요.

I'm sorry, but I think this is my seat.

I think you're in my seat.

You're sitting in the wrong seat.

> **Example**
>
> A **Excuse me, I think this seat, 7A, is my seat.** 죄송합니다만, 이 자리 7A는 제 자리 같습니다.
>
> B 7A? Well, this is my seat. Could you check your ticket again? 7A요? 여기는 제 자리인데요. 표를 다시 확인해 보시겠어요?

미안합니다만, 자리를 다시 한 번 확인해 보시겠어요?

Excuse me, could you double-check your seat?

제 가방 좀 올려 주시겠어요?

Could you put my baggage on the rack?

Please put this bag on the shelf.

가방 올리는 걸 도와주세요.

Please help me with this luggage.

Could you help me put my stuff on the rack?

> **Example**
>
> A Excuse me, **could you help me with my luggage?** 실례합니다. 제 가방 올리는 걸 도와주세요.
>
> B Sure, no problem. 네, 그러죠.

맥주로 하겠습니다.

A beer, please.

I'd like a beer.

> **Example**
>
> A Hi, what can I get you? 안녕하세요? 뭘 드릴까요?
>
> B **A beer, please.** 맥주 부탁합니다.
>
> A Coming right up. 곧 준비해 드리겠습니다.

마실 것 좀 주시겠습니까?

Can I have something to drink?

물 주세요.

I'd like some water, please.

어떤 맥주가 있습니까?

What beers do you have?

기니스(맥주) 주세요.

A Guinness, please.

저는 치킨으로 주세요.

I will have chicken, please.

I will take the chicken dish.

Chicken, please.

Biz Tip

메뉴 책자에 나온 선택 사항을 보고 고르면 됩니다. 메뉴, 음료, 그리고 상영되는 영화에 관한 정보가 적혀 있습니다.

> Example
>
> A What would you like to have, sir? Beef or chicken? 무엇으로 하시겠습니까, 손님? 소고기와 닭고기 중에서 어떤 걸로 하시겠어요?
>
> B **Chicken, please.** 닭고기 주세요.

의자 좀 똑바로 세워 주시겠습니까?

Would you straighten up your seat completely?

Could you put your seat in the upright position?

Please put your seat up. Thanks.

Could you put your seat up a little bit?

> Example
>
> A Excuse me, sir. The meal is being served. **Could you put your seat in the upright position?** 죄송합니다만, 손님. 식사가 나오니 의자를 올려 주시겠습니까?
>
> B Oh, sure. 네, 그러지요.

헤드폰을 주시겠습니까?

Could I have a pair of headphones, please?

헤드폰을 새로 주시겠습니까? 제 것이 안 됩니다.

May I get a new pair of headphones? Mine are not working.

> Example
>
> A Did you need something, ma'am? 뭐가 필요하신가요?
>
> B **Can I get a new pair of headphones? Mine are not working.** 헤드폰을 새로 주시겠습니까? 제 것이 작동되지 않네요.
>
> A Sure, just a moment. 네, 잠깐만요.

실례합니다만, 제 헤드폰이 안 되네요.

Excuse me, but my headphones are not working.

추워서 그러는데, 담요 한 장 더 가져다 주실래요?

It's quite cold here. Can I get an extra blanket?

I'm cold. Do you have an extra blanket?

Would you get me an extra blanket? I feel cold here.

세관 신고서를 주시겠습니까?

Could you give me the customs declaration card?

Could you bring me the customs declaration card?

May I have the customs declaration card?

Do you have the customs declaration card?

Customs declaration card, please.

목적지 공항 도착

지금 막 게이트에 닿았습니다.

We just pulled up to the gate.

지금 막 게이트에 도착했습니다.

We've just arrived at the gate.

도착했습니다!

I'm here!

막 착륙했습니다.

We have just landed.

입국 심사

얼마 동안 (시카고에) 체류할 예정입니까?

How long do you plan to stay in Chicago?

How long are you scheduled to stay?

How long will your stay be?

How long will you be here?

How long are you planning to stay?

A **How long are you planning to stay in the States?** 미국에 얼마 동안 체류할 예정인가요?

B I'm here for four days. 4일간 있을 예정입니다.

일주일간 메리어트 호텔에 머물 예정입니다.

I'm staying for a week at the Marriot Hotel.

I'll be at the Marriot for seven days.

I'm planning to stay at the Marriot Hotel for one week.

A Where will you be staying? 어디에 머물 예정이십니까?

B **I'll be at the Marriot for seven days.** 7일간 메리어트에 머물 예정입니다.

2주 동안 머무를 예정입니다.

I will be here for two weeks.

2주입니다.

Two weeks.

제 예정 체류기간은 딱 2주입니다.

My intended stay is only two weeks. *intended stay 예정 체류기간

업무차 2주간 있을 것입니다.

I'll be here on business for two weeks.

A How long do you intend to stay here in the United States? 미국에는 얼마간 머무를 예정입니까?

B **I will be here for two weeks.** 2주간 머무를 것입니다.

A Enjoy your stay. 좋은 시간 보내세요.

방문 목적이 무엇입니까?

What's the purpose of your stay?

Is there a reason for your visit?

May I ask you for the purpose of your visit?

What brings you here?

A **What's the purpose of your visit?** 방문 목적이 무엇인가요?

B I'm here to attend a seminar. 세미나 참석차 왔습니다.

출장으로 왔습니다.

I'm here on business.

It's a business trip.

I'm here for work.

For business.

A **What's the purpose of your visit?** 방문 목적이 무엇입니까?

B I'm here on business. 사업차 왔습니다.

세관 검사

신고할 물품이 없습니다.

Nothing at all.

I have nothing to declare.

I have no goods to declare.

A Do you have anything to declare? 신고하실 물품이 있습니까?

B **I have no goods to declare.** 신고 물품 없습니다.

A Okay, thanks. 네, 감사합니다.

신고할 물품이 있습니다.

I have goods to declare.

I have some things to declare.

These are to be declared.

A Do you have anything to declare? 신고하실 물품이 있습니까?

B **Yes, I have some things to declare.** 네, 신고할 물품이 있습니다.

A What do you have? 무엇을 가지고 계시죠?

짐은 이게 다입니다.

This is all I have.

Example

A   Do you have anything else other than this bag?   이 가방 말고 더 짐이 없으세요?

B   No. **This is all I have.**   아뇨, 이게 다입니다.

부친 짐은 없습니다.

I didn't check in any baggage.

기내 가방이 전부입니다.

The carry-on is all I have.

**공항 빠져
나가기**

제 가방 하나가 없어졌습니다.

I need to report my lost luggage.
I'm missing one of my bags.

Example

A   **I'm missing one of my bags.**   제 가방 하나가 안 보입니다.

B   Oh, I'm sorry. What does the missing bag look like, sir?   유감이군요. 그 가방
모양이 어떤가요?

A   It is a medium-size brown suitcase with red trim.   중간 크기의 갈색에 빨간색 테
두리가 있는 여행가방입니다.

없어진 가방을 어디에 신고하나요?

Where do I report lost luggage?

환전을 해야 합니다.

I need to exchange some money.

환전은 어디에서 합니까?

Where can I exchange some money?

이곳이 환전할 수 있는 곳인가요?

Is this where I can change my money?

시내에 돈을 환전할 수 있는 곳들이 있나요?

Are there any places in the city where I can exchange
currency?

> **Example**
>
> A **Where can I exchange some money?** 어디에서 환전을 합니까?
>
> B Down this corridor, the first window on your left. 이 통로 아래로 내려가시면 왼쪽 첫 창구입니다.
>
> A Thanks. 감사합니다.

공항버스를 타려면 어디로 가야 하나요?

Where should I go to take the airport shuttle bus?

공항버스 정거장이 어디에 있죠?

Where is the airport shuttle stop?

공항버스는 어디서 타지요?

Where do I take the airport shuttle?

택시 기다리는 곳이 있나요?

Is there a place to wait for a taxi?

택시는 어디서 잡을 수 있나요?

Where can I grab a cab?

Where do I grab a taxi?

Where can I get a taxi?

> **Example**
>
> A Excuse me, **where can I grab a cab?** 실례합니다. 택시는 어디서 잡을 수 있나요?
>
> B Just go out exit 8, and you will find a taxi stand. 8번 출구로 나가시면 택시 승강장이 있습니다.

손님 맞이 및 배웅

공항에 저를 데리러 나와 주세요.

I will need someone to pick me up at the airport.

Can I arrange to be picked up from the airport?

오전 6시 10분에 도착하는데요. 누군가 데리러 나올 수 있으신가요?

I'll be arriving at 6:10 a.m. Can someone pick me up?

> **Example**
>
> A **I'll be arriving at 6:10 a.m. Can someone pick me up?** 오전 6시 10분에 도착하는데요. 누군가 데리러 나올 수 있으신가요?
>
> B Sure, we'll have someone there waiting for you. 네, 나가서 기다릴 사람을 보내겠습니다.

한국에 오신 것을 환영합니다.

Welcome to Korea.

We welcome you to Korea.

한국에 와 주셔서 기쁘군요.

It's a pleasure to have you here in Korea.

A Hi, are you John Doe from Chicago? 안녕하세요. 시카고에서 오신 존 도 씨입니까?

B Yes, are you Jessica Lim? 네, 제시카 임 씨인가요?

A Yes, I am. Mr. Doe, welcome to Korea. **It's a pleasure to have you here.** 네 그 렇습니다. 도 씨, 한국에 오신 것을 환영합니다. 와 주셔서 기쁘게 생각합니다.

비행은 편하셨나요?

How was the flight?

Was it a comfortable flight?

Did you have a good flight?

A **How was the flight?** 비행은 편하셨나요?

B Good. I was in first class. I can't complain. 네 일등석이었습니다. 불만이 있을 수 없죠.

배웅해 드리겠습니다.

I'll see you off.

I'll give you a send-off.

제가 공항까지 모셔다 드리지요.

I'll take you to the airport.

I would like to take you to the airport.

A **I'll take you to the airport.** 제가 공항까지 배웅하지요

B No, it's okay. I know my way to the airport. 아뇨, 괜찮아요. 공항까지 가는 길을 압 니다.

A No, I insist. It's no trouble at all. 진정입니다. 전혀 번거롭지 않아요.

배웅 나와 주셔서 고맙습니다.

I appreciate you coming.

Thank you for seeing me off.

I appreciate your good send-off.

Thank you for coming here with me.

Thank you for giving me a good send-off.

I thank you for coming here to see me off.

> **Example**
>
> A Okay, it's time to check in now. **Thank you for seeing me off.** 이제 체크인 할 시간 이군요. 전송 나와 주셔서 감사합니다.
>
> B Please keep in touch. 계속 연락 주세요.

한국[서울]에 꼭 다시 오세요.

I really hope to see you in Korea again.

I hope you'll return to Korea some time soon.

See you again in Seoul.

> **Example**
>
> A **I really hope to see you in Korea again.** 꼭 한국에 다시 오시기를 바랍니다.
>
> B I am sure I'll return some day. We will definitely be expanding our business here. 틀림없이 다시 올 거예요. 여기에서 우리 사업을 정말 확장하려고 합니다.

음, 이제 작별 인사를 드릴 때로군요.

Well, it's time to say goodbye now.

이제 탑승 수속을 밟아야 할 것 같아요.

I'd better check in now.

I'd better go and get ready.

> **Example**
>
> A What time does your flight take off? 몇 시에 비행기가 이륙하나요?
>
> B At noon. **I'd better go and get ready.** 정오예요. 이제 탑승 수속을 밟아야 할 것 같아요

예약 및
체크인

(방을) 예약하려고 합니다.

I'd like to make a reservation, please.

Could I book a room?

I'd like to reserve a room, please.

> **Example**
>
> A   **I'd like to make a reservation, please.**   예약하려고 합니다.
> B   Yes, just a moment.   네, 잠깐만 기다리세요.

금연실 부탁드려요.

I would prefer a non-smoking room.

Do you have any non-smoking rooms available?

Could you give me a non-smoking room?

I will require a non-smoking room, is that okay?

> **Example**
>
> A   **Could you give me a non-smoking room?**   금연실로 주실 수 있습니까?
> B   Yes, we can, sir.   네, 해 드릴 수 있어요, 손님.

3일간 머무를 예정입니다.

I'll be here for three days.

I'll be staying for three days.

I'm planning to stay for three days.

For three days, please.

> **Example**
>
> A   How long is your visit?   얼마나 있다 가십니까?
> B   **I'll be here for three days.**   3일간 머무를 예정입니다.

싱글룸을 예약했습니다.

I've booked a single room.

제 이름으로 예약이 되어 있습니다.

I have a reservation under my name.

I have already made a reservation under my name.

A	Hi, **I have a reservation under my name.** 안녕하세요. 제 이름으로 예약이 되어 있습니다.
B	What is your name, sir? 네, 성함이 어떻게 되시죠?
A	Sungmin Kim. It's spelled S-U-N-G-M-I-N and K-I-M. 김성민입니다. 철자는 S-U-N-G-M-I-N 그리고 K-I-M입니다.

조장수라는 이름으로 예약이 되어 있습니다.

Yes, I have a reservation for Jang Soo Cho.

OK, I'll check for a reservation in the name of Jang Soo Cho.

조장수입니다. 체크인하겠습니다.

I'm Jang Soo Cho. I'd like to check in, please.

(오늘 밤) 빈방 있습니까?

Do you have any rooms available?

Do you have any vacancies tonight?

*vacancy 빈방, 빈 자리

A	**Do you have any vacancies tonight?** 오늘 밤 빈방 있습니까?
B	No, I'm sorry, we're all booked. 아니요. 죄송합니다만, 다 예약되어 있습니다.
A	Okay, thanks anyway. 알겠습니다. 감사합니다.

오늘 밤 방 2개를 구하고 있습니다.

We're looking for two rooms for the night.

주변의 다른 호텔을 추천해 주시겠습니까?

Can you recommend another hotel in the area?

A	I'm sorry, we are fully booked tonight. 죄송합니다만, 오늘 밤 다 예약되어 있습니다.
B	**Can you recommend another hotel in the area?** 이 근처에 다른 호텔을 추천해 주시겠습니까?
A	Sure, our sister hotel is located just down the block. Let me call them for you. 네, 저희 자매 호텔이 바로 한 구역 아래 있습니다. 전화를 해 드리지요.

근처에 빈방이 있을 법한 다른 호텔을 아시나요?

Do you know of other hotels in the area that might have vacancies?

인근의 다른 호텔에 전화 좀 해 주시겠습니까?

Could you call another hotel in the area for me?

어디를 추천해 주시겠습니까?

Where would you recommend we go?

서비스 문의

호텔까지 셔틀 서비스가 있습니까?

Will there be a shuttle bus to the hotel?

공항 오가는 셔틀 서비스가 있나요?

Do you offer shuttle service to and from the airport?

공항에서 셔틀을 탈 수 있나요?

Can a shuttle bus pick me up from the airport?

공항에서 호텔까지 교통편을 이용할 수 있을까요?

Is it possible for me to get a lift from the airport to the hotel?

A **Is it possible for me to get a lift from the airport to the hotel?** 공항에서 호텔까지 교통편을 이용할 수 있을까요?

B Absolutely, ma'am. We have an airport shuttle that leaves every 15 minutes from outside the baggage claim exit. 물론이지요 손님. 수화물 찾는 곳 밖에서 15분마다 떠나는 공항버스가 있어요.

302호에 룸서비스 부탁합니다.

I'd like to order room service for room 302.

Biz Tip

3자리수 방 번호는 three-oh-two 혹은 three-twenty-two로 말합니다.

제 방으로 룸서비스를 받을 수 있을까요?

Could I get room service delivered to my suite?

A Hello, front desk. Can I help you? 안녕하세요, 프런트 데스크입니다. 무엇을 도와 드릴까요?

B **Could I get room service delivered to my suite?** 제 방으로 룸서비스를 받을 수 있을까요?

A Sure, what would you like? 물론이죠. 어떤 메뉴를 원하세요?

(이 호텔에서) 룸서비스 해 주시나요?

Do you offer room service?

Does this hotel provide room service?

2201호에 세탁 서비스를 이용하려고 합니다.

I'd like to request laundry service for room 2201.

Biz Tip

4자리 방 번호는 twenty-two-oh-one으로 말하거나 2211호 같은 경우는 twenty-two-eleven이라고 말합니다.

세탁이 필요한 옷이 있습니다.

I have some clothes that need laundering.

A	Hello, front desk. Can I help you? 안녕하세요. 프런트 데스크입니다. 무엇을 도와 드릴까요?
B	**I have some clothes that need laundering.** 세탁이 필요한 옷이 있어서요.
A	Okay, I will have someone come get them. 네, 수거해 가도록 하겠습니다.

Example

세탁 서비스 하시나요?

Do you offer laundry service?
Does this hotel provide laundry service?

제 옷을 세탁해 주세요.

I need to have my clothes laundered, please.

이 바지를 세탁실에 보내 주세요.

Please send these trousers to the cleaner's.

＊cleaner's (호텔의) 세탁소

A	**Please send these trousers to the cleaner's.** 이 바지를 세탁실에 보내 주세요.
B	Anything else other than these trousers? 바지 외에 다른 건 없으세요?

Example

이 셔츠를 다림질해 주시겠습니까?

Can you please iron this shirt?
Please have this shirt ironed.
I need this shirt ironed.

A	**I need this shirt ironed.** 이 셔츠를 다림질해야 해요.
B	Sure. We'll have it ready for you in an hour. 물론이지요. 한 시간 내에 다림질해 드리죠.

Example

415호에 (오전 6시30분) 모닝콜 부탁합니다.

I'd like a wake-up call for room 415.

I need a wake-up call at 6:30 a.m., please.

Can I get a wake-up call in room 415, please?

A Hello, front desk. Can I help you? 안녕하세요. 프런트 데스크입니다. 어떻게 도와 드릴까요?

B **Can I get a wake-up call in room 415, please?** 415호에 모닝콜을 받을 수 있을까요?

A Sure, for what time? 물론이죠. 몇 시가 좋으세요?

제 동료에게 메시지를 남길 수 있을까요?

I'd like to leave a message for one of my colleagues.

Would it be possible for you to give a message to a colleague of mine?

이 호텔에 묵는 제 동료에게 이 메시지를 전해 주시겠어요?

Can you pass this memo to my colleague who is staying at this hotel?

메시지를 전달해 주시겠어요?

Can you pass along a message for me?

A Hello, what can I do for you? 안녕하세요. 무엇을 도와 드릴까요?

B **Can you pass along a message for me?** 메시지를 전달해 주시겠어요?

A Sure, no problem. Who did you want to leave a message for? 물론이죠. 문제없습니다. 누구에게 메시지를 전달해 드리면 될까요?

저에게 메시지 온 거 없습니까?

Did you receive any messages for me?

저에게 여기로 메시지 오기로 되어 있는데요.

There should be a message for me here.

상사로부터 중요한 소포를 기다리고 있습니다.

I'm expecting an important package from my boss.

A **I'm expecting an important package from my boss.** He said he would leave it here at the front desk. 상사로부터 중요한 소포를 기다리고 있습니다. 여기 프런트 데스크에 맡겨 놓는다고 하셨습니다.

B Ah, yes, he came by an hour ago. Here you are, ma'am. 네, 약 한 시간 전에 오셨어요. 여기 있습니다, 손님.

프런트 데스크에 누군가 저에게 메시지 남기지 않았나요?

Has someone left a message for me here at the front desk?

(이 번호로) 팩스를 보낼 수 있을까요?

Can I fax this to this number?
I need to send a fax.

팩스 서비스를 제공하시나요?

Do you offer fax services?

팩스를 보낼 방법이 있나요?

Is there any way I can send a fax?

Example

A **Is there any way I can send a fax?** 팩스를 보낼 방법이 있나요?

B Sure. Our business center is on the second floor. 네, 저희 비즈니스 센터가 2층에 있습니다.

A Thank you. 감사합니다.

귀중품을 보관할 곳이 있나요?

Is there a place where I can deposit my valuables?

＊valuables 귀중품

방에 금고가 있나요?

Is there a safe in the room?

Example

A **Is there a safe in the room?** 방에 금고가 있나요?

B We have security boxes at the front. 프런트에 보관함이 있습니다.

숙박객이 이용할 수 있는 귀중품 보관함이 있나요?

Do you have safety deposit boxes available for guests?

＊safety deposit box 귀중품 보관함

**불편 사항
전달**

(302호) 시설에 문제가 있습니다.

I need to report a maintenance issue in room 302, please.
There is a maintenance issue here.
There are some maintenance issues here.
I'd like to report a maintenance issue here at room 302.

A Front desk. May I help you?   프런트 데스크입니다. 어떻게 도와 드릴까요?

B **I need to report a maintenance issue in room 302, please.**   302호 시설에 생긴 문제를 알리려고요.

여기 문제가 있는 것 같습니다. 가능한 빨리 누구 좀 보내 주시겠어요?

There seem to be some problems here. Can you send someone as soon as possible?

(302호) 세면대에서 물이 샙니다.

I have a leaky sink in room 302.

There is a leakage problem.

My sink is leaking.

A Hello, front desk. Can I help you?   안녕하세요. 프런트 데스크입니다. 무엇을 도와 드릴까요?

B **My bathroom sink is leaking. Can you send someone as soon as possible?**   욕실 세면대에서 물이 샙니다. 누구 좀 최대한 빨리 보내 주시겠습니까?

A Absolutely, sir. I'll send someone up.   물론이죠, 손님. 사람을 올려 보내겠습니다.

욕실 세면대가 막혔어요.[물이 안 내려가요.]

The bathroom sink is clogged up.   *clog 막히다, 막히게 하다

I have a clogged bathroom sink.

A **The bathroom sink is all clogged up.**   욕실 세면대가 막혔네요.

B I'm sorry. We will send someone up immediately.   죄송합니다. 바로 사람을 올려 보내겠습니다.

불이 들어 오지 않습니다.

The light is not working.

A Front desk. How may I help you?   프런트 데스크입니다. 무엇을 도와 드릴까요?

B **Well, the light is not working.**   그게, 불이 안 들어와요.

A I'm sorry. We will send someone right up.   죄송합니다. 바로 사람을 올려 보내겠습니다.

전구가 없어요.

The light bulb is missing.

뜨거운 물이 안 나와요.

The hot water isn't running.

We're not getting any hot water.

No hot water here.

A **The hot water isn't running here.** 뜨거운 물이 나오지 않아요.

B Did you turn on the heater? You need to turn on the heater first to warm up the water. 히터를 켜셨나요? 물을 데우려면 히터를 먼저 켜셔야 합니다.

이 방이 너무 춥습니다[덥습니다].

This room is too cold[boiling hot].

It's too cold[hot] in here.

히터[에어컨] 작동이 안 되는 듯합니다.

The heater[air conditioner] doesn't seem to be working here.

A **The heater doesn't seem to be working here.** 히터 작동이 안 되는 듯합니다.

B Could you turn it off and then turn it on again? 껐다가 다시 켜 보시겠습니까?

A Yes, I did that. But it's not working. 네, 해 보았는데. 작동이 되지 않아요.

(열쇠를 안에 두고 나왔는데) 문이 안에서 잠겼어요.

I'm locked out.

I left my keys inside, and the door is locked.

A **I'm locked out.** 문이 잠겼어요.

B Which room are you staying in? 몇 호실에 계신가요?

체크아웃 및 정산

105호 체크아웃 부탁합니다.

Checking out, room 105, please.

전자 체크아웃 서비스가 있나요?

Do you offer an electronic check-out service?

내일 아침 일찍 떠나는데 오늘 밤 체크아웃할 수 있나요?

I will be leaving very early tomorrow morning. Can I check out tonight?

신용카드로 결제하겠습니다.

Can I pay by credit card, please?

I'd like to pay via credit card.

Here's my card.

다른 카드로 반을 지불해도 될까요?

Can I pay for half with a separate credit card, please?

비용을 나눠서 결제 부탁합니다.

I'd like to split the bill, if possible.

비용을 나눠서 카드 2개로 따로따로 내도 될까요?

Can you split the bill and charge it to two separate cards?

공항행 셔틀버스를 탈 수 있나요?

Can I take a shuttle bus to the airport?

May I get a lift to the airport?

공항행 셔틀이 언제 출발하죠?

When does the shuttle leave for the airport?

팁을 받으세요?

Do you accept tips?

Should I leave a tip?

Is tipping appropriate in this situation?

Biz Tip

미국에서는 대부분의 서비스에 팁을 주게 되어 있습니다. 유럽이나 기타 영미권 문화에서는 상황에 따라 부적절할 수 있으니 잘 모르는 경우에는 물어보도록 하세요.

Example

A Excuse me, **do you accept tips?** 실례지만, 팁을 받으시나요?

B We sure do, ma'am. Thank you for your consideration. 물론이죠, 부인. 신경써 주셔서 감사합니다.

Chapter 5

식당

🎧 10-5.mp3

식당 추천

좋은 레스토랑을 추천해 주시겠어요?

Can you recommend a nice restaurant?

Can you recommend any good places to eat?

이 근처에 조용하고 괜찮은 식당을 추천해 주시겠어요?

Could you recommend a good, quiet restaurant around this area?

> **Example**
>
> A **Could you recommend a good, quiet restaurant around this area?**
> 이 근처에 조용하고 괜찮은 식당을 추천해 주시겠어요?
>
> B Yes, the Falls is right down the street. I'll call them and make you a reservation. 네, 바로 길 아래에 폴스가 있어요. 전화를 걸어 예약을 해 드리지요.

정말 좋은 이태리 레스토랑을 찾고 있어요.

We're looking for a really good Italian restaurant.

여기서 멀지 않은 좋은 이태리 레스토랑이 있나요?

Are there any good Italian restaurants not too far from here?

괜찮은 이태리 식당을 아시나요?

Do you know any good Italian restaurants?

> **Example**
>
> A **Do you know any good Italian restaurants?** 괜찮은 이태리 식당을 아시나요?
>
> B Yes, Domingo serves great pasta. 네, 도밍고의 파스타 요리가 좋아요.

여기가 음식을 잘해요.

They serve great food here.

The food is excellent here.

The dishes are very tasty here.

This restaurant makes great dishes.

This restaurant is really good.

A Do you know any good restaurants? 괜찮은 식당을 아시나요?

B Let me show you the list of good restaurants in New York. What about Autumn in New York? **The food is excellent there.** 뉴욕의 괜찮은 식당 목록을 보여 드리죠. 오텀인뉴욕 어떠세요? 여기가 음식을 잘해요.

예약 · 취소 · 자리 확인

5 | 식당

저녁 식사를 하려면 예약해야 되나요?

Do I need to make a reservation for dinner?

Should I make a reservation for dinner?

Is a reservation necessary for dinner?

A **Do I need to make a reservation for dinner?** 저녁 식사를 하려면 예약해야 되나요?

B You should. They are always packed. 그게 좋겠네요. 거긴 항상 붐비거든요.

세 명 테이블을 예약해야 되나요?

Do we need to reserve a table for three?

오늘 저녁 (자리) 예약 가능한가요?

Can I make a reservation for tonight?

I would like to reserve a table for tonight, please.

Can I have a table for tonight?

Is it possible to book a table for tonight?

A **Can I make a reservation for tonight?** 오늘 저녁 예약 가능한가요?

B Sure. What time would you like? 물론이지요. 몇 시가 좋으세요?

A For 6 p.m. 오후 6시로 부탁합니다.

B How many are in your party? 일행이 몇 분이신가요?

A Six people. 6명입니다.

오늘 저녁 7시로 세 명 예약해 주세요.

I would like to make a reservation for three for seven o'clock tonight.

Can I have a table for three at 7:00 p.m. tonight?

Could you book me a table for three at 7:00 p.m. tonight?

A **I would like to make a reservation for three for seven o'clock tonight.** 오늘 저녁 7시 로 세 명 예약하고 싶은데요.

B Sure. Can I have your name? 그러죠. 성함이 어떻게 되시죠?

예약을 취소하고 싶습니다.

I would like to cancel my reservation, please.

(죄송하지만, 오늘 저녁) 예약을 취소해야겠어요.

I have to cancel my reservation.

Sorry, but I need to cancel a reservation for tonight.

A **I'm sorry, but I need to cancel a reservation for tonight.** 미안한데요, 오늘 저녁 예약을 취소해야겠어요.

B All right. What name is it under? 그렇게 해 드리지요. 어느 분 성함으로 예약하셨죠?

A It's under Chulsoo Kim at 6:00 p.m. 오후 6시에 김철수 앞으로 되어 있어요.

7시에 예약되어 있습니다.

I have a reservation at 7:00 p.m.

I've made a reservation for 7:00 p.m.

I booked a table for seven o'clock.

A Hi, **I have a reservation at 7:00.** My name is Steve Lee. 안녕하세요. 7시로 예약되어 있습니다. 제 이름은 스티브 리입니다.

B Let me check. Oh, here it is. It's for seven o'clock, right? 확인해 보죠. 여기 있군요. 7시 예약하신 거 맞죠?

A Yeah. That's right. Three more people are coming. 네, 그렇습니다. 세 명이 더 올 겁니다.

어제 전화로 예약했는데요.

I made a reservation by phone yesterday.

I called yesterday to make a reservation.

I booked a table on the phone yesterday.

A Hi, I have a reservation at 7:00. My name is John Smith. 안녕하세요. 7시로 예약되어 있습니다. 제 이름은 존 스미스입니다.

B Let me check. I'm sorry, but I don't see that name here. When did you make the reservation? 확인해 보죠. 죄송합니다만, 이름이 안 보이네요. 언제 예약하셨죠?

A **I made the reservation by phone yesterday.** 어제 전화로 예약했는데요.

얼마나 기다려야 하나요?

How long do I have to wait?

How long will it be?

How long is the wait?

How long will the wait be?

Example

A I'm sorry, but all our tables are taken at the moment. We will soon have a table ready for you. 죄송합니다. 지금은 모든 자리가 차서요. 곧 테이블을 준비해 드리도록 할게요.

B **How long will it be?** 얼마나 기다려야 할까요?

A It won't take long. Five to ten minutes. 금방 될 겁니다. 5분에서 10분이요.

언제쯤 자리가 날까요?

When can we get a table?

대기 명단에 제 이름을 올려 주세요.

Put my name down on the waiting list, please.

Could you put me on the waiting list?

I'd like to be on the waiting list, then.

Example

A The wait is about 20 to 30 minutes. Would you like me to put your name down? 20~30분 정도 기다리셔야 해요. 대기에 넣어 드릴까요?

B Yes, please. **I'd like to be on the waiting list.** 네, 대기자 명단에 이름을 올려 주세요.

창가 쪽 테이블을 부탁합니다.

Could we have a table by the window?

I'd like a table by the window, please.

Do you have any tables by the window?

Example

A Please come this way. 이쪽으로 오세요.

B **Could we have a table by the window,** if possible? 가능하다면 창가 쪽 테이블에 앉을 수 있을까요?

전망 좋은 자리 있나요?

Is there a table with a view?

금연석을 부탁합니다.

Non-smoking, please.

I prefer non-smoking.

I want a table in the non-smoking section.

Example

A Smoking or non-smoking? 흡연석입니까, 금연석입니까?

B **Non-smoking, please.** No smokers in our party. 금연석으로 부탁합니다. 일행 중 담배 피우는 사람이 없어요.

15명이 앉을 만한 큰 테이블이 있을까요?

Is there a table big enough for 15 people?

Do you have a table big enough to fit 15 people?

15명을 위한 자리가 있나요?

Do you have seating for 15?

우리 모두 한 테이블에 앉을 수 있을까요? 모두 15명입니다.

Can all of us be seated at one table? We have 15 people all together.

Can all of us be seated at one table? We are a party of 15.

다른 테이블로 옮길 수 있을까요?

Can we have a different table?

Is it possible for us to move to another table? ❻

저쪽 테이블로 옮길 수 있을까요?

Could we move to that table over there?

저쪽에 앉고 싶어요.

I'd rather sit over there.

2명[일행]이 더 올 겁니다.

I'm expecting two more people.

I'm expecting company.

Two more people will be coming shortly.

There will be two more people.

Two more people are coming.

Biz Tip

나중에 주문하겠다는 의미로 이렇게 말할 수도 있습니다.

Example

A Would you like to order now? 지금 주문하시겠습니까?

B **Two more people will be coming shortly.** 곧 두 명이 더 올 겁니다.

A I will escort them to your table when they get here then. 그럼 그분들이 도 착하시면 테이블로 안내해 드리지요.

주문

메뉴 좀 볼 수 있을까요?

Could I have a menu now?

Can you bring us the menu?

Let me have the menu, please.

Can we have the menu, please?

Example

A **Could I have a menu now?** 메뉴 좀 볼 수 있을까요?

B Here you go. Please take your time and let me know when you are ready to order. 여기 있습니다. 천천히 보시고 주문 준비되면 불러 주세요.

잠깐 메뉴를 봐도 될까요?

Could I have a minute to go over the menu?

Biz Tip

아직 뭘 주문할지 결정하지 않아 좀 더 메뉴를 보겠다는 의미로도 통합니다.

오늘의 특별 요리는 뭔가요?

What's today's special?

What's the special today?

What's on special today?

Anything on special today? ❶

Example

A **What's today's special?** 오늘의 특별 요리는 뭔가요?

B We have a combination plate. You can choose three of these dishes here. 모듬 요리가 있습니다. 여기서 세 가지 요리를 선택하실 수 있습니다.

주방장 추천 메뉴는 뭐죠?

What's the chef's recommendation?

여기는 뭘 잘하나요?

What's good here?

What's your specialty?   *specialty 전문, 특산품

What's your most popular dish?

What's the signature dish here?

＊signature dish 대표 음식

A **What's good here?** 여긴 뭘 잘하나요?

B We are famous for Japanese noodles. 우리는 일본식 국수로 유명합니다.

A Okay. I will have them. 좋아요. 그걸로 주세요.

무슨 메뉴를 추천하시겠어요?

What would you recommend?

아직 결정 못했어요.

I haven't decided yet.

I'm not ready to order.

I haven't figured out what I want yet.

시간을 좀 더 주세요.

We need a few more minutes.

Would you please give us a few more minutes? **F**

A What would you like to order? 무엇을 드시겠어요?

B **We need a few more minutes.** 시간을 좀 더 주세요.

결정하면 부르겠습니다[알려 드리겠습니다].

We'll call you when we're ready.

Can we call you when we're done deciding? **G**

Why don't we call you when we're ready?

I will let you know when I'm ready.

We'll let you know when we make up our minds.

＊make up one's mind 결심하다, 결정하다

A We are not ready to order yet. **Why don't we call you when we're ready?** 아직 주문할 준비가 안 되었어요. 준비되면 부를게요.

B No problem. Just give me a holler when you're ready. 문제없습니다. 결정되는 대로 불러만 주세요. ＊holler 큰 소리, 고함

주문 좀 받아 주세요.

Can we order now?

Could you please take our order?

I'd like to order now, please.

We're ready. **I**

Can you take our order?

Example

A　Excuse me, **can we order now?**　여기요, 주문 좀 받아 주세요.

B　Sure.　네.

저는 토마토 스파게티로 할게요.

I'll have the tomato spaghetti.

I have decided on the tomato spaghetti.

I'll go for the tomato spaghetti.

Example

A　Are you ready to order?　주문하시겠습니까?

B　Yes, **I'll have the tomato spaghetti.**　네, 저는 토마토 스파게티로 할게요.

이것으로 할게요.

I'll try this. ❶

Biz Tip

메뉴명을 읽기 곤란하다면 손으로 메뉴를 지시하면서 주문하세요.

안심 스테이크 주세요. (약간 덜 익혀 주세요.)

I'll take the filet mignon.

I'd like the filet mignon. Medium rare, please.

Can I have the filet mignon?

Example

A　Are you ready to order?　주문하시겠습니까?

B　I'm ready. **I'd like the filet mignon. Medium rare, please.**　네, 준비됐어요. 안심 스테이크 주세요. 약간 덜 익혀 주세요.

고기는 완전히 익혀 주세요.

Well-done, please.

Can I have it well-done?

I want it completely cooked. ❶

I'd like my steak well-done, please.

＊well-done 완전히 익힌　*cf.* medium well-done 중간보다 더 익힌 | medium 중간 정도로 익힌
| medium rare 중간보다 덜 익힌 | rare 안 익

Example

A　**Can I have my steak well-done?**　스테이크를 완전히 익혀 주시겠어요?

B　Certainly.　네, 그렇게 해 드리지요.

바짝 구워 주세요.

To a crisp, please. ❶

Biz Tip

주로 베이컨류나 닭 요리 등을 겉이 바삭바삭할 정도로 굽는 것을 의미합니다. 비싼 안심 스테이크를 주문할 때 이런 요청을 하면 조금 의아하게 생각할 수도 있습니다.

주문을 바꿀 수 있을까요? (아님 너무 늦었나요?)

Could I change my order?

Could I change my order? Or is it too late?

주방에 확인해 보죠. 하지만 늦은 듯합니다.

I'll check with the kitchen. But I think it's too late.

메뉴를 다시 볼 수 있을까요?

Could we see the menu again?

Example
A Is everything all right here? 뭐 더 필요한 건 없으세요?
B Very good. **But could we see the menu again?** We'd like to order some more food. 좋습니다. 그런데 메뉴를 다시 볼 수 있을까요? 음식을 좀 더 주문하고 싶은데요.

(하우스) 와인 한 잔 주세요.

A glass of wine, please.

Can I get a glass of wine?

I'd like a glass of your house red, please. ❻

Example
A What are you having tonight, sir? 뭘 드릴까요, 손님?
B **Can I get a glass of wine?** 와인 한 잔 주세요.
A Sure, let me show you our list. 그러죠. 와인 리스트를 보여 드리겠습니다.

와인 메뉴 보여 주세요.

Can I see your wine list?

Do you have a wine list?

Can I have the wine menu?

May I see your wine list, please? ❻

What kind of wine do you have[carry]?

Example
A **Do you have a wine list?** 와인 메뉴 있나요?
B Yes, we have a variety of fine wines. One moment, please. 네, 훌륭한 와인이 다양하게 준비되어 있습니다. 잠시만 기다려 주세요.

먼저 (식사 전에) 와인부터 주세요.

Could we start off with the wine first?

We'd like to start off with the wine first.

We'd like to have a bottle of wine to begin our meal.

We'd like to get the wine before the meal, please.

> Example
>
> A Would you like the wine now? 지금 와인을 가져다 드릴까요?
>
> B Sure, **we'd like to start off with the wine first.** 네, 먼저 와인부터 주세요.

맥주 주세요.

I'll have a beer.

I'd like a beer, thanks.

Can I have a beer, please?

A glass[bottle, pint] of beer, please.

I'll have draft beer, if you have any.

*draft beer 생맥주 *cf.* a pint of draft beer 생맥주 한 잔

> Example
>
> A **I'll have a beer, please.** 맥주 주세요.
>
> B Would you like what we have on tap? 생맥주로 드릴까요?
>
> A Sure. 네. *tap: 생맥주는 꼭지(tap)를 눌러 따르기 때문에 이렇게 표현

위스키 한 잔 주세요.

Can I have some whisky?

I'll have some whisky, thanks.

A shot of whisky for me. ❶

I'll get a glass of whisky on the rocks.

*shot: 물이나 얼음을 섞지 않고 작은 잔에 나오는 스트레이트 | on the rocks 위스키를 얼음 조각 위에 부어서

> Example
>
> A I'll have beer. An Asahi, please. You? 전 아사히 맥주로 할게요. 당신은요?
>
> B **A shot of whisky for me.** 난 위스키 한 잔요.

얼음을 넣어 주세요.

On the rocks, please.

I'd like it on the rocks.

Make that on the rocks.

Can I get some ice with that?

Example

A Would you like it straight? 스트레이트로 드릴까요?

B No, **make it on the rocks.** 아니요, 얼음을 넣어 주세요.

커피 주세요.

Coffee will do.

Just coffee, please.

I'll have coffee, please.

May I have a cup of coffee? **⑤**

Example

A What would you like to drink? 음료는 뭘로 하시겠어요?

B **Coffee will do.** 커피로 하지요.

커피 두 잔 주세요.

Coffee for two.

후식은 치즈 케이크 주세요.

I'll have cheesecake for dessert.

May I have cheesecake for dessert? **⑥**

Can I have cheesecake for dessert?

Example

A What would you like for dessert? 후식은 뭘로 하시겠습니까?

B **I'll have cheesecake for dessert.** 후식은 치즈 케이크 주세요.

**불만사항
전달**

이건 제가 시킨 게 아닌데요.

Excuse me, but this isn't what I ordered.

This isn't what I ordered.

This is not what I asked for.

Wrong order. **⑦**

Biz Tip

얼굴 표정이 화난 것 같으면 조금 무례하게 들릴 수도 있습니다.

Example

A **Excuse me, but this isn't what I ordered.** 실례합니다만, 이건 제가 주문한 게 아니에요.

B I'm sorry, sir. Let me take care of that for you. 죄송합니다. 다시 준비해 드리겠습니다.

저는 중간보다 더 익힌 스테이크를 주문했는데, 이건 덜 익은 것 같군요.

I ordered my steak medium well and this looks undercooked.

주문에 문제가 있군요.

I have a problem with my order.

맛이 이상해요.

This tastes funny.

> **Example**
>
> A How's your meal? 식사는 어떠세요?
>
> B Well, **this salad tastes funny.** Can you take it back and bring me another one? 음, 이 샐러드 맛이 이상해요. 가져가시고 다른 걸로 가져다 주실래요?

상했어요.

It's gone bad.

신선하지 않아요.

It's not fresh.

시큼해요[부패했어요].

It's sour[rotten].   *sour 시큼한, 신맛이 나는 | rotten 썩은, 부패한

식었는데 (다시) 데워 주세요.

This is cold. Could you please heat it up a bit?
Could you warm this up a bit?
Would you please reheat this for us? ❻

> **Example**
>
> A This is cold. **Could you please heat it up a bit?** 식었는데 이것 좀 데워 주실래요?
>
> B Sure, let me take this for you. 물론이죠. 이거 가져가겠습니다.

저희 주문 좀 확인해 주시겠어요?

Could you check on our order?

> **Example**
>
> A **Could you check on our order?** We've been waiting for more than half an hour. 저희 주문 좀 확인해 주시겠어요? 기다린 지 30분이 넘었어요.
>
> B I'm sorry. There must be a problem, sir. 죄송합니다. 조금 문제가 있었나 봅니다. 손님.

음식이 언제 준비되는지 알려 주시겠어요?

Could you tell me when the food will be ready?

실례합니다. 저희 주문이 아직 안 나왔어요.

Excuse me. My order hasn't come out yet.

왜 이렇게 오래 걸리는 거죠?

Why is it taking so long? ❶

Biz Tip

너무 지연되어 불만이라면 이렇게 전하는 것도 좋습니다.

음식에 머리카락이 있어요.

There is a piece of hair in my food.

I see a strand of hair in my food.

Example

A   Excuse me! **There's a piece of hair in my food!**   이거 보세요! 음식에 머리카락이 들어 있어요!

B   I'm so sorry, sir. We will get you another one. It's on the house.   손님. 죄송합니다. 다른 걸로 다시 가져다 드리죠. 저희 서비스로 드리지요.

여기에서 이것을 발견했어요.

I found this here.

Biz Tip

정체 모를 무엇이라면 직접 웨이터에게 보여 주면서 말하세요.

기타 서비스

물 좀 (더) 주세요.

Can I get some more water?

I want some more water. ❶

I'd like some water, please.

Could you get me some water?

Can I please have another glass of water?

Example

A   Can I get you something else?   뭐 더 필요하신 것 있으세요?

B   **I'd like some water, please.**   물 좀 주세요.

음료수[물, 커피] 리필 부탁합니다.

Could I have another drink? ❺

May I have more water? ❺

More coffee, please. ❶

Can I get a refill?

A	**Are you enjoying your meal? Do you need anything else?** 식사는 맛있게 하고 계십니까? 다른 것 더 필요하세요?
B	Yes, **could I have more coffee?** 네, 커피 좀 더 주시겠어요?

그릇 좀 치워 주세요.

Could you clear the table?

Please take these plates away.

Can you take these away?

Could you take these away?

I think we are done here.

Biz Tip

식사가 끝났다는 의미를 나타내거나 혹은 코스 요리의 경우 다음 요리 전 그릇을 치워 달라는 의미로도 사용할 수 있습니다.

A	**Are you all done with your meal? Would you like some dessert?** 식사는 다 하셨어요? 디저트 드릴까요?
B	Yes, but before that **can you take these plates away?** 네, 그런데 그 전에 이 그릇 좀 치워 주시겠어요?

화장실이 어디 있나요?

Where is the men's[ladies'] room?

Where can I find the restroom?

Can you tell me where the washroom is?

Where can I wash my hands?

Biz Tip

'화장실'이라는 단어를 직접 언급하기보다는 어디서 손을 씻어야 하는지 간접적으로 돌려 묻는 경우가 많습니다.

A	Excuse me, **where can I wash my hands?** 실례지만 손은 어디서 씻지요?
B	The ladies' room is next to the counter. 여자 화장실은 카운터 옆입니다.

여기 냅킨 좀 (더) 주세요.

Can you bring me some napkins?

Can I have some napkins?

Do you have any napkins?

More napkins here. ❶

A Excuse me. **Do you have any napkins?** 실례합니다. 냅킨 좀 주세요.

B Sure. I will bring you some. 네, 가져다 드리지요.

남은 음식 좀 싸 주시겠어요?

Can I have this wrapped up?

Can you please wrap it up?

Could you please wrap up the leftovers?

Can you pack the leftovers, please?

Could I have[get] a doggy bag?

Biz Tip

실제로 남은 음식을 강아지용으로 싸 갈 때 뿐 아니라 음식을 싸 가지고 가겠다는 의미로도 사용합니다.

A **Can I have this wrapped up?** 이것 좀 싸 주시겠어요?

B **No problem.** 네 그러세요.

계산

계산서 좀 가져다 주세요.

Can you bring me the bill, please?

I'd like to get the tab.

Check, please! ❶

식사가 끝난 것 같으니 계산서 주세요.

I think we're all finished here. Just the check, please.

A Do you need anything else tonight? 뭐 더 필요한 거 있으세요?

B **I think we're all finished here. Just the check, please.** 식사가 끝난 것 같으니 계산서 주세요.

따로 계산해 주세요.

Separate bills, please.

Biz Tip

먹은 만큼 각자 부담하는 자리에서는 이렇게 따로 영수증을 요구하는 경우가 많습니다.

같이 계산해 주세요.

All on one check, please.

All together.

전부 얼마입니까?

What's the total?

How much is it altogether?

How much is it?

Example
A **How much is it?** 얼마 나왔나요?
B It's $45. 45달러입니다.

피해 금액은요?

What's the damage? ❶

Biz Tip

농담처럼 계산할 비용을 damage라고 할 수도 있습니다.

제가 살게요.

My treat.

This one's on me!

I'll get it[the bill]. I insist!

Can you give the bill to me, please?

I will pick up the tab.

I got it.

Example
A I'll leave the check on the table, sir. 계산서는 테이블 위에 놓겠습니다.
B **I'll get it. I insist!** 이건 제가 사지요!

이건 식당에서 드리는 겁니다.

It's on the house.

Biz Tip

식당에서 공짜로 서비스를 할 때 쓰는 표현입니다.

영수증[주차권]을 받을 수 있을까요?

May I get a receipt[parking slip], please?

Can I have a receipt[parking slip]?

I'm going to need a receipt[parking slip].　　*parking slip 주차권

Example
A I'll be right back with your change, sir. 거스름돈을 가져다 드리겠습니다. 손님.
B **May I get a receipt, please?** 영수증도 부탁 드리겠습니다.
A Certainly, sir. 물론이지요.

Chapter 6

길 찾기 및 교통수단

 10-6.mp3

길 찾기

맨체스터의 지도 있으세요?

Do you have a map of Manchester available?

이 지역의 지도를 어디서 구할 수 있을까요?

Where can I find a map of the area?

> **Example**
>
> A Hi, can I help you? 안녕하세요. 도와 드릴까요?
>
> B **Where can I find a map of the area?** 이 지역의 지도를 어디서 구할 수 있을까요?
>
> A The maps are right over here, ma'am. 지도는 이쪽에 있습니다. 부인.

지도가 필요한데 어디서 구할 수 있을까요?

I need a map. Do you know where I can get one?

사무실까지 찾아가는 방법을 알려 주시겠어요?

Can I get directions to your office, please?

Could you give me directions to your office, please?

거기까지 찾아가는 가장 쉬운 방법이 무엇이죠?

What's the easiest way to get there?

> **Example**
>
> A Okay, so I'll see you here at 8:00 a.m. tomorrow morning. 좋습니다. 내일 아침 여기서 8시에 뵙죠.
>
> B Great. **What's the easiest way to get there?** 좋습니다. 거기까지 찾아가는 가장 쉬운 방법 이 뭐죠?
>
> A Take highway 1 and exit onto Bradberry Street. 고속도로 1번을 타시고 브래드베 리 스트리트에서 나오세요.

실례합니다, 엑스포 센터까지 가는 길을 알려 주시겠습니까?

Excuse me, could you tell me the way to the Expo Center? ⓕ

(실례합니다.) 엑스포 센터를 찾고 있는데요. (여기로 가면 되나요?)

Sorry to trouble you. I'm looking for the Expo Center. Is this the right way?

Excuse me, I'm trying to find the Expo Center.

Can you help me find the Expo Center?
Where is the Expo Center? ❶

Example

A **Excuse me. I'm looking for the Expo Center. Is this the right way?**
실례합니다. 엑스포 센터를 찾고 있는데요. 여기로 가면 되나요?

B Yeah, just go down two more blocks and the Expo Center is across the street.   네, 두 블록 더 가면, 엑스포 센터가 길 건너에 있습니다.

A Great, thanks.   감사합니다.

길을 잃은 것 같습니다. 지도 상으로 현 위치가 어딘지 짚어 주시겠습니까?

I seem to be lost. Can you point to where we are on the map?

(미안합니다,) 다시 한 번 천천히 말씀해 주시겠어요?

I'm sorry, but could you tell me again a little more slowly?
Could you tell me slowly once more?
I'm sorry, I didn't catch that. ❶   *catch 이해하다
I beg your pardon?

Biz Tip
끝을 올려 물으면 '뭐라고 하셨지요?'라는 의미로도 통합니다.

Example

A Excuse me. I'm looking for the Expo Center. Is this the right way?   실례합니다. 엑스포 센터를 찾고 있는데요. 여기로 가면 되나요?

B Yeah, just go down two more blocks and the Expo Center is across the street.   네, 두 블록 더 가면, 엑스포 센터가 길 건너에 있습니다.

A **I'm sorry, but could you tell me again a little more slowly?**   미안한데요, 다시 한 번 천천히 말씀해 주시겠어요?

실례지만[잘 이해가 안 되는데], 약도를 그려 주시겠어요?

I'm sorry, but could you draw a map for me?
Excuse me. May I ask you to draw a map for me? ❻
I still don't get it. Could you please draw a map for me?

Example

A Excuse me. Do you know where Darling Harbor is?   실례합니다. 달링 하버가 어디에 있는지 아세요?

B Just go straight for about 500 meters and turn right at 6th Avenue and Broadway.   쭉 500미터 정도 직진하시다가 6번가와 브로드웨이가 만나는 곳에서 우회전하세요.

A **I'm sorry, but could you draw a map for me?**   미안한데요, 약도를 그려 주시겠어요?

직진하다가 우회전하라고요?

Did you say straight ahead and then turn right?

So I go straight ahead and then take the first right?

직진하다가 두 블록 지나 우회전하라고요?

Was that straight ahead and then right after two blocks?

A **Was that straight ahead and then right after two blocks?** 직진하다가 두 블록 지나 우회 전하라고요?

B Exactly. 맞습니다.

A Great, thanks. 감사합니다.

이 길이 조금 있다가 브로드웨이와 교차하나요?

Does this street intersect with Broadway after a while?

여기가 브로드웨이 가는 길이지요?

Does this street go to Broadway? ❶

Am I on the right road for Broadway?

I'm going to Broadway. Am I on the right track?

A Excuse me, **does this street go to Broadway?** 실례지만, 여기가 브로드웨이 가는 길이지 요?

B That's right. Go straight for another five blocks. 맞습니다. 다섯 블록 정도 더 직 진하세요.

(길을 잃었습니다.) 여기가 어디지요?

Where am I?

Where are we?

I'm lost here. Could you tell me where we are? ❻

> **Biz Tip** 동반자가 있는 경우 I 대신 we를 쓰기도 합니다.

A Excuse me, **where am I?** 실례지만 여기가 어디지요?

B This is Granville Street. 여기는 그랜빌 스트리트입니다.

저도 여기는 처음입니다.

I'm also new here.

I'm a stranger here myself.

> **Example**
> A Excuse me, where am I? 실례지만 여기가 어디지요?
> B I'm sorry, but **I'm a stranger here myself.** 미안합니다만, 저도 여기는 처음이어서요.

이곳에 있는 사람을 방문한 거라 길을 모릅니다.

I'm just visiting someone in town. I don't know the way.

지하철 및 버스 이용

가장 가까운 지하철 역[버스 정거장]이 어디죠?

Where's the nearest subway station[bus stop]?

> **Example**
> A **Where's the nearest subway station?** 가장 가까운 지하철역이 어디지요?
> B Oh, it's just around the corner. 아, 모퉁이 돌면 바로 나와요.

이 근처에 지하철 역[버스 정거장]이 있나요?

Is there a subway station[bus stop] nearby?

이 부근에서 지하철을 탈 수 있나요?

Can I get on the subway around[near] here?

요금이 얼마죠?

How much is the fare?

> **Biz Tip** 교통 요금은 fare라고 합니다

How much does it cost?

> **Example**
> A **How much is the fare?** 요금이 얼마죠?
> B It's $1.99. 1달러 99센트입니다.

월스트리트에 가려면 어디서 내려야 하나요?

Where should I get off to go to Wall Street?
At what station should I get off to go to Wall Street?
Please tell me where I should get off to go to Wall Street.

> **Example**
> A **Where should I get off to go to Wall Street?** 월스트리트에 가려면 어디서 내려야 하나요?
> B Take the New York City Line and get off at the Wall Street Station. 뉴욕시티 라인을 타시고 월스트리트 역에서 내리세요.
> A Oh, thank you very much. 아, 감사합니다.

포시즌즈 호텔로 가려면 몇 번 출구로 나가야 하나요?

Which exit should I go out of to get to the Four Seasons Hotel?

If I want to get to the Four Seasons Hotel, which exit should I take?

Which exit goes to the Four Seasons Hotel?

A **Which exit should I get out of to get to the Four Seasons Hotel?** 포시즌즈 호텔로 가려면 몇 번 출구로 나가야 하나요?

B Exit number 2, I think. 2번 출구 같습니다.

(지하철) 매표소가 어디 있지요?

Where do we buy tickets for the subway?

Where can I buy tickets for the subway?

Where's the ticket booth?

A **Where do we buy tickets for the subway?** 지하철 매표소가 어디 있지요?

B Go straight, and you will see the ticket booth. 직진하시면 매표소가 나옵니다.

교통카드 주세요.

Can I have a transit card?

일일 교통 사용권 주세요.

Can I have a day pass?

Biz Tip

지역, 도시마다 할인율, 환승 여부 등이 다를 수 있으니 미리 확인하는 것이 좋습니다.

A **Can I have a day pass?** 일일 교통 사용권 주세요.

B It's 25 dollars. 25달러입니다.

월간 교통카드 있습니까?

Do you have monthly transit cards?

샌프란시스코까지 가는 버스표 한 장 주세요.

I need a ticket for a bus to San Francisco.

One bus ticket to San Francisco, please.

Can I have a bus ticket to San Francisco?

A	**Can I have a bus ticket to San Francisco?** 샌프란시스코행 버스표 주세요.
B	Here you go. The bus leaves in 10 minutes. 여기 있습니다. 버스가 10분 후에 출발합니다.

샌프란시스코행 버스 타는 버스 터미널은 어느 쪽인가요?

Which way is it to the bus terminal for buses to San Francisco?

Biz Tip 고속버스 타는 곳은 terminal이라고 하고 일반 버스 정거장은 bus stop이라고 합니다.

샌프란시스코행 버스는 어디서 타지요?

Where do I take a bus to San Francisco?

Could you tell me where I can take a bus to San Francisco?

A	**Where can I take a bus to San Francisco?** 샌프란시스코행 버스는 어디서 타지요?
B	Go to platform number 14. 14번 승강장으로 가세요.

샌프란시스코에 가려면 몇 번 버스를 타죠?

What bus do I get to go to San Francisco?

Which bus goes to San Francisco?

Which bus should I take for San Francisco?

Which bus should I get on to go to San Francisco?

(실례합니다.) 이 버스는 공항에 갑니까?

Does this bus go to the airport?

Are you heading to the airport?

Excuse me. Do you go to the airport?

Is this a bus to the airport?

A	**Excuse me. Do you go to the airport?** 실례합니다. 이 버스는 공항에 갑니까?
B	You have to take one across the street. 길 건너에서 버스를 타셔야 합니다.

여기가 어디죠?

Where are we?

What stop are we at?

다음은 무슨 역이죠?

What is the next stop?

What stop is the next?

What's the name of the next station?

Could you tell me what the next station is? **ⓕ**

기차 및 선박 이용

매표소가 어디 있나요?

Where is the ticket office?

Where do I go for ticketing?

어디에서 자리를 예약할 수 있죠?

Where can I book a seat?

프랑크푸르트행 기차표를 주세요.

I need a ticket to Frankfurt, please.

Can I have a ticket to Frankfurt?

프랑크푸르트행 일등석 표를 주세요.

I'd like one first class ticket to Frankfurt.

오늘 프랑크푸르트로 가는 기차가 있나요?

Do you have any trains heading to Frankfurt today?

직행인가요?

Is this non-stop?

급행 열차인가요?

Is this an express train?

> **Example**
>
> A **Is this an express train?** 급행 열차인가요?
>
> B Yes. It only takes 3 hours from London. 네, 런던에서 세 시간밖에 안 걸려요.

다음 열차는 몇 시에 있나요?

What time is the next train?

When's the next train?

When does the next train leave?

When can I catch the next train?

How long before the next train?

> **Example**
>
> A **What time is the next train?** 다음 열차는 몇 시에 있나요?
>
> B I'm afraid you just missed the last train. The first train leaves at 6:00 a.m. tomorrow morning. 죄송합니다만, 막차가 방금 떠났습니다. 내일 아침 첫 열차는 6시에 떠납니다.

흡연칸이 있나요?

Does this train have a smoking car?

Are there special cars for smoking?

여기가 흡연칸인가요?

Is this a smoking car?

> **Example**
>
> A Excuse me; **is this a smoking car?** 실례합니다. 여기가 흡연칸인가요?
>
> B No, ma'am. The smoking car is carriage number three. Just this way. 아뇨, 손님. 흡연칸은 3호칸입니다. 이쪽으로 오세요.
>
> A Great, thanks. 좋아요. 감사합니다.

침대칸이 있나요?

Does this train have a sleeping car?

Is there a sleeper on this train?

> **Example**
>
> A **Does this train have a sleeping car?** 침대칸이 있나요?
>
> B Yes, it's carriage number three. 네, 3호칸입니다.

뉴욕행 기차는 몇 번 승강장에서 출발하나요?

On which platform does the train for New York leave?

On which platform does the train for New York depart?

Which track is for New York?

Example

A **On which platform does the train for New York leave?** 뉴욕행 기차는 몇 번 승강장에서 출발하나요?

B Go to platform 9. 9번 승강장으로 가세요.

더블린까지 가는 다음 페리 티켓을 주세요.

I would like one ticket on the next ferry to Dublin, please.

Example

A **I would like one ticket on the next ferry to Dublin, please.** 더블린까지 가는 다음 페리 티켓을 주세요.

B Sure, that will be 36 euros. 네. 36유로입니다.

더블린행 야간 페리의 객실 하나 주세요.

I need one cabin on the overnight ferry to Dublin.

더블린까지 가는 왕복표 주세요.

I'm going to need a round-trip ticket to Dublin.

렌터카 이용

차를 렌트하고 싶은데요.

We'd like to rent a car, please.

일주일간 차를 렌트해야 합니다.

I need to rent a car for a week.

경차를 렌트할 수 있을까요?

Do you have any economy cars available for rent?

Example

A Next in line, please. 다음 분 오세요.

B **Do you have any economy cars available for rent?** 경차 렌트할 수 있을까요?

A Let me check. We have two left, a Ford Escort and a Hyundai Avante. 확인해 보죠. 차량 2대가 남았네요. 포드 에스코트와 현대 아반떼가 있어요.

잭 리 앞으로 (SUV를) 예약해 두었습니다.

I have a reservation under the name of Jack Lee.
I reserved an SUV under the name of Jack Lee.
You should have a reservation for Jack Lee.

A Hi, can I help you? 안녕하세요. 무엇을 도와 드릴까요?

B **You should have a reservation for Jack Jones.** 잭 존스 앞으로 예약해 두었습니다.

A Let me see. Yes, one SUV for three days. 볼게요. 네, 3일간 SUV를 렌트하셨네요.

고급 세단[소형차]을 빌리고 싶은데요.

I'd like to request a luxury sedan[compact car].
I'd like a luxury sedan[compact car] if you have one.
Do you have any luxury sedans[compact cars]?

A **Do you have any luxury sedans?** 고급 세단이 있나요?

B Sure, we have a Lexus available. 네, 렉서스 차량이 있는데요.

A What's the price per day to rent it? 그 차는 하루 렌탈 가격이 어떻게 되나요?

자동차 보험을 들고 싶어요.

I'd like to be insured, please.
I need car insurance.
I want to buy insurance.

A **I'd like to be insured, please.** 자동차 보험을 들고 싶어요.

B Insurance will cost you an extra $56 for three days. Is that okay? 3일 동안 56달러 추가 요금이 드는데 괜찮으시겠어요?

차를 어디에 반납해야 할까요?

Where do I return the car?
Where do I drop off the car?
Where are your drop-off stations located?

A **Where do I return the car?** 차를 어디에 반납해야 할까요?

B You can drop it off at the airport. 공항에 차를 반납하시면 됩니다.

차를 여기에 반납하는 건가요?

Do I have to return the car here?

제가 운전하는 차량의 관리 보수 문제에 관해 보고할 게 있어요.

I need to report a maintenance issue with the car I'm driving.

＊maintenance 유지, 관리

렌터카에 문제가 있습니다.

I need to report a problem with my rental car.
I wanted to report that my rental car has a problem.
I have a problem with the car I'm renting right now.

A Hi, thanks for calling Avis Rental. How can I help you? 안녕하세요. 에이비스 렌탈에 전화 주셔서 감사합니다. 무엇을 도와 드릴까요?

B **I wanted to report that my rental car has a problem.** 제 렌터카에 문제가 있어서 연락드립니다.

A Okay, what exactly is the problem? 네. 정확히 문제가 무엇인가요?

택시 이용

택시를 불러 주시겠어요?

Could you call a cab for me?
Can I get a cab?
Can you get me a cab?

이곳으로 바로 택시를 보내 주시겠어요?

Could you send a taxi here immediately?

공항까지 갈 택시가 필요해요.

I need a taxi to take me to the airport, please.

A **I need a taxi to take me to the airport.** 공항까지 갈 택시가 필요해요.
B Sure, let me grab a taxi for you. 네. 택시를 잡아 드리겠습니다.

택시 타는 데가 어디예요?

Where can I catch a cab?
Where's the best place to grab a cab?

가장 가까운 택시 승차장이 어디예요?

Where's the nearest taxi stand?

근처에 택시 승차장이 있나요?

Is there a taxi stand nearby?

매사추세츠 애비뉴 2450번지로 가 주세요.

2450 Massachusetts Avenue.

매사추세츠 애비뉴 2450번지에 있는 한국 대사관으로 가야 해요.

I need to go to the Korean Embassy at 2450 Massachusetts Avenue.

한국 대사관으로 가 주세요.

The Korean Embassy, please.

한국 대사관에 어떻게 가는지 아세요?

Do you know how to get to the Korean Embassy?

좌회전해 주세요.

Turn left, please.

Make a left.

Hang a left.

Left, please.

빨리 가 주세요.

Hurry up, please.

Make it quick, please.

좀 밟으세요.

Please step on it.

*step on (페달)을 밟다

제가 좀 늦어서요. 빨리 가 주세요.

I am running late. Please hurry.

A　Where to, sir?　어디로 모실까요, 손님?

B　To the Fifth Avenue. **I'm running late. So please hurry.**　5번가로 가 주세요. 제가 좀 늦어서요. 빨리 가 주세요.

여기서 내려 주세요.

This is it.

Here, please.

Let me get off here.

This is where I get out.

You can stop here, please.

이 근처 아무데나 내려 주세요.

Let me get off anywhere near here, please.

잔돈은 됐습니다.

You can keep the change.

Don't worry about the change.

여기 팁이요.

Here's your tip.

That's for you.

Biz Tip

택시 이용시 팁은 통상 요금의 10∼15퍼센트를 주면 됩니다.

A　What's the fare?　얼마지요?

B　It's 57 dollars.　57달러입니다.

A　Here's 60. **You can keep the change.**　여기 60달러입니다. 잔돈은 됐습니다.

<table>
<tr><td>Chapter
7</td><td>관광 및 쇼핑</td><td>🎧 10-7.mp3</td></tr>
</table>

**관광 명소
추천 및 정보**

가 볼 만한 명소를 추천해 주시겠어요?

Can you recommend some things to see here?

여기 명소가 어디인가요?

What are the famous sites here?

Example

A   Have you been here before?   여기 와 보셨어요?

B   No, this is my first time. **What are the famous sites here?**   아니요. 처음 와 봤어요.
여기 명소가 어디인가요?

A   The downtown area has many.   시내에 많습니다.

여기서 쇼핑하기에 가장 좋은 장소가 어디지요?

Where is the best place to go shopping around here?

재미있고 흥미로운 것을 찾는데요. 추천해 주시겠어요?

I'm looking for something fun and interesting to do. Any
suggestions?

관광 안내 정보를 어디서 구할 수 있나요?

Where can I get some tourist information?
Where can I find some tourist information?
Where do I go to get some tourist information?

Example

A   **Where can I get some tourist information?**   관광 안내 정보를 어디서 구할 수 있나요?

B   You can go to the information desk, and they will inform you about the
different city tour programs.   안내 데스크로 가시면, 여러 가지 시내 관광 프로그램을 알려
드릴 겁니다.

관광 안내 책자를 어디에서 구할 수 있죠?

Where can I get a tourist booklet[brochure]?   *booklet 소책자

내일 뭐 하실래요?

So, what do you want to do tomorrow?
What do you have in mind for tomorrow?
What would be fun to do tomorrow?

A I can't wait to have a day off tomorrow. We can finally go sightseeing.
내일 드디어 쉬는 날이네요. 드디어 관광을 좀 할 수 있겠어요.

B **What did you have in mind tomorrow?** 내일 뭐 하고 싶은 거 있으세요?

A I want to go see the Opera House, but other than that, I'm open. 오페라
하우스를 보고 싶어요. 그거 말고는 딱히 정해 놓은 게 없어요.

미술관은 어떠세요?

How about going to the art museum?

What do you say to the art museum?

Why don't we go to the art museum?

Let's go to the art museum.

여기 미술관을 꼭 가 봐야 한다고 들었어요.

I've heard that the local art museum is a must-see.

*must-see 꼭 가 봐야 할 장소

A What should we do tomorrow? 내일 뭐 할까요?

B **I've heard that the local art museum is a must-see.** 여기 미술관은 꼭 가 봐야 한다고 들었
어요.

A Yeah, me too. Let's go there first thing in the morning. 네, 맞아요. 내일 첫
번째로 가 봅시다.

미술관에 꼭 가 보고 싶어요.

I have been dying to go to the art museum.

I really want to visit the art museum.

A What should we do tomorrow? 내일 뭐 할까요?

B **I've been dying to go to the art museum.** 미술관에 꼭 가 보고 싶어요.

미술관에 꼭 가 보고 싶은데, 그 밖엔 딱히 정해 놓은 곳은 없어요.

I want to see the art museum, but other than that, I'm open.

별로라고 들었어요.

I've heard that it's not so good.

솔직히 말해 별로 가고 싶지는 않아요.

To be honest, I'm not really interested in going there.

다른 데 가는 게 어때요?

How about going somewhere else instead?

거기는 제 취향이 아니어서요. 그 후에 만나면 어때요?

That's just not my thing. Maybe we could meet up after that.

**관광 명소
방문**

파리의 야경은 정말 환상적이군요.

The night view of Paris is just amazing.

The view at night in Paris is terrific.

Paris offers a spectacular view of city lights at night.

Example

A Isn't this great? 정말 멋지죠?

B Yeah. **The night view of Paris is just amazing.** 파리의 야경은 정말 환상적이군요.

뉴욕에는 볼 거리가 참 많아요.

There are many tourist attractions in New York.

You can visit many places in New York.

New York offers a variety of tourist attractions.

New York is famous for its array of tourist attractions.

There are many places to check out[visit] in New York.

Example

A **New York offers a variety of tourist attractions.** 뉴욕엔 볼 거리가 참 많군요.

B Tell me about it. The city has something new every time I come here.
그럼요. 여긴 매번 올 때마다 새로운 것이 있어요. *Tell me about it. 그러게 말이에요.

입장료가 얼마죠?

How much does it cost to enter?

How much does it cost to go there?

What's the price of admission?

How much are tickets?

A	**How much are tickets?** 표가 얼마입니까?
B	Thirty dollars each. 한 사람당 30달러입니다.

(박물관이) 몇 시에 엽니까?

What time do you open?

What time does the museum open?

A	Excuse me, **what time do you open?** 실례합니다. 몇 시에 엽니까?
B	Eleven o'clock. 11시요.
A	Thanks. 감사합니다.

지금 열었습니까?

Are you open?

몇 시까지 엽니까?

How late do you stay open?

일요일에 엽니까?

Are you open on Sundays?

저기 저 건물은 뭐죠?

What is that building over there?

A	We are now entering the oldest part of the city. 이제 이 도시의 가장 오래된 구역으로 들어갑니다.
B	**What is that building over there?** 저기 저 건물은 뭐죠?
A	That's the original Parliament building. 그것은 최초 국회의사당입니다.

저 건물은 얼마나 오래 됐죠?

How old is that building?

저 건물은 언제 지어졌죠?

When was the building built?

사진 찍어도 됩니까?

Is photography allowed?

Is it okay to take pictures here?

Do you allow photographs to be taken here?

A   **Is it okay to take pictures here?**   여기서 사진 찍어도 되나요?
B   Yes, but flashes are not allowed.   네, 하지만 플래시는 안 됩니다.
A   Okay, thanks.   네, 감사합니다.

사진 좀 찍어 주시겠어요?

Can you take our picture?
Would you please take our picture?
Is there any way that you could take a picture of us?
Do you mind taking our picture, please?

A   Excuse me, but **can you take our picture?**   실례지만 사진 좀 찍어 주시겠어요?
B   Sure, where?   그러지요. 어디서 찍을까요?
A   Just over here, please.   여기서 부탁드려요.

이 셔터만 누르시면 돼요.

Just press this button.
Just shoot.   *shoot 사진을 찍다
Push this button. That's all.

A   Excuse me, but can you take our picture?   실례지만 저희 사진 좀 찍어 주시겠어요?
B   Sure, how do I do it?   그래요. 이것을 어떻게 하지요?
A   **Just push the button.**   버튼만 누르면 돼요.

빨간 버튼을 누르세요.

Push the red button.

쇼핑하기

얼마예요?

How much is this?
How much does this cost?
How much are you asking for this?

Biz Tip
시장이 아닌 이상 대부분의 물건은 정찰제로, 흥정할 수 없는 곳이 많습니다.

A   Do you see anything that interests you?   뭐 관심 있는 물건이 있으세요?
B   Yes. **How much are you asking for this?**   네. 이건 얼마입니까?
A   Two hundred euros, ma'am.   2백 유로입니다. 손님.

(이거 마음에 드네요.) 이걸로 파란색 있나요?

Do you have this in blue?

Does this come in blue?

I love this. Is it available in blue?

> **Example**
>
> A Can I help you? 도와 드릴까요?
>
> B Yes. **Does this come in blue?** 네, 이걸로 파란색 있어요?
>
> A Let me check in the back. One moment, please. 창고에 찾아 보죠. 잠시만 기다려 주세요.

다른 것이 있나요?

Do you have any others?

Show me some others. ➊

Anything else you have?

May I see other ones? ➏

Is this all you have?

Do you have more to choose from?

Could you show me some other ones?

> **Example**
>
> A **Could you show me some other ones?** 다른 것 좀 보여 주실래요?
>
> B I will show you some similar jackets then. 그러면 비슷한 재킷을 보여 드리죠.

기념품을 판매하나요?

Do you sell souvenirs?

Do you know if there are any souvenirs available?

> **Example**
>
> A Can I help you? 도와 드릴까요?
>
> B **Do you sell souvenirs?** 기념품을 파나요?
>
> A Sure. Come on in and I will show you some. 물론이죠. 들어오세요. 몇 가지 보여 드리죠.

어디에 기념품이 있나요?

Where would I find souvenirs?

Where are the souvenirs?

마음에 드는 게 없네요.

I don't see anything I like.

Nothing is catching my eyes.

*catch one's eyes 눈길을 끌다

Nothing appeals to me here.
Nothing! ❶

찾고 있는 게 없네요.

I can't find what I'm looking for.

그냥 둘러보고 있습니다.

I'm just looking.
Just looking. ❶

도움이 필요하면 알려 드리죠.

I will let you know when I need your help.
I would like to just look around first.

좀더 둘러볼게요.

I'll take another look around.
I'll shop around a little more.
I need to look around more shops.

우선 좀 둘러볼게요.

Let me take a look around here first.

둘러보고 다시 올게요.

I'll come back after I look around.

가격을 비교해 보고 다시 들르죠.

Let me compare prices and come back.

계산해 주세요.

I'd like to pay for this.
Can you please ring this up?
Ring it up for me?

Could you ring this up?
Could you ring me up?

*ring up 계산하다 (금전 등록기 소리가 찌르릉 벨처럼 울려서 '계산하다'를 나타냄)

어디에서 계산하죠?
Where can I pay for this?

이걸로 주세요.
I'll take this one.
I'll get this one.
This one, please.
I'd like to buy this one, please. **⑤**

둘 다 주세요.
I will take them both.
I will have both of them.

카드[현금]로 계산하지요.
I'll pay by credit card[cash].
I'll charge it to my card.
Let me pay for it with my card.
Charge it, please. **①**

여기 카드 있습니다.
Here's my card.

카드 받으시나요?
Do you take credit cards?

3개월 할부로 지불해도 되나요?

Can I pay on a three-month installment plan?

＊installment 분할, 할부, 할부금

cf. monthly installment 월부 | three-month installment 3개월 할부

할부로 지불해도 되나요?

Can I pay in installments?

Example

A **Can I pay in installments?** 할부로 지불해도 되나요?

B **Only up to three months.** 3개월까지만 가능합니다.

할부로 구입할 수 있나요?

Do you have an installment plan?
May I purchase this in monthly installments? ⑤
Is financing available?

Biz Tip

물건을 할부로 살 때 처음 내놓는 보증금을 down payment라고 합니다. 보증금이 없을 때는 zero down payment라고 합니다. 이자가 없는 할부일 때는 zero interest financing이라고 하는데, 이것을 줄여서 zero down 또는 zero financing이라고 합니다.

Chapter 8

출장 후

🔊 10-8.mp3

회사 복귀

(모두를 위해) 기념품을 사 왔습니다.

I bought everyone some souvenirs.

I bought you a little something.

I got you all some trinkets on my trip.

＊trinket 값싼 작은 장식품, 기념품

> **Example**
>
> A Hey, John, how was your trip? 존, 여행 어땠어요?
>
> B Great. **I bought everyone some souvenirs.** 좋았어요. 모두를 위해 기념품을 사왔어요.
>
> A Yeah! I love presents. 와! 저, 선물 좋아해요.

출장[홍콩]에서 방금 돌아왔습니다.

I'm back from Hong Kong.

I just got back from a business trip.

I'm back to work.

Back to work! ❶

I'm finally back.

> **Example**
>
> A Hey, everyone. **I'm finally back.** 여러분, 안녕하세요. 출장에서 돌아왔습니다.
>
> B Welcome back, John. We missed you! 존, 잘 돌아왔군요. 보고 싶었어요!

처리할 일이 산더미군요.

I've got so much work piled up.

I'm swamped right now.

I have a lot of catching up to do.

＊pile up 쌓이다 | be swamped 정신이 없다 | catch up 뒤처진 것을 처리하다, 못다한 이야기를 나누다

> **Example**
>
> A Jayoung, when do you expect to have the bill of sale ready to send to the client? 자영 씨, 매도 증서는 언제 고객에게 보내실 건가요?
>
> B **I'm swamped right now, but it's on my list of things to do.** 지금 좀 정신이 없는데, 그 업무는 해야 할 일 목록에 있긴 합니다.
>
> A Okay, let me know when you finish. 그래요. 마치면 말해 줘요.
>
> ＊bill of sale 매도 증서

출장 보고

출장 경비 중 교통비는 어떻게 청구해야 할까요?

How do I claim transportation fees on my expense report?

이 보고서에 교통비는 어디에 넣어야 할까요?

Where do I report transportation fees on the statement?

Example

A Do you have any questions about your expense report? 경비 보고서에 관해 질문 있어요?

B Yes, **where do I report transportation fees on the statement?** 네, 이 보고서에 교통비는 어디에 넣어야 할까요?

'상세 내역'에는 무엇을 기재해야 할까요?

What do I need to write in the "details" field?

출장 중의 모든 경비는 누구에게 보고하나요?

To whom do I report all my expenses during the trip?

회의는 굉장히 생산적이었습니다.

The conference was extremely productive.

Example

A So, tell me about your trip. 그래, 출장에 관해 이야기 좀 해 봐요.

B **The conference was extremely productive.** 회의는 굉장히 생산적이었어요.

A That's great to hear. What did you learn? 그거 좋은 소식이군요. 무엇을 배웠나요?

무역 박람회는 성공적이었어요.

The trade show was a success.

회의는 대단히 좋았어요.

The meetings couldn't have gone better. ❶

결과가 만족스럽지 못합니다.

We are not happy with the results.

Example

A So, how was the trade show? 무역 박람회는 어땠어요?

B **We are not happy with the results.** 결과가 그리 만족스럽지 못합니다.

A Really? What happened? 그래요? 무슨 일이 있었어요?

회의가 잘 되지 않았습니다.

The conference didn't go very well.

무역 박람회가 실패했어요.

The trade show was unsuccessful.

안타깝지만, 시간 낭비였던 것 같습니다.

Unfortunately, I think it was a waste of time.

*waste of time 시간 낭비

사교 활동

비즈니스를 하다 보면 업무 이외에 사교 모임이나 파티, 또는 세미
나 및 포럼 등에 참석할 기회가 많습니다. 혹시 업무와 직접적으로
관련된 회의나 출장만 중요하다고 생각하신 건 아니겠죠? 이런 업
무 외의 모임이야말로 사업상 중요한 사람을 새로 만나거나, 이미
알던 사람들과 친분을 더욱 돈독히 쌓을 수 있는 절호의 기회입니
다! 이런 모임에서 꿀 먹은 벙어리처럼 구석에 서 있던 경험이 있으
신가요? 그렇다면 이번 파트의 표현들을 마스터해 보는 건 어떨까
요? 이번 파트에서는 모임에서 친분을 쌓고 관계를 돈독히 할 수
있는 다양한 표현을 알아보도록 하겠습니다!

Chapter 1
파티

Chapter 2
세미나 및 포럼

Chapter 3
가벼운 수다

Chapter 4
개인적인 주제

Chapter 5
업무 관련 주제

Chapter 6
감정 표현

Chapter 7
기타 유용한 표현

파티

복장

드레스 코드가 있습니까?

Is there a dress code?

What's appropriate to wear?

How should I dress?

> **Example**
>
> A Are you still coming to the party this evening?   오늘 저녁 파티에 오시는 거죠?
>
> B Yes, but **how should I dress**?   네, 그런데 드레스 코드가 있나요?
>
> A Just casual. Nothing fancy.   그냥 캐주얼입니다. 화려한 거 입으실 필요 없어요.

뭘 입어야 할까요?

What should I wear?

턱시도를 입어야 하나요?

Is a tuxedo required?

정장 차림 행사인가요?

Is it a black tie event?

어울리기

안녕하세요.

Hi, there.

Hello.

좋은 저녁 시간 보내고 계신가요?

Are you enjoying yourself this evening?

Are you having a good time?

참 멋진 곳이죠?

Pretty nice place, huh?

실례지만, 이 자리에 누구 있나요?

Excuse me. Is this seat taken?

아니요. 앉으세요.

No, it isn't. Please have a seat.

같이 이야기 좀 할 수 있을까요?

May I join you?

Mind if I join you?

Do you mind if I join you?

그런데 캐서린하고는 어떻게 아는 사이에요?

So, how do you know Katherine?

A	What a nice view, huh? 아주 전망이 좋습니다. 그렇죠?
B	Yes, it is. I like this place a lot. 그러네요. 정말 마음에 드는 곳이에요.
A	By the way, I'm Philip. Pleased to meet you. 그건 그렇고, 저는 필립입니다. 만나서 반가워요.
B	I'm Michelle. Nice to meet you. 전 미셸이에요. 만나서 반갑습니다.
A	**So how do you know Katherine?** 근데 캐서린하고는 어떻게 아는 사이에요?
B	Oh, we go way back. Katherine and I went to high school together. 오, 우리는 어릴 때부터 알았죠. 캐서린과 저는 고등학교를 같이 다녔어요.

누가 이 노래 부르는지 아세요?

Do you know who sings this song?

뭐 마실 거 좀 갖다 드릴까요?

Could I get you something to drink?

혼자 오셨어요?

Did you come here alone?

우리 어디선가 만난 적 있지 않나요?

Don't I know you from somewhere?

Haven't I seen you before?

저와 춤추실래요?

Would you like to dance?

Would you care to dance?

May I ask you to dance with me?

Want to[Wanna] dance? ❶

네, 좋아요.

Yes, I'd love to.

고맙지만, 좀 피곤해서요.

Thank you, but I'm a bit tired.

**상대방
칭찬하기**

멋지네요!
Great!
Wonderful!
Awesome!

드레스가 예쁘네요!
Nice dress!
What a nice dress!
I like your dress.
I love your dress.
That's a lovely dress.
That's a pretty dress.

쫙 빼 입으셨군요!
You're all dressed up!
You're dressed to kill. ❶
You're all dolled up. ❶

＊be dolled up 곱게 차려입다

가방이 드레스하고 잘 어울려요.
Your bag goes well with your dress.

그 가방은 어디서 사셨어요?
Where did you get that bag?
Where did you buy that bag?
Can I ask where you got it?

잘 사셨네요.
That's a good buy.

그 양복이 잘 어울려요.
That suit looks good on you.
That suit becomes you.

구두가 드레스하고 잘 어울리네요.
Your shoes match your dress perfectly.

A Wow! I like your new hat. 와! 새 모자가 멋지네요!

B Thank you. 고마워요.

A You look so cool in it! **That hat matches your hair color perfectly!** 그거 쓰니 정
말 멋져요! 모자가 당신 머리 색깔과 정말 잘 어울려요!

헤어스타일이 바뀌셨군요.

You've changed your hairstyle.

나이에 비해 정말 젊어 보이세요.

You look young for your age.

눈이 참 예쁘네요.

You have beautiful eyes.

어떻게 그렇게 날씬하세요?

How do you keep in shape?

어떻게 영어를 그렇게 잘 하세요?

How come you speak such good English?

재밌네요!

How interesting!

지난번 발표가 아주 인상적이었습니다.

Your last presentation was quite impressive.

대단하세요!

That's great!

정말 잘하셨어요!

A job well done!

You've done well!

You did a good job!

정말 취향이 좋으시네요!

You have very good taste!

A Wow, I really like what you've done with this house! **You have very good**
taste! 와. 집을 정말 잘 꾸미셨어요! 정말 취향이 좋으세요!

B It's good to hear that. Thank you. 듣기 좋은 말이네요. 감사해요

칭찬에 답하기

칭찬해 주셔서 감사합니다.

Thank you for your compliment.

Thank you for saying so.

과찬의 말씀이십니다.

I'm so flattered.

A   Susan, did you make this pie yourself? You're a great cook!   수잔, 이 파이
    직접 만든 거예요? 정말 요리 잘하는군요!

B   **I'm so flattered.** I'm glad you like it.   과찬의 말씀이세요. 맛있다니 기분 좋은데요.

A   I must have the recipe!   요리법 좀 받아 가야 하겠어요!

너무 비행기 태우지 마세요.

Don't make me blush.

그렇게 말씀해 주시니 기분 좋습니다. 감사합니다.

It's good to hear that. Thank you.

그렇게 말씀해 주시니 정말 친절하세요.

It's very kind of you to say so.

정말 친절하시네요!

That's very kind of you!

That's very nice of you!

화제 바꾸기

화제를 바꾸도록 하죠.

Let's change the topic.

Let's change the subject.

May I change the subject?

Let's move on to something else.

그런데 문제를 일으키던 그 신규 고객은 어떻게 되었나요?

By the way, what happened to the new client that you had a hard time with?

새로운 프로젝트 관련 말인데요, 너무 힘듭니다.

Talking of the new project, it is so overwhelming.

그러고 보니 퇴근 후에 시간 보낸 호프집이 생각나요.

That reminds me of the bar that we used to hang out at after work.

A What a nice smell! 좋은 냄새가 나는군요!

B Cindy is baking some cookies. 신디가 쿠키를 굽고 있어요.

A **That smell reminds me of a bakery in France where I used to live.**
그 냄새를 맡으니 제가 살던 프랑스의 한 제과점이 생각나네요.

이제 신규 사업에 대해 이야기합시다.

Now let's talk about the new business.
Now we should turn to the new business.

다음 주제로 넘어갈까요?

Can we move on to the next topic?
Let's move on to the next topic.

다른 것에 대해 이야기할까요?

Shall we talk about something else?
Let's talk about something else.

술 마실 때

건배합시다!

Let's have a toast!

건배!

Cheers!

A So, here's to your new job! 당신의 새로운 일을 위해 건배!

B Thanks. **Cheers!** 고마워요. 건배!

A How do you like working at the new museum? 새 박물관에서 일하는 건 어때요?

B So far so good, but I have lots of things to do because we're planning a new exhibition this month. 지금까지는 괜찮은데, 이번 달에 새로운 전시를 기획하고 있어서 할 일이 좀 많아요.

A That must be demanding! But I'm sure you will do a great job! 그거 힘들겠군요! 하지만 당신은 잘할 거예요!

당신을 위하여!

Here's to you!

뭘 위해 건배할까요?

What shall we drink to?

건강을 위해!

To our health!
To your health!

이 와인 맛이 참 좋습니다. 어디 산인가요?

This wine tastes really great. Where is this from?

한 잔 더 드시겠어요?

Would you care for one more drink?

A **Would you care for one more drink?** 한 잔 더 하시겠어요?

B That's enough for me. I have to work tomorrow, so I can't get drunk.
   Can I please just have a soft drink, a coke or lemonade? 저는 그만 마실래요
   내일 일해야 해서 취하면 안 돼요. 그냥 콜라나 레모네이드 같은 음료수 마실 수 있을까요?

A Are you sure? The wine is really good and I know you can really hold
   your liquor well. 술 정말 안 마실 거예요? 와인이 정말 괜찮은데. 술을 정말 잘 마시는 걸로 아
   는데요.

B Well, I am a heavy drinker, but I do hate working with a hangover!
   아, 술 잘 마셔요. 하지만 숙취에 시달리며 일하긴 싫어요!

＊heavy drinker 술고래 | hangover 숙취

저는 그만 마시겠습니다.

That's enough for me.

저는 약간 취했습니다.

I got tipsy.   ＊tipsy 술이 약간 취한

주량이 어느 정도 되시나요?

How much do you usually drink?

저는 술을 잘 마십니다.

I'm a heavy drinker.

술을 잘하시는 군요.

You're a heavy drinker.
You really drink like a fish.

저는 술을 마셔도 잘 안 취합니다.

I can hold my liquor well.

제가 술을 좀 과하게 마시는 편이죠.

I probably drink more than I should.

저는 술을 잘 못 마십니다.

I'm a light drinker.

I'm not much of a drinker.

I can't really hold my liquor well.

I'm a lightweight when it comes to drinking hard liquor.

저는 맥주 한 잔에도 얼굴이 빨개집니다.

A single glass of beer makes me flushed.

술 취하셨군요.

You are drunk.

너무 많이 드신 것 같아요.

I think you've had enough.

술을 너무 많이 마셔서 필름이 끊겼습니다.

I drank so much I passed out.

I drank so much I blacked out.

*pass out 의식을 잃다, 기절하다 ㅣ black out 의식을 잃다

술을 적당히 마시세요.

You should drink moderately.

(시내로) 2차 갈까요?

Shall we go bar hopping downtown?

Shall we hop to another bar?

Let's go have another round!

*go bar hopping 여러 술집을 돌아다니며 마시다

이 곳이 제 단골 술집입니다.

This is my favorite hang-out.

*hang-out 자주 가는 곳

제가 어젯밤에 많이 취했어요.

I was really drunk last night.

전 숙취가 심해요.

I have a terrible hangover.

파티 끝날 때

파티 어땠어요?

How was the party?

즐거운 시간 보냈어요?

Did you have a good time?

정말 좋았습니다.

It was great to be here.

정말 재미있었습니다.

I really enjoyed your party.

멋진 파티 감사합니다.

Thank you for the wonderful party.

운전 조심해 가세요!

Drive carefully!

Chapter 2

세미나 및 포럼

인사

저는 XYZ 트레이딩의 샌디 켄트입니다.

I'm Sandy Kent from XYZ Trading.

만나서 반갑습니다.

Pleased to meet you.

It's nice to meet you.

우리 전에 어디서 뵌 적 있죠?

Haven't we met somewhere before?

> **Example**
>
> A   Hi, I'm Michelle from MK International. **Haven't we met somewhere before?**
> 안녕하세요, 저는 MK 인터내셔널의 미셸이라고 해요. 우리 전에 어디서 만난 적 있죠?
>
> B   Hi, I'm Julia. I don't think so. Should I know you?   안녕하세요, 전 줄리아예요.
> 그런 적이 없는 것 같은데요. 제가 아는 분이신가요?
>
> A   Hmm... Where did you go to high school?   흠… 혹시 어느 고등학교 다니셨어요?

우리 전에 본 적 있는 것 같은데, 유감이지만 성함이 어떻게 되시는지 기억이 안 나요.

I guess we've met before, but I'm afraid I can't remember your name.

여긴 어쩐 일이세요?

What brings you here?

What brought you here?

What are you doing here?

제인 아니에요?

Aren't you Jane?

You are Jane, aren't you?

Jane, is that you?

우리, 요즘 연락을 통 못하고 지냈군요.

We've been out of touch lately.

일정 및 장소

오늘 오후 일정은 어떻게 되나요?

What's on the schedule for this afternoon?

A Mark, **what's on the schedule for this afternoon?** 마크, 오늘 오후 일정은 어떻게 돼요?

B Let me see. There are two sessions in the afternoon. The first session is from one to three, and the second one is from three to five. 볼게요. 오후 엔 세션이 2개가 있네요. 첫 번째 세션은 1시부터 3시까지고, 두 번째 세션은 3시부터 5시까지입니다.

1시부터 3시까지 비즈니스 포럼이 있을 거예요.

There will be a business forum from one to three.

세미나가 언제 시작하죠?

When is the seminar?
What time is the seminar?
When will the seminar be held?

점심시간 직후에 세미나가 시작됩니다.

The seminar will be held right after lunch.
There will be a seminar right after lunch.

어디에서 세미나가 열리죠?

Where is the seminar held?
Where's the seminar going to be?

세미나에 어느 방이 지정되어 있나요?

Which room is reserved for the seminar?

국제 비즈니스 포럼이 싱가포르에서 열립니다.

An international business forum will be held in Singapore.

저는 오늘 오전에 고객을 만나야 해서 오후 이전에는 세미나에 참석할 수 없을 겁니다.

I won't be able to attend the forum until the afternoon because I have to meet my clients this morning.

주제 및 강연

세미나 주제가 뭔가요?

What'll it be about?

협상 기술을 증진시키는 법에 관한 세미나예요.

It'll be about how to improve your negotiating skills.

놓치게 되는 게 어떤 내용인지 알려 주실 수 있나요?

Could you tell me what I will be missing?

A Harry, I'm afraid I won't be able to attend the seminar tomorrow. **Could you tell me what I will be missing?** 해리, 내일 세미나에 제가 참석을 못할 것 같은데요. 어떤 내용인지 알려 주실 수 있나요?

B You won't believe this. Cheol-soo Ahn is going to deliver a special lecture on entrepreneurship. Don't miss out on such a great opportunity! 믿기 어려우실 거예요. 안철수 씨가 기업가 정신에 대한 특별 강연을 하기로 되어 있어요. 이렇게 좋은 기회를 놓쳐선 안 돼요!

오늘 열린 세션 세 개 모두 참석하셨나요?

Did you attend all three sessions today?

특별 초청 연사의 강연은 제가 생각했던 것보다 훨씬 더 인상적이었어요.

The lecture by the special guest speaker was way more impressive than I had thought it would be.

전세계의 지속 가능한 개발에 관한 세미나는 아주 인상적이었어요.

The seminar on global sustainable development was very impressive.

저는 이번에 유명한 경제학자들을 많이 만날 수 있어서 정말 영광이었습니다!

I was so honored to meet so many highly renowned economists!

발표

저는 첫 세션에서 사업안에 대한 발표를 할 예정입니다.

I'm going to give a presentation on our business plan in the first session.

기다려 왔던 순간이군요.

This is the moment you've been waiting for.

A **This is the moment you've been waiting for.** You've prepared a lot for this presentation. 정말 기다려 왔던 순간이군요. 이번 발표를 위해 정말 많은 준비를 하셨잖아요.

B I'm so nervous. 저, 너무 떨려요.

A Be confident in yourself! I'm sure you can do well! 자신감을 가지세요! 잘할 수 있을 거예요!

자, 이제 그 동안 준비한 것을 보여 줄 때가 왔어요.

This is your big night.

This is a big moment.

잘 하셔야 해요!

Make us proud of you!

발표 정말 잘하셨어요!

Great job on the presentation!

You did a great job on the presentation!

저는 그냥 할 일을 했을 뿐입니다.

I just did my job.

I just did what I had to do.

작별 인사

이제 가야 할 것 같습니다.

I really have to leave now.

아쉽지만, 이제 가 봐야겠어요. 안 그러면 비행기 놓치겠어요.

I'm afraid I must go, otherwise I'll miss my flight.

연락하기로 해요.

Keep in touch.

다음에 세미나 참가하실 때는 전화 주세요.

Give me a call next time you attend this seminar.

제 이메일 주소를 알려 드릴게요.

Let me give you my email address.

제 명함 받으셨죠?

Have you got my card?

다시 만나 뵙기를 바랍니다.

I hope we'll see you again soon.

I look forward to seeing you next time.

저도요.

So do I.

Hope so, too.

Chapter 3

가벼운 수다

🎧 11-3.mp3

날씨에 대해

제주도는 날씨가 어때요?

What's the weather like in Jeju Island?

날씨가 점점 따뜻해지네요.

The weather is getting warmer.

더할 나위 없이 좋은 날씨예요.

We couldn't ask for a better day than this.

We couldn't ask for a nicer day, could we?

> **Example**
>
> A What a nice day! 정말 끝내주는 날씨군요!
>
> B **We couldn't ask for a better day than this.** 더할 나위 없이 좋은 날씨예요.
>
> A Shall we go out for a picnic? 소풍이나 갈까요?
>
> B Sounds great! 좋아요!

밖에 나가기에 좋은 날씨죠?

Nice day to be outside, isn't it?

거기 기온이 어때요?

What's the temperature there?

섭씨 35도예요.

It's 35 degrees Celsius.

날씨가 정말 엉망이에요.

It's terrible weather.

The weather is killing me.

What strange weather we're having!

요즘 날씨가 변덕이 심해요.

The weather is unpredictable these days.

*unpredictable 예측할 수 없는

정말 덥죠, 그렇지 않아요?

It's very hot, isn't it?

덥고 습하네요.

It's hot and humid.

일기 예보에 따르면 내일 비가 온대요.

The weatherman says we'll have rain tomorrow.

오늘 비가 그칠 것 같지는 않아요.

It doesn't look like it's going to stop raining today.

내 생각엔 곧 갤 것 같은데요.

I think it'll clear up soon.

소나기가 온다고 들었어요.

I hear that showers are coming our way.

계절에 대해

어느 계절이 가장 좋으세요?

Which season do you like best?

봄이 가장 좋아요.

I like spring best.
My favorite season is spring.

가을은 책 읽기에 좋은 계절이에요.

Autumn is the best season for reading.

저는 겨울이 너무 싫어요. 지금이 여름이라면 좋겠어요.

I really don't like winter. I wish it were summer.

날씨가 마침내 따뜻해졌어요.

The warm weather has finally arrived.

저는 겨울이 영영 끝나지 않는 줄 알았어요.

I thought winter was never going to end.

뉴스에 대해

오늘 뉴스 봤어요?

Did you see the news today?

Did you catch the news today?

아뇨. 무슨 일 있어요?

No. What happened?

마이애미에 홍수 난 거 들었어요?

Did you hear about that flood in Miami?

진도 6.5 지진이 일본 북부를 강타했어요.

A 6.5 magnitude earthquake hit the northern part of Japan.   *magnitude 규모, 정도 | earthquake 지진

오늘 아침에 그 건에 대한 기사를 읽었습니다.

I read an article on that this morning.

중국의 반정부 운동에 대해 어떻게 생각하세요?

What do you think about the antigovernment movement in China?

오늘 뉴욕 타임즈 1면 헤드라인 봤어요?

Did you see today's front page headline in the New York Times?

오늘 아침 라디오에서 케이트 미들턴 영국 왕세자비가 영국 왕위를 물려 받을 왕세손을 낳았다는 소식을 들었어요.

I heard on the radio today that Kate Middleton gave birth to a baby boy, the future heir to the British throne.   *heir 계승자, 상속인

CNN에서 하루 종일 떠들어대더군요.

They were talking about it on CNN all day.

Example

A Did you hear about the train crash in Barcelona?   바르셀로나에서 발생한 열차 충돌 사고에 관해 소식 들었어요?

B No. I didn't. What happened?   아뇨. 무슨 일인데요?

A Hundreds of passengers were killed or badly injured in that crash. I can't believe you haven't heard about it! **They were talking about it on CNN all day.**   그 충돌 사고로 승객 수백 명이 죽거나 다쳤어요. 그 소식을 못 들었다니 믿을 수 없군요! CNN에서 하루 종일 떠들어대던데요.

B Oh, it's so shocking.   아, 정말 충격적이네요.

충격적인 소식이군요.
It's shocking.
It's upsetting.
It's disturbing.

우울한 소식이군요.
It's depressing.

걱정스러운 소식이군요.
It's worrying.

흥미로운 소식이군요.
It's fascinating.
It's interesting.

다른 사람에 대해

그 사람 어때요?
What's he like?
What kind of person is he?

그는 외향적이에요.
He is outgoing.
He is extroverted.

*extroverted 외향성의

그는 말수가 적어요.
He is quiet.
He is reserved.

그는 내성적이에요.
He is introverted.

*introverted 내성적인, 내향적인

그는 정말 성실한 사람이에요.
He works so hard.
He's a hard worker.

그녀는 수줍음이 좀 많아서 사귀려면 좀 시간이 걸려요.
She is a bit shy, and it takes time to get to know her.

존은 입이 가벼워요.

John's got a big mouth.

John is a big mouth.

*big mouth 입이 싼 사람, 수다쟁이

그 사람 어떻게 생겼어요?

What does he look like?

Example

A Hi, Gina. I've heard you got a new job. 안녕하세요, 지나. 새로 직장에 취직했다고 들었어요.

B Yeah, I started working for SS Fashion from this week. 네, 저 이번 주부터 SS 패션에서 근무하기 시작했어요.

A Oh, I know someone who works for that company. Have you met John in the HR department? 오, 저, 그 회사에 근무하는 사람 아는데요. 인사부의 존을 만났어요?

B I don't think so. **What does he look like?** 글쎄요. 어떻게 생겼는데요?

A He has a crew-cut and wears horn-rimmed glasses. 그는 아주 짧고 각지게 깎은 머리에 뿔테 안경을 끼고 있어요.

*crew-cut 짧게 각지게 깎음, 크루 커트 | horn-rimmed 뿔테의

Chapter 4

개인적인 주제

🎧 11-4.mp3

가족

결혼 하셨어요?

Are you married?

아내[남편] 분은 무슨 일을 하세요?

What does your wife[husband] do?

Biz Tip

처음에 하는 대화로는 부적절한 질문이니 가족 얘기를 할 때 자연스럽게 질문하도록 하세요.

가족이 몇 분이세요?

How large is your family?

How many are there in your family?

저희 가족은 대가족이에요.

I have a large family.

제 가족은 4명입니다.

There are four of us.

저는 장남입니다.

I'm the oldest son in my family.

저는 세 자매 중 막내예요.

I'm the youngest among three sisters.

부모님하고 함께 사시나요?

Do you live with your parents?

저희는 아들 둘 있습니다.

We've got two sons.

애들은 몇 살인가요?

How old are they?

큰 애는 일곱 살, 작은 애는 네 살이에요.

One's seven and the other one's four.

아기가 몇 개월인가요?

How old is your baby?

Example

A Hey, Chris! I heard you are now a father of twin girls. Congrats! 크리스!
쌍둥이 공주님의 아빠가 되었다고 들었어요. 축하해요!

B Thanks! How's your baby doing? **How old is he now?** 고마워요! 아기는 잘 크죠?
아기가 몇 개월이에요?

A He's 18 months old now. 이제 18개월이에요.

전 애들이 있어서 탄력 근무제로 일해야 해요.

I have kids, and I need to have a flexible work schedule.

*flexible work schedule 근무 시간 자유 선택제

아내는 낮에 일하고, 전 야간에 일해요.

My wife works during the day, and I work at night.

건강

운동 자주 하시나요?

Do you get much exercise?

저는 매일 러닝 머신에서 달려요.

I run on a treadmill every day.

저는 건강해요.

I'm in good shape.

오늘 기분 어때요?

How are you feeling today?

오늘 몸이 좀 안 좋아 보이네요.

You don't look very well.

You look under the weather today.

*under the weather 몸이 안 좋은

피곤해 보이시네요.

You look tired.

괜찮으세요?

Are you OK?

Are you all right?

어디 안 좋으세요?

What's wrong?

안색이 안 좋아 보여요.

You look pale.

(오늘) 몸이 좀 안 좋아요.

I'm not feeling myself.

I don't feel very well today.

I'm feeling under the weather.

Example

A Hey, Jim. What's wrong with you? You look pale. 안녕하세요, 짐. 무슨 일 있어요? 안색이 창백하네요.

B **I don't feel very well today.** I have back pain. The pain comes and goes. 오늘 몸이 좀 안 좋아요. 허리가 아프네요. 통증이 있다 없다 해요

A Shouldn't you go see a doctor? 병원 가 봐야 하지 않아요?

B It's not too painful. But I'll go if it gets anymore painful. 그렇게 심하지는 않아요. 더 아파지면 가려고요.

A Hope you feel better soon! 어서 낫길 바라요!

머리가 깨질 듯이 아파요.

I've got a splitting headache.   *splitting 머리가 빠개지는 듯한

몸은 좀 나았어요?

Are you feeling better?

곧 낫길 바라요.

I hope you feel better soon.

Get well soon!

스트레스

저는 요즘 직장에서 스트레스를 많이 받아요.

I'm stressed out at work.

I get a lot of stress at work lately.

I'm under a lot of pressure at work.

I'm under a lot of work-related stress.

I'm under a lot of stress at work lately.

스트레스를 풀기 위해 뭘 하세요?

What do you do to destress?
What do you do to reduce your stress?
What do you do to relieve your stress?
What do you do to get rid of your stress?

저는 스트레스를 해소하기 위해 테니스를 쳐요.

I play tennis to relieve my stress.

규칙적인 운동은 스트레스 해소에 그만이에요.

Regular exercise is a great stressbuster.

*stressbuster 스트레스 완화 운동[제품, 시스템]

명상은 스트레스를 줄이는 데 도움을 줍니다.

Meditation helps reduce stress.

*meditation 명상, 묵상

요즘 일손이 모자라요.

We're short-handed these days.

*short-handed 일손이 부족한

A   Hi, Ryan. How are you doing?   안녕하세요, 라이언. 잘 지내요?

B   Hi, Sally. Same old, same old. How about you?   안녕하세요, 샐리. 뭐 늘 그렇죠. 좀 어때요?

A   Keeping busy. **We're short-handed these days** because some of my coworkers are attending training seminars.   계속 바빠요. 동료들이 연수 세미나에 참가하고 있어서 요즘 일손이 많이 부족하거든요.

숨 쉴 틈 없이 바빠요.

I scarcely have time to breathe.

휴식이 필요해요.

I need a break.

잠 좀 자야겠어요.

I need some sleep.

걱정거리

무슨 일 있어요?

What's wrong?
What's eating you?
What's the matter?
What's bothering you?

A Jesse, why the long face? **What's eating you?** 제시, 왜 우울해 보여요? 무슨 일 있어요?

B I have to make a presentation on our new product tomorrow. But I'm not well prepared. 내일 신제품에 대해 발표를 해야 하는데요. 준비가 아직 잘 안 돼서요.

A Don't worry. You can do it well! You still have some time to prepare. Is there anything I can do for you? 걱정 마세요. 잘 할 수 있을 거예요! 아직 준비할 시간이 있으시네요. 제가 해 드릴 수 있는 거라도 있을까요?

뭐 걱정되는 일이라도 있어요?

Do you have something on your mind?

저 너무 떨려요.

I'm so nervous.

자, 당신은 할 수 있어요!

Come on, you can do it!

그렇게 걱정 좀 하지 마세요.

Don't be such a worrywart.   *worrywart 잔걱정을 많이 하는 사람

그런 자잘한 것까지 걱정하지 마세요.

Don't trouble yourself with such details.

근무 환경

회사 이야기 좀 더 해 봐요.

Tell me more about your company.

거기서 일하기는 어떤가요?

How do you like working there?

새 일은 어때요?

How do you like your new job?

> Example
>
> A Hi, Tom. **How do you like your job?** 안녕, 탐. 새 일은 어때요?
>
> B So far so good. People are quite nice and supportive. 아직까진 괜찮아요. 사람들이 아주 친절하고 항상 도와주려고 해요.
>
> A Good for you! 그거 잘됐네요!

직장에서 복장 규정은 어떻게 되나요?

What's the dress code where you work?

몇 시에 출근하나요?

What time do you go to work?

What time do you report to work?

What time do you punch in?　　　　*punch in 출근 시간을 찍다, 출근하다

몇 시에 퇴근하나요?

What time do you get off work?

What time do you call it a day?

What time do you finish work?

What time do you punch out?　　　　*punch out 퇴근 시간을 찍다, 퇴근하다

시간 외 근무를 자주 하나요?

Do you often work overtime?

우리 회사는 주 5일제입니다.

My company has a five-day workweek.

저희는 격주로 토요일에 쉽니다.

We get every other Saturday off.

우리는 2교대로 근무합니다.

We work on a two-shift system.

우리 회사는 뉴욕과 파리에 지사가 있습니다.

We have branch offices in New York and Paris.

얼마 받으세요?

Would you mind if I ask you how much you earn? **⑤**

How much do you get paid?

Biz Tip

직접적으로 급여에 관한 이야기를 나누게 될 때만 질문하세요.

힘드시겠어요.

That must be demanding.

보람 있으시겠어요.

That must be rewarding.

프로젝트

새로운 프로젝트는 잘 되고 있어요?

How is your new project treating you?

최고의 결과를 내기 위해 우리 팀은 열심히 일하고 있어요.

Our team is working hard to get the best results.

우리는 지금 중요한 프로젝트를 진행하고 있어요.

We're currently working on an important project.

누가 담당입니까?

Who will be in charge?

이번 프로젝트를 맡아 주시겠어요?

Can you take charge of the project?

저도 그러고 싶지만, 지금 다른 여러 개의 프로젝트를 진행하고 있는 중입니다.

I'd love to, but I'm in the middle of several other projects right now.

진행 사항을 보고해야 합니다.

We must report on our progress.

우리는 이번 주까지 이 프로젝트를 마쳐야 해서 시간이나 금전적으로 여유가 없습니다.

We're pressed for time and money to finish this project by this week.

말이 쉽지, 하기는 어렵습니다.

It's easier said than done.

생각보다 좀 힘듭니다.

It's harder than you think.
It's harder than it looks.
It's not as easy as it looks.

안 될 것 같습니다.

That won't work.

그래 봐야 마찬가집니다.

It doesn't matter.
It makes no difference.

노력할 만한 가치가 없습니다.

It's not worth the trouble.
It's not worth it.

제품

저희 회사는 이번에 신제품을 출시했습니다.

We've launched a new model on the market.

> **Example**
>
> A   Hi, Ryan. How's your business doing in this recession?   안녕하세요, 라이언. 이 불경기에 사업은 어떤가요?
>
> B   Well, not bad. **We've launched a new model on the market this month.** It is selling well.   글쎄요. 그리 나쁜진 않아요. 이번 달에 새로운 모델을 출시했어요. 신제품이 잘 팔리고 있어요.
>
> A   Wow, that's great!   와, 정말 대단하네요!

이번 시즌의 신제품이 날개 돋친 듯 팔리고 있습니다.

This season's new line of products is selling like hot cakes.

그들의 매출 수치가 정말 인상적이었습니다.

Their sales figures were really impressive.

우리 제품은 특히 젊은 아시아 여성에게 어필합니다.

Our goods appeal particularly to young Asian women.

저는 이 제품을 적극 추천합니다.

I highly recommend this product.

이 제품은 몇 가지 특징이 있습니다.

This product has some special features.

이 제품의 가장 유용한 점 하나는 에너지를 절약할 수 있다는 것입니다.

One of the most useful features for this product is its energy-saving design.

이 제품은 다양한 색상이 있습니다.

This comes in a wide range of colors.

이 제품의 품질을 보증합니다.

We guarantee its quality.

시장 전망

매출이 영 안 좋습니다.

The sales are sluggish now.

*sluggish 부진한

매출을 올리기 위한 최고의 방법이 뭐죠?

What are the best ways to increase our sales?

시장이 마침내 회복세로 돌아섰습니다.

The market has finally made the turn to recovery.

주식 가격이 지난주에 반등했습니다.

Stock prices rebounded last week.

이 업계는 경쟁이 매우 심합니다.

The competition in this industry is very cut-throat.

*cut-throat 경쟁이 치열한

앞으로 어떻게 될지 잘 모르겠습니다.

I don't know what the future holds for us.

시장에서 손실을 만회하기 위해서 우리는 대담해야 합니다.

We need to be bold in order to recoup losses in this market.

*recoup 되찾다, 만회하다

최근에 시장의 변동이 너무 심합니다.

The markets have been so volatile lately.

*volatile 변덕스러운, 불안한

아직 상황이 좋아진 것은 아닙니다.

We are not out of the woods yet.

*out of the woods 위기를 벗어나

Example

A Do you think the economy is getting better? 경기가 나아지고 있다고 생각해요?

B Not really. **We're not out of the woods yet.** 아뇨, 아직 상황이 좋아진 것은 아니에요.

올해에는 이윤을 낼 수 있기를 바랍니다.

Let's just hope we turn a profit this year.

Chapter 6

감정 표현

🎧 11-6.mp3

기쁠 때

기분이 좋아 보여요.
You look so happy.

오늘 기분이 좋아요.
I feel great today.
I'm feeling good today.

마치 구름 위를 걷는 것 같아요.
I'm on cloud nine.   *on cloud nine 너무나도 행복한
I'm walking on air.

세상을 다 얻은 기분이에요!
I feel like I'm on top of the world!

뭐 때문에 그렇게 기분이 좋으세요?
What makes you so happy?

마치 복권에라도 당첨된 것처럼 보이네요.
You look like you just won the lottery.

Example

A   Julia, **you look like you just won the lottery**! What makes you so happy?
줄리아, 마치 복권에라도 당첨된 것처럼 보이네요! 뭐 때문에 그렇게 기분이 좋으세요?

B   Actually I feel like I'm walking on air! I finally got a job!   사실 저는 지금 구름 위를 걷는 것 같은 기분이에요! 마침내 취직이 됐거든요!

A   Wow, congrats! I'm so happy for you!   우와, 축하해요! 정말 잘 됐어요!

놀라울 때

저런!
Oh, my God!
Oh, my gosh!

놀랍군요!
Amazing!
How surprising!
What a surprise!

충격적이네요!

What a shock!

믿을 수 없군요!

Unbelievable!
That's incredible!
I can't believe it!
I'm not buying it.
I find that hard to believe.

당신 때문에 놀랐잖아요!

You startled me!
You surprised me!
You made me jump!
You took me by surprise!

웃기지 말아요.

Don't make me laugh.

나, 바보 아니에요.

I wasn't born yesterday.
I'm not dumb.
I'm not an idiot.

농담이죠?

No kidding!
You're kidding!
Are you kidding?
You must be kidding me.
You've got to be kidding me!

설마요!

No way!
Come on!

놀라지 마세요.

Don't be surprised.

너무 놀라지 마세요.

Don't panic.

Don't freak out.

제정신이에요?

Are you crazy?

Are you out of your mind?

> Example
>
> A Enough is enough! I'm going to ask my boss to give me a raise! 참을
> 만큼 참았어요. 사장님에게 월급을 올려 달라고 해야겠어요!
>
> B **Are you crazy?** You know how mean he is! 제정신이에요? 그가 얼마나 인색한지 알잖
> 아요!
>
> A I know. But I can't stand this anymore! 알아요. 하지만 더 이상 못 참겠어요!
>
> *mean 인색한, 비열한

정말이에요?

Really?

Is it true?

Are you sure?

Are you serious?

정말이에요.

Seriously.

I mean it.

전 정말 실망했어요.

I'm so disappointed.

격려할 때

당신은 최선을 다했잖아요.

You did the best you could.

It's the best you can do under the circumstances.

중요한 건 당신이 노력했다는 거예요.

The important thing is that you tried.

> Example
>
> A I made a mistake again! I am so disappointed with myself. 또 실수를 하다
> 니! 제 자신에게 너무 실망했어요.
>
> B Don't be too hard on yourself. **The important thing is that you tried.** 자신에게
> 너무 심하게 하지 말아요. 중요한 건 당신이 노력했다는 거예요.

이기는 것만이 능사는 아니에요.

Winning isn't everything.

중요한 건 당신이 실수를 통해 배운다는 거예요.

The important thing is to learn from your mistakes.

포기하지 말아요!

Don't give up!

자, 당신은 할 수 있어요!

Come on, you can do it!

자신감을 가져요!

Be confident in yourself!

계속 잘 하세요!

Keep it up!

괜찮으실 거예요.

You will be alright.

너무 슬퍼하지 마세요.

Don't be so sad.

Don't get too down.

Don't let it get you down.

Example

A   Hey, Kelly. What's wrong with you? You look down.   켈리, 무슨 일이에요? 기분이 처져 보이는데요.

B   I wasn't promoted this year. I don't know why I am left out year after year.   올해 승진되지 못했어요. 매년 왜 저는 승진이 안 되는지 모르겠어요.

A   Oh, I'm sorry to hear that. But **don't let it get you down**. Everyone knows that you're the best in this field.   정말 안됐네요. 하지만 너무 우울해 하지는 말아요. 당신이 이 분야에서 최고라는 건 모두가 알고 있잖아요.

기운 내요!

Cheer up!

Chin up!

당신은 이겨낼 거예요.

You'll get through this.

다 잘 될 거예요.
Everything will be all right.
It will work out.
Things will get better.

사는 게 다 그렇죠.
That's the way it goes.
That's how it goes.
That's life.

당신이 어떤 기분일지 알아요.
I know how you feel.

상황이 훨씬 안 좋을 수도 있었잖아요.
Things could be worse.

좋은 점도 있잖아요.
Look on the bright side.

제가 도울 게 있다면 언제든 말씀하세요.
Let me know if there's anything I can do.

이미 엎질러진 일인데 후회해도 소용없어요.
It's no use crying over spilt milk.

너무 자책하지 마세요.
Don't blame yourself.

그냥 잊으세요.
Forget about it.

슬플 때

왜 우울해 보여요?
Why the long face?
Why are you so blue?
Why do you look so sad?
Why do you look so depressed?

무슨 일이에요?
What's wrong with you?

잠깐 얘기 좀 할래요?

Would you like to talk about it?

Need someone to talk to?

기분이 다운되네요.

I'm depressed.

I'm feeling low.

I'm feeling blue.

I'm feeling down.

마음이 아파요.

My heart is broken.

I'm heartbroken.

울고 싶어요.

I feel like crying.

후회할 때

그러지 말았어야 했는데.

I shouldn't have done that.

Example

A Hey, James. Are you all right?　제임스, 괜찮아요?

B I have a splitting headache. I must have had too much to drink last night. **I shouldn't have done that.**　머리가 빠개지는 것같이 아파요. 어젯밤에 술을 너무 많이 마셨나 봐요. 그러지 말았어야 했는데.

A You can't hold your liquor well. You'd better not drink too much next time.　당신은 술에 약하군요. 다음엔 너무 많이 마시지 않는 게 낫겠어요.

그런 일을 했다니 후회스럽네요.

I regret having done such a thing.

시간을 되돌릴 수만 있다면 얼마나 좋을까요?

If I could only turn back the clock.

지금 아는 것을 그때 알기만 했더라도….

If I knew then what I know now….

제가 한 말이 정말 후회스러워요.

I feel sorry for what I've said.

I shouldn't have said that.

학창시절에 공부를 더 열심히 했었더라면 좋았을 텐데.

I wish I'd studied harder in school.

화날 때

저, 화가 많이 나요.

I'm so angry.

왜 그렇게 화가 났어요?

Who are you mad at?

Why are you so mad?

What makes you so angry?

What made you get so mad?

그것 때문에 화나요.

That makes me mad.

That makes me angry.

그 때문에 미치겠어요.

He drives me crazy!

He drives me mad!

He drives me nuts!

Example

A   Hi, Daisy. How do you like your job?   안녕하세요, 데이지. 직장은 어때요?

B   Hi, Mark. I'm under a lot of pressure at work. **My boss drives me crazy!**
    안녕하세요, 마크. 직장에서 스트레스가 아주 많아요. 상사 때문에 미치겠어요!

A   **What's your boss like?**   상사가 어떤데요?

B   He's a kind of workaholic, and he works overtime almost every day.
    And he expects us to work like him!   그는 좀 일중독이라서 거의 매일 야근을 해요. 그
    리고 우리도 자기처럼 일하길 바란다니까요!

A   **That's awful!**   지독하네요!

어떻게 그럴 수 있어요?

How could you do such a thing?

그는 정말 날 짜증나게 해요.

He really gets on my nerves.

He really pushes my buttons.   *get on one's nerves 신경을 건드리다

그만 좀 하시겠어요?

Would you stop that?

Could you please stop that?

짜증이 나네요.

That's really annoying!

That's really bothering me.

That's really getting on my nerves.

더 이상 못 참겠어요.

I can't stand it anymore!

I've had enough!

Enough is enough!

That's the last straw!

참는 것도 한도가 있어요.

My patience is worn out.

진정하세요.

Calm down.

Cool it.

이성을 잃지 말아요.

Don't lose your temper.

내 문제니 신경쓰지 마세요.

Mind your own business.

제발 절 혼자 내버려 두세요.

Please leave me alone.

Chapter 7

기타 유용한 표현

잘 못 들었을 때

뭐라고 하셨죠?
I'm sorry?
Pardon me?
Excuse me?
What was that?
I beg your pardon?
What did you say?

잘 안 들려요.
I can't hear you.

다시 말씀해 주실래요?
Could you please say that again?

조금만 느리게 말씀해 주실래요?
Could you please speak slower?

조금만 크게 말씀해 주실래요?
Could you please speak louder?

말문이 막힐 때

뭐라고 해야 할까요?
What should I say?
What shall I say?

(기가 막혀서) 뭐라고 할 말이 없네요.
I'm speechless.
I'm at a loss for words.
I don't know what to say.

A Oh, my God! **I'm at a loss for words.** 이럴 수개 기가 막혀 뭐라고 할 말이 없네요.

B Sally, what happened? 샐리, 무슨 일인데요?

A You know we got an order from Russia last month. Well, the Russian buyer is trying to cancel the order when all the goods are ready to be shipped out! 지난달에 우리가 러시아에서 주문 받은 거 알죠. 모든 제품이 선적 준비가 되어 있는데, 러시아 바이어가 주문을 취소하려고 해요!

B Oh, that's terrible! 끔찍하네요!

글쎄요, 어디 봅시다.

Well, let me see.

글쎄요, 제 말은 이 상황에는 맞지 않다는 것이죠.

Well, what I mean is that this is a bit irrelevant.

**이해가
안 될 때**

(무슨 말씀을 하시는지) 잘 이해하지 못하겠습니다.

I don't get it.

I don't see what you are getting at.

무슨 말씀이신지요?

What do you mean?

What are you getting at?

말씀하시려는 요지가 무엇입니까?

What's the point?

What's your point?

What's the bottom line?

제 말은 그게 아닙니다.

I didn't mean that.

That's not what I said.

That's not what I meant.

제 요지는 그게 아닙니다.

That's not my point.

That's beside the point.

You're missing the point.

그건 (이것과) 관련이 없습니다.

That has nothing to do with it.

That's irrelevant.

A	Did you dump him because he's too poor? 그가 너무 가난해서 헤어진 거예요?
B	**That has nothing to do with it.** 그거하고는 상관없어요.
A	Then why did you break up with him? 그럼 왜 헤어진 거예요?
B	We're just too different. 우린 그냥 너무 달라요.

**이해했는지
확인할 때**

무슨 말인지 아시겠어요?

See what I mean?

Am I making sense?

Do you know what I mean?

You know what I'm saying?

Do you see what I'm getting at?

Do you know what I'm talking about?

Do you understand what I'm saying?

알겠죠?

Do you get it?

Do you understand?

You got it? ❶

Get it? ❶

지금까지 무슨 말인지 알아듣고 계시죠?

Are you following me?

Are you with me so far?

You're with me, right?

제 말이 무슨 뜻인지 확실히 아시겠어요?

Is that clear?

Did I make myself clear?

Did I make myself understood?

대충 무슨 말인지 감이 잡히시죠?

Do you get the picture?

Get the picture?

분명히 말씀드리죠.

Let me be clear.

이해했어요.

I've got it.
I understand.
I see what you mean.
I can see what you're saying.
I understand what you're saying.

그러니까 이 부분은 말이 안 된다는 말씀이죠?

So are you saying this makes no sense?

대강 알겠어요.

I get the picture.

그럴 만하네요.

That makes sense.
That's understandable.

이해가 안 됩니다.

I don't get it.
I don't understand.
I don't understand what you mean exactly.

면접

비즈니스 영어에서 빼놓을 수 없는 분야 중 하나가 바로 면접 영어
입니다. 취업 준비생이나 이직을 고려하는 경력직 지원자라면 좀
더 글로벌한 직무 경험을 위해 영어 면접을 준비해 보세요. 면접 영
어에서 사용하는 표현들은 꼭 면접 상황이 아닌 비즈니스 상황에서
경력 중심으로 자기소개를 할 때도 유용합니다. 숙지해 두셔서 면접
이나 공식적인 비즈니스 상황에서 활용해 보세요.

Chapter 1

인사 및 자기소개

Chapter 2

학업 및 경력

Chapter 3

기술 및 특이사항

Chapter 4

기타 의견 및 질문

인사 및 자기소개

🔊 12-1.mp3

첫인사

안녕하세요.

Hello.

Good morning.

Good afternoon.

Good evening.

How do you do?

How are you doing?

Example

A You must be Boram Kim? 김보람 씨죠?

B Yes, I am. **How do you do?** 네, 그렇습니다. 안녕하세요?

A Good. Please have a seat. 좋아요. 앉으시죠.

만나서 반가워요.

It's nice to meet you.

I'm pleased to meet you.

이 자리에 함께하여 영광입니다[기뻐요].

I'm honored[excited] to be here.

먼저, 이 기회를 주셔서 감사드립니다.

First of all, thank you for this opportunity.

이 인터뷰 기회를 갖게 되어 기쁩니다.

I am pleased to have this interview opportunity.

I am pleased to be here for an interview.

자기소개

제 이름은 김백수입니다.

My name is Baeksu Kim.

I am Baeksu Kim.

저는 포항 출신입니다.

I am from Pohang.

제 이름은 윤보배입니다. 제 부모님이 '보배'라고 이름을 지어 주셨는데 '보물'이라는 뜻이지요.

My name is Bobae Yoon. My parents named me 'Bobae' which means 'treasure.'

저는 경력이 있는 인테리어 디자이너입니다.

I am an experienced interior designer.

저는 신입사원 직에 지원합니다.

I am applying for an entry-level position.

이 회계 업무의 지원자인 사라 박입니다.

I am Sarah Park, a candidate for this accounting job.

저는 마케팅부의 자리에 지원합니다.

I am applying for a position in the Marketing Department.

저는 '노력 없이는 결과도 없다'라는 말이 저를 표현한다고 생각합니다.

I think "no pain, no gain" represents who I am.

저는 진정성이 저를 표현한다고 생각합니다.

I think genuineness represents who I am.

성격

저는 신중합니다.

I am prudent.

*prudent 신중한, 분별력 있는

저는 인내심이 있습니다

I have patience.

저는 도움이 필요한 사람을 돕는 것을 좋아합니다.

I like to help those in need.

저는 현실적인 사람입니다.

I am a person who is down-to-earth.

*down-to-earth 현실적인, 실제적인

저는 제가 약간 우유부단하다고 생각합니다.

I consider myself to be a bit indecisive.

*indecisive 우유부단한

사람들은 제가 체계적이라고 합니다.

People say that I am disciplined.

Example

A   What's your personality like?   성격이 어떻습니까?

B   **People say that I am disciplined.** I like following rules and keeping things organized.   사람들은 제가 체계적이라고 합니다. 저는 규칙을 따르고 일을 정리하는 것을 좋아합니다.

저는 유머 감각이 있습니다.

I have a sense of humor.

저는 매일 새로운 것을 배우는 것을 좋아합니다.

I like to learn new things every day.

저는 자유분방한 사람입니다.

I am a person who is free-spirited.

*free-spirited 자유분방한

저는 다정하고 사교적인 사람입니다.

I am a person who is friendly and outgoing.

Example

A   What's your personality like?   성격이 어떻습니까?

B   **I am a person who is friendly and outgoing.** I like making friends and helping those in need.   저는 다정하고 사교적인 사람입니다. 친구 사귀는 것을 좋아하고 도움이 필요한 사람들을 돕는 것을 좋아합니다.

장점 및 특기

저는 컴퓨터 프로그래밍 부문에 응용 지식을 가지고 있습니다.

I have application knowledge of computer programs.

저는 소프트웨어 문제 해결 분야에 폭넓은 지식을 가지고 있습니다.

I have broad knowledge in software troubleshooting.

A What are your strengths? 장점이 무엇입니까?

B I have intellectual curiosity. **I have broad knowledge in software troubleshooting.**
저는 지적 호기심이 있습니다. 저는 소프트웨어 문제 해결 분야에 폭넓은 지식을 가지고 있습니다.

저는 시간 관리를 잘합니다.

I am good at managing my time.

제 장점은 문제 해결 능력입니다.

My key strength is my problem-solving ability.

저의 가장 훌륭한 자산은 솔직함과 진실성입니다.

My greatest assets are honesty and sincerity.

친구들이 제가 얘기를 잘 들어 준다고 종종 말합니다.

My friends often tell me that I am a good listener.

저는 해외무역에 관심이 있습니다.

I am interested in international trading.

저는 특히 6시그마 방법에 관심이 있습니다.

I am especially interested in the Six Sigma method.

A Tell us about your interest. 관심 분야가 무엇인지 말씀해 주세요.

B I like learning new business concepts. **I am especially interested in the Six Sigma method.** 저는 새로운 비즈니스 콘셉트를 배우는 것을 좋아합니다. 저는 특히 6시그마 방법에 관심이 있습니다. *Six Sigma 6시그마(모토로라에서 개발한 품질 개선 방법)

저는 새로운 마케팅 캠페인을 정말 하고 싶습니다.

I am really keen on new marketing campaigns.

영어가 유창해지도록 하기 위해 최선을 다하고 있습니다.

I am trying my best to become fluent in English.

저는 여러 가지 업무를 동시에 하는 것을 꺼리지 않습니다.

I don't mind multi-tasking.

저는 동료들을 지원하는 것을 그다지 꺼리지 않습니다.

I don't really mind supporting my colleagues.

A What do you think your strength is? 당신의 장점이 뭐라고 생각하나요?

B I value common goals more than my personal achievements at work. So **I don't really mind supporting my colleagues.** 저는 직장에서 제 개인적인 성취보다는 공동의 목표를 더 중요시합니다. 그렇기 때문에 동료들을 지원하는 것을 그다지 꺼리지 않습니다.

저의 국제적 이문화 간의 경험이 바로 저만의 차별점입니다.

My international and intercultural experiences are what distinguishes me.   *distinguish 구별하다

저는 최신 경영정보에 뒤떨어지지 않으려 애쓰고 있습니다.

I keep up with the latest management information.

저는 새로운 비즈니스 이론을 지속적으로 익히고 있습니다.

I keep up with new business theories.

A What do you think your strength is? 본인의 장점이 무엇이라고 생각해요?

B I would say my intellectual curiosity is my strength. **I keep up with new business theories.** 저의 지적 호기심이 제 장점이라고 생각합니다. 새로운 비즈니스 이론을 지속적으로 익히고 있습니다.

단점

솔직히 말씀드리면, 저는 좀 내성적입니다.

To tell you the truth, I am a bit introverted.
To be honest, I am a bit introverted.
Actually, I am a bit introverted. ❶
The thing is that, I am a bit introverted. ❶

*introverted 내성적인, 내향적인

말씀드리기 좀 그렇지만, 저는 혼자 일하는 것을 좋아합니다.

I am afraid that I enjoy working alone.

말씀드리기 좀 그렇지만, 상당 기간 동안 그것을 사용하지 않았습니다.

I am afraid that I have not used it for quite some time.

A How much experience do you have with Lotus software? 로터스 소프트웨어 사용에는 어느 정도의 경험이 있나요?

B **I am afraid that I have not used it for quite some time.** However, I do recall it was simple to use. 말씀드리기 좀 그렇지만, 상당 기간 동안 그것을 사용하지 않았습니다. 하지만 사용이 굉장히 간편했던 걸로 기억합니다.

제 약점은 제가 약간 과욕을 부린다는 것입니다.

My weakness is that I tend to overextend myself.

My weak point is that I tend to overextend myself.

One of my shortcomings is that I tend to overextend myself.

*overextend 능력 이상의 일을 하려 하다

제 단점 중 하나는 제 기준이 너무 높다는 것입니다.

One of my shortcomings is that my standards are extremely high.

말하기 전에 들으려고 노력합니다.

I try to listen before I speak.

저는 마감일 전에 임무를 완성하지 못했습니다.

I failed to complete the assignment before the deadline.

하지만 저는 이 어려움을 통해 가장 중요한 교훈을 배웠습니다.

But I learned the most important lesson of all during my ordeal.

*ordeal 시련, 경험

하지만 스스로 동기 부여하는 더 나은 방법을 배웠습니다.

But I learned better ways to motivate myself.

취미 활동

저는 재미로 친구들과 캠핑이나 하이킹을 하러 갑니다.

For fun, I go camping and hiking with my friends.

저는 등산을 하면서 여가 시간을 보냅니다.

I spend my free time hiking in the mountains.

A What do you typically do in your free time? 여가 시간에 주로 무엇을 합니까?

B **I spend my free time hiking in the mountains.** It's great exercise.
저는 등산을 하면서 여가 시간을 보냅니다. 아주 좋은 운동입니다.

저는 여가 시간이 있을 때 식구들과 시간을 보내는 것을 즐깁니다.

I enjoy spending time with my family when I have free time.

저는 주말마다 친구들과 어울려 맥주 몇 잔씩 합니다.

I join the fellows for a few beers every weekend.

조깅을 시작한 이후 5킬로를 감량했습니다.

Since I started jogging, I have lost 5 kilograms.

마라톤을 시작한 이후, 눈에 띄게 더 건강해졌습니다.

Since I started running marathons, I have become noticeably fitter.

Example

A What have you done to live a healthier lifestyle? 더 건강한 라이프 스타일을
즐기기 위해 무엇을 해 왔나요?

B **Since I started running marathons, I have become noticeably fitter.**
마라톤을 시작한 이후, 눈에 띄게 더 건강해졌습니다.

면접

1
인사 및 자기소개

Chapter 2

학업 및 경력

**전공 및
학교 소개**

저는 토목공학을 전공하고 있는 대학 4학년생입니다.

I am a senior majoring in civil engineering.

저는 영어교육학 전공입니다.

I major in English education.

저는 화학공학을 전공하는 4학년생입니다.

I am a senior specializing in chemical engineering.

저는 기계공학을 전공하고 있는 4학년생입니다.

I am a senior majoring in mechanical engineering.

Example

A Would you like to introduce yourself? 자기소개를 해 주시겠습니까?

B Thank you for having me today for an interview. **I am a senior majoring in mechanical engineering.** I am now in my last year of school, actively participating in various school activities. 오늘 면접을 받게 해 주셔서 감사합니다. 저는 기계공학을 전공하고 있는 4학년생입니다. 저는 현재 대학 마지막 학년으로 활발하게 여러 가지 학교 활동에 참가하고 있습니다.

저는 치의학 전공입니다.

I major in dentistry.

저는 물리학과 천문학을 복수전공하였습니다.

I double-majored in physics and astronomy.

Example

A Please tell us about yourself. 자기소개를 해 주시죠.

B I am Mina Song. I am a graduate from Daejeon University. **I double-majored in business administration and Spanish.** I studied for four years on a full scholarship. 저는 송미나입니다. 저는 대전 대학교 졸업생입니다. 경영학과 스페인어를 복수전공하였습니다. 전액 장학금으로 4년 동안 공부했습니다.

저는 심리학 전공자로 부전공은 컴퓨터공학입니다.

I am a psychology major with a minor in computer science.

저는 내년 봄 UCLA에서 MBA 학위를 받고 졸업할 예정입니다.

I will graduate with an MBA degree from UCLA next spring.

I am expecting to graduate with an MBA degree from UCLA next spring.

저는 화학공학 석사로 졸업하게 됩니다.

I will be graduating with a master's degree in chemical engineering.

저는 기계공학 학위를 받고 카이스트를 졸업했습니다.

I graduated from KAIST with a mechanical engineering degree.

전공 공부를 통해 저는 좀더 조직적이 되었습니다.

My studies have helped me to become more organized.

제 대학 교수님은 그의 지식으로 저에게 영감을 주셨습니다.

My college professor inspired me with his intellect.

저는 파워포인트와 HTML 프로그래밍을 마스터하였습니다.

I mastered PowerPoint and HTML programming.

제 대학 시절은 제 인생에서 가장 바쁜 시기였습니다.

My college days have been the busiest of my life.

저는 저희 대학교의 교환 프로그램에 참여하였습니다.

I participated in an exchange program at my university.

저는 학생 자치 위원회에 출마하면서 책임감을 배웠습니다.

I learned a sense of responsibility by running for student council.

저는 더 많은 경험을 하기 위해 유학을 결심했습니다.

I decided to study abroad to gain more experience.

저는 대학에서 생물학을 들었습니다.

I took biology at university.

직무 경험

저는 일년 동안 스미스앤모건에서 인턴으로 일했습니다.

I was an intern at Smith & Morgan for one year.

저는 그 회사의 인도 해외 지사에서 근무하도록 발탁되었습니다.

I was chosen to work overseas for the firm's Indian branch.

I was chosen to work for one of the Indian firm's overseas branches.

인턴사원 경험을 통해 저는 모든 유형의 사람들과 일할 수 있는 준비가 되었습니다.

My internship experience has prepared me to work with all types of people.

저는 모든 규칙과 규정을 정리하였습니다.

I compiled all the rules and regulations.   *compile 엮다, 편집하다

저는 초기 준비 작업을 도왔습니다.

I assisted in the initial preparations.

저는 시애틀 커피 하우스에서 아르바이트를 했습니다.

I had a part-time job at Seattle Coffee House.

저는 판매사원으로 일하면서 좋은 경험을 했습니다.

I had a great experience working as a sales clerk.

제 첫 사회경험은 KDP 코리아에서 일한 것이었습니다.

My first real-world experience was working at KDP Korea.

저는 시간 관리에 대해 많은 것을 배웠습니다.

I learned a great deal about time management.

저는 우선순위를 정하는 것에 대해 많은 것을 배웠습니다.

I learned a great deal about setting priorities.

A What else did you take away from that "real-world" experience?
그런 '사회' 경험을 통해 또 무엇을 배우셨나요?

B **I learned a great deal about setting priorities.** You can't just do everything at once and I now know I have to focus on important matters first. 저는 우선순위를 정하는 것에 대해 많은 것을 배웠습니다. 모든 것을 동시에 다 할 수는 없으니 우선 중요한 문제에 집중해야 한다는 것을 저는 이제 알고 있습니다.

저는 채용과 해고를 직접 관리해야 했습니다.

I had to take care of the hiring and firing myself.

저는 윌슨앤브라운 주식회사에서 근무한 적이 있습니다.

I used to work for Wilson & Brown Inc.

A What type of job experience do you have? 어떤 유형의 업무 경력을 가지고 계신가요?

B **I used to work for a publishing company.** I dealt with periodic books and translated books. 저는 출판사에서 근무한 적이 있습니다. 저는 정기간행물과 번역서 작업을 맡아 했습니다. *periodic 주기적인, 정기적인

15년간 유통 분야에서 일해 왔습니다.

I have been working in the retail industry for 15 years.

A How long have you been in the industry? 이 분야에서 몇 년간 일해 왔나요?

B **I have been working in the finance industry for many years.** Last year, I became a CPA. 저는 오랫동안 금융분야에서 일해 왔습니다. 작년에 저는 CPA(공인회계사)가 되었습니다.

저는 특별 프로젝트 팀을 관리했습니다.

I managed a special project team.

저는 2천 명 이상의 직원들을 잘 감독했습니다.

I supervised well over 2,000 employees.

저는 최신 프로그램을 개발하기 위해 IT부와 직접 일했습니다.

I worked directly with the IT Department in developing the latest program.

저는 제 최근 업무를 정부와 직접 했습니다.

I worked directly with the government in my previous job.

> **Example**
>
> A Do you have any memorable work experiences? 기억에 남는 업무 경험이 있나요?
>
> B **I worked directly with the government in my previous job.** I learned about logistics in government work. 저는 최근 업무를 정부와 직접 했습니다. 저는 정부 업무에서 물류 관리를 배웠습니다. *logistics 물류 관리; 병참학

저는 해외에서 일하면서 많은 것을 달성했습니다.

I achieved great things while working overseas.

저는 20명의 팀원을 맡았습니다.

I took charge of 20 team members.

저는 화합이 잘 되는 팀을 효과적으로 구성하기 위해 제 기술을 십분 활용하겠습니다.

I will utilize my skills to effectively create a cohesive team. *cohesive 결합하는, 화합하는

저는 직원들에게 파워포인트에 관한 교육을 했습니다.

I trained staff on PowerPoint.

저는 연매출을 8퍼센트 증가시켰습니다.

I increased annual sales by eight percent.

저는 직원들에게 엑셀 교육을 실시했습니다.

I conducted Excel training for the staff.

저는 뉴욕과 서울 사무실 간의 연락 담당자 역할을 했습니다.

I served as liaison between the NY and Seoul offices.

*liaison 연락 담당자

> **Example**
>
> A What was your responsibility in your old job? 이전 직업에서 본인이 맡은 책임이 무엇이었나요?
>
> B **I served as liaison between management and the union.** Luckily, we haven't had any serious conflicts with them. 저는 경영진과 노조 사이에서 교섭자 역할을 했습니다. 운 좋게도 노조와의 심각한 대립은 없었습니다.

저는 NBN 주식회사를 대표하여 국제 컨퍼런스에 참석하였습니다.

I attended international conferences on behalf of NBN Inc.

7년 동안 STB 회계회사의 업무 경험은 무척 보람이 있었습니다.

My 7 years working at STB Accounting was very rewarding.

A   Why are you looking for a new job?   새 직장을 구하는 이유는 무엇인가요?

B   **My 7 years working in consulting was very rewarding.** But I thought it was time to challenge myself in public relations.   7년 동안 컨설팅 분야의 일은 무척 보람이 있었습니다. 그러나 홍보 분야에서 도전해 볼 때가 되었다고 생각했습니다.

제 주요 임무는 해외 무역과 물류관리였습니다.

My main duties were international trading and logistics.

저는 경영을 공부하고 싶은 강한 욕구가 있었습니다.

I felt a strong urge to study management.

저는 새로운 도전이 필요하다고 생각하여 전 회사를 그만두었습니다.

I left my previous company because I felt I needed new challenges.

A   Why did you leave your previous company?   이전 회사를 왜 그만두셨나요?

B   **I left my previous company because I felt I needed new challenges.** My work was very meaningful but I thought it was time to expose myself by pursuing new career opportunities.   저는 새로운 도전이 필요하다고 생각하여 그만두었습니다. 제 업무는 매우 의미 있는 것이었으나, 새로운 직업 기회를 추구함으로써 제 자신을 열어 둘 때라고 느꼈습니다.

저는 컨설팅 분야에서 일하기 위해 이직하고자 합니다.

I am leaving my present job to work in consulting.

저는 마케팅이 고객 관리와 어느 정도 연관이 있다고 생각합니다.

I think marketing is somewhat related to customer relations.

저는 새로운 직업 기회를 찾고 있습니다.

I am seeking out new career opportunities.

A Why did you quit your job? 왜 일을 그만두셨나요?

B The 3 years I spent at my last company were very enjoyable. But **I am seeking out new learning experience.** I hope to take on more responsibility at your company. 전 직장에서 보낸 3년은 아주 즐거웠습니다. 그러나 저는 새로 배우는 경험을 하고자 합니다. 귀사에서 좀 더 큰 책임을 맡기를 바랍니다.

저는 온라인 마케팅 분야의 전문가가 되고 싶습니다.

I would like to be an expert in online marketing.

저는 제 강점에 집중하는 것이 얼마나 중요한지 알게 되었습니다.

I came to realize how important it is to focus on my strong points.

지금 생각해 보면 결정을 잘한 것 같습니다.

In retrospect, I think I made a good decision.

＊in retrospect 회고해 보면

제 결정에 대한 후회는 없습니다.

I don't have any regrets about my decision.

Chapter 3

기술 및 특이사항

🎧 12-3.mp3

지원 자격

이 직책에는 광범위한 IT 기술 경력이 있는 사람이 필요합니다.

This position requires someone with extensive IT experience.

Example

A Why did you choose to apply for this position? 당신은 왜 이 자리에 지원하기로 하셨습니까?

B **This position requires someone with expert knowledge in the IT field.** I am such a person. 이 자리에는 정보기술 분야에 전문지식을 가진 사람이 필요합니다. 제가 바로 그런 사람 입니다.

저는 마케팅 분야에 폭넓은 경력을 갖춘 몇 안 되는 지원자 중 한 명입니다.

I am one of the few applicants with an extensive background in marketing.

저는 제가 하는 모든 일에 큰 자부심을 가지고 있습니다.

I take great pride in everything I do.

저는 귀사가 관리자에게서 찾고 있는 독창성이 있습니다.

I have creativity, which is what you're looking for in a manager.

저는 필요하다면 근무시간 외에도 일을 할 수 있다고 자신합니다.

I assure you that I would be able to work after hours if necessary.

저는 언제든지 필요하면 일을 완수하기 위해 시간 외 근무를 할 수 있다고 자신합니다.

I assure you that I would be available to work extra hours whenever necessary to get the job done.

Example

A This position is a hectic one in which you may be required to put in extra time. How do you feel about that? 이 자리는 당신이 시간 외 근무를 해야 할 지도 모르는 매우 바쁜 직책입니다. 이에 대해 당신은 어떻게 생각하십니까?

B **I assure you that I would be available to work extra hours whenever necessary to get the job done.** 저는 언제든지 필요하면 일을 완수하기 위해 시간 외 근무를 할 수 있다고 자신합 니다.

＊hectic 정신없이 바쁜, 빡빡한

저는 제 협상 능력이 쓸모가 있을 거라고 확신합니다.

I am sure that my negotiation skills will come in handy.

저는 제 어학 능력이 국제적 차원에서 우리에게 이점으로 작용할 거라고 확신합니다.

I am sure that my language skills will give us an advantage on a global scale.

> A   What gives you an edge over other applicants?   당신은 어떤 점에서 다른 지원자들보다 유리합니까?
>
> B   **I am sure that my language skills will give us an advantage on a global scale. I am fluent in Japanese, Italian, and Korean.**   저는 제 어학 능력이 국제적 차원에서 우리에게 이점으로 작용할 거라고 확신합니다. 저는 일본어, 이탈리아어, 한국어에 능통합니다.

저는 제 리더십 기술을 보여 줄 이 기회를 얻을 자격이 있다고 생각합니다.

I think I deserve to be given this chance to show my leadership skills.

기술 및 능력

저는 연수를 받는 동안 귀중한 기술을 습득할 수 있었습니다.

I managed to pick up valuable skills while in training.

연수 덕분에 스트레스를 받으면서도 업무를 볼 수 있었습니다.

Because of the training, I could operate under pressure.

그 어려운 상황[문제]으로 인해 저는 더 강해질 수 있었습니다.

Because of the difficult situation, I could become stronger.
Because of the problem, I could become stronger.
Due to the problem, I could become stronger.
As a result of the problem, I could become stronger.

저는 제 IT기술을 십분 활용할 수 있을 거라고 확신합니다.

I am certain that I can make the best use of my IT skills.

저는 제 리더십 스타일을 폭넓다고 표현하겠습니다.

I would describe my leadership style as eclectic.

*eclectic 다방면에 걸친

저는 다른 사람들에게 임무를 분배하면서 리더십을 보여 주었습니다.

I demonstrated leadership by delegating tasks to others.

*delegate 위임하다, 맡기다

A　How have you demonstrated leadership qualities in the past?　과거에 어떻게 리더십 자질을 보여 주었나요?

B　**I demonstrated leadership by delegating tasks to others.** I believe a true leader is a great delegator.　저는 임무를 다른 사람들에게 분배하면서 리더십을 보여 주었습니다. 진정한 리더는 뛰어난 분배자라고 믿습니다.

저는 연구개발부 부장이었습니다.

I was the head of the Research and Development Department.

A　What position did you hold previously?　이전에 어떤 직책을 맡으셨나요?

B　**I was the head of the Research and Development Department.** I led 25 researchers and assistants at my previous company.　저는 연구개발부 부장이었습니다. 이전 회사에서 25명의 연구원과 보조 연구원들을 통솔하였습니다.

저는 리더로서 새로운 사고를 해야 했습니다.

As the leader, I had to think outside the box.

저는 미완인 상태로 남겨지는 것이 없도록 확실히 하였습니다.

I made sure there was nothing left unfinished.
I double-checked if there was anything left unfinished.

저는 해외 지사들을 설치했습니다.

I set up global branches.

저는 해외 지사들을 서로 조정했습니다.

I coordinated the global branches with each other.

저는 해외 지사들을 관리했습니다.

I managed the global branches.

저는 본사 사무소에 있는 해외 부서들을 관리했습니다.

I took care of the global departments in the main branch office.

저는 임원 회의 동안 주의깊게 듣습니다.

I listen carefully during the management meeting.

저는 팀과 함께 일하면서 결단력을 보여 주었습니다.

I showed initiative in working with a team.

*initiative 결단력, 진취성; 계획; 주도권

면접

3
기
술
및
특
이
사
항

저는 다른 사람이 전달하고자 하는 것을 주의깊게 듣습니다.

I listen carefully to what other people are trying to convey.

A   What important quality do you think you possess?   본인이 소유한 중요한 자질이 무엇이라고 생각하나요?

B   I think I am a good listener who can mediate conflicts well. **I listen carefully to what other people are trying to convey.**   저는 갈등을 잘 조정할 수 있는 잘 들어 주는 사람이라고 생각합니다. 저는 다른 사람이 전달하고자 하는 것을 주의깊게 듣습니다.

저는 고객을 설득하는 데 저의 리더십 기술을 사용하였습니다.

I used my leadership skills to persuade our customers.

저는 단기 목표에 집중하였습니다.

I focused on short-term goals.

A   What was your focus while in office?   직장에서 집중하는 점이 무엇이었나요?

B   **I focused on cost cutting initiatives.** We maximized our productivity.   저는 비용 절감 계획에 집중하였습니다. 저희는 생산성을 극대화하였습니다.

저희 상품을 시장에 내놓기 위해 저는 홍보 부서와 가깝게 일합니다.

I work closely with advertising to get our product on the market.

저는 성공에 있어서 팀워크가 필수라고 생각합니다.

I feel teamwork is vital to success.

저는 좋은 회사를 세우는 데 있어서 팀워크가 필수라고 생각합니다.

I feel teamwork is vital in building a great company.

A   What do you think is an important aspect of running a good business?   사업을 잘 경영하는 데 있어서 중요한 점은 무엇이라고 생각하세요?

B   **I feel teamwork is vital in building a great company.** In that respect, I think your company is successful because of its valuable human resources.   저는 좋은 회사를 세우는 데 있어서 팀워크가 필수라고 생각합니다. 그런 점에서 귀사는 귀중한 인적 자원 덕분에 성공하고 있는 거라고 생각합니다.

저는 다른 사람들의 제안을 귀 기울여 듣는 방법으로 팀워크를 보여 주었습니다.

I demonstrated teamwork in the way I listened to suggestions from others.

저는 제 시간을 관리하기 위해 PDA를 사용합니다.

I use the PDA to manage my time.

A **How do you stay organized?** 어떻게 정리를 하시나요?

B **I use a digital organizer to manage my time.** This device helps me keep track of time. 저는 제 시간 관리를 위해 디지털 수첩을 사용합니다. 이 기기는 제가 시간 관리를 하는 데 도움이 됩니다.

저는 마감일에 따라 제 시간의 우선순위를 정합니다.

I prioritize my time according to deadlines.

＊prioritize 우선순위를 매기다

저는 다른 사람들에 대해 속단하지 않는 것을 원칙으로 하고 있습니다.

I make it a rule not to judge others too quickly.

저는 혁신의 핵심이라고 생각하는 독창성이 있습니다.

I have creativity which I think is the key to innovation.

저는 상품을 홍보하는 방식에 있어서 독창적이었습니다.

I was creative in the way I promoted my product.

A **How did you incorporate creativity in your daily activities?** 당신의 일상 생활에 어떻게 독창성을 결합시키셨나요?

B **I was creative in the way I motivated my officemates.** I let their creative juice flow. 저는 회사 동료들에게 동기 부여하는 데 있어서 창의적이었습니다. 저는 그들의 창의력이 흐르도록 합니다. ＊incorporate (일부로) 포함하다

저는 광고에 있어서 창의력을 중요하게 생각합니다.

I value creativeness in advertising.

고객들을 대할 때 저는 그들을 오래된 친구처럼 대합니다.

When I serve clients, I treat them as if they were longtime friends.

고객 서비스는 소매 판매에 있어서 중요합니다.

Customer service is important in retail sales.

목표 및 포부

저는 미디어부에서 일하고 싶습니다.

I would like to work in the Media Department.

Example

A What is it that you would like to do here? 여기서 하고 싶은 업무가 무엇인가요?

B **I would like to work in the Human Resources Department.** I really enjoy working with people. 저는 인사부에서 일하고 싶습니다. 저는 사람들과 함께 일하는 것을 정말 즐깁니다.

5년 안에 저는 부서장이 되리라고 생각합니다.

In five years, I can see myself as a department leader.

단기적으로 저는 경리부 업무를 맡고 싶습니다.

In the very short term, I'd like to get a job in the Finance Department.

제 단기 목표는 가능한 한 많은 경험을 쌓는 것입니다.

My short-term goal is to get as much experience as possible.

Example

A What would you say your short-term goal is? 당신의 단기 목표가 무엇이라고 하시겠습니까?

B **My short-term goal is to get as much experience as possible.** After that, I would like to take more of a leadership role. 제 단기 목표는 가능한 한 많은 경험을 쌓는 것입니다. 그러고 난 후에 리더십 역할을 좀 더 맡고 싶습니다.

제 장기 목표는 중국어에 능통해지는 것입니다.

My long-term goal is to become fluent in Chinese.

최고 자리에 오르기 위해 저는 열심히 일해야 하겠죠.

To be at the top, I am going to have to work hard.

회사를 장차 미래지향적인 회사로 발전시키는 것이 제 꿈입니다.

It is my dream to bring a company into the future.

제 목표를 달성하기 위해, 저는 매일 아침 운동을 하고 있습니다.

To achieve my goal, I am working out every morning.

저는 항상 마케팅에 대해 더 많은 것을 배우고자 했습니다.

I've always wanted to learn more about marketing.

제 궁극적인 목표는 이 회사의 CEO가 되는 것입니다.

My ultimate dream is to be the CEO for this company.

저는 제 직업의 새로운 면을 배우는 데 흥미가 있습니다.

I find excitement in learning new aspects of my job.

A How do you keep yourself motivated on the job?　당신은 어떻게 일에 대해 스스로 계속 동기 부여를 합니까?

B **I find excitement in learning new aspects of a job**, so it doesn't take much to keep me motivated.　저는 일에 대한 새로운 면을 배우는 데 흥미가 있어서 스스로 동기 부여를 하는 것은 어렵지 않습니다.

제 꿈의 직업은 보수를 받고 제가 좋아하는 일을 하는 것입니다.

My dream job is to get paid to do what I love.

제 꿈의 직업은 언젠가 제 회사를 세우는 것입니다.

My dream job is to open my own business one day.

A Describe to me what your dream job would be like.　당신이 꿈에 그리는 직업이 어떤 것인지 저에게 설명해 주세요.

B Well, **my dream job is to open my own business one day**.　예, 제 꿈의 직업은 언젠가 제 회사를 세우는 것입니다.

개인적으로 사람들이 존경하는 사람이 되고 싶습니다.

Personally, I want to be a person that people respect.

개인적으로 동료들로부터 존경을 받고 싶습니다.

Personally, I want to be looked up to by my peers.

A What do you want to get out of this job?　이 직업을 통해 얻고 싶은 것이 무엇인가요?

B **Personally, I want to be looked up to by my peers.** I want to learn from them but teach them as well.　개인적으로 동료들로부터 존경을 받고 싶습니다. 그들로부터 배우고 또한 그들을 가르쳐 주고도 싶습니다.　＊look up to ~을 존경하다

은퇴 전, 저는 제 지식을 다른 사람들과 공유하고 싶습니다.

Before I retire, I would like to share my knowledge with others.

A Is there anything in particular you would like to accomplish?　특별히 성취하고 싶은 것이 있으신가요?

B **Before I retire, I would like to share my knowledge with others.** I believe that only in that way can we continue to progress as a society.　은퇴하기 전 제 지식을 다른 사람들과 공유하고 싶습니다. 그렇게 하는 것만이 우리가 하나의 사회로서 계속 성장할 수 있다고 생각합니다.

면접

3

기술 및 특이사항

기술 관련 자격사항

저는 리더십과 관련해 몇 가지 자격증을 취득하였습니다.

I have obtained several certificate qualifications in leadership.

저는 필요한 근로 허가와 비자를 취득하였습니다.

I have obtained the required work permit and visa.

저는 회계사 자격증을 가지고 있습니다.

I have an accounting certificate.

저는 회계사 자격증을 취득했습니다.

I acquired an accounting certificate. 🅕

저는 공인 재무 설계사입니다.

I am a certified financial advisor.

저는 현재 공인 물리치료사입니다.

I am currently a certified physical therapist.

저는 어학 능력이 있습니다.

I have language skills.

저는 언어를 상당히 수월하게 습득하는 능력이 있습니다.

I have the ability to pick up languages fairly easily.

저는 팀원들과 협력을 할 수 있습니다.

I can cooperate with team workers.

시중의 컴퓨터 프로그램은 무엇이든 잘 다룰 수 있습니다. 컴퓨터를 직접 조립할 수도 있습니다.

I can pretty much run any computer program out there. I can even build my own computer.

저는 컴퓨터 소프트웨어에 탁월하고 프로그래밍도 잘 합니다.

I am excellent with computer software and good at programming.

저는 (컴퓨터) 프로그래밍 작성과 컴퓨터 소프트웨어 사용에 능합니다.

I am skilled at writing computer programmings and using computer software.

저는 프로그래밍과 컴퓨터 소프트웨어 사용에 있어서 전문가입니다.

I am an expert at programming and using computer software.

저는 아주 조직적이기 때문에 한꺼번에 여러 가지 일을 하는 능력이 있습니다.

I have the ability to multitask because I am so organized.

저는 (다른 사람 말을) 듣기를 잘하는 사람입니다.

I am a good listener.

I am good at listening to others.

**좌우명 및
철학**

저는 매일 매 순간을 제 인생의 최우선으로 여깁니다.

I prioritize every minute of every day in my life.

A How do you stay organized when working on lengthy projects? 장기 프
로젝트를 진행할 때 어떻게 정리를 하십니까?

B That's easy. **I prioritize every minute of every day in my life** and do tasks
according to their importance. 그건 쉽습니다. 저는 매일 매 순간을 제 인생의 최우선으로 여
기며, 중요도에 따라 과업을 수행합니다.

제 인생 철학은 삶을 마음껏 누리는 것입니다.

My philosophy in life is to live it to the fullest.
My life motto is to live my life to the fullest.

＊philosophy 철학

빌 게이츠가 제 역할 모델이자 영웅입니다.

Bill Gates is my role model and hero.

저는 빌 게이츠를 존경합니다.

I respect Bill Gates.
I think highly of Bill Gates. ❶

저는 자선 활동에 큰 관심이 있습니다.

I am deeply interested in philanthropy. ❻
I am into philanthropy.
I am crazy about helping others. ❶   ＊philanthropy 자선 활동

회사에 관한 의견

귀사의 철학은 제 철학과 일치합니다.

Your company philosophy is consistent with my own.

＊consistent with ~와 일치하는

> Example
>
> A What do you think of our company philosophy? 저희 회사 철학에 대해 어떻게 생각하세요?
>
> B **Your company philosophy is consistent with my own.** That is, I try to work smarter, not harder. 귀사의 철학은 제 철학과 일치합니다. 즉, 저는 일을 더 열심히 하기보다는 더 똑똑하게 하려고 노력하지요.

저는 직원들에게 동기를 부여하는 가장 효과적인 방법에 관한 야오 회장님의 의견을 존경합니다.

I respect Chairman Yao's opinion on how to best motivate employees.

이 회사의 설립 이념은 최고가 아닌 것에 안주하지 말라는 의미입니다.

This company's founding philosophy means never settling for less than the best.

저는 이 회사의 설립 이념은 절대 포기해서는 안 된다는 것을 강조하는 것으로 보고 있습니다.

I see your company's founding philosophy as one that emphasizes never giving up.

> Example
>
> A What does our company's founding philosophy mean to you? 우리 회사의 설립 이념은 당신에게 어떤 의미인가요?
>
> B **I see your company's founding philosophy as one that emphasizes never giving up.** 저는 이 회사의 설립 이념은 절대 포기해서는 안 된다는 것을 강조하는 것으로 보고 있습니다.

귀사는 오염을 예방하는 데 헌신하고 있습니다.

Your company is dedicated to preventing pollution.

면접

4
기타 의견 및 질문

귀사의 최근 북미 프로젝트는 업계를 압도하고 있습니다.

Your recent project in North America is taking the business world by storm.

귀사의 최근 싱가포르 프로젝트는 국제적인 선풍을 일으키고 있지요.

Your recent project in Singapore is creating quite a global stir.

A Are you familiar with any of the work we have done in the past? 저희 회사가 과거에 한 일에 대해 잘 알고 계십니까?

B Sure, **your recent project in Singapore is creating quite a global stir.** 네, 귀사의 최근 싱가포르 프로젝트는 국제적인 선풍을 일으키고 있지요.

귀사의 혁신적인 상품이 이동전화 시장을 변화시켰습니다.

Your innovative products have changed the mobile phone industry.

귀사의 검색 엔진 소프트웨어는 전례가 없습니다.

Your search engine software is unprecedented.

*unprecedented 전례 없는, 유례 없는

귀사의 패션과 디자인 제품은 업계에서 전례가 없습니다.

Your fashion and design products are unprecedented in the industry.

A What product impresses you most among our products? 우리 상품 중 어떤 상품에 가장 큰 인상을 받으셨나요?

B **Your fashion and design products are unprecedented in the industry.** Your products take up the greatest market share. 귀사의 패션과 디자인 제품은 업계에서 전례가 없습니다. 귀사의 상품은 시장 점유율이 가장 높지요.

귀사의 합작 사업은 실현 가능한 것 같습니다.

Your joint venture project seems doable. *doable 할 수 있는

이 회사는 유럽과 아시아로 입지를 확대할 계획을 하고 있습니다.

This company is planning to broaden its footprint into Europe and Asia.

이 회사는 올해 말까지 온라인 웹사이트를 제공할 계획을 하고 있습니다.

I know this company is planning to offer an online website by the end of the year.

A   What can you see for the future of this company?   이 회사의 미래에 대해 어떻게 보고 계십니까?

B   I have been keeping up with industry news. **I know this company is planning to offer an online website by the end of the year.** I think it's a very exciting plan.   저는 산업 뉴스를 계속 보고 있습니다. 이 회사는 올해 말까지 온라인 웹사이트를 제공할 계획을 하고 있습니다. 아주 흥미로운 계획이라고 생각합니다.

이 회사가 전세계적으로 유명해질 것이라고 확신합니다.

I have no doubt that this company will make a name for itself globally.

저는 마케팅과 영업 목표 달성에 기여하겠습니다.

I will contribute to our marketing and sales goals.

귀사는 재산 관리 사업에 있어서 최고입니다.

Your company is the best in property management business.

A   What have you discovered about our company?   우리 회사에 대해 무엇을 알아보셨나요?

B   **Your company is the best in the tourism industry.** I am convinced that your company is the leader in this field.   귀사는 관광산업 분야에서 최고 기업입니다. 저는 귀사가 이 분야의 선두기업이라는 것을 확신합니다.

귀사는 패션 산업 분야의 개척자입니다.

You are a pioneer in the fashion industry.

저는 이 회사가 소가족처럼 운영하는 방식을 진심으로 존중합니다.

I deeply respect the way the company operates like a small family.

귀사의 방침과 절차에 뜻을 같이 합니다.

I am in line with your company's policies and procedures.

A   Why do you feel like our company is the one for you?   당신은 왜 우리 회사가 바로 당신을 위한 회사라고 생각하십니까?

B   I am completely in line with your company's vision for the future. **I am also in line with your company's efforts at becoming greener.**   저는 귀사의 미래 비전에 전적으로 뜻을 같이 합니다. 저는 또한 좀 더 환경친화적이 되고자 하는 귀사의 노력에 뜻을 같이 합니다.

면접

4
기
타
의
견
및
질
문

저는 귀사에 대해 배우는 것이 흥미롭다고 생각합니다.

I find it interesting learning about your company.

ACME에서 근무하는 것이 저의 이상적인 직업입니다.

A job with ACME is my ideal job.

귀사는 저처럼 의욕을 가진 사람들이 필요합니다.

You need people like me with the motivation that I have.

귀사가 요구하는 것에 제가 적격입니다.

I am cut out for anything you require of me.

*cut out for ~에 적합하여

저는 마케팅 프로젝트를 해내는 데 적격이라고 생각합니다.

I feel I am cut out to do marketing projects.

Example

A Where do your talents lay? 어디에 당신 재능이 있나요?

B **I feel I am cut out to do marketing projects.** I love to think up new ideas to promote products. 저는 마케팅 프로젝트를 해내는 데 적격이라고 생각합니다. 저는 상품을 홍보하기 위한 새로운 아이디어를 생각해 내는 것을 좋아합니다.

예상 연봉

저는 월 3백만 원 정도 받았습니다.

I used to get paid around 3 million won a month.

저는 3천5백만 원 정도의 연봉을 받았습니다.

I used to get paid around 35 million won annually.

Example

A What was your last salary? 마지막 급여는 얼마였나요?

B **I used to get paid around 35 million won annually.** I'd like you to estimate a salary for me along that line. 저는 3천5백만 원 정도의 연봉을 받았습니다. 그 선에서 제 연봉을 잡아 주셨으면 합니다.

저는 연봉 4천만 원 정도에서 시작하고 싶습니다.

I am hoping to start at around 40 million won annually.

저의 이전 경력을 고려하면, 저는 3천에서 3천5백만 원의 연봉을 받을 만하다고 생각합니다.

Considering my previous work experience, I think I deserve an annual income of 30 to 35 million won.

저의 이전 경력을 고려하면, 저는 10퍼센트의 급여 인상을 받을 만하다고 생각합니다.

Considering my previous work experience, I think I deserve a 10 percent raise.

현재로서는 저에게는 돈이 아니라 일이 최우선입니다.

For now, money is not my priority, but work is.

현재 저에게는 봉급보다는 성취감이 최우선입니다.

For now, salary is not my priority, but a sense of accomplishment is.

Example

A   How much salary would you like to do this job?   이 일을 하는 데 급여는 어느 정도 받기를 원하십니까?

B   I used to receive around 40 million won annually. But **for now, salary is not my priority, but a sense of accomplishment is.**   저는 연봉을 4천만 원 정도 받았습니다. 하지만 현재 저에게는 봉급보다는 성취감이 최우선입니다.

지원 상황

저는 컨설팅 회사 몇 군데에 지원했습니다.

I have applied at a couple of consulting firms.

Example

A   Are you interviewing with any other companies?   다른 회사들에서도 면접을 보고 있나요?

B   Yes, **I have applied at a couple of other IT companies.** But this company is my first choice.   네, 저는 다른 IT회사 몇 군데에도 지원했습니다. 그러나 이 회사가 저의 첫 번째 선택입니다.

이 회사는 저의 커리어를 시작하고 싶은 곳입니다.

This company is where I would like to start my career.

저는 마케팅 분야에서 경력을 쌓기로 결정했습니다.

I have decided to build a career in marketing.

시작하기 전에 두 달 정도 시간이 필요합니다.

It will be two months before I can start.

저는 회사 근처로 이사할 예정입니다.

I am expecting to move close to work.

이번 겨울 방학 후에 일을 시작할 수 있습니다.

I can start working after this winter vacation.

4

기타 의견 및 질문

저는 다음 달에 일을 시작할 수 있습니다.

I can start working next month.

A When can you begin working with us? 언제부터 우리와 일할 수 있습니까?

B **I can start working in two months.** I need to finish my current project before starting to work for this company. It will take less than two months to finish up that work. 두 달 후에 일을 시작할 수 있습니다. 이 회사에서 일을 시작하기 전에 현재 담당 프로젝트를 마쳐야 합니다. 그 일을 끝내는 데 두 달 이내가 소요될 것입니다.

확인

이력서에서 보시다시피, 저는 올해 CPA 시험에 합격하였습니다.

As you can see in my resume, I passed the CPA this year. *CPA 공인회계사

맞는 말씀이십니다, 제게 동기 부여를 한 것은 꼭 돈은 아니었기 때문입니다.

That's right, because it wasn't money that motivated me.

맞는 말씀이십니다, 그런데 제 영어회화 실력은 점수가 나타내는 것보다 더 좋습니다.

That's right, but my conversational English ability is better than the score indicates.

A Well, don't you think your TOEIC score isn't high enough? 흠, 토익 점수가 별로 높지 않다고 생각하지 않나요?

B **That's right, but my conversational English ability is better than the score indicates.** I'm not good at tests, but I am fairly fluent in practical English. 맞는 말씀 이십니다. 그런데 제 영어회화 실력은 점수가 나타내는 것보다 더 좋습니다. 저는 시험에는 약하지만, 실전 영어에서는 꽤 유창합니다.

맞는 말씀입니다만, 제 토익 점수에 저의 영어회화 능력이 반영되어 있지 않은데, 꽤 좋은 편입니다.

You are correct, but my TOEIC score doesn't reflect my conversational English ability, which is pretty good.

제가 이전 직장을 왜 그만두었는지 몇 가지 더 추가로 말씀 드리지요.

Let me add a few more details to why I quit my previous job.

뿐만 아니라 저는 대만에서 일하면서 중국어를 배웠습니다.

What's more, I learned Chinese while working in Taiwan.

정의 내리기

저에게 세계화란 조화를 의미합니다.

To me, globalization means harmony.

저에게 컨설팅이란 방향에 대한 안내를 의미합니다.

To me, consulting means guidance for directions.

A How would you define 'consulting'? '컨설팅'을 어떻게 정의하시겠습니까?

B In general, consulting is related to counseling. **To me, consulting means guidance for directions.** 보편적으로, 컨설팅은 상담과 관련이 있지요. 저에게 컨설팅이란 방향에 대한 안내를 의미합니다.

저는 창조 경영은 자신의 업무에 열중하는 것이라고 정의합니다.

I define creative management as really being into your task.

현지화를 간단하게 정의하면 개개인이 선호하는 것을 존중하는 것입니다.

A simple definition of localization is to respect individual preferences.

조금 더 자세하게 말씀드리자면, 저는 리더십이란 사람들이 자신을 믿고 따르게 만드는 능력이라고 생각합니다.

To be more specific, I believe leadership is the ability to make people trust and follow you.

조금 더 자세하게 말씀드리자면, 창의력이 있는 인재를 고용하고 싶다면, 일에 열정적인 사람을 고용해야 한다는 것이죠.

To be more specific, if you want to hire creative minds, hire those passionate about their job.

A Could you define what 'creativity' means to you? 당신에게는 '창의력'이 무엇인지 정의 내려 주시겠습니까?

B I define creativity as the outcome of enjoying and having fun with what you do. **To be more specific, if you want to hire creative minds, hire those passionate about their job.** 저는 창의력은 하는 일을 즐기고 재미있게 하는 데서 오는 결과라고 정의합니다. 조금 더 자세하게 말씀드리자면, 창의력이 있는 인재를 고용하고 싶다면, 일에 열정적인 사람을 고용해야 한다는 것이죠.

제가 말씀드리고자 하는 것은 국제화는 현지화를 수반해야 한다는 것입니다.

What I mean by this is that globalization should accompany localization.

면접

4
기타 의견 및 질문

회사 문화에 대해 무엇을 말씀해 주실 수 있나요?

What can you tell me about the company culture?

귀사의 안정적인 성장의 비밀을 어떻게 설명해 주시겠습니까?

How would you describe the secret of your company's stable growth?

회사의 교육 정책은 무엇입니까?

What is the company's training policy?

이 직책의 전형적인 하루 업무가 어떻게 되는지 여쭈어 봐도 되겠습니까?

May I ask what a typical workday is like in this position?

최근 LED 업계의 침체를 어떻게 설명해 주시겠습니까?

How would you describe the current slowdown in the LED industry?

시장에서 귀사의 경쟁 우위는 무엇입니까?

What is the company's competitive advantage in the marketplace?

올해 귀사는 교육 세미나를 실시하나요?

Will your company be having a training seminar this year?

Example

A   Any questions? 질문 있나요?

B   Yes. I heard your company often has very unique training seminars for new employees. **Will your company be having one this year?**
네. 귀사는 매년 신입사원을 위한 광장히 독특한 교육 세미나가 있다고 들었습니다. 올해도 이 교육이 실시되나요?

면접관님은 일의 어떤 면이 마음에 드시는지 여쭈어 봐도 되겠습니까?

May I ask what you like about your job?